Lógica de Programação

F692l   Forbellone, André Luiz Villar.
    Lógica de programação : a construção de algoritmos e estruturas de dados [recurso eletrônico] / André Luiz Villar Forbellone, Henri Frederico Eberspächer. – 4. ed. – [São Paulo] : Pearson ; Porto Alegre : Bookman, 2022.

    Editado também como livro impresso em 2022.
    ISBN 978-85-8260-574-5

    1. Programação (Computadores). 2. Algoritmos. 3. Python. I. Eberspächer, Henri Frederico. II. Título.

    CDU 004.421

Catalogação na publicação: Karin Lorien Menoncin – CRB 10/2147

ANDRÉ LUIZ VILLAR FORBELLONE
HENRI FREDERICO EBERSPÄCHER

Lógica de Programação

A construção de algoritmos e estruturas de dados

com aplicações em Python

4ª Edição

Reimpressão 2023

Porto Alegre
2022

© Grupo A Educação S.A., 2022

Gerente editorial: *Arysinha Jacques Affonso*

Colaboraram nesta edição:

Editora: *Simone de Fraga*

Capa: *Márcio Monticelli*

Editoração: *Matriz Visual*

Reservados todos os direitos de publicação ao GRUPO A EDUCAÇÃO S.A.
(Bookman é um selo editorial do GRUPO A EDUCAÇÃO S.A.)
Rua Ernesto Alves, 150 – Bairro Floresta
90220-190 – Porto Alegre – RS
Fone: (51) 3027-7000

SÃO PAULO
Rua Doutor Cesário Mota Jr., 63 – Vila Buarque
01221-020 – São Paulo – SP
Fone: (11) 3221-9033

SAC 0800 703 3444 – www.grupoa.com.br

É proibida a duplicação ou reprodução deste volume, no todo ou em parte, sob quaisquer formas ou por quaisquer meios (eletrônico, mecânico, gravação, fotocópia, distribuição na Web e outros), sem permissão expressa da Editora.

IMPRESSO NO BRASIL
PRINTED IN BRAZIL

Para minha esposa, Angélica.
E para minhas filhas, Andressa e Arissa.
(ALVF)

Para meus filhos, Ana Laura e Matheus.
E para minha esposa, Aline.
(HFE)

Prefácio

O mundo à nossa volta está cada vez mais digital, conectado... e programável.

Este livro visa contribuir com uma sociedade que precisa cada vez mais de profissionais que sejam protagonistas desse novo ecossistema digital, o que invariavelmente requer algum nível de conhecimento em programação, desde o mais básico e elementar até o mais profundo e especializado.

Precisamos de mais programadores – de todos os níveis – desde aqueles que farão uma jornada curta aprendendo apenas o básico, uma alfabetização em programação, quanto aqueles que terão uma longa jornada pela frente, e se tornarão os especialistas do futuro, os inovadores, os criadores de soluções disruptivas para os problemas contemporâneos.

Toda jornada, curta ou longa, começa do mesmo jeito: pelo primeiro passo.

O propósito deste livro é justamente facilitar os primeiros passos na aquisição de competências de programação, nosso objetivo é ajudar o iniciante a estabelecer bases algorítmicas sólidas que lhe permitam enfrentar com segurança os desafios dessa jornada conceitual e tecnológica. Nosso propósito é assegurar que as jornadas de aprendizado continuem estimulando quem já embarcou no processo e também apoiando para que mais pessoas se interessem pela área, para que tenhamos cada vez mais programadores para fazer face aos desafios gerados pela sociedade do conhecimento.

Com essa elevada ambição, o legado iniciado com a 1ª edição lá do distante ano de 1993, ganha novo e intenso vigor nesta 4ª edição, trazendo uma remodelagem completa e adicionando mais um degrau na aprendizagem da programação: **dar vida aos algoritmos**.

Para contribuir com o início da jornada, a linguagem empregada no livro é bastante informal, acessível e inclusiva. Através de um diálogo com o leitor, apresentamos inúmeros exemplos e analogias provenientes do dia a dia para facilitar a explicação dos conceitos e para aproximar os temas abstratos a assuntos ligados ao cotidiano de qualquer indivíduo.

Uma das estratégias didáticas empregadas é abordar os tópicos passo a passo, permitindo uma aprendizagem gradual e consistente, em pequenos incrementos que ajudam a sedimentar o conceito anterior, ao mesmo tempo em que se mobilizam novos conceitos. O objetivo é permitir que o leitor se aproprie das técnicas fundamentais e crie uma base sólida em **lógica de programação**, facilitando o aprendizado de tópicos cada vez mais complexos, assim como de outras linguagens e de outros paradigmas de programação

> **❝** Existe lógica sem programação,
> mas não existe programação sem lógica! **❞**

Dado que a maior dificuldade de qualquer iniciante está muito mais na lógica do que na manipulação de uma linguagem de programação, mantemos nossa principal convicção de difundir o aprendizado da Lógica de Programação como forma de facilitar e tornar mais eficiente o aprendizado das linguagens de programação. Nesta edição, mostraremos como isso é possível e traremos nosso leitor junto conosco, passo por passo nessa caminhada.

A quem se destina este livro?

Para estudantes de programação ou qualquer pessoa interessada em aprender a programar.

Este livro foi minuciosa e pedagogicamente concebido para qualquer iniciante de programação começando do zero, sem absolutamente nenhum requisito de conhecimento prévio, seja de programação, de termos técnicos, de arquiteturas de computadores, de plataformas de desenvolvimento ou mesmo de qualquer outro conceito da área de Tecnologia da Informação.

Dessa forma, atenderá muito bem a todos os interessados inseridos em algum dos contextos a seguir:

- Estudantes de graduação em períodos iniciais de qualquer curso da área de Tecnologia da Informação, Computação ou Engenharia;
- Estudantes de graduação de qualquer outro curso ou área de conhecimento, incluindo humanas e biológicas, que precisem de bases de programação;
- Estudantes do ensino médio desenvolvendo competências ou projetos que requerem aprendizado de programação;
- Profissionais de qualquer área do conhecimento que precisem desenvolver competências de programação para apoiar suas atividades cotidianas;
- Visionários que identificam o potencial competitivo de saber programar como uma competência transversal no mercado de trabalho;
- Leitores das edições anteriores que tiverem interesse de expandir o conhecimento obtido, aprendendo como converter os algoritmos em pseudolinguagem para programas em Python.

Quem deveria evitar este livro?

Programadores ou qualquer pessoa que tenha conhecimento intermediário de programação.

Este livro visa ajudar quem está no início da jornada de aprendizado da programação, ou quem iniciou a jornada, mas acabou se perdendo no caminho. Poderá contribuir também, contudo de maneira menos relevante, com quem já iniciou sua jornada e dominou as competências iniciais da programação.

Vale enfatizar que este é um livro para aprendizes, e como tal pode parecer enfadonhamente básico demais para quem já sabe o mínimo. Soaria como uma cartilha de alfabetização para quem já sabe ler.

Este não é um livro de Python!

Este é um livro de Lógica **com** Python.

Para deixar ainda mais claro: focamos primordialmente na Lógica de Programação, na Construção dos Algoritmos e usamos o necessário de Python como complemento pedagógico para aprimorar o aprendizado da Lógica.

Temos a convicção que muitos aprendizes de Python poderão ser – inicialmente – bem-sucedidos com o conteúdo deste livro; contudo, ele não será suficiente para o aprendizado mais aprofundado na linguagem.

Este livro poderá ser um bom ponto de partida, permitindo inclusive um domínio básico e autonomia preliminar na linguagem. Todavia, para aprofundar rumo ao domínio intermediário ou avançado de Python, recomendamos o uso de outras obras que sejam dedicadas especificamente à essa linguagem (além do estudo da documentação oficial, excelente local para consulta constante).

Quais as novidades nesta 4ª edição?

Entre diversas novidades desta edição, certamente a inclusão dos fundamentos de Python com a programação dos algoritmos foi a maior delas e representa ampliação significativa de conteúdo em relação à 3ª edição.

A novidade mais relevante para os leitores está na forma de conciliar o abstrato e conceitual (Lógica) com a prática da programação (Python), **dando vida aos algoritmos**. Esta edição introduz uma didática inovadora na apresentação da transição da lógica para a linguagem, um aspecto pouco explorado na literatura técnica, que acaba focando ou só na lógica ou quase apenas na linguagem.

Além da inovação advinda da inclusão do Python, o conteúdo original de Algoritmos sofreu uma boa repaginada, desde pequenas atualizações, passando por inclusão de novos exemplos e exercícios, mas também pela adição de novos conceitos. O capítulo de Arquivos foi totalmente reescrito e modernizado, especialmente na seção de Algoritmos, mas também na seção Python, onde abordamos o tema de forma inovadora e ao mesmo tempo útil para nossos leitores. Devido a essa renovação, foi alterada a ordem dos três últimos capítulos em relação às edições anteriores, trazendo mais cedo a atenção para o capítulo de Módulos, seguindo para o capítulo de Estruturas de Dados Avançadas e finalizando o livro com o novo material de Arquivos.

O novo projeto gráfico remodelou completamente a experiência da leitura do livro e do estudo dos conceitos. Além da modernização visual que deixou as páginas com um aspecto mais leve, conta ainda com a introdução de diversos trechos manuscritos, como anotações à caneta no livro, visando complementar visualmente as explicações contidas no texto. Foi também introduzido o reforço visual de uma segunda cor – disponível apenas na versão digital – para dar destaque aos trechos manuscritos, mas também para facilitar a navegação da leitura pelos trechos de Lógica ou de Python.

Estamos convictos que nossos leitores tradicionais reconhecerão com facilidade o conteúdo anterior e se sentirão familiarizados com esta nova edição, bem como esperamos que os novos leitores encontrem aqui um apoio inicial fundamental para uma jornada de sucesso na aventura da aprendizagem da programação.

Os autores

Como utilizar o livro

Considerando as diversas inovações presentes nesta edição, vale esclarecer alguns pontos quanto à forma de consumir este material.

Lógica com Python

A abordagem principal em todo capítulo será de desenvolver a Lógica **primeiro**, apresentando gradativa e abundantemente os conceitos, com vários exemplos, analogias e exercícios.

Logo **depois**, indicaremos como "traduzir" os mesmos conceitos empregados na construção dos algoritmos em pseudocódigo na codificação de um programa em Python, mostrando conceito a conceito, passo a passo, linha a linha, com explicações abundantes sobre como fazer essa conversão. Pontualmente, também podem ser encontradas algumas notas ou explicações adicionais sobre características relevantes da linguagem para o aprendizado do tema em questão.

Lógica ou Python

Projetamos todos os capítulos para dar liberdade e autonomia de aprendizagem ao nosso leitor, permitindo assim as seguintes linhas de estudo:

- **Lógica e Python juntos:** essa é a maneira como o livro se encontra sequencialmente escrito. Portanto, o leitor que seguir o conteúdo do início ao fim, estará estudando a cada capítulo Lógica com Python simultaneamente. Haverá mais sinergia de aprendizagem, dado que a seção Python foi especialmente desenhada para "**Dar vida aos algoritmos**" e ajudar na compreensão e fixação dos seus conceitos lógicos.

- **Apenas Lógica:** caso o leitor esteja tendo dificuldade em aprender Python, ou caso tenha preferência por reduzir o volume de informação e absorção, pode também concentrar seu estudo para cobrir apenas o conteúdo completo de Lógica em todos os capítulos. Basta pular as seções de Python devidamente identificadas. Funcionará exatamente como era o livro na edição anterior, sem nenhuma quebra ou perda de conteúdo. Ao final terá desenvolvido a competência completa de Lógica de Programação sem as "distrações" da linguagem, exatamente como este mesmo livro tem ajudado milhares de estudantes desde 1993.

- **Apenas Python:** caso o leitor já conheça o livro das edições anteriores, ou tenha estudado apenas Lógica nesta edição (advindo da trilha "Apenas Lógica" já mencionada), poderá voltar para o começo do livro e fazer a leitura apenas das seções Python. Basta procurar as seções de Python devidamente identificadas. Essa abordagem funciona melhor para o leitor familiarizado com os trechos de Lógica, porque os trechos em Python farão bastante referência aos algoritmos e presumem que o conteúdo lógico do capítulo foi aprendido. Não obstante, será possível ao leitor fazer sua escolha por começar por Python, e recorrer à seção de Lógica quando tiver dúvidas ou sentir mais dificuldade.

- **Transição gradual:** O leitor também poderá balancear a dosagem e profundidade entre o estudo das seções de Lógica e de Python à medida em que avança. Por exemplo, depois de cobrir os primeiros três capítulos fazendo Lógica e Python juntos, poderá reduzir gradativamente a profundidade de Lógica nos capítulos seguintes, mas também recalibrar retomando Lógica quando sentir alguma dificuldade. Naturalmente o exemplo oposto também é possível, ou seja, é possível ir reduzindo a intensidade de Python depois dos primeiros três capítulos, especialmente se o leitor tiver mais interesse por outras linguagens de programação ou estiver usando outra linguagem durante uma disciplina inicial na universidade.

Implementações em Python

Todas as seções dedicadas ao Python estão devidamente identificadas com o ícone da linguagem (à esquerda) inserido no início do texto, possuindo um título alusivo facilmente identificável. Além disso, os trechos Python contam com uma barra na borda da página (na cor azul na versão digital, e em tom de cinza na versão impressa), para identificar visualmente onde inicia e onde termina cada seção no meio de um capítulo.

Vale destacar como funcionam alguns instrumentos didáticos que estão presentes nessas seções:

- **Diagrama de sintaxe**
Trarão uma forma bem visual de mapear as mudanças entre os comandos de nossa pseudolinguagem para os comandos da linguagem Python.

A proposta é trazer exatamente o mesmo diagrama utilizado na seção de algoritmos, só que "riscando" à caneta (azul na versão digital), identificando os pontos de mudança diretamente no diagrama.

Isso permitirá ao leitor não apenas visualizar o que muda, mas especialmente compreender o mecanismo da mudança e ficar capacitado a efetuar sua própria conversão.

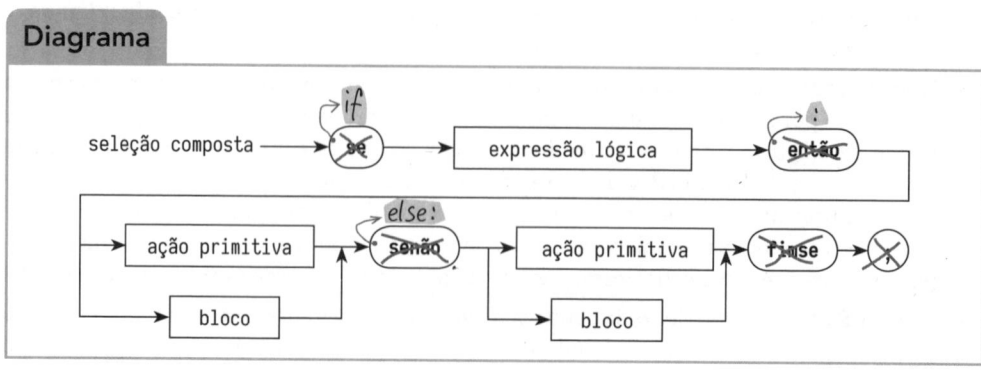

- **Lado a lado**
Para permitir a avaliação das alterações linha a linha, apresentaremos o algoritmo original (à esquerda) acompanhado da codificação equivalente em Python (à direita).
Isso permitirá ao leitor quatro ângulos distintos:

1. Leitura apenas da coluna da esquerda (revisando o pseudocódigo);
2. Leitura apenas da coluna da direita (conhecendo apenas a proposta de solução implementada com código Python);
3. Leitura da esquerda para direita (verificando como se partiu do pseudocódigo para o Python – a estratégia de tradução); ou finalmente,
4. Leitura da direita para a esquerda (verificando como está codificado em Python e então verificando de onde se originou, qual a base algorítmica no pseudocódigo).

Essa comparação lado a lado não deixará dúvidas quanto ao processo de conversão, quanto à equivalência de um comando mais lógico para um eventual conjunto de comandos na linguagem. Somando isso ao "mapeamento" da conversão provido pelo diagrama de sintaxe (mencionado anteriormente), juntaremos o "mapa" com seu respectivo exemplo de aplicação.

Programa 3.4 Média aritmética com aprovação (ref. Algoritmo 3.4)

```
1.  início
2.      // declaração de variáveis
3.      real: N1, N2, N3, N4 // notas bimestrais
4.             MA; // média anual
5.      leia (N1, N2, N3, N4); // entrada de dados    N1 = float(input("Nota 1: "))
                                                     N2 = float(input("Nota 2: "))
                                                     N3 = float(input("Nota 3: "))
                                                     N4 = float(input("Nota 4: "))
6.      MA ← (N1+N2+N3+N4)/4; // processamento        MA = (N1+N2+N3+N4)/4
7.      escreva (MA); // saída de dados               print(MA)
8.      se (MA >= 7)                                  if MA >= 7:
9.          então
10.             escreva ("Aluno Aprovado!");          print("Aluno aprovado!")
11.     fimse;
12. fim.
```

- **Passo a passo**
Logo abaixo de cada comparativo "lado a lado", detalhamos o racional de cada mudança que ainda não fora mencionada anteriormente, de forma a acrescentar passo a passo as mudanças que vão sendo introduzidas a cada fase da implementação que também ocorre numa cadência gradativa e suave.

Isso permitirá ao leitor conhecer as razões e demais nuances sobre cada decisão de codificação, passo a passo conforme surgirem.

- **Manuscritos**
  Em diversos momentos apresentaremos marcações no livro que simulam terem sido manuscritas à caneta (azul na versão digital), a fim de ilustrar de forma mais clara e didática o que procuramos explicar textualmente ou através de exemplos.

  Isso permitirá ao leitor compreender de forma visual e com mais facilidade aspectos relevantes.

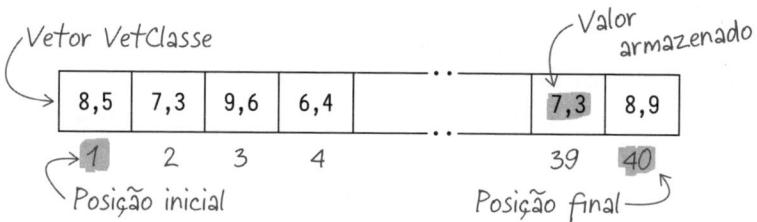

Material complementar

O livro continua possuindo material complementar que pode ser encontrado em grupoa.com.br.

Estão disponíveis os arquivos com o código fonte de todos os programas Python apresentados e discutidos em todos os capítulos deste livro, a fim de poupar tempo e evitar erros de digitação para o leitor que quiser ver o algoritmo do livro funcionando, podendo inclusive fazer modificações para ampliar e sedimentar o entendimento.

O professor interessado nesse material, deve acessar o site, fazer o seu cadastro, buscar pela página do livro e localizar a área de Material Complementar para ter acesso.

Organização do livro

Este livro é dividido em sete capítulos.

Cada capítulo conta com uma série de exercícios de fixação, criados para sedimentar conhecimentos locais ao tópico em discussão, e com uma lista de exercícios propostos, elaborada para tratar de todo o conteúdo do capítulo. Ao final do livro encontra-se o anexo com uma proposta de solução algorítmica para todos os exercícios de fixação.

Para melhor organizar o aprendizado e facilitar a navegação dos leitores que possuem necessidades distintas e menor ou maior grau de familiaridade com algoritmos e programação (particularmente Python), apresentamos a seguir uma orientação de estudo conforme a escala de conhecimento do leitor.

Iniciante começando do zero

Contempla apenas o capítulo 1.

Visa ajudar o iniciante que não possui conhecimento algum de lógica nem programação. O capítulo funciona como uma bússola que vai ajudar o leitor a encontrar o Norte, e olhar para o lado certo antes mesmo de dar o primeiro passo.

Será uma poderosa ferramenta de preparação tanto para Lógica quanto para Python, além disso também proporciona uma visão panorâmica e simplificada sobre o que será tratado em mais detalhes nos demais capítulos.

Ainda que seja um conteúdo introdutório, recomendamos fortemente sua leitura até mesmo aos iniciantes que já possuem alguma ideia sobre algoritmos e que estariam eventualmente aptos a começar pelos capítulos seguintes.

O **Capítulo 1 – Introdução à lógica de programação** – apresenta os primeiros contatos com a Lógica e como ela se apresenta no dia a dia, para logo depois evoluir para situações cotidianas de um ângulo que se aproxima da lógica de programação, dando assim a visão panorâmica de boa parte do livro. Tudo isso através de uma abordagem sucinta e didática, que não requer conhecimento prévio pois emprega situações cotidianas muito comuns. Na seção Python, descrevemos um pouco mais sobre o papel das linguagens de programação, fazendo uma analogia "poética" entre lógica (poesia) e linguagem (poema).

Iniciante dando os primeiros passos

Agrupa os capítulos 2, 3 e 4.

Concentra o conteúdo inicial e mais importante para alicerçar o desenvolvimento da competência de programação.

Região mais importante do livro, representa o mínimo necessário e indispensável para que qualquer leitor iniciante possa adquirir as competências básicas de programação.

Consideramos o "coração do livro", pois concentra em poucos capítulos o que é o mais relevante para o aprendizado básico de algoritmo e de qualquer linguagem de programação. É um trecho no qual os leitores iniciantes passarão a maior parte de suas jornadas de aprendizagem, construindo algoritmos e resolvendo exercícios.

É a única área indispensável à formação de qualquer programador. Não recomendamos pular, contudo isso pode ser feito nos casos pontuais de leitores com bom domínio dos conhecimentos básicos, e dessa forma preparados para expandir os conhecimentos na seção seguinte.

O **Capítulo 2 – Tópicos preliminares** – prepara a fundação do aprendizado de Lógica de Programação, apresentando de forma simples os conceitos que serão empregados ao longo do livro, tais como tipos, constantes, variáveis, expressões e comandos de entrada e saída. A seção Python descreve os passos iniciais de preparação, assim como gradativamente vai mostrando como os mesmos conceitos serão utilizados na linguagem.

O **Capítulo 3 – Estruturas de controle** – apresenta em detalhes as formas de controle do fluxo de execução, e como nossa lógica pode ser estruturada em torno disso para resolver problemas através de algoritmos. As estruturas sequencial, de seleção e de repetição são explicadas minuciosamente, contando com muitos exemplos e fartos exercícios. É o capítulo mais estratégico do livro, sem seu completo domínio não será possível avançar para os demais. A seção Python se intensifica, mostrando passo a passo, linha a linha, como adaptar para a linguagem os conceitos e exemplos aprendidos. Será a primeira oportunidade valiosa de "dar vida aos algoritmos" para reforçar o aprendizado dos conceitos do capítulo e pela primeira vez ver os algoritmos em ação.

O **Capítulo 4 – Estruturas de dados** – aprofunda mais sobre como organizar e manipular a matéria-prima de qualquer algoritmo: os dados. Enquanto os capítulos anteriores explicaram como utilizar dados básicos (primitivos), este capítulo descreve como utilizar dados complexos (estruturas) e seus respectivos impactos no fluxo de execução. Apresenta os conceitos de vetores, matrizes, registros e suas combinações, que são explorados por meio de vários exemplos e exercícios. Na seção Python descrevemos como as mesmas estruturas podem ser convertidas, explicando linha a linha como os algoritmos podem ser implementados na linguagem. Novamente uma ótima oportunidade de "dar vida aos algoritmos", vendo na prática como os dados serão manipulados pelos programas.

Iniciante expandindo conhecimento

Agrupa os capítulos 5, 6 e 7.

Objetiva ampliar o conhecimento básico adquirido nos capítulos anteriores para dar o próximo passo na jornada de aprendizado de programação. Ainda se trata de conhecimento introdutório, porém em uma etapa de transição e de preparação para aprofundamento em temas ou disciplinas mais técnicas e complexas da área de computação.

Em sendo uma transição para cenários mais amplos, não pretendemos cobrir exaustivamente os assuntos tratados, mas sim contemplar uma visão geral preliminar e deliberadamente mais leve, preparando o leitor para continuar sua jornada de formação após a leitura deste livro.

Recomendamos essa unidade aos leitores que – depois de terem dominado o conhecimento básico – tiverem interesse em se aprofundar na programação mais especializada, ou se preparar melhor para disciplinas mais pesadas na área da Tecnologia da Informação.

O **Capítulo 5 – Módulos** – expande os conhecimentos do capítulo 3 (Estruturas de Controle) para permitir a decomposição de um problema complexo em várias partes, cada qual sendo resolvida por meio da construção de um módulo – um subalgoritmo. Um exemplo complexo é apresentado ao início, que gradativamente vai sendo modularizado enquanto vão sendo apresentados os conceitos de contexto (ação e resultado), escopo de variáveis e passagem de parâmetros. Ao final o algoritmo inicial e complexo se apresenta dividido em subpartes mais simples, coesas e amigáveis ao entendimento. Na seção Python explicamos o mesmo processo gradativo, indicando as semelhanças e as diferenças na linguagem. Mais uma oportunidade de "dar vida aos algoritmos" observando os recursos da modularização em ação, bem como de conhecer diversas nuances da criação de módulos em Python.

O **Capítulo 6 – Estruturas de dados avançadas** – amplia os conhecimentos do capítulo 4 (Estruturas de Dados) ao introduzir noções iniciais sobre estruturas ainda mais complexas, mas que seguem um certo padrão de construção e comportamento, tais como listas, filas, pilhas e árvores. O propósito é fazer uma introdução ao tema através de seus conceitos e técnicas de base, a fim de preparar o leitor para continuar seu estudo em livros específicos da área. Na seção Python descrevemos um pouco mais sobre os recursos nativos da linguagem e como eles podem simplificar a implementação dos mesmos conceitos e exemplos. Neste capítulo, os códigos em Python possuem implementação bem diferente e simplificada, justamente para demonstrar o potencial nativo da linguagem na manipulação destas estruturas.

O **Capítulo 7 – Arquivos** – expande os conhecimentos dos capítulos 4 (Estruturas de dados) e do capítulo 6 (Estruturas de Dados Avançadas) ao abordar maneiras de assegurar a persistência dos dados provenientes das estruturas dos capítulos anteriores. Apesar dos conceitos serem bem mais técnicos e associados a questões computacionais, procuramos novamente construir exemplos que dialoguem com situações e circunstâncias do cotidiano do leitor, o que permite abordar o tema de forma natural, gradual e acessível, mesmo sendo introdutória e simplificada. Na seção Python apresentamos alternativas para implementar persistência de dados, o que além de reforçar os conceitos relacionados a arquivos, permite discutir aspectos técnicos e práticos que serão muito úteis para os leitores que forem se aprofundar no assunto.

Sumário

1 Introdução à lógica de programação 1
  Noções de lógica 1
    O que é lógica? 1
    Existe lógica no dia a dia? 2
    Mas e a lógica de programação? 2
    O que é um algoritmo? 3
  Algoritmizando a lógica 3
    Por que é importante construir um algoritmo? 3
    Vamos a um exemplo? 3
      Sequenciando 4
      Testando 4
      Repetindo 5
      Resumindo 8
    De que maneira representaremos o algoritmo? 9
    Exercícios de fixação 1 12
  Programando o algoritmo 12
    Dando vida aos algoritmos 12
      Então como executar os algoritmos no computador? 13
      Basta aprender uma linguagem de programação para se tornar um programador? 14
    Como resolver a Torre de Babel? 14
      Como conviver com tantas linguagens de programação? 14
    Como conciliar lógica e linguagem? 15
      Vamos a um exemplo? 16
      Qual linguagem seria mais indicada para começar? 17
  Resumo 18
  Exercícios propostos 18

2 Tópicos preliminares ... 19
Tipos primitivos ... 19
Exercício de fixação 1 ... *20*
Constantes ... 21
Variável ... 21
Formação de identificadores ... 21
Declaração de variáveis ... 22
Exercícios de fixação 2 ... *23*
Expressões aritméticas ... 24
Operadores aritméticos ... 24
Prioridades ... 26
Exercício de fixação 3 ... *26*
Expressões lógicas ... 27
Operadores relacionais ... 27
Operadores lógicos ... 28
Tabelas-verdade ... 29
Prioridades ... 30
Exercício de fixação 4 ... *31*
Comando de atribuição ... 31
Exercício de fixação 5 ... *32*
Comandos de entrada e saída ... 33
Entrada de dados ... 33
Saída de dados ... 33
Blocos ... 34
Começando no Python ... 35
Instalação e usabilidade ... 35
Instalação ... 35
Usabilidade ... 35
Modo Interativo ... 35
Arquivo de Comandos ... 36
Como traduzir até aqui ... 37
Tipos ... 37
Constantes ... 37
Variáveis ... 38
Expressões Aritméticas ... 38
Expressões Lógicas ... 39
Comando de Atribuição ... 39
Saída de Dados ... 40
Entrada de Dados ... 41
Blocos ... 43
Resumo ... *44*
Exercícios propostos ... *44*

3 Estruturas de controle ... 45
Estrutura sequencial ... 45
    Implementando sequenciação em Python ... 48
        Exercícios de fixação 1 ... *50*
Estruturas de seleção ... 50
    Seleção simples ... 50
    Seleção composta ... 52
    Seleção encadeada ... 54
        Seleção encadeada heterogênea ... 54
        Seleção encadeada homogênea ... 56
            Se então se ... *56*
            Se senão se ... *57*
            Seleção de múltipla escolha ... *58*
    Implementando seleção em Python ... 61
        Seleção simples ... 61
        Seleção composta ... 62
        Seleção encadeada ... 63
            Seleção encadeada heterogênea ... 63
            Seleção encadeada homogênea ... 64
    Exercícios de fixação 2 ... *66*
Estruturas de repetição ... 68
    Repetição com teste no início ... 69
    Repetição com teste no final ... 73
    Repetição com variável de controle ... 76
    Comparação entre estruturas de repetição ... 78
Implementando repetição em Python ... 81
    Repetição com teste no início ... 82
    Adaptando repetição com teste no final ... 82
    Repetição com variável de controle ... 84
    Exercícios de fixação 3 ... *87*
Exercícios propostos ... *88*
Resumo ... *92*

4 Estruturas de dados ... 93
Introdução ... 93
Variáveis compostas homogêneas ... 94
    Variáveis compostas unidimensionais ... 94
        Declaração ... 94
        Manipulação ... 95
    Implementando vetores em Python ... 103
        Exercícios de fixação 1 ... *110*

Variáveis compostas multidimensionais 110
    Declaração 111
    Manipulação 111
    Implementando matrizes em Python. 122
        Exercícios de fixação 2 . . . . *130*
Variáveis compostas heterogêneas. 132
    Registros 132
        Declaração 132
        Manipulação 133
    Registro de conjuntos 135
        Declaração 135
        Manipulação 137
    Conjunto de registros 138
        Declaração 139
        Manipulação 140
Implementando registros em Python 142
    Registro de conjuntos. 144
    Conjunto de registros 145
    Exercícios de fixação 3 . . . . *147*
Exercícios propostos *147*
Resumo *151*

5 Módulos 153
Decomposição. 153
Modularização. 154
    Declaração 157
    Manipulação 160
    Implementando módulos em Python 162
Escopo de variáveis. 163
    Escopo de variáveis em Python. 167
    Exercícios de fixação 1 . . . . *170*
Passagem de parâmetros 170
    Declaração 171
    Manipulação 172
    Implementando parâmetros em Python .174
        Parâmetros opcionais 175
        Parâmetros nomeados 175
        Exercícios de fixação 2 . . . . *176*
Contexto de módulos 177
    Contexto de ação 177

Implementando contexto de ação em Python 178
    Exercícios de fixação 3 . . . . *179*
Contexto de resultado 179
    Recursividade 180
    Implementando contexto de resultado em Python 185
        Resultados múltiplos. 185
        Módulos externos 186
        Manipulação 186
        Definição. 187
        Recursividade 188
    Exercícios de fixação 4 . . . . *191*
Exercícios propostos. *192*
Resumo *193*

6 Estruturas de dados avançadas 195
Listas lineares 195
    Declaração 198
    Manipulação 198
        Inserção. 198
        Remoção 201
    Exercícios de fixação 1 . . . . *203*
    Implementando Listas Lineares em Python. 203
Filas 208
    Declaração 208
    Manipulação 208
        Inserção. 209
        Remoção 210
    Implementando Filas em Python 211
Pilhas 212
    Declaração 213
    Manipulação 213
        Inserção. 213
        Remoção 214
    Implementando Pilhas em Python. 215
Árvores 216
    Declaração 217
    Manipulação 218
Outras estruturas. 223
    Listas duplamente encadeadas. 224
    Listas circulares 224
    Grafos 224

    Dicionários em Python 225
  Exercícios propostos *228*
  Resumo *229*

7 **Arquivos** **231**
  Introdução 231
  Persistindo dados 232
  Arquivos baseados em registros 235
    Declaração 236
    Manipulação 237
      Abrindo um arquivo 238
      Fechando um arquivo 238
      Copiando um registro 239
      Guardando um registro 240
  Concepção sequencial 240
    Escrita em arquivo sequencial 240
    Leitura de arquivo sequencial 241
    Exercícios de fixação 1 . . . .*243*
  Implementando arquivos em Python 244
    Abertura e fechamento de Arquivos 247
    Arquivos texto 249
      Leitura de arquivo texto 250
      Escrita em arquivo texto 252
    Arquivos texto estruturados com padrão JSON 255
      Leitura de arquivo texto formato JSON 256
      Escrita em arquivo texto formato JSON 258
    Arquivos binários 261
      Escrita em arquivo binário usando *pickle* *261*
      Leitura de arquivo binário *pickle* *263*
    Comparação dos formatos 265
    Implementação do controle de despesas .265
  Exercícios propostos *269*
  Resumo *270*

Lista de algoritmos **297**

Lista de programas **301**

Índice remissivo **303**

Introdução à lógica de programação 1

Objetivos

- Apresentar os conceitos elementares de lógica e sua aplicação no cotidiano.
- Definir algoritmo.
- Estabelecer uma relação entre lógica e algoritmos: a lógica de programação.
- Exemplificar a aplicação dos algoritmos utilizando situações do dia a dia.
- Comparar as principais formas de representação dos algoritmos.

▶ Introdução à lógica de programação
▶ Algoritmizando a lógica
▶ Conceitos e exemplos de algoritmos
▶ Noções de fluxos de controle
▶ Dando vida aos algoritmos

Noções de lógica

O que é lógica?

O uso corriqueiro da palavra lógica está normalmente relacionado à coerência e à racionalidade. Frequentemente se associa lógica apenas à matemática, não se percebendo sua aplicabilidade e sua relação com as demais ciências, bem como seu emprego cotidiano nas ações do dia a dia, quando tomamos alguma decisão de forma racional.

Podemos relacionar a lógica com a 'correção do pensamento', pois uma de suas preocupações é determinar quais operações são válidas e quais não são, fazendo análises das formas e leis do pensamento. Como filosofia, ela procura saber por que pensamos assim e não de outro jeito. Com arte ou técnica, ela nos ensina a usar corretamente as leis do pensamento.

Poderíamos dizer também que a lógica é a 'arte de bem pensar', que é a 'ciência das formas do pensamento'. Visto que a forma mais complexa do pensamento é o raciocínio, a lógica estuda a 'correção do raciocínio'. Podemos ainda dizer que a lógica tem em vista a 'ordem da razão'. Isso dá a entender que a nossa razão pode funcionar desordenadamente. Por isso, a lógica estuda e ensina a colocar 'ordem no pensamento'.

Exemplos

a. Todo mamífero é um animal. Todo cavalo é um mamífero.
Portanto, todo cavalo é um animal.
b. Kaiton é país do planeta Stix. Todos os Xinpins são de Kaiton.
Logo, todos os Xinpins são Stixianos.

Esses exemplos ilustram silogismos, que no estudo da Lógica Proposicional (ou Cálculo Sentencial) representam um argumento composto de duas premissas e uma conclusão; e está estabelecendo uma relação, que pode ser válida ou não. Esse é um dos objetivos da lógica, o estudo de técnicas de formalização, dedução e análise que permitam verificar a validade de argumentos. No caso dos exemplos, ambos são válidos.

Devemos ressaltar que, apesar da aparente coerência de um encadeamento lógico, ele pode ser válido ou não em sua estrutura. Nesse sentido, a lógica também objetiva a criação de uma representação mais formal, contrapondo-se à linguagem natural, que é suscetível a argumentações informais e problemas de interpretação.

Existe lógica no dia a dia?

Sempre que pensamos, a lógica ou a ilógica necessariamente nos acompanham. Quando falamos ou escrevemos, estamos expressando nosso pensamento, logo, precisamos usar a lógica nessas atividades. Podemos perceber a importância da lógica em nossa vida, não só na teoria, como na prática, já que, quando queremos pensar, falar, escrever ou agir corretamente, precisamos colocar 'ordem no pensamento', isto é, utilizar a lógica.

Exemplos

a. A gaveta está fechada.
A caneta está dentro da gaveta.
Precisamos primeiro abrir a gaveta para depois pegar a caneta.
b. Anacleto é mais velho que Felisberto. Felisberto é mais velho que Marivaldo.
Portanto, Anacleto é mais velho que Marivaldo.

Mas e a lógica de programação?

Significa o uso correto das leis do pensamento, da 'ordem da razão' e de processos de raciocínio e simbolização formais na programação de computadores, objetivando a racionalidade e o desenvolvimento de técnicas que cooperem para a produção de soluções logicamente válidas e coerentes, que resolvam com qualidade os problemas que se deseja programar.

O raciocínio é algo abstrato, intangível. Os seres humanos têm a capacidade de expressá-lo através da palavra falada ou escrita, que, por sua vez, se baseia em um determinado idioma, que segue uma série de padrões (léxicos, sintáticos e semânticos). Um mesmo raciocínio pode ser expresso em qualquer um dos inúmeros idiomas existentes, mas continuará representando o mesmo raciocínio, usando apenas outra convenção.

Algo similar ocorre com a Lógica de Programação, que pode ser concebida pela mente treinada e pode ser representada em qualquer uma das inúmeras linguagens de programação existentes. Essas, por sua vez, são muito atreladas a uma grande diversidade de detalhes computacionais, que pouco têm a ver com o raciocínio original. Para escapar dessa torre de

Babel e, ao mesmo tempo, representar mais fielmente o raciocínio da Lógica de Programação, utilizamos os Algoritmos.

O que é um algoritmo?

O objetivo principal do estudo da Lógica de Programação é a construção de algoritmos coerentes e válidos. Mas o que é um algoritmo?

Um **algoritmo** pode ser definido como uma sequência finita de passos que visam a atingir um objetivo bem definido.

Na medida em que precisamos especificar uma sequência de passos, é necessário utilizar ordem, ou seja, 'pensar com ordem', portanto precisamos utilizar lógica.

Apesar do nome pouco usual, algoritmos são comuns em nosso cotidiano, como, por exemplo, uma receita de bolo. Nela está descrita uma série de ingredientes necessários e uma sequência de diversos passos (ações) que devem ser fielmente cumpridos para que se consiga fazer o bolo conforme se esperava antes do início das atividades (objetivo bem definido).

Quando elaboramos um algoritmo, devemos especificar ações claras e precisas, que a partir de um estado inicial, após um período de tempo finito, produzem um estado final previsível e bem definido. Isso significa que o algoritmo fixa um padrão de comportamento a ser seguido, uma norma de execução a ser trilhada, com vistas a alcançar, como resultado final, a solução de um problema, garantindo que sempre que executado, sob as mesmas condições, produza o mesmo resultado.

Algoritmizando a lógica

Por que é importante construir um algoritmo?

Um algoritmo tem por objetivo representar mais fielmente o raciocínio envolvido na Lógica de Programação e, dessa forma, permite-nos abstrair de uma série de detalhes computacionais, que podem ser acrescentados mais tarde (como memória, processamento, armazenamento, formas de apresentação etc.). Assim, podemos concentrar nossa atenção naquilo que é importante: a lógica da construção de algoritmos.

Outra importância da construção dos algoritmos é que uma vez concebida uma solução algorítmica para um problema, esta pode ser traduzida para qualquer linguagem de programação e ser agregada das funcionalidades disponíveis nos diversos ambientes e paradigmas; costumamos denominar esse processo de codificação.

Vamos a um exemplo?

Podemos escrever um primeiro algoritmo de exemplo, utilizando português coloquial, que descreva o comportamento na resolução de uma determinada atividade, como, por exemplo, a troca de uma lâmpada. Apesar de aparentemente óbvia demais, muitas vezes realizamos esse tipo de atividade inconscientemente, sem percebermos seus pequenos detalhes, que são as ações que nos levam a alcançar o objetivo proposto.

Sequenciando

Vejamos esse primeiro algoritmo, descrito passo a passo:

Algoritmo 1.1   Troca de lâmpada

- pegar uma escada;
- posicionar a escada embaixo da lâmpada;
- buscar uma lâmpada reserva;
- subir na escada;
- retirar a lâmpada velha;
- colocar a lâmpada reserva.

Involuntariamente, já seguimos uma determinada **sequência** de ações que, representadas nesse algoritmo, fazem com que ele seja seguido naturalmente por qualquer pessoa, estabelecendo um padrão de comportamento, pois qualquer pessoa agiria da mesma maneira.

A **sequenciação** é uma convenção com o objetivo de reger o fluxo de execução do algoritmo, determinando qual a primeira ação a ser executada e qual ação vem a seguir. Nesse caso, a sequência é linear, de cima para baixo, assim como é a sequência pela qual lemos um texto, de cima para baixo e da esquerda para a direita.

Testando

Reexaminando o algoritmo anterior, notamos que ele tem um objetivo bem definido: trocar uma lâmpada. Porém, e se a lâmpada não estivesse queimada? A execução das ações conduziria a uma troca, independentemente de a lâmpada estar ou não queimada, porque não foi prevista essa possibilidade em sua construção.

Para solucionar essa necessidade, podemos efetuar um teste, a fim de verificar se a lâmpada está ou não queimada. Uma solução para esse novo algoritmo seria:

Algoritmo 1.2   Troca de lâmpada com teste

- pegar uma escada;
- posicionar a escada embaixo da lâmpada;
- buscar uma lâmpada reserva;
- ligar o interruptor;
- se a lâmpada não acender, então
  - subir na escada;
  - retirar a lâmpada queimada;   } ações condicionadas
  - colocar a lâmpada reserva.

Agora estamos relacionando algumas ações à condição lâmpada não acender, ou seja, se essa condição for verdadeira (se a lâmpada estiver queimada) efetuaremos a troca da lâmpada, seguindo as próximas ações:

- subir na escada;
- retirar a lâmpada queimada;
- colocar a lâmpada reserva.

Se a condição lâmpada não acender for falsa (se a lâmpada estiver funcionando), as ações relativas à troca da lâmpada não serão executadas, e a lâmpada (que está em bom estado) não será trocada.

O que ocorreu nesse algoritmo foi a inclusão de um teste **seletivo**, através de uma condição que determina qual ou quais ações serão executadas (note que anteriormente, no **Algoritmo 1.1**, todas as ações eram executadas), dependendo da inspeção da condição resultar em verdadeiro ou falso.

Esse algoritmo está correto, uma vez que atinge seu objetivo, porém, pode ser melhorado, uma vez que buscamos uma escada e uma lâmpada sem saber se serão necessárias. Mudemos então o teste condicional se a lâmpada não acender para o início da sequência de ações:

Algoritmo 1.3 Troca de lâmpada com teste no início

- ligar o interruptor;
- se a lâmpada não acender, então
  - pegar uma escada;
  - posicionar a escada embaixo da lâmpada;
  - buscar uma lâmpada reserva;
  - subir na escada;
  - retirar a lâmpada queimada;
  - colocar a lâmpada reserva.

mais ações condicionadas

Observe que, agora, a ação ligar o interruptor é a primeira do algoritmo, e a condição lâmpada não acender já é avaliada. Nesse caso, pegar uma escada até colocar a lâmpada reserva dependem de a lâmpada estar efetivamente queimada.

Há muitas formas de resolver um problema, afinal cada pessoa pensa e age de maneira diferente, cada indivíduo tem uma heurística própria. Isso significa que, para esse mesmo problema de trocar lâmpadas, poderíamos ter diversas soluções diferentes e corretas (se atingissem o resultado desejado de efetuar a troca), portanto, o bom senso e a prática de lógica de programação é que indicarão qual a solução mais adequada, que com menos esforço e maior objetividade produzirá o resultado almejado.

Repetindo

A solução apresentada no **Algoritmo 1.3** é aparentemente adequada, porém não prevê a possibilidade de a lâmpada reserva não funcionar e, portanto, não atingir o objetivo nessa situação específica. Podemos fazer um refinamento, uma melhoria no algoritmo, de tal modo que se troque a lâmpada diversas vezes, se necessário, até que funcione. Uma solução seria:

Algoritmo 1.4 Troca de lâmpada com teste e repetição indefinida

- ligar o interruptor;
- se a lâmpada não acender, então
  - pegar uma escada;
  - posicionar a escada embaixo da lâmpada;
  - buscar algumas lâmpadas reserva;
  - subir na escada;
  - retirar a lâmpada queimada;
  - colocar a lâmpada reserva;
  - se a lâmpada não acender, então
    - retirar a lâmpada queimada;   } Tentativa 1
    - colocar outra lâmpada reserva;
    - se a lâmpada não acender, então
      - retirar a lâmpada queimada;   } Tentativa 2
      - colocar outra lâmpada reserva;
      - se a lâmpada não acender, então
        - retirar a lâmpada queimada;   } Tentativa 3
        - colocar outra lâmpada reserva;
        ⋮

    Até quando?

Notamos que o **Algoritmo 1.4** não está terminando. Falta especificar até quando será feito o teste da lâmpada, ou seja, quando o algoritmo termina. As ações cessarão quando conseguirmos colocar uma lâmpada que acenda; caso contrário, ficaremos testando indefinidamente (note que o interruptor continua acionado!). Essa solução está mais próxima do objetivo, pois garante que a lâmpada acenda novamente, ou melhor, que seja trocada com êxito, porém, temos o problema de não saber o número exato de testes das lâmpadas.

Observemos que o teste da lâmpada reserva é efetuado por um mesmo conjunto de ações:

- se a lâmpada não acender, então
  - retirar a lâmpada queimada;
  - colocar outra lâmpada reserva.

Portanto, em vez de reescrevermos várias vezes esse conjunto de ações, podemos alterar o fluxo sequencial de execução de forma que, após executada a ação colocar outra lâmpada reserva, voltemos a executar o teste se a lâmpada não acender, fazendo essas ações serem executadas o número de vezes necessário sem termos de reescrevê-las.

Precisamos, então, expressar essa repetição da ação sem repetir o texto que representa a ação, assim como determinar um limite para tal repetição, com o objetivo de garantir uma **condição de parada**, ou seja, que seja cessada a atividade de testar a lâmpada reserva quando ela já estiver acesa. Uma solução seria:

- enquanto a lâmpada não acender, faça
  - retirar a lâmpada queimada;
  - colocar outra lâmpada reserva.

A condição lâmpada não acender permaneceu e estabelecemos um fluxo repetitivo que será finalizado assim que a condição de parada for falsa, ou seja, assim que a lâmpada acender. Percebemos que o número de repetições é **indefinido**, porém é **finito**, e que depende apenas da condição estabelecida, o que leva a repetir as ações até alcançar o objetivo: trocar a lâmpada queimada por uma que funcione. O novo algoritmo ficaria:

Algoritmo 1.5 Troca de lâmpada com teste e condição de parada

- ligar o interruptor;
- se a lâmpada não acender, então
  - pegar uma escada;
  - posicionar a escada embaixo da lâmpada;
  - buscar algumas lâmpadas reserva;
  - subir na escada;
  - retirar a lâmpada queimada;
  - colocar uma lâmpada reserva;
  - enquanto a lâmpada não acender, faça
    - retirar a lâmpada queimada;   ⎫ *Trecho sendo repetido*
    - colocar outra lâmpada reserva; ⎭

Até agora estamos efetuando a troca de uma única lâmpada, na verdade estamos testando um ponto (soquete acionado por um interruptor), trocando tantas lâmpadas quantas forem necessárias nesse ponto para assegurar que o conjunto funcione. O que faríamos se tivéssemos mais pontos a testar, por exemplo, dez soquetes?

A solução aparentemente mais óbvia seria repetir o algoritmo de um único ponto para os dez soquetes existentes, ficando algo como:

Algoritmo 1.6 Troca de lâmpada com teste para 10 soquetes

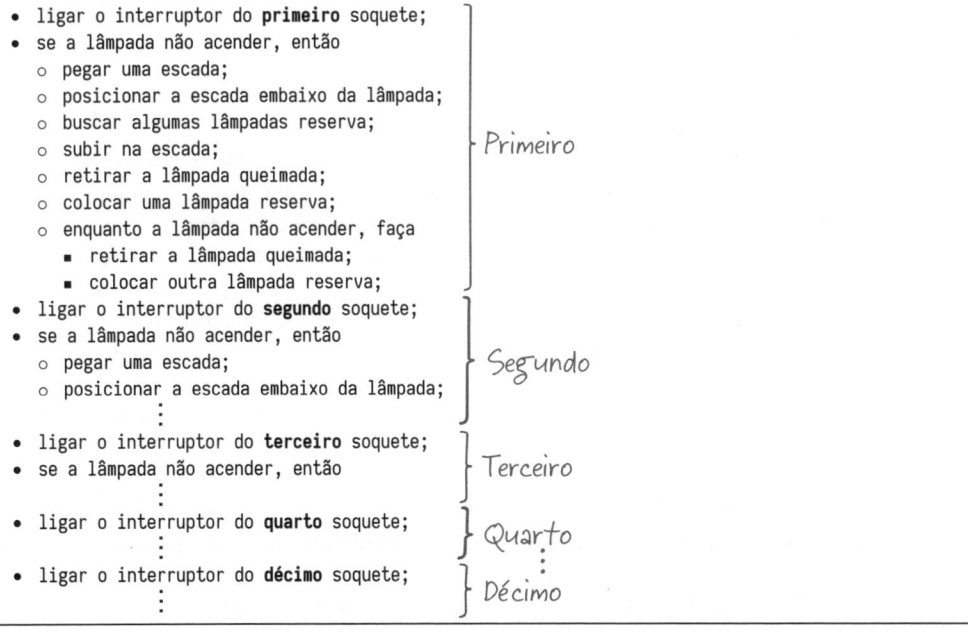

Observamos que o **Algoritmo 1.6** é apenas um conjunto de dez repetições do **Algoritmo 1.5**, uma vez para cada soquete, havendo a repetição de um mesmo conjunto de ações por um número definido de vezes: dez. Como o conjunto de ações que foram repetidas é exatamente igual, poderíamos alterar o fluxo sequencial de execução de modo a fazer com que ele voltasse a executar o conjunto de ações relativas a um único soquete (**Algoritmo 1.5**) tantas vezes quantas fossem desejadas. Uma solução para dez soquetes seria:

Algoritmo 1.7 Troca de lâmpada com teste para 10 soquetes com repetição

- ir até o interruptor do **primeiro** soquete;
- enquanto a quantidade de soquetes testados for menor que dez, faça
    - ligar o interruptor;
    - se a lâmpada não acender, então
        - pegar uma escada;
        - posicionar a escada embaixo da lâmpada;
        - buscar algumas lâmpadas reserva;
        - subir na escada;
        - retirar a lâmpada queimada;
        - colocar uma lâmpada reserva;
        - enquanto a lâmpada não acender, faça *(Repetir até acender)*
            - retirar a lâmpada queimada;
            - colocar outra lâmpada reserva;
    - ir até o interruptor do **próximo** soquete;

(Repetir 10 vezes)

Quando a condição quantidade de soquetes testados for menor que dez for verdadeira, as ações responsáveis pela troca ou não de um único soquete serão executadas. Caso a condição de parada seja falsa, ou seja, todos os dez soquetes já tiverem sido testados, nada mais será executado.

Resumindo

Todo o exemplo foi desenvolvido a partir do problema de descrevermos os passos necessários para efetuar a troca de uma lâmpada, ou seja, construir um **algoritmo** para esse fim.

Inicialmente, tínhamos um pequeno conjunto de ações que deveriam ser executadas, todas passo a passo, uma após a outra, compondo uma ordem sequencial de execução, a estrutura **sequencial**.

Notamos que nem sempre todas as ações previstas deveriam ser executadas. Tal circunstância sugeriu que um determinado conjunto de ações fosse evitado, selecionando conforme o resultado de uma determinada condição. Construímos, assim, uma **estrutura seletiva** através de um **teste condicional** que permitia ou não que o fluxo de execução passasse por um determinado conjunto de ações.

Quando deparamos com a inviabilidade da aplicação da estrutura de seleção para a verificação do êxito na troca da lâmpada, precisamos repetir um mesmo trecho do algoritmo, o que foi realizado alterando-se o fluxo de execução de modo que ele passasse pelo mesmo trecho diversas vezes, enquanto a condição não fosse satisfeita; agimos de forma semelhante na situação de trocar dez lâmpadas, construindo uma **estrutura de repetição**.

Devemos ressaltar que qualquer pessoa, fundamentada na própria experiência, seria capaz de resolver o problema na prática, inclusive se adaptando imediatamente à circunstâncias inusitadas que pudessem surgir (por exemplo, acabarem as lâmpadas reserva, interruptor com defeito, mal contato, etc.). Contudo, um programa de computador tradicional não tem conhecimento prévio nem tem capacidade de raciocínio para encontrar soluções diante de uma situação imprevista, o que implica que devemos determinar em detalhes todas as ações que ele deve executar, prevendo todos os obstáculos e a forma de transpô-los, isto é, descrever uma sequência finita de passos que garantam a solução do problema. Tal atividade é realizada pelos **programadores**, que podemos chamar de **construtores de algoritmos**.

De que maneira representaremos o algoritmo?

Convém enfatizar mais uma vez que um algoritmo é uma linha de raciocínio, que pode ser descrito de diversas maneiras, de forma gráfica ou textual.

Os algoritmos representados até o momento estavam em forma textual, usando português coloquial.

As formas gráficas são mais puras por serem mais fiéis ao raciocínio original, substituindo um grande número de palavras por convenções de desenhos. Para fins de ilustração mostraremos como ficaria o **Algoritmo 1.7** representado graficamente em um fluxograma tradicional (**Algoritmo 1.8**) e em um Chapin (**Algoritmo 1.9**).

Cada uma dessas técnicas tem suas vantagens e desvantagens particulares. Todavia, podemos perceber que ambas permitem um nível grande de clareza quanto ao fluxo de execução. Contudo, deve ser menos fácil entender essas representações do que a do **Algoritmo 1.7** em sua forma textual. Isso ocorre porque é necessário conhecer as convenções gráficas de cada uma dessas técnicas, que apesar de simples não são naturais, pois estamos mais condicionados a nos expressar por palavras.

Outra desvantagem é que normalmente se mostra mais trabalhoso fazer um diagrama do que escrever um texto, mesmo considerando o auxílio de réguas e moldes em caso de escrita manual, ou de algum aplicativo de diagramação. O problema fica ainda maior quando é necessário fazer alguma alteração ou correção no diagrama. Esses fatores podem desencorajar o uso de representações gráficas e, algumas vezes, erroneamente, desmotivando a iniciativa de construção de algoritmos.

Assim justificamos a opção pelos métodos textuais, que, apesar de menos visuais, são mais naturais (próximos à nossa escrita) e fáceis de usar (escrever, corrigir, apagar, incluir etc.).

Para fins de comparação, vejamos como poderia ser representado o nosso algoritmo da troca da lâmpada em sua última versão (Algoritmo 1.7).

Algoritmo 1.8 Fluxograma

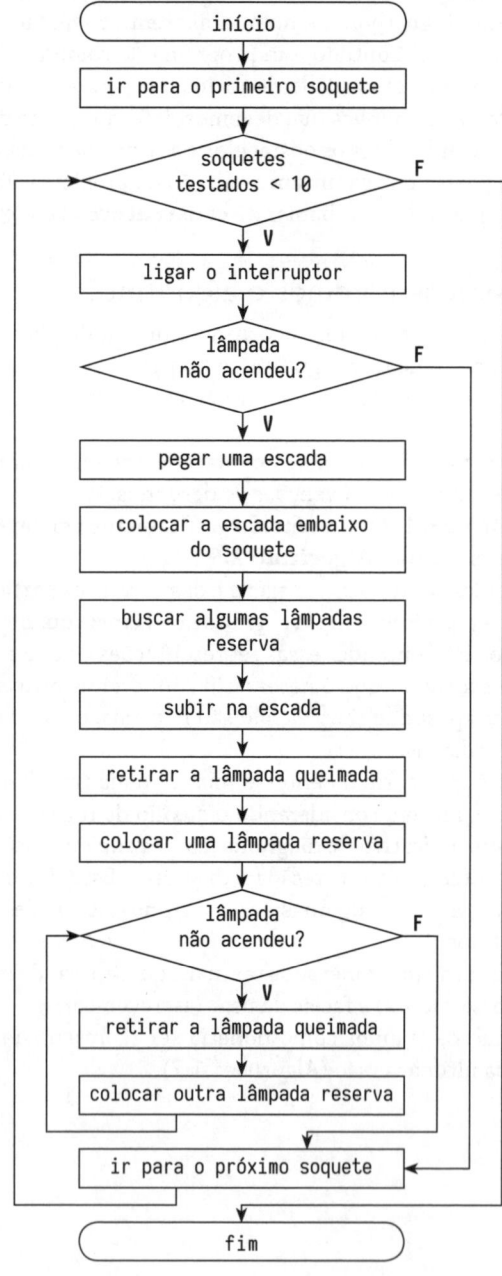

Algoritmo 1.9 Diagrama de Chapin

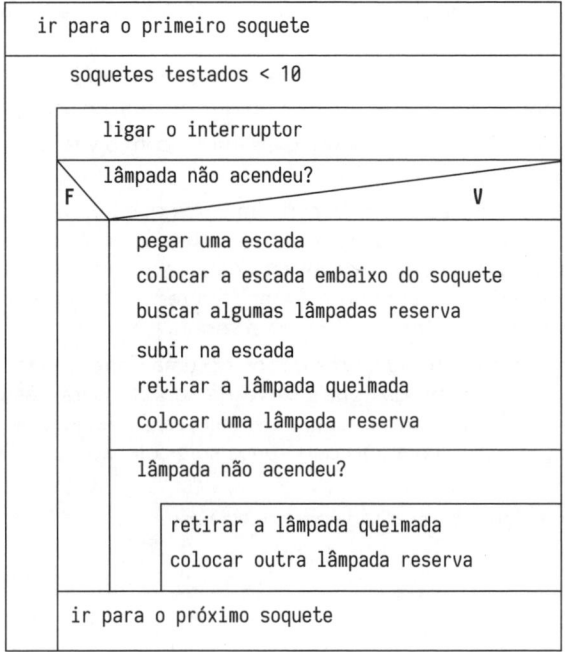

Para representar textualmente algoritmos, usaremos o português, como já vínhamos utilizando. Todavia, não poderemos utilizar toda a riqueza gramatical de nossa língua pátria. Discorremos sobre pelo menos um bom e claro motivo: a ambiguidade.

Vejamos a seguinte frase: "O pregador foi grampeado durante o conserto". Esse exemplo, quando falado, pode ter até oito sentidos diferentes, uma vez que pregador pode ser um religioso que prega a palavra de Deus ou um prendedor de roupas; grampeado pode se tratar de uma escuta telefônica ou do grampo que une folhas de papel; conserto, quando pronunciado, pode se tratar de uma apresentação musical ou da manutenção em algum objeto. Conseguiríamos até distinguir qual dos oito sentidos diferentes se aplicaria, caso avaliássemos a sentença dentro de seu contexto. Entretanto, o computador é desprovido do raciocínio necessário para interpretar a frase.

Para evitar esse e outros problemas, utilizaremos um conjunto de regras que visam restringir e estruturar o uso do português na representação dos algoritmos e que, intencionalmente, se aproximam da maneira pela qual o fazem as linguagens de programação reais, com a finalidade de facilitar a futura codificação dos algoritmos, quando ocorre uma tradução para a linguagem destino.

Até então, já sabemos o que é um algoritmo e já estamos aptos a escrever algoritmos (e resolver os exercícios deste capítulo). A partir do próximo capítulo, agregaremos alguns conceitos e estabeleceremos o conjunto de regras de escrita do nosso português estruturado.

Exercícios de fixação 1

1.1 Três senhoras – dona Branca, dona Rosa e dona Violeta – passeavam pelo parque quando dona Rosa disse:

– Não é curioso que estejamos usando vestidos de cores branca, rosa e violeta, embora nenhuma de nós esteja usando um vestido de cor igual ao seu próprio nome?

– Uma simples coincidência – respondeu a senhora com o vestido violeta. Qual a cor do vestido de cada senhora?

1.2 Um homem precisa atravessar um rio com um barco que possui capacidade apenas para carregar ele mesmo e mais uma de suas três cargas, que são: um lobo, um bode e um maço de alfafa. O que o homem deve fazer para conseguir atravessar o rio sem perder suas cargas? Escreva um algoritmo mostrando a resposta, ou seja, indicando todas as ações necessárias para efetuar uma travessia segura.

1.3 Elabore um algoritmo que mova três discos de uma Torre de Hanói, que consiste em três hastes (a – b – c), uma das quais serve de suporte para três discos de tamanhos diferentes (1 – 2 – 3), os menores sobre os maiores. Pode-se mover um disco de cada vez para qualquer haste, contanto que nunca seja colocado um disco maior sobre um menor.

O objetivo é transferir os três discos para outra haste.

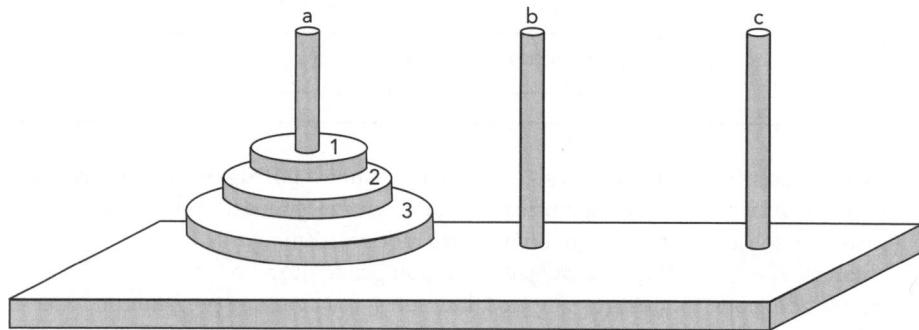

1.4 Três jesuítas e três canibais precisam atravessar um rio; para tal, dispõem de um barco com capacidade para duas pessoas. Por medida de segurança, não se deve permitir que em alguma margem a quantidade de jesuítas seja inferior à de canibais. Qual a solução para efetuar a travessia com segurança? Elabore um algoritmo mostrando a resposta, indicando as ações que concretizam a solução desse problema.

Programando o algoritmo

Dando vida aos algoritmos

Como vimos na seção anterior, algoritmos são uma representação estática por natureza porque expressam a lógica para se alcançar um objetivo, mas não mostram qual foi o resultado final nem o progresso intermediário acontecendo até alcançar esse resultado.

Utilizando a clássica analogia com a receita de bolo, a receita em si não tem sabor algum, mas o bolo pode ser muito gostoso. Contudo, a única forma de saber se a receita é boa mesmo será executando a receita e degustando o bolo ao final. Até podemos ter uma ideia se o bolo vai ser gostoso ou não apenas lendo a receita e imaginando o resultado; porém, para ter certeza só mesmo executando a receita.

É claro que para um confeiteiro experiente, o simples fato de ler uma receita nova já lhe dá uma noção se é boa ou não. Ele nem precisa executar a receita, porque que já passou pelo processo de testar uma receita nova centenas de vezes, produziu milhares de bolos, e, portanto, usa sua experiência para imaginar todos os detalhes sobre o que vai acontecer ao executar a nova receita, até alcançar o resultado final.

O mesmo acontece com os algoritmos: podemos ler o algoritmo (receita) e imaginar o resultado (bolo) para avaliar se alcançou o objetivo (de ser gostoso), mas para ter certeza só mesmo executando o algoritmo (receita) para avaliar o resultado no final (provar o bolo), ou ser um programador (confeiteiro) experiente capaz de ler o algoritmo (receita) e imaginar o resultado (o bolo gostoso).

Contudo, existe uma grande diferença: os algoritmos não são executados pela pessoa que os criou (programador), mas sim pelo computador, e esse não entende nosso idioma nem nossa forma de expressar os algoritmos em diagramas ou pseudolinguagem estruturada.

Então como executar os algoritmos no computador?

Vale reforçar ...

> **A Lógica não está no computador ...
> a lógica está no Programador!**

O computador é totalmente desprovido de lógica, mas é muito eficiente em seguir ordens. Portanto, não precisamos levar a nossa capacidade lógica para o computador, mas sim a possibilidade de executar um conjunto lógico de ações, através das ordens e instruções contidas em nossos algoritmos.

Para expressarmos um algoritmo em uma forma que o computador possa entender, precisamos utilizar uma Linguagem de Programação. Esse processo de expressar um Algoritmo usando uma Linguagem computacional denomina-se **Codificação**, uma vez que expressa no código ou notação da linguagem toda a lógica contida no algoritmo. Vale ressaltar que isso não requer o conhecimento lógico embutido no algoritmo, e sim o conhecimento técnico da linguagem que será empregada na codificação

O resultado da codificação de um algoritmo em uma linguagem computacional gera o que chamamos de um **Programa de Computador**.

Programas estão por toda parte. A sociedade do conhecimento está se desenvolvendo justamente pela aplicação massiva das Tecnologias da Informação e Comunicação (TICs) em todos os setores da atividade humana. Vale para tudo aquilo que vemos funcionando no computador, celular, tablet (desde os aplicativos até o sistema operacional), quanto vale também para tudo o que não vemos ou nos passa desapercebido, como a injeção eletrônica do carro, a central de alarme, o painel eletrônico da máquina de lavar, enfim cada vez mais estamos cercados por programas embutidos (embarcados) nos dispositivos que usamos no dia a dia.

A computação vem se propagando exponencialmente, enquanto sua presença se torna cada vez menos perceptível para o ser humano, a tal ponto que, mesmo sem nos darmos conta, qualquer produto que consumimos ou atividade que desempenhamos, terá tido alguma contribuição direta ou indireta de programas de computador.

Basta aprender uma linguagem de programação para se tornar um programador?

Infelizmente não!

Primeiro porque o fato de saber escrever um programa conforme a notação de uma linguagem computacional não requer o conhecimento da lógica usada para resolver o problema. É como aquele caso do tradutor de finlandês, capaz de ler um artigo sobre física quântica em inglês e traduzi-lo para finlandês, sem necessariamente ser um especialista na área do artigo. Conhecer o idioma finlandês é bem mais fácil (toda criança nascida lá aprende) do que aprender física quântica (quantas crianças sabem de física quântica?). Portanto, para programar de fato, é preciso saber construir algoritmos, é preciso ter lógica.

Segundo, porque existe uma infinidade de linguagens, e diversos paradigmas de programação diferentes, exatamente como temos uma infinidade de idiomas nos diversos países – uma verdadeira Torre de Babel. Para dar uma dimensão do problema, um computador de uso residencial pode possuir centenas de programas, e não seria exagero considerar que tenham sido escritos em pelo menos uma dezena de linguagens diferentes.

Como resolver a Torre de Babel?

Algumas linguagens foram criadas para domínios específicos de problema. Por exemplo, existem linguagens científicas que facilitam a codificação de lógicas científicas para resolver problemas científicos. Assim como existem linguagens que facilitam a codificação de páginas na Internet, outras facilitam a manipulação de dados em bancos de dados, outras são mais voltadas para inteligência artificial, outras para o ensino de conceitos básicos de programação, além das que são mais genéricas para resolver praticamente qualquer espécie de problema.

Uma linguagem dedicada à determinada especialidade tem o potencial para resolver qualquer tipo de problema. A diferença está apenas no nível de dificuldade e na quantidade de codificação para alcançar o mesmo objetivo. Por exemplo, não é impossível usar uma linguagem de banco de dados para fazer programas de inteligência artificial, é apenas bem mais difícil.

Como conviver com tantas linguagens de programação?

Do mesmo jeito que fazemos para nos comunicar entre os humanos: usando a língua materna e aprendendo a traduzir do idioma nativo para alguma outra linguagem de interesse, ou contratando algum tradutor, ou usando o Google Tradutor.

Na prática, nem o computador é poliglota. Mesmo executando programas escritos em dezenas de linguagens diferentes, todas elas são convertidas na linguagem do computador (também chamada linguagem de máquina). Uma linguagem de programação precisará de um programa capaz de traduzir seu código para a linguagem do computador (são chamados de compiladores ou interpretadores, conforme o caso).

Nossa estratégia neste livro é exatamente romper com a Torre de Babel, usar nossa língua materna (português) para expressar a Lógica de Programação, que mais tarde poderá ser codificada ou implementada em qualquer outra linguagem.

Assim, depois de ter aprendido bem a Lógica de Programação em português usando uma pseudolinguagem estruturada, ficará muito mais gradativo aprender e aplicar qualquer outra linguagem de programação, e até várias delas, já que um profissional de TI precisa conhecer diversas linguagens diferentes para desenvolver sistemas para cenários e ecossistemas distintos.

Como conciliar lógica e linguagem?

Desde a 1ª edição (1993), nós autores, hesitamos inúmeras vezes em incluir alguma linguagem de programação real no livro, e cogitamos diversas formas distintas para isso, desde escrever outro livro até criar conteúdo digital específico sobre o tema.

Tratar sobre linguagens de programação soaria até um pouco contraditório, quando colocado sob o ponto de vista do nosso princípio maior, nosso ideal inabalável de difundir a importância da Lógica de Programação mais conceitual, a despeito de linguagens e tudo mais que descrevemos anteriormente.

A realidade educacional e principalmente tecnológica mudou muito. Os primeiros contatos com a programação têm ocorrido cada vez mais cedo, muitas vezes antes dos 10 anos de idade, e quase sempre direto com alguma linguagem de programação.

Certamente é possível aprender Lógica de Programação começando direto com uma linguagem, e condicionando o cérebro a se adaptar com duas curvas de aprendizado distintas e simultâneas: a Lógica e a Linguagem. Contudo, ambos os temas contêm boa dose de complexidade. Especialmente a Lógica de Programação, que pode exigir de muitos uma elevada mudança na forma de raciocinar; todavia, quando compreendida isoladamente facilita demais a aprendizagem de qualquer linguagem.

O resultado indesejado dessa estratégia de ensino tem sido os elevados índices de estudantes que não conseguem aprender a programar, ou quando tanto são capazes de reproduzir, modificar ou mesmo "balbuciar" algumas linhas de código sem saber ao certo o que estão fazendo, criam programas na base da tentativa e erro.

Vivenciando de dentro esse dilema moderno de conciliar Lógica e Linguagem, resolvemos abraçar esse desafio em prol da necessidade premente e crescente de formar programadores em todas as profissões e áreas de conhecimento.

Vamos caminhar lado a lado, passo a passo nessa jornada de aprendizado da programação de computadores, de maneira que se possa absorver e consolidar o conhecimento de forma suave, incremental e no seu próprio ritmo. Assim, aqueles que tiverem mais facilidade com a lógica poderão mais rapidamente pular direto para lógica junto com linguagem. Quem tiver menos facilidade, poderá praticar e desenvolver seu próprio raciocínio lógico primeiro, compreender e experimentar como aquela lógica funciona depois de transformada em programa, e só a partir disso decidir se prefere continuar aprendendo separado ou se já está pronto para juntar tudo, ou, ainda, seguir aprendendo lógica primeiro até o final para apenas depois iniciar o aprendizado da linguagem usando os exemplos e exercícios do livro que já lhe são familiares.

Serão várias as alternativas, e todas elas individualizadas conforme seu ritmo e preferência, mas vale observar que a Lógica virá sempre primeiro ou no máximo junto com a Linguagem.

O objetivo não será apresentar uma linguagem de programação em sua plenitude, mas sim aqueles pontos necessários para permitir a implementação dos algoritmos e sua execução real no computador, acrescentado eventuais conhecimentos técnicos que complementem ou permitam a ressignificação de algum aspecto lógico, portanto usando a linguagem como ferramenta didática para facilitar o aprendizado dos algoritmos.

Afinal, abrimos este capítulo dizendo que "A Lógica não está no COMPUTADOR ... ela está no PROGRAMADOR".

Vamos a um exemplo?

Para tangibilizar e ilustrar o que discutimos até aqui, faremos uma analogia usando um poema.

O poema é uma forma de expressar a poesia capturada pelo poeta, com sua arte, inspiração e sensibilidade, materializando em palavras, pensamentos repletos de sentimentalidade, sensorialidade, reflexividade, entre outros.

Podemos usar um poema bastante conhecido de Carlos Drummond de Andrade para estabelecer a relação entre o poema e a linguagem.

No Meio do Caminho
No meio do caminho tinha uma pedra
tinha uma pedra no meio do caminho
tinha uma pedra
no meio do caminho tinha uma pedra.

Nunca me esquecerei desse acontecimento
na vida de minhas retinas tão fatigadas.
Nunca me esquecerei que no meio do caminho
tinha uma pedra
tinha uma pedra no meio do caminho
no meio do caminho tinha uma pedra.

Essas palavras em forma de poema, podem nos trazer reflexões e sentimentos e, enfim, nos remeter à poesia do poeta.

Seguindo na analogia, não é obrigatório ser um poeta para traduzir esse poema para outro idioma. Basta conhecer o idioma, ou nesse caso recorrer ao Google Tradutor para efetuar a tradução direta (desprovida de adaptação linguística ou interpretação poética). Vejamos como fica o poema traduzido para o finlandês.

Poema No Meio do Caminho, de Carlos Drummond de Andrade

1. No meio do caminho tinha uma pedra	Keskellä tietä oli kivi
2. tinha uma pedra no meio do caminho	keskellä tietä oli kivi
3. tinha uma pedra	oli kivi
4. no meio do caminho tinha uma pedra.	keskellä tietä oli kivi.
5.	
6. Nunca me esquecerei desse acontecimento	En koskaan unohda tätä tapahtumaa
7. na vida de minhas retinas tão fatigadas.	niin väsyneen verkkokalvoni elämässä.
8. Nunca me esquecerei que no meio do caminho	En koskaan unohda sitä puolivälissä
9. tinha uma pedra	oli kivi
10. tinha uma pedra no meio do caminho	keskellä tietä oli kivi
11. no meio do caminho tinha uma pedra.	keskellä tietä oli kivi.

No lado esquerdo, temos o poema original em português do jeito que nos é familiar, enquanto no lado direito temos uma possível tradução para o idioma finlandês.

Podemos analisar essa tradução linha a linha, palavra a palavra, e posto que são poucas palavras nesse poema, fica possível observar lado a lado algum padrão de comportamento nessa tradução.

Portanto, podemos constatar nesse exemplo, que as palavras em si foram apenas uma convenção linguística – um código – que uma vez materializado permite ser "codificado" em outro idioma. A essência do poema não está confinada nas palavras, dado que foi possível traduzir as palavras para outro idioma sem perder o sentido original, e provocar os mesmos sentimentos e reflexões para quem conhecer o outro idioma.

"Tem que existir poesia tanto no receptor quanto no emissor. Você precisa ser tão poeta para entender um poema quanto para fazê-lo", Paulo Leminski.

Tal como desenvolver a capacidade poética que temos dentro de nós, neste livro procuraremos desenvolver a capacidade lógica que igualmente temos dentro de nós. A lógica é abstrata e subjetiva, e tal como a poesia não está confinada nas palavras do poema, a lógica não está confinada nas palavras do algoritmo ou do programa.

Primeiramente, desenvolveremos a capacidade lógica computacional mais abstrata para em seguida aprender a expressá-la em palavras que nos sejam familiares (compondo assim Algoritmos), depois estudaremos as regras de conversão passo a passo, palavra a palavra, linha a linha em uma linguagem de programação (compondo assim Programas). Ao final, mostraremos o resultado desse processo, lado a lado de forma comparativa, muito parecido como vimos na tradução do poema de Drummond.

Apesar dessa sequência didática representar a espinha dorsal do livro, será possível customizar e adaptar conforme o progresso ou a facilidade de cada um. Usando a analogia supramencionada, depois de desenvolver sua capacidade poética (lógica) seria possível passar direto para o finlandês no lado direito, e começar a escrever seus próprios poemas (Algoritmos) em finlandês (Programa).

Qual linguagem seria mais indicada para começar?

De fato, existem algumas linguagens bem mais adequadas para o aprendizado do que outras.

Vale mencionar o mérito gigantesco de linguagens de programação visual, projetadas especificamente para ajudar crianças a darem seus primeiros passos na programação. Elas funcionam com blocos lógicos coloridos que podem ser combinados e encaixados como em um jogo de montar. Isso permite à criança criar programas simples apenas com o mouse, e quase sem precisar usar o teclado ou mesmo saber escrever. A despeito do incontestável mérito da simplicidade, tais linguagens são bastante limitadas para nosso propósito de escolher uma boa primeira linguagem para aprender, que pudesse gerar uma fundação completa como base de conhecimento para codificação da lógica já existente no livro, e nem como transição para o aprendizado de futuras linguagens.

Entre as demais linguagens consideradas mais didáticas, observa-se no decorrer dos últimos anos, uma predominância na escolha do Python como linguagem inicial para cursos de nível superior e cursos de formação de programadores em geral.

De fato, a linguagem Python apresenta inúmeras características que lhe conferem grande simplicidade para leigos e iniciantes, assim como pode ser altamente escalável em profundidade e complexidade, sendo largamente utilizada em aplicações de diversas áreas de ponta como Machine Learning, Data Science, Computação Científica, além de desenvolvimento de APIs, Automação, bem como embarcada em dispositivos de Internet da Coisas (IoT), entre várias outras áreas de aplicação.

Portanto, Python é uma linguagem moderna, simplificada e ao mesmo tempo extremamente robusta, poderosa e promissora como linguagem de produção para vários contextos profissionais e também para aprendizagem de programação, o que a torna especialmente interessante e indicada como primeira linguagem.

Qualquer que fosse a linguagem escolhida, esta segue como uma referência didática para demonstrar a lógica do programador tomando vida e forma no computador, sempre que isso fizer sentido ou ajudar na compreensão sobre a lógica nos exemplos ou exercícios do livro.

Seguiremos firmes com Python usando o espírito já mencionado, para tudo o que tiver correspondência direta ou mesmo quando não tiver... mais detalhes no desenrolar dos próximos capítulos.

Exercícios propostos

1. No torneio de atletismo, Barnabé, Gumercindo e Teodoro participaram das provas de 100 metros rasos, salto em distância e arremesso de dardo. Cada um deles conseguiu um primeiro lugar, um segundo e um terceiro. Descubra o que cada um conquistou, sabendo que:

    a) Gumercindo venceu Barnabé no salto em distância;

    b) Teodoro chegou atrás de Gumercindo no arremesso de dardo;

    c) Barnabé não chegou em primeiro nos 100 metros rasos.

2. João tem três barris. No barril A, que está vazio, cabem 8 litros. No barril B, 5. No barril C, 3 litros. Que deve ele fazer para deixar os barris A e B com 4 litros cada e o C vazio?

3. Tendo como exemplo os algoritmos desenvolvidos para solucionar o problema da troca de lâmpadas, elabore um algoritmo que mostre os passos necessários para trocar um pneu furado. Considere o seguinte conjunto de situações:

    a) trocar o pneu traseiro esquerdo;

    b) trocar o pneu traseiro esquerdo e, antes, verificar se o pneu reserva está em condições de uso;

    c) verificar se existe algum pneu furado; se houver, verificar o pneu reserva e, então, trocar o pneu correto.

    Para cada algoritmo faça um refinamento do anterior, introduzindo novas ações e alterando o fluxo de execução de forma compatível com as situações apresentadas.

4. A partir do Exercício de fixação 1.3 (resolvido no Anexo 1), amplie a solução apresentada de maneira a completar a operação descrita, de troca dos discos da torre A para a torre B, considerando a existência de 4 discos.

5. Considere que uma calculadora comum, de quatro operações, está com as teclas de divisão e multiplicação inoperantes. Escreva algoritmos que resolvam as expressões matemáticas a seguir usando apenas as operações de adição e subtração.

    a) 12×4

    b) 23×11

    c) $10 \div 2$

    d) $175 \div 7$

    e) 2^8

Resumo

Nesse capítulo vimos que a **lógica** se relaciona com a 'ordem da razão', com a 'correção do pensamento', e que é necessário utilizar processos lógicos de programação para construir algoritmos. Mostramos que um **algoritmo** é uma sequência de passos bem definidos que têm por objetivo solucionar um determinado problema.

Através do exemplo das lâmpadas, introduzimos o conceito de controle do **fluxo de execução** e mostramos a estrutura sequencial, de repetição e de seleção. A **estrutura sequencial** significa que o algoritmo é executado passo a passo, sequencialmente, da primeira à última ação. A **estrutura de seleção** permite que uma ação seja ou não executada, dependendo do valor resultante da inspeção de uma condição. A **estrutura de repetição** permite que trechos de algoritmos sejam repetidos até que uma condição seja satisfeita ou enquanto uma condição não estiver satisfeita.

Tópicos preliminares

2

Objetivos

- Apresentar os tipos básicos de dados a serem adotados.
- Definir constantes e variáveis, explicando sua utilização.
- Explicar as expressões aritméticas e lógicas.
- Conceituar o processo de atribuição.
- Apresentar a importância e a aplicação dos comandos de entrada e saída.
- Conceituar blocos lógicos.
- Introduzir os primeiros passos em Python e explicar como aplicar os conceitos do capítulo na linguagem.

▶ Tipos primitivos
▶ Variáveis
▶ Expressões aritméticas, lógicas e relacionais
▶ Comandos de entrada e saída
▶ Blocos
▶ Implementação em Python

Tipos primitivos

Para entender os tipos primitivos, voltemos nossa atenção para um conceito muito importante: a Informação.

Informação é a matéria-prima que faz com que seja necessária a existência dos computadores, pois eles são capazes de manipular e armazenar um grande volume de dados com alta performance, liberando o homem para outras tarefas nas quais seu conhecimento é indispensável. Devemos observar que existe uma tênue diferença entre dado e informação. Por exemplo, ao citarmos uma data, como 21 de setembro, estamos apresentando um dado; ao dizermos que esse é o Dia da Árvore, estamos agregando valor ao dado data, apresentando uma informação.

Aproximando-nos da maneira pela qual o computador manipula as informações, vamos dividi-las em quatro tipos primitivos, que serão os tipos básicos que usaremos na construção de algoritmos.

Inteiro: toda e qualquer informação numérica que pertença ao conjunto dos números inteiros relativos (negativa, nula ou positiva).

Exemplos

Vejamos algumas proposições declarativas comuns em que é usado o tipo inteiro:
a. Ele tem *3* irmãos.
b. A escada possui *8* degraus.
c. Meu vizinho adotou *2* cães.

Enfatizando o conceito de dado, vale observar, por exemplo, o item b: 8 é um dado do tipo inteiro e a informação é associar que 8 é o número de degraus da escada.

Real: toda e qualquer informação numérica que pertença ao conjunto dos números reais (negativa, nula ou positiva).

Exemplos

a. Ela tem *1,73* metro de altura.
b. Meu saldo bancário é de R$ *215,20*.
c. No momento estou pesando *82,5* kg.

Caracter: toda e qualquer informação composta de um conjunto de caracteres alfanuméricos: numéricos (0...9), alfabéticos (A...Z, a...z) e especiais (por exemplo, #, ?, !, @).

Exemplos

a. Constava na prova: "*Use somente caneta!*".
b. O parque municipal estava repleto de placas: "*Não pise na grama*".
c. O nome do vencedor é *Felisberto Laranjeira.*

Lógico: toda e qualquer informação que pode assumir apenas duas situações (biestável).

Exemplos

a. A porta pode estar *aberta* ou *fechada*.
b. A lâmpada pode estar *ligada* ou *desligada*.

Exercício de fixação 1

1.1 Determine qual é o tipo primitivo de informação presente nas sentenças a seguir:
a) A placa "*Pare!*" tinha 2 furos de bala.
b) Josefina subiu 5 degraus para pegar uma maçã boa.
c) Alberta levou 3,5 horas para chegar ao hospital onde concebeu uma garota.
d) Astrogilda mandou pintar em um lote de 10 camisetas: "*Preserve o meio ambiente!*", e ficou devendo R$ 150,80 para a estamparia Pinte e Borde a ser pago em 3 parcelas.
e) Felisberto recebeu sua 18ª medalha por ter alcançado a marca de 57,3 segundos nos 100 metros rasos.

Constantes

Entendemos que um dado é constante quando não sofre nenhuma variação no decorrer do tempo, ou seja, seu valor é constante desde o início até o fim da execução do algoritmo, assim como é constante para execuções diferentes no tempo.

Para diferenciar os dados constantes de tipo caracter dos outros tipos, usaremos aspas duplas (" ") para delimitá-los.

Convencionaremos que as informações do tipo lógico poderão assumir um dos seguintes valores constantes: **verdade** (V) ou **falsidade** (F).

Exemplos

5, "*Não fume*", 2527, –0,58, V, F

Variável

Um dado é classificado como variável quando tem a possibilidade de ser alterado em algum instante no decorrer do tempo, ou seja, durante a execução do algoritmo em que é utilizado, o valor do dado sofre alteração ou o dado é dependente da execução em um certo momento ou circunstância.

Exemplos

A cotação do dólar, o peso de uma pessoa, o índice mensal da inflação.

Um exemplo para ilustrar a diferença entre valores constantes e variáveis seria a fórmula matemática para calcular o valor da área de uma circunferência. Naturalmente, teríamos de usar a fórmula que expressa que área é igual a πr^2, na qual π tem valor **constante** de **3,1416**..., independente de qual seja a circunferência (vale para todas as ocasiões em que calcularmos a área); já o valor de **r**, que representa o **raio**, é dependente da circunferência que estamos calculando, logo é **variável** a cada circunferência que se queira calcular a área.

Formação de identificadores

Vamos supor que, ao fazer um contrato de locação de imóvel, não possamos utilizar um valor fixo em moeda corrente como base para o reajuste do contrato, pois com o passar do tempo esse valor estaria defasado. Para resolver esse problema, poderíamos utilizar um parâmetro que fornecesse valores atualizados em moeda corrente para cada período, ou seja, um dado variável dependente do período.

Haveria, então, a necessidade de nomear esse parâmetro que representa os valores em mutação, tal como o IGP-M, Índice Geral de Preços do Mercado.

Esses nomes das informações de caráter variável são os **identificadores**, os quais devem acompanhar as seguintes regras de formação:

1. Devem começar por um caractere alfabético.
2. Podem ser seguidos por mais caracteres alfabéticos ou numéricos.
3. Não devem ser usados caracteres especiais.

O diagrama de sintaxe a seguir resume graficamente essas regras.

Diagrama

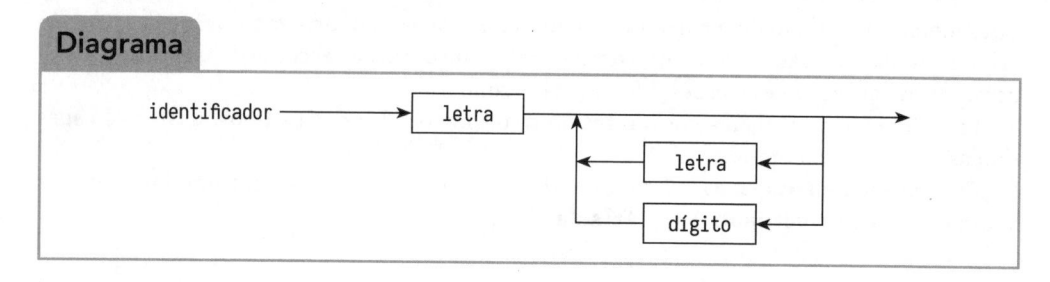

```
identificador ──▶ letra ──────────────────────────▶
                    ▲   ◀── letra ◀──
                    └── ◀── dígito ◀──
```

Exemplos

a. Identificadores válidos:
Alpha, X, BJ153, K7, Notas, Média, ABC, INSS, FGTS, IGPM.
b. Identificadores inválidos:
5X, E(13), A:B, X-Y, Nota/2, AWQ*, P&AA, IGP-M.

Declaração de variáveis

No ambiente computacional, as informações variáveis são guardadas em dispositivos eletrônicos analogamente chamados de **memória**. Podemos imaginar essa 'memória' como um armário repleto de gavetas, no qual as gavetas seriam os locais físicos responsáveis por armazenar objetos; os objetos (que podem ser substituídos) seriam os dados e as gavetas, as variáveis.

Visto que na memória (armário) existem inúmeras variáveis (gavetas), precisamos diferenciá-las, o que é feito por meio de identificadores (etiquetas ou rótulos). Cada variável (gaveta), no entanto, pode guardar apenas um dado (objeto) de cada vez, sendo sempre de mesmo tipo primitivo (material).

Portanto, precisamos definir nomes para determinadas gavetas especificando qual o material dos objetos que lá podem ser armazenados; em outras palavras, declarar as variáveis que serão usadas para identificar os dados.

Para tal atividade vamos adotar as seguintes regras sintáticas:

Diagrama

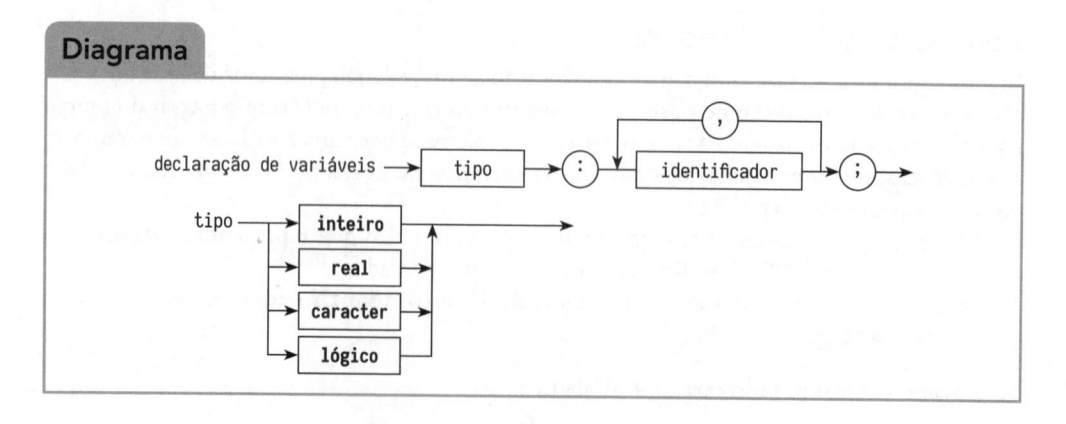

```
declaração de variáveis ──▶ tipo ──▶ : ──▶ identificador ──▶ ; ──▶
                                              ▲    ◀── , ──┘

tipo ──┬──▶ inteiro ──┐
       ├──▶ real ─────┤
       ├──▶ caracter ─┤
       └──▶ lógico ───┘
```

Exemplos

inteiro: X, Y;
real: ABC, Peso, Nota, Dólar;
caracter: Nome, Endereço, Data, XPTO;
lógico: Resposta, H286;

No exemplo, Resposta é o nome de um local de memória que só pode conter valores do tipo lógico, ou seja, por convenção, verdade (V) ou falsidade (F).

Já o identificador X é o nome de um local de memória que só pode conter valores do tipo inteiro, qualquer um deles.

Não devemos permitir que mais de uma variável (gaveta) possua o mesmo identificador (etiqueta), já que ficaríamos sem saber que variável utilizar (que gaveta abrir). Só podemos guardar dados (objetos) em variáveis (gavetas) do mesmo material (tipo primitivo), ou seja, uma variável do tipo primitivo inteiro só pode armazenar números inteiros, uma variável lógica, somente verdade (V) ou falsidade (F), e assim por diante. Outra restrição importante é que as variáveis (gavetas) podem receber apenas um dado (objeto) de cada vez.

Exercícios de fixação 2

2.1 Assinale os identificadores válidos:

- a) (X)
- b) U2
- c) AH!
- d) "ALUNO"
- e) #55
- f) KM/L
- g) UYT
- h) ASDRUBAL
- i) AB*C
- j) O&O
- l) P{O}
- m) B52
- n) Rua
- o) CEP
- p) dia/mês

2.2 Supondo que as variáveis NB, NA, NMat, SX sejam utilizadas para armazenar a nota do aluno, o nome do aluno, o número da matrícula e o sexo, declare-as corretamente, associando o tipo primitivo adequado ao dado que será armazenado.

2.3 Encontre os erros da seguinte declaração de variáveis:

inteiro: Endereço, NFilhos;
real: XPTO, C, Peso, R$;
caracter: Idade, X;
lógico: Lâmpada, C;

Expressões aritméticas

Denominamos expressão aritmética aquela cujos operadores são aritméticos e cujos operandos são constantes ou variáveis do tipo numérico (inteiro ou real).

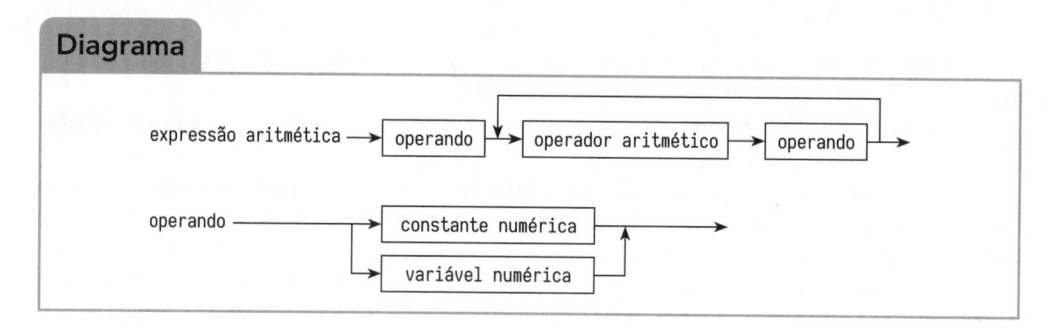

Diagrama

expressão aritmética → operando → operador aritmético → operando →

operando → constante numérica
         → variável numérica

Operadores aritméticos

Chamamos de operadores aritméticos o conjunto de símbolos que representa as operações básicas da matemática, a saber:

Tabela 2.1 Operadores aritméticos

Operador	Função	Exemplos
+	Adição	2 + 3, X + Y
-	Subtração	4 - 2, N - M
*	Multiplicação	3 * 4, A * B
/	Divisão	10/2, X1/X2

Para representar as operações de radiciação e potenciação, usaremos as palavras-chave rad e pot, conforme indica a **Tabela 2.2**.

Tabela 2.2 Potenciação e radiciação

Operador	Função	Significado	Exemplos
pot(x, y)	Potenciação	x elevado a y	pot(2, 3) resulta em 8
rad(x)	Radiciação	Raiz quadrada de x	rad(9) resulta em 3

Usaremos outras operações matemáticas não usuais, porém muito úteis na construção de algoritmos, que são o resto da divisão inteira e o quociente da divisão inteira, conforme a **Tabela 2.3**.

Tabela 2.3 Operadores aritméticos

Operador	Função	Exemplos
mod	Resto da divisão inteira	9 mod 4 resulta em 1 27 mod 5 resulta em 2
div	Quociente da divisão inteira	9 div 4 resulta em 2 27 div 5 resulta em 5

Os operadores de resto e quociente inteiro são úteis em diversos cenários, entre os quais categorizar números ou separar seus algarismos. Por exemplo, para verificar se um número é par ou ímpar, basta verificar o resto da sua divisão por 2:

[Diagrama manuscrito: 15 dividido por 2 = 7, resto 1 → 15 é ímpar; 8 dividido por 2 = 4, resto 0 → 8 é par]

O número 15 é ímpar pois 15 mod 2 resulta 1, já 8 é par, pois 8 mod 2 resulta 0. O mesmo raciocínio é aplicado para verificar se é divisível por outro número qualquer.

Para separar um número inteiro, basta aplicar divisões inteiras sucessivas por 10 para obter seus algarismos:

[Diagrama manuscrito: 123 div 10 = 12, resto 3 (unidade); 12 div 10 = 1 (centena), resto 2 (dezena)]

Nesse exemplo, 123 mod 10 resulta em 3 (unidade), (123 div 10) mod 10 resulta em 2 (dezena), (123 div 10) div 10 resulta em 1 (centena), que poderia ser reescrito como 123 div 100.

Prioridades

Na resolução das expressões aritméticas, as operações guardam uma hierarquia entre si.

Tabela 2.4 Precedência entre os operadores aritméticos

Prioridade	Operadores
1ª	parênteses mais internos
2ª	pot rad
3ª	* / div mod
4ª	+ −

Em caso de empate (operadores de mesma prioridade), devemos resolver da esquerda para a direita, conforme a sequência existente na expressão aritmética. Para alterar a prioridade da tabela, utilizamos parênteses mais internos.

Exemplos

a. 5 + 9 + 7 + 8/4
   5 + 9 + 7 + 2
   23

b. 1 − 4 * 3/6 − pot(3, 2)
   1 − 4 * 3/6 − 9
   1 − 12/6 − 9
   1 − 2 − 9
   −10

c. pot(5, 2) − 4/2 + rad(1 + 3 * 5)/2
   pot(5, 2) − 4/2 + rad(1 + 15)/2
   pot(5, 2) − 4/2 + rad(16)/2
   25 − 4/2 + 4/2
   25 − 2 + 2
   25

Exercício de fixação 3

3.1 Supondo que A, B e C são variáveis de tipo inteiro, com valores iguais a 5, 10 e −8, respectivamente, e uma variável real D, com valor de 1,5, quais os resultados das expressões aritméticas a seguir?

a) 2 * A mod 3 − C
b) rad(−2 * C) div 4
c) ((20 div 3) div 3) + pot(8, 2)/2
d) (30 mod 4 * pot(3, 3)) * −1
e) pot(−C, 2) + (D * 10)/A
f) rad(pot(A, B/A)) + C * D

Expressões lógicas

Denominamos expressão lógica aquela cujos operadores são lógicos ou relacionais e cujos operandos são relações ou variáveis ou constantes do tipo lógico.

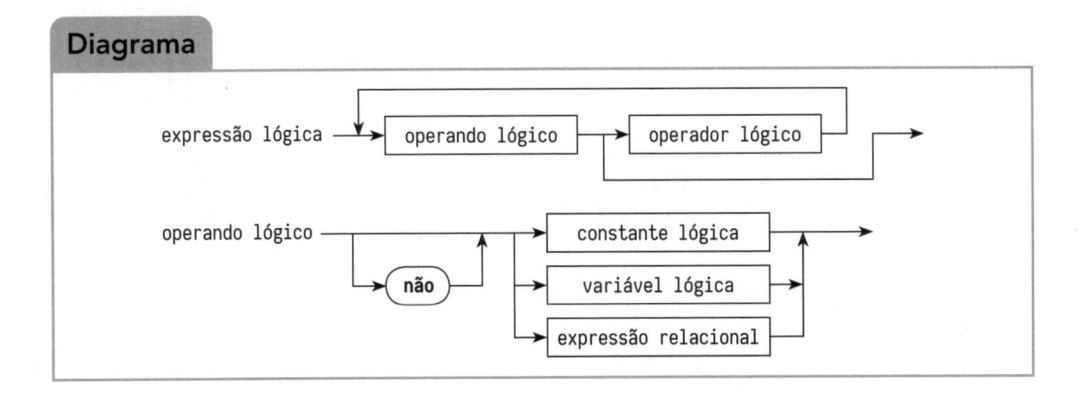

Diagrama

expressão lógica → operando lógico → operador lógico →

operando lógico → (não) → constante lógica
→ variável lógica
→ expressão relacional

Operadores relacionais

Utilizamos os operadores relacionais para realizar comparações entre dois valores de mesmo tipo primitivo. Tais valores são representados por constantes, variáveis ou expressões aritméticas.

Os operadores relacionais são comuns para construirmos equações. Adotaremos como convenção para esses operadores os símbolos apresentados na **Tabela 2.5**.

Tabela 2.5 Operadores relacionais

Operador	Função	Exemplos
=	Igual a	3 = 3, X = Y
>	Maior que	5 > 4, X > Y
<	Menor que	3 < 6, X < Y
>=	Maior ou igual a	5 >= 3, X >= Y
<=	Menor ou igual a	3 <= 5, X <= Y
<>	Diferente de	8 <> 9, X <> Y

O resultado obtido de uma relação é sempre um valor **lógico**. Por exemplo, analisando a relação numérica A + B = C, o resultado será verdade ou falsidade à medida que o valor da expressão aritmética A + B seja igual ou diferente do conteúdo da variável C, respectivamente.

Diagrama

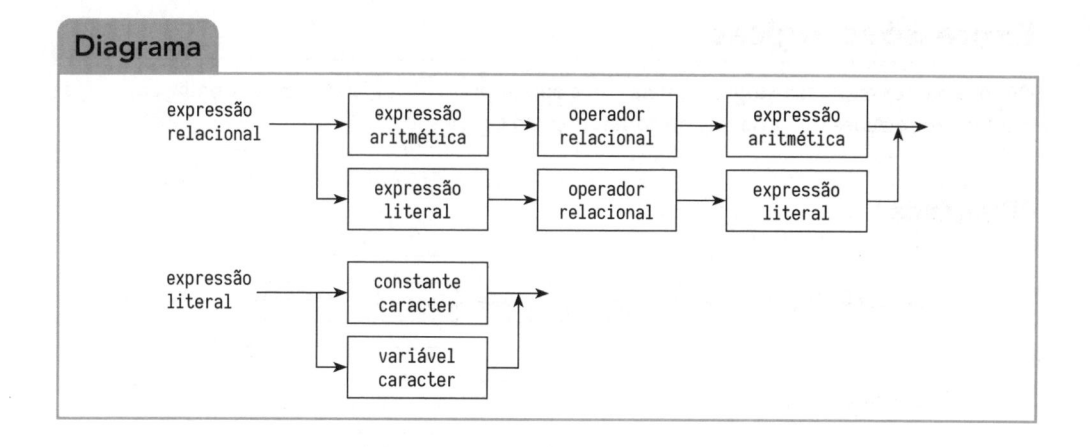

```
expressão ──→ expressão ──→ operador   ──→ expressão ──┐
relacional    aritmética    relacional    aritmética    │
         │                                              ↑
         └──→ expressão ──→ operador   ──→ expressão ──┘
              literal       relacional    literal


expressão ──→ constante ──┐
literal       caracter    ↑
         │                │
         └──→ variável ───┘
              caracter
```

Exemplos

a. 2 * 4 = 24/3
      8 = 8
       V

b. 15 mod 4 < 19 mod 6
        3 < 1
         F

c. 3 * 5 div 4 <= pot(3, 2)/0,5
    15 div 4 <= 9/0,5
       3 <= 18
        V

d. 2 + 8 mod 7 >= 3 * 6 - 15
     2 + 1 >= 18 - 15
       3 >= 3
        V

Operadores lógicos

Utilizaremos três **operadores** básicos para a formação de novas proposições lógicas compostas a partir de outras proposições lógicas simples. Os operadores lógicos estão descritos na **Tabela 2.6**.

Tabela 2.6 Operadores lógicos

Operador	Função
não	negação
e	conjunção
ou	disjunção

Tabelas-verdade

Tabela-verdade é o conjunto de todas as possibilidades combinatórias entre os valores de diversas variáveis lógicas, as quais se encontram em apenas duas situações (V ou F), e um conjunto de operadores lógicos.

Construiremos uma tabela-verdade com o objetivo de dispor de uma maneira prática os valores lógicos envolvidos em uma expressão lógica.

Tabela 2.7   Operação de negação

A	não A
F	V
V	F

Tabela 2.8   Operação de conjunção

A	B	A e B
F	F	F
F	V	F
V	F	F
V	V	V

Tabela 2.9   Operação de disjunção não exclusiva

A	B	A ou B
F	F	F
F	V	V
V	F	V
V	V	V

Exemplos

a. Se chover **e** relampejar, eu fico em casa.
   Quando eu fico em casa?

Observamos na tabela-verdade do conectivo usado anteriormente (**e**) que a proposição só será verificada (ou seja, "eu fico em casa") quando os termos chover e relampejar forem simultaneamente verdade.

b. Se chover **ou** relampejar eu fico em casa.
   Quando eu fico em casa?

Percebemos que, com o operando lógico **ou**, as possibilidades de "eu fico em casa" se tornam maiores, pois, pela tabela-verdade, a proposição será verdadeira em três situações: somente chovendo, somente relampejando, chovendo e relampejando ao mesmo tempo.

   c. 2 < 5 **e** 15/3 = 5
       V **e** 5 = 5
       V **e** V
         V
   d. 2 < 5 **ou** 15/3 = 5
       V **ou** V
         V
   e. F **ou** 20 div(18/3) <> (21/3) div 2
      F **ou** 20 div 6 <> 7 div 2
      F **ou** 3 <> 3
      F **ou** F
       F
   f. **não** V **ou** pot(3, 2)/3 < 15 − 35 mod 7
      não V **ou** 9/3 < 15 − 0
      não V **ou** 3 < 15
      não V **ou** V
       F **ou** V
        V

Prioridades

Entre operadores lógicos:

Tabela 2.10 Precedência entre os operadores lógicos

Prioridade	Operadores
1ª	**não**
2ª	**e**
3ª	**ou**

Entre todos os operadores:

Tabela 2.11 Precedência entre todos os operadores

Prioridade	Operadores
1ª	parênteses mais internos
2ª	operadores aritméticos
3ª	operadores relacionais
4ª	operadores lógicos

Convém observar que essa última convenção de precedência (**Tabela 2.11**) não é comum a todas as linguagens, mas foi adotada por ser considerada a mais didática.

Exemplos

a. não (5 <> 10/2) ou V e 2 - 5 > 5 - 2 ou V)
   não (5 <> 5 ou V e - 3 > 3 ou V)
      não (F ou V e F ou V)
         não (F ou F ou V)
            não (F ou V)
               não (V)
                  F

b. pot(2, 4) <> 4 + 2 ou 2 + 3 * 5/3 mod 5 < 0
         16 <> 6 ou 2 + 15/3 mod 5 < 0
         16 <> 6 ou 2 + 5 mod 5 < 0
         16 <> 6 ou 2 + 0 < 0
         16 <> 6 ou 2 < 0
            V ou F
               V

Exercício de fixação 4

4.1 Determine os resultados obtidos na avaliação das expressões lógicas seguintes, sabendo que A, B, C contêm, respectivamente, 2, 7, 3,5, e que existe uma variável lógica L cujo valor é falsidade (F):

a) B = A * C e (L ou V)

b) B > A ou B = pot(A, A)

c) L e B div A >= C ou não A <= C

d) não L ou V e rad(A + B) >= C

e) B/A = C ou B/A <> C

f) L ou pot(B, A) <= C * 10 + A * B

Comando de atribuição

Um comando de atribuição permite-nos fornecer um valor a uma variável (guardar um objeto em uma gaveta), em que o tipo do dado deve ser compatível com o tipo da variável, isto é, somente podemos atribuir um valor lógico a uma variável capaz de comportá-lo, ou seja, uma variável declarada como sendo do tipo lógico.

O comando de atribuição possui a seguinte sintaxe:

Diagrama

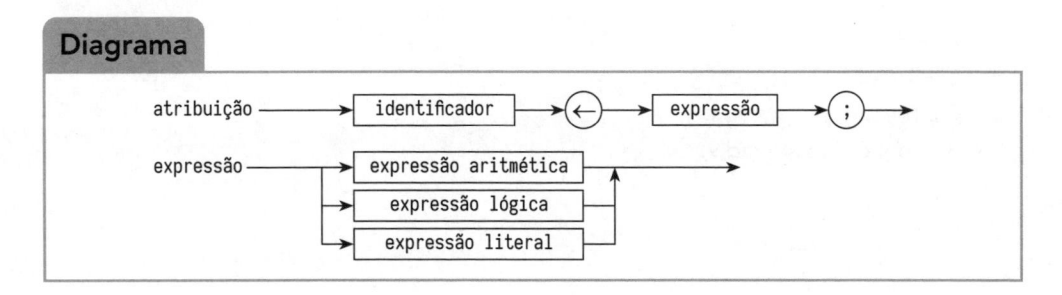

atribuição ──→ identificador ──→ ← ──→ expressão ──→ ; ──→

expressão ──→ expressão aritmética
           ──→ expressão lógica
           ──→ expressão literal

Exemplos

lógico: A, B;
inteiro: X;
real: Y;
caracter: C;
A ← 2 + 2 = 5;
X ← 8 + 13 div 5;
B ← A;
X ← 2;
Y ← 10 / 3;
C ← "texto"

Esses comandos atribuem às variáveis A, X, Y, C e B os valores fornecidos à direita do símbolo de atribuição. Vale ressaltar que à esquerda do símbolo de atribuição deve existir apenas um identificador.

Percebemos que as variáveis A e B devem ser do tipo lógico e que a variável X deve ser do tipo inteiro, o que já foi explicitado na declaração das variáveis. Além disso, devemos observar que a variável Y precisa ser do tipo real para poder receber os valores decimais resultantes da expressão, assim como a variável C precisa ser do tipo caracter para receber o respectivo conteúdo.

Nos comandos em que o valor a ser atribuído à variável é representado por uma expressão aritmética ou lógica, estas devem ser resolvidas em primeiro lugar, para que depois o resultado possa ser armazenado na variável. Por exemplo, na primeira atribuição, A receberia verdade se 2 + 2 fosse igual a 4; como não é, A receberá falsidade.

Notemos também que uma variável pode ser utilizada diversas vezes. Ao atribuirmos um segundo valor, o primeiro valor armazenado anteriormente será descartado, sendo substituído pelo segundo. Por exemplo, na primeira utilização, X recebe o resultado da expressão aritmética (o valor inteiro 10); na segunda utilização, esse valor é descartado, pois X passa a ter como valor o inteiro 2.

Exercício de fixação 5

5.1 Encontre os erros dos seguintes comandos de atribuição:

lógico: A;
real: B, C;
inteiro: D;
A ← B = C;
D ← B;
C + 1 ← B + C;
C e B ← 3.5;
B ← pot(6, 2)/3 <= rad(9) * 4

Comandos de entrada e saída

Os algoritmos precisam ser 'alimentados' com dados provenientes do meio externo para efetuarem as operações e cálculos que são necessários a fim de alcançar o resultado desejado. Com essa finalidade, utilizaremos os comandos de entrada e saída. Vejamos uma analogia desse processo com uma atividade que nos é corriqueira, como a respiração.

No processo respiratório, inspiramos os diversos gases que compõem a atmosfera; realizamos uma **entrada** de substâncias externas que agora serão **processadas** pelo organismo, sendo que, depois de devidamente aplicadas por ele, serão devolvidas, alteradas, ao meio, como **saída** de substâncias para o meio externo.

Da mesma forma funciona o 'organismo' do computador, só que no lugar de substâncias atmosféricas entram e saem dados.

Outra analogia clássica e muito utilizada é proveniente da culinária doméstica. Para fazer um bolo também seguimos o mandamento da informática; como entrada, temos os ingredientes que serão processados segundo um algoritmo, a receita, e finalizarão tendo por saída o bolo pronto. Notemos que nem os ingredientes nem o bolo pertencem à receita, pois são provenientes do meio externo à receita.

Entrada de dados

Para que o algoritmo possa receber os dados de que necessita, adotaremos um comando de entrada de dados denominado leia, cuja finalidade é atribuir o dado a ser fornecido à variável identificada.

O comando leia segue a seguinte regra sintática:

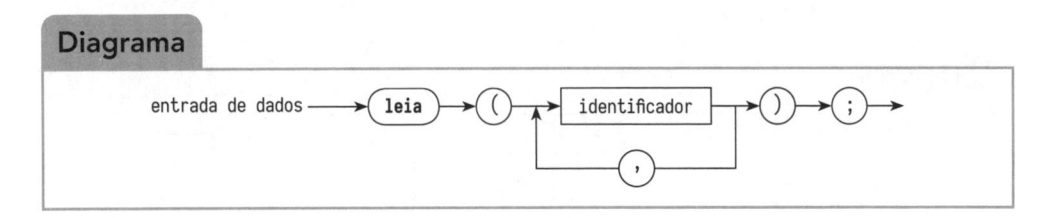

Diagrama

entrada de dados → leia → (→ identificador →) → ;
                              ↑_____,_____↓

Exemplos

```
leia (X);
leia (Y);
leia (A, XPTO, Nota);
```

Saída de dados

Para que o algoritmo possa mostrar os dados que calculou, como resposta ao problema que resolveu, adotaremos um comando de saída de dados denominado escreva, cuja finalidade é exibir o conteúdo da variável identificada.

O comando escreva segue a seguinte regra sintática:

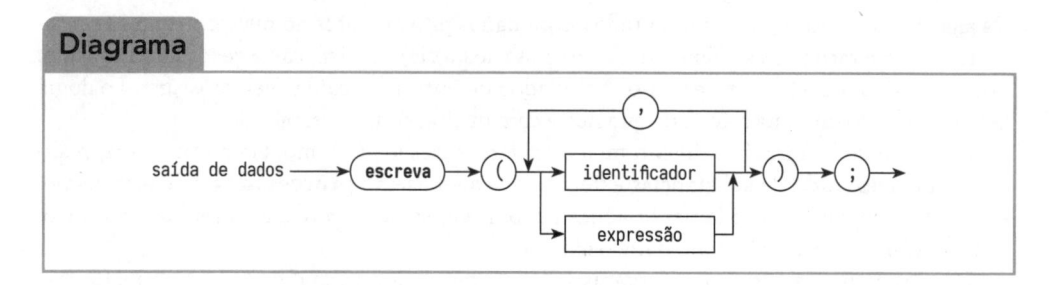

Diagrama

saída de dados → escreva → (→ identificador / expressão →) → ;

(loop back com vírgula)

Exemplos

escreva (Y);
escreva (B, XPTO, Soma/4);
escreva ("Bom dia", Nome);
escreva ("Você pesa", P, "quilos");

Blocos

Um bloco pode ser definido como um conjunto de ações com uma função definida; nesse caso, um algoritmo pode ser visto como um bloco. Ele serve também para definir os limites nos quais as variáveis declaradas em seu interior são conhecidas.

Para delimitar um bloco, utilizamos os delimitadores **início** e **fim**.

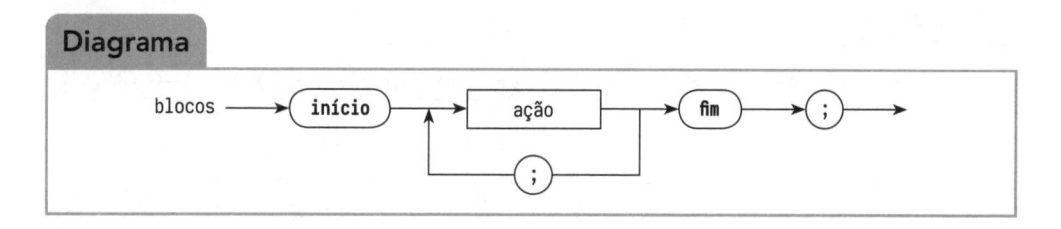

Diagrama

blocos → início → ação → fim → ;

(loop back com ;)

Exemplo

início // início do bloco (algoritmo)
      // declaração de variáveis
      // sequência de ações
fim.   // fim do bloco (algoritmo)

Nota

Com o objetivo de explicarmos certas linhas importantes nos algoritmos, utilizaremos comentários, que estarão dispostos após as barras duplas (//). O uso de comentários é recomendado para aumentar a clareza dos algoritmos, facilitando a leitura e compreensão posterior pelo seu autor ou por outras pessoas.

Começando no Python

Nesse nosso primeiro contato com a linguagem Python e seu ambiente de execução, vamos começar introduzindo algumas orientações de instalação e algumas características da linguagem que serão muito relevantes nos capítulos seguintes.

Instalação e usabilidade

Como vimos no capítulo anterior, na prática o processador não compreende nenhuma linguagem de programação de alto nível porque ele apenas entende sua linguagem própria (também chamada linguagem de máquina).

Vimos ainda que cada linguagem precisa então criar seu próprio mecanismo de conversão para a linguagem de base do computador (empregando um compilador) ou então executar o programa em um contexto controlado (empregando um interpretador).

No caso da linguagem Python é usado um interpretador, que na verdade é um programa capaz de converter linha a linha do código para uma linguagem que possa ser executada no computador, ou então nos mostrar mensagens indicativas de erro quando escrevemos algo incorreto, não suportado pela linguagem

Portanto será preciso instalar o interpretador Python em nosso computador, a fim de que ele possa compreender nossos comandos na linguagem Python.

Instalação

O interpretador Python é um programa de código livre, o que nos permitirá utilizá-lo gratuitamente.

Para instalar, precisaremos primeiro baixar o instalador que pode ser encontrado em: https://www.python.org/downloads/. Devemos clicar no botão de *Download* ou selecionar o link contendo a versão adequada para o sistema operacional do computador.

Depois disso, podemos executar o instalador seguindo todos os passos da instalação padrão. Caso seja necessária uma orientação mais detalhada sobre esse processo, os sites a seguir são boas referências:

- para Windows: https://python.org.br/instalacao-windows/
- para Mac: https://python.org.br/instalacao-mac/
- para Linux: https://python.org.br/instalacao-linux/

Com a instalação concluída, poderemos fazer nosso primeiro programa em Python.

Usabilidade

O Python permite executar seu interpretador no modo interativo, no qual é possível interagir comando a comando. O modo interativo pode ser aberto em linha de comando, chamando pelo nome do executável do interpretador, ou então pode ser usado embutido em um ambiente integrado de programação e aprendizado (também conhecido pela sigla em inglês IDLE – *Integrated Development and Learning Environment*).

Modo Interativo

Nesse modo, podemos escrever uma linha de comando em Python que será imediatamente interpretada e executada.

A abertura do interpretador interativo em linha de comando ou através do ambiente IDLE vai depender do sistema operacional no qual o Python foi instalado.

Depois de aberto o interpretador, o prompt primário ">>>" será exibido, o que marca o início da linha em que poderemos digitar nosso primeiro comando: print("Olá Mundo !"). Depois basta teclar Enter. O resultado ficará parecido com o apresentado na **Figura 2.1** a seguir.

```
C:\>python
Python 3.10.1 (tags/v3.10.1:2cd268a, Dec  6 2021, 19:10:37) [MSC v.1929 64 bit (AMD64)] on win32
Type "help", "copyright", "credits" or "license" for more information.
>>> print("Olá Mundo!")
Olá Mundo!
>>> quit()

C:\>
```

Figura 2.1 Modo interativo chamado em Linha de Comando Windows.

Arquivo de Comandos

No segundo modo, podemos ter várias linhas de comando agrupadas em um arquivo de código-fonte Python, com extensão .py, que serão executadas todas de uma só vez.

Para fazermos isso, usaremos o ambiente IDLE, depois de aberto:

- vamos em *File / New* para criar um novo código-fonte
- digitamos nosso comando:

print("Olá Mundo!")

- salvamos o código em *File / Save*, com o nome ola_mundo.py
- executamos o código em *Run / Run module* para executar o programa.

O resultado dessa execução ficará semelhante com a tela apresentada na **Figura 2.2**.

```
Python 3.10.1 (tags/v3.10.1:2cd268a, Dec  6 2021, 19:10:37) [MSC v.1929 64 bit (AMD64)] on win32
Type "help", "copyright", "credits" or "license()" for more information.
>>>
====================== RESTART: C:/Programas/ola_mundo.py ======================
Ola Mundo
>>>
```

Figura 2.2 Executando código-fonte Python usando IDLE no Windows.

> **Nota**
>
> Para facilitar o desenvolvimento dos programas e sistemas em Python (ou em qualquer linguagem) costuma-se utilizar um Ambiente de Desenvolvimento Integrado ou IDE (de *Integrated Development Environment*), que é um ambiente que integra ferramentas para facilitar e agilizar o desenvolvimento de programas (escrita, depuração, compilação, gestão de dependências etc).
>
> Algumas IDEs Python populares são: IDLE, PyCharm, Jupyter Notebook, Visual Studio Code, Atom, Spyder, Thonny entre outras, sendo a escolha uma opção de gosto pessoal do desenvolvedor ou um padrão da equipe, projeto ou da empresa.
>
> Desta forma, para implementar os algoritmos propostos no livro e testar os códigos-fonte que serão desenvolvidos, é interessante testar e escolher uma IDE atualizada para esta finalidade.

Como traduzir até aqui

A seguir veremos como converter cada um dos Tópicos Preliminares para seu equivalente em Python, acrescentando os esclarecimentos relevantes quando necessário, especialmente nas situações de maior divergência entre pseudocódigo e código-fonte Python, mantendo essa estratégia ao longo dos demais capítulos.

Tipos

O Python possui os mesmos tipos de base que os tipos primitivos já discutidos, conforme **Tabela 2.12**. Estes tipos são aliás comuns na maioria das linguagens, pois são a base dos diferentes tipos de dados que costumamos armazenar em ambiente computacional para representar as informações que os algoritmos irão manipular.

Tabela 2.12 Tipos primitivos

Algoritmo	Python
inteiro	int
real	float
caracter	str
lógico	bool

Python possui tipagem dinâmica (não é necessário declarar o tipo da variável antecipadamente) e fraca (maior tolerância para conversões e alteração de tipo), como exemplificaremos mais adiante.

Os tipos no Python, int (de integer – inteiro), o float (de ponto flutuante, número com ponto decimal – real), str (de string, cadeia de caracteres) e bool (de booleano – lógico, em homenagem a George Boole, criador da Álgebra Boolena) são essencialmente os tipos básicos para as variáveis e constantes, bem como para outros tipos construídos mais elaborados que serão discutidos nos próximos capítulos.

Constantes

Seguem exatamente a mesma definição e formato, com uma diferença no caso dos valores do tipo lógico (bool), que em vez de **V** (verdade) e **F** (falsidade) passam a ser traduzidos para o inglês: **True** e **False**, respectivamente, e no caso dos números reais (float), cujo símbolo de separação das casas decimais altera de ',' (vírgula) para '.' (ponto), padrão americano de representação para as casas decimais.

Tabela 2.13 Conversão dos exemplos de Constantes

Algoritmo	Python
"Não fume"	"Não fume" ou 'Não fume'
2527	2527
-0,58	-0.58
V	True

Variáveis

A definição de variável é exatamente a mesma, à propósito algo bem universal nas linguagens em geral.

As regras de formação de identificadores são totalmente compatíveis com Python, ou seja, todos os identificadores usados nos algoritmos poderão ser mantidos intactos. Por outro lado, é importante considerar que a linguagem faz distinção entre letras maiúsculas ou minúsculas, por exemplo Peso e peso seriam consideradas variáveis distintas.

Uma diferença muito grande ocorre na etapa da declaração de variáveis, porque isso simplesmente não existe na linguagem. O Python permite que possamos utilizar variáveis diretamente, e vai marcar o tipo da variável dependendo do primeiro dado que ela receba.

Na prática, para nosso trabalho de conversão, simplesmente não será preciso converter os trechos com declaração de variáveis. Veremos mais sobre isso adiante (em Atribuição e Entrada de Dados).

Expressões Aritméticas

Muito similar até mesmo nas prioridades na resolução de expressões. As diferenças ocorrem apenas com a notação de algumas operações. Segue **Tabela 2.14** com a equivalência completa.

Tabela 2.14 Comparativo entre os operadores aritméticos

Operação	Algoritmo	Python
Adição	+	+
Subtração	-	-
Multiplicação	*	*
Divisão	/	/
Potenciação	pot(x, y)	x**y
Raiz quadrada	rad(x)	x**0.5
Resto da divisão	mod	%
Quociente da divisão	div	//

Expressões Lógicas

Novamente muito similar. As diferenças ocorrem apenas com a notação de alguns operadores e na tradução para o inglês em outros. Segue a **Tabela 2.15** com a equivalência completa.

Tabela 2.15 Comparativo dos operadores relacionais e lógicos

Operação	Algoritmo	Python
Igual a	=	==
Maior que	>	>
Menor que	<	<
Maior ou igual a	>=	>=
Menor ou igual a	<=	<=
Diferente de	<>	!=
Negação	não	not
Conjunção	e	and
Disjunção	ou	or

Comando de Atribuição

Todos os conceitos explicados sobre atribuição nos algoritmos permanecem os mesmos em Python, contudo trazendo pequena diferença de notação e algumas mudanças conceituais.

Comecemos pela diferença de notação. Uma forma bem visual de entender o que muda será revisitando o digrama de sintaxe do comando de atribuição

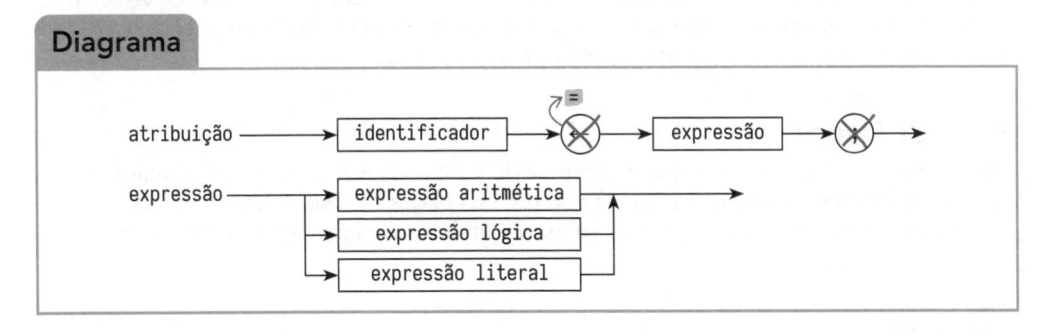

Diagrama

```
atribuição ──▶ identificador ──▶⊗──▶ expressão ──▶⊗──▶
                                 ▲ =
expressão ──┬──▶ expressão aritmética ──┐
            ├──▶ expressão lógica ──────┤
            └──▶ expressão literal ─────┘
```

Na prática, para convertermos comandos de atribuição bastaria trocar o símbolo ← por = e não utilizar de ; ao final.

Vejamos então na **Tabela 2.16** como ficaria a conversão dos exemplos apresentados na seção dos algoritmos.

Tabela 2.16 Conversão dos exemplos de Atribuição

Algoritmo	Python
1. lógico: A, B;	
2. inteiro: X;	
3. real: Y;	
4. caracter: C;	
5. A ← 2 + 2 = 5;	A = 2 + 2 == 5
6. X ← 8 + 13 div 5;	X = 8 + 13 % 5
7. B ← A;	B = A
8. X ← 2;	X = 2
9. Y ← 10 / 3;	Y = 10 / 3
10. C ← "texto";	C = "texto"

Relembrando: **a linguagem Python dispensa a declaração de variáveis**, e por esse motivo podemos perceber na conversão lado a lado que as linhas de 1 a 4 ficaram vazias na coluna da direita.

Mas então como Python vai fazer para saber o tipo de cada variável?

Podemos observar pelo exemplo da linha 5, temos uma expressão lógica com resultado Falsidade (afinal 2+2 não é igual a 5). Ao atribuir o resultado **False** para a variável A, o Python marcará – dinamicamente – a variável A como do tipo lógico (bool).

O mesmo ocorre na linha 6, onde temos uma expressão aritmética que resulta em 10 e ao ser atribuído para a variável X, o Python marcará dinamicamente essa variável como inteira (int).

Assim por diante, cada variável vai sendo dinamicamente "declarada" conforme receber um valor. Devemos observar que apesar de parecer bastante prático (por se escrever menos), acaba sendo menos claro ao não explicitar qual o tipo de cada variável, sem mencionar alguns outros impactos que veremos adiante em Entrada de Dados.

Saída de Dados

Novamente os conceitos explicados sobre saída de dados nos algoritmos permanecem os mesmos em Python, sendo que teremos apenas uma pequena diferença de notação.

Para deixarmos bem visual, recorreremos novamente ao digrama de sintaxe do comando de Saída de Dados.

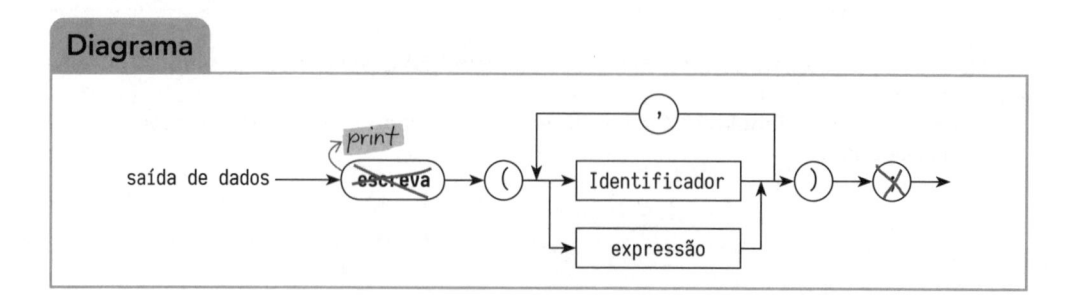

Diagrama

saída de dados → (print / ~~escreva~~) → (→ Identificador / expressão →) → ⊗ →
                                              ↑   ,   ↓

Dessa vez, podemos perceber que na prática bastará converter **escreva** para **print** e remover o **;** no final. Vejamos na **Tabela 2.17** os exemplos convertidos:

Tabela 2.17 Conversão dos exemplos de Saída de Dados

Algoritmo	Python
1. escreva (Y);	print (Y)
2. escreva (B, XPTO, Soma/4);	print (B, XPTO, Soma/4)
3. escreva ("Bom dia", Nome);	print ("Bom dia", Nome)
4. escreva ("Você pesa", P, "quilos");	print ("Você pesa", P, "quilos")

Além do print apresentado na **Tabela 2.17**, separando os "textos string" das variáveis com vírgulas, podemos empregar outras duas formas para mesclar as mensagens textuais que serão exibidas com os conteúdos das variáveis.

O primeiro é usando o método format relativo à classe str, da seguinte forma:

print ("Você pesa {} quilos".format(P))

Neste formato, o valor de P será exibido no local do {}. Usamos { e } para marcar onde a variável será substituída. Caso tenhamos mais variáveis, basta posicionar um {} para cada uma, relacionando depois as variáveis que serão respectivamente exibidas.

O segundo é usando *strings* literais formatadas (*F'strings*), inicia-se uma *string* com f ou F, antes de abrir as aspas ou apóstrofos. Dentro dessa *string*, pode-se escrever uma expressão Python entre os caracteres { e }, que podem se referir a variáveis ou a valores literais.

print (f"Você pesa {P}: quilos")

A linha 4 da **Tabela 2.17** e este dois últimos exemplos irão produzir exatamente o mesmo resultado.

> **Nota**
>
> Em ambos os casos de saída de dados com **print**, pode-se incluir diretivas de formatação mais detalhadas e sofisticadas entre o par de chaves. Da mesma forma ocorrerá com outras funções que serão usadas ao longo do livro: faremos um uso básico do comando cujo completo detalhamento deve ser verificado junto a documentação oficial da linguagem.
> Portanto, o site https://docs.python.org/pt-br/ com a documentação oficial do Python, contendo seções como Tutorial, Referência da Biblioteca e Referência da Linguagem (entre outras), é um companheiro essencial na jornada de aprendizagem da linguagem e em seu posterior uso profissional.

Entrada de Dados

Tudo o que foi explicado sobre entrada de dados nos algoritmos permanece válido em Python, contudo as diferenças de notação são mais expressivas, o que nos vai requerer um esforço de conversão um pouco maior que os comandos anteriores.

Para deixarmos bem visual, fica ainda mais importante recorreremos ao diagrama de sintaxe do comando de Entrada de Dados.

Diagrama

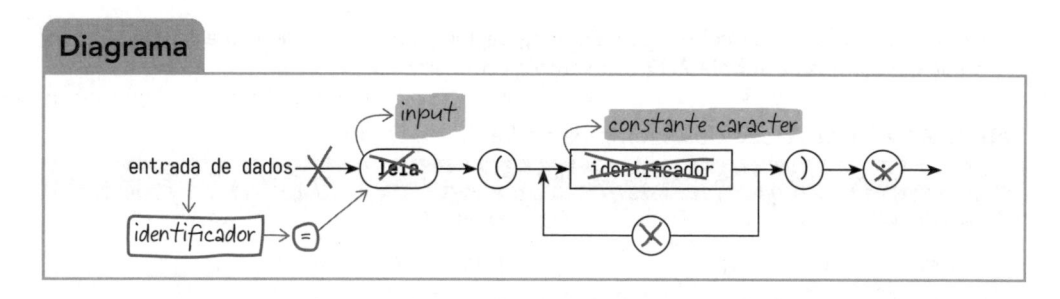

[Diagrama mostrando o fluxo: entrada de dados → leia (input) → (→ identificador (constante caracter) →) → ×, com identificador → = acima]

Agora são várias as mudanças, mas vamos entender por partes:

- A alteração mais similar com as anteriores requer apenas converter **leia** para **input** e remover o **;** no final.
- O identificador mudou de lugar (não fica mais entre os parênteses). Significa que precisaremos que o resultado do comando **input** seja atribuído para a variável desejada, usando portando **=** .
- Foi adicionado um elemento que não havia antes: a constante caracter. Isso serve para mostrar um texto na tela que indique para o usuário qual o valor que está sendo esperado que ele digite. Vale observarmos que isso não fazia parte corriqueira do algoritmo porque em sua representação mais lógica, mais abstrata, próximo ao raciocínio, simplesmente não tem "tela" para se preocupar.
- Como consequência do segundo ponto acima, cada comando **input** alimentará uma variável, enquanto em nossos algoritmos um comando **leia** pode alimentar múltiplas delas.

Vejamos os exemplos convertidos apresentados na **Tabela 2.18**.

Tabela 2.18 Conversão dos exemplos de Entrada de Dados

Algoritmo	Python
1. leia (X);	X = int(input("Informe o Valor de X: "))
2. leia (Y);	Y = float(input("Informe o Valor de Y: "))
3. leia (A, XPTO, Nota);	A = bool(input("Informe o Valor de A: ")) XPTO = input("Informe o Valor de XPTO: ") Nota = float(input("Informe o Valor da Nota: "))

Na linha 1, a conversão ficou bem simples, onde além de traduzir **leia** para **input**, movemos a variável X que estava dentro de parênteses no algoritmo para o lado esquerdo da atribuição no Python. Além disso, adicionamos a *string* "Informe o valor de X: " para que apareça na tela antes do ponto onde digitamos o valor desejado para X. Vale observar que como o exemplo era genérico, não sabemos qual o significado ou uso da variável X, e por isso utilizamos um texto genérico.

Importante perceber nos exemplos o processo de **coerção de tipos** (ou *type casting*). Ocorre que a função input sempre devolve o dado lido do usuário como um tipo str. Se este for o caso, como na variável XPTO, tudo ok. Entretanto, se desejamos um valor int, float ou bool, apenas adicionamos o nome do tipo e colocamos o input entre parênteses, isto servirá para indicar ao Python que deve converter o tipo **str** para o tipo indicado.

A linha 2 segue o mesmo raciocínio, só que nesse caso a variável é Y e o texto informativo também deve acompanhar (novamente um texto genérico).

Já na linha 3 podemos observar mais diferenças. O comando no exemplo do algoritmo serviria para ler 3 variáveis uma só vez (A, XPTO e NOTA). Contudo, Python exige que cada variável seja lida em uma linha separada. Notemos então que o comando único na coluna da esquerda, foi convertido em 3 comandos em 3 linhas na coluna da direita. Para cada linha na direita foi utilizado o mesmo raciocínio das linhas 1 e 2.

Blocos

A linguagem Python também dispõe do conceito de conjunto de ações delimitados por um bloco.

Contudo, a notação usada é bem mais simplificada por não ter marcação explícita de início e fim. Em vez disso, utiliza a indentação para implicitamente estabelecer os blocos.

Para melhor ilustrar isso, utilizaremos um exemplo genérico, que não veio extraído dos algoritmos.

Tabela 2.19 Exemplo genérico de Blocos de comando

Algoritmo	Python
1. `início`	
2. `// comando 1;`	`# comando 1`
3. `// comando 2;`	`# comando 2`
4. `início`	
5. `// comando 3;`	`# comando 3`
6. `// comando 4;`	`# comando 4`
7. `// comando 5;`	`# comando 5`
8. `fim;`	
9. `// comando 6;`	`# comando 6`
10. `fim;`	

O símbolo // para indicar um comentário é indicado em Python através do caractere sustenido #.

Esse exemplo genérico não contém lógica alguma. Apenas usamos comentários para ilustrar como seria convertido para Python essa estrutura hipotética com 2 blocos: os comandos 1, 2 e 6 formam um bloco enquanto os comandos 3, 4 e 5 formam outro bloco aninhado internamente ao primeiro.

Observemos que as marcações explícitas de **início** e **fim** de bloco nas linhas 1, 4, 8 e 10 não constam no Python; todavia, é o alinhamento dos comandos (indentação definida por um deslocamento do código à direita) que implicitamente define quais comandos pertencem a quais blocos.

Exercícios propostos

1. Utilizando o seguinte trecho de algoritmo

   .
   .

   inteiro: X, Y;
   real: Z;
   leia (X);
   escreva (X, "elevado ao cubo =", **pot**(x,3));
   leia (Y);
   escreva (X + Y);
   Z ← X/Y;
   escreva (Z);
   z ← z + 1;
   x ← (y + x) mod 2;
   escreva (x);
   :

   explique o que está acontecendo em cada linha e qual é o resultado de cada ação executada.

2. Cite e discorra sobre três exemplos de seu dia a dia nos quais você encontra explicitados **entrada**, **saída** e **processamento**.

3. Faça uma analogia de **entrada**, **processamento** e **saída** de dados com o que acontece quando você:

   a) lê e sintetiza um livro;
   b) dialoga com outra pessoa.

Resumo

Nesse capítulo vimos que os dados manipulados pelos algoritmos podem ser dos seguintes tipos: **inteiro**, **real**, **caracter** ou **lógico**. Verificamos que para guardar os dados precisamos de **identificadores**, que servem de rótulo para dados **variáveis** ou **constantes**, e que para usá-los é necessária a **declaração**, na qual associamos o identificador a um dos tipos primitivos válidos. Vimos também as expressões **aritméticas**, **lógicas** e **relacionais** sendo que as duas últimas devem resultar em um valor lógico, V (verdade) ou F (falsidade), assim como os operadores **relacionais**, **aritméticos** (entre eles mod, div, pot e rad) e **lógicos** (e, ou, não). Concluímos o capítulo conhecendo os comandos de **entrada** (**leia**) e **saída** (**escreva**) de dados, bem como o conceito de **blocos**.

Estruturas de controle

3

Objetivos

- Apresentar o conceito de estrutura sequencial de fluxo de execução e ilustrar a construção de algoritmos através de etapas lógicas.
- Explicar a aplicabilidade das estruturas de seleção, suas variantes, combinações e equivalências.
- Apresentar as estruturas de repetição, suas particularidades, aplicações e equivalências.
- Apresentar as estruturas de controle codificadas em Python.

▶ Estrutura sequencial
▶ Estruturas de seleção
▶ Estruturas de repetição
▶ Implementação em Python

Na criação de algoritmos, utilizamos os conceitos de bloco lógico, entrada e saída de dados, variáveis, constantes, atribuições, expressões lógicas, relacionais e aritméticas, bem como comandos que traduzam esses conceitos de forma a representar o conjunto de ações.

Para que esse conjunto de ações se torne viável, deve existir uma perfeita relação lógica intrínseca ao modo pelo qual essas ações são executadas, ao modo pelo qual é regido o **fluxo de execução** do algoritmo.

Por meio das estruturas básicas de controle do fluxo de execução – sequenciação, seleção, repetição – e da combinação delas, poderemos criar algoritmos para solucionar nossos problemas.

Estrutura sequencial

A estrutura sequencial de um algoritmo corresponde ao fato de que o conjunto de ações primitivas será executado em uma sequência linear de cima para baixo e da esquerda para a direita, isto é, na mesma ordem em que foram escritas. Convencionaremos que as ações serão seguidas por um ponto-e-vírgula (;), que objetiva separar uma ação da outra e auxiliar a organização sequencial das ações, pois após encontrar um (;) deveremos executar o próximo comando da sequência.

O **Algoritmo 3.1** ilustra o modelo básico que usaremos para escrever os algoritmos; identificamos o bloco, colocando início e fim, e dentro dele iniciamos com a declaração das variáveis e depois o corpo do algoritmo.

Algoritmo 3.1 Modelo geral

```
1.  início // identificação do início do bloco correspondente ao algoritmo
2.
3.      // declaração de variáveis
4.
5.      // corpo do algoritmo
6.      ação 1;
7.      ação 2;
8.      ação 3;
9.          .
10.         .
11.         .
12.     ação n;
13.
14. fim. // fim do algoritmo
```

Exemplos

a. Construa um algoritmo que calcule a média aritmética entre quatro notas bimestrais quaisquer fornecidas por um aluno (usuário).
Dados de entrada: quatro notas bimestrais (N1, N2, N3, N4).
Dados de saída: média aritmética anual (MA).

O que devemos fazer para transformar quatro notas bimestrais em uma média anual?
Resposta: utilizar média aritmética.

O que é média aritmética?
Resposta: a soma dos elementos divididos pela quantidade deles. Em nosso caso particular: (N1 + N2 + N3 + N4)/4.

> **Nota**
>
> Durante a elaboração do **Algoritmo 3.2**, depois de definidas as variações de entrada e saída de dados, realizamos uma série de perguntas "o quê?" com o objetivo de descobrir os aspectos que devem ser considerados no desenvolvimento do algoritmo e nas ações envolvidas no processamento necessário à obtenção das respostas desejadas.

Construção do algoritmo:

Algoritmo 3.2 Média aritmética

```
1.  início // começo do algoritmo
2.
3.      // declaração de variáveis
4.      real: N1, N2, N3, N4, // notas bimestrais
5.            MA; // média anual
6.
7.      // entrada de dados
8.      leia (N1, N2, N3, N4);
9.
10.     // processamento
```

(Continua)

```
11.     MA ← (N1 + N2 + N3 + N4) / 4;
12.
13.     // saída de dados
14.     escreva (MA);
15.
16. fim. // término do algoritmo
```

b. Construa um algoritmo que calcule a quantidade de latas de tinta necessária e o custo para pintar tanques cilíndricos de combustível, em que são fornecidos a altura e o raio desse cilindro.
Sabendo que:
- a lata de tinta custa $ 50,00;
- cada lata contém 5 litros;
- cada litro de tinta pinta 3 metros quadrados.

Dados de entrada: altura (H) e raio (R).
Dados de saída: custo (C) e quantidade (QTDE).
Utilizando o **planejamento reverso**, sabemos que:
- o custo é dado pela quantidade de latas * $ 50,00;
- a quantidade de latas é dada pela quantidade total de litros/5;
- a quantidade total de litros é dada pela área do cilindro/3;
- a área do cilindro é dada pela área da base + área lateral;
- a área da base é (PI * pot(R, 2));
- a área lateral é altura * comprimento: (2 * PI * R * H);
- sendo que R (raio) e H (altura) são dados de entrada e PI é uma constante de valor conhecido: 3,14.

Construção do algoritmo:

Algoritmo 3.3 Quantidade de latas de tinta

```
1. início
2.     real: H, R;
3.     real: C, Qtde, Área, Litro
4.     leia (H, R);
5.     Área ← (3,14 * pot(R, 2)) + (2 * 3,14 * R * H);
6.     Litro ← Área/3;
7.     Qtde ← Litro/5;
8.     C ← Qtde * 50,00;
9.     escreva (C, Qtde);
10. fim.
```

> **Nota**
>
> Planejamento reverso é uma técnica que podemos utilizar quando sabemos quais são os dados de saída e, a partir deles, levantamos as etapas do processamento, determinando reversamente os dados de entrada.

Implementando sequenciação em Python

A partir deste ponto veremos como poderiam ser convertidos para Python os exemplos vistos até aqui. Poderemos verificar passo a passo como foi feita a conversão de cada comando em pseudocódigo para seus equivalentes em comandos Python.

Para facilitar esse início de aprendizagem, colocaremos lado a lado os exemplos e a sua respectiva conversão para Python – linha a linha – de forma a identificar visualmente e com clareza quais foram as diferenças entre eles.

Além disso, depois de cada exemplo, teremos uma breve explicação sobre a conversão feita e, quando necessário, alguns conceitos da linguagem.

Programa 3.1 Modelo Geral (ref. Algoritmo 3.1)

1. **início** // *identificação início do algoritmo*	# *identificação do início do programa*
2.	
3. // *declaração de variáveis*	
4.	
5. // *corpo do algoritmo*	# *corpo do programa*
6. ação 1;	comando 1
7. ação 2;	comando 2
8. ação 3;	comando 3
9. .	.
10. .	.
11. .	.
12. ação n;	comando n
13.	
14. **fim**. // *fim do algoritmo*	# *fim do programa*

Este exemplo apresenta uma generalização da construção do bloco principal em Python. É importante notar que a linguagem Python dispensa a marcação de **início** (linha 1) e **fim** (linha 14) que, caso queiramos, pode ser substituída por comentários. Vale também enfatizar que a sequenciação segue da mesma forma – esquerda para direita e de cima para baixo, com a única diferença de que cada comando não requer ser terminado por ponto-e-vírgula. Na linguagem Python, cada comando deve ocupar uma linha, sendo desencorajado o uso de múltiplos comandos na mesma linha de código.

> **Nota**
>
> As linguagens de programação contam geralmente com um guia de codificação, uma sugestão de indentação e organização do código-fonte, um manual de estilo a ser adotado pelos programadores para garantir legibilidade e aderência a sintaxe da linguagem. No caso do Python, existe o *Style Guide for Python Code*, documentado no PEP 8 (*Python Enhancement Proposals*) do *Python Developer's Guide*.

Exemplos

a. Vamos retomar o **Algoritmo 3.2** da média aritmética, para verificar lado a lado como ficaria a implementação em Python nesse caso.

Capítulo 3 Estruturas de controle

Programa 3.2 Média aritmética (ref. Algoritmo 3.2)

1. **início** // começo do algoritmo	# começo do programa
2.	
3. // declaração de variáveis	
4. **real**: N1, N2, N3, N4, // notas bimestrais	
5. MA; // media annual	
6.	
7. // entrada de dados	# entrada de dados
8. **leia** (N1, N2, N3, N4);	N1 = float(input("Nota 1: "))
	N2 = float(input("Nota 2: "))
	N3 = float(input("Nota 3: "))
	N4 = float(input("Nota 4: "))
9.	
10. // processamento	# processamento
11. MA ← (N1+N2+N3+N4)/4;	MA = (N1+N2+N3+N4)/4
12.	
13. // saída de dados	# saída de dados
14. **escreva** (MA);	print(MA)
15.	
16. **fim**. // término do algoritmo	# término do programa

Além das diferenças no **início** e **fim** já mencionadas, podemos observar as primeiras mudanças relevantes.

Primeiramente podemos ver diversas linhas em branco no lado direito (linhas 3 a 5) sem nada convertido em relação ao nosso exemplo no lado esquerdo. Como mencionamos no capítulo anterior, a linguagem Python dispensa a necessidade da declaração de variáveis, e por esse motivo preferimos deixar em branco para explicitar que não há correspondência nesse caso.

Podemos observar que o comando **leia** (linha 8) acabou sendo convertido para quatro comandos **input**. Vimos no capítulo anterior algumas particularidades do comando input, contudo podemos aqui notar uma outra: ele comporta a leitura de apenas uma variável. Portanto, a única maneira de obtermos o mesmo resultado seria utilizando o comando quatro vezes.

Por outro lado, podemos constatar que tanto o comando de atribuição (linha 11) quanto o comando de saída de dados (linha 14) ficaram bastante semelhantes.

b. Seguiremos para o **Algoritmo 3.3**, que calculava a quantidade de latas de tinta e custo para pintar tanques cilíndricos.

Programa 3.3 Quantidade de latas de tinta (ref. Algoritmo 3.3)

1. **início**	
2. **real**: H, R;	
3. **real**: C, Qtde, Área, Litro;	
4. **leia** (H, R);	H = float(input("Altura: "))
	R = float(input("Raio: "))
5. **Área** ← (3,14*pot(R,2))+(2*3,14*R*H);	Area = (3.14*(R**2))+(2*3.14*R*H)
6. **Litro** ← Área/3;	Litro = Area/3
7. **Qtde** ← Litro/5;	Qtde = Litro/5
8. C ← Qtde * 50,00;	C = Qtde * 50.00
9. **escreva** (C, Qtde);	print(C, Qtde)
10. **fim**.	

Mais uma vez, podemos observar que o comando **leia** (linha 4) acabou sendo convertido para dois comandos **input**. Desta vez, vale notar que as variáveis H e R acabaram sendo definidas como **float** por conta da utilização dessa função de conversão durante a leitura.

Alguns detalhes na linha 5 podem passar despercebido, mas são muito importantes. Precisamos perceber que o número 3,14 (valor de Pi) fica 3.14 no lado direito. Isso ocorre porque as casas decimais em Python são representadas por ponto "." e não com vírgula, que, por sua vez, tem outra utilidade na linguagem, conforme veremos mais adiante. Nesta mesma linha, também podemos perceber que pot(R, 2) foi convertido para R**2, como vimos no capítulo anterior.

Já as demais linhas não apresentam mudanças relevantes.

Exercícios de fixação 1

1.1 Construa um algoritmo para calcular as raízes de uma equação do 2º grau ($Ax^2 + Bx + C$), sendo que os valores A, B e C são fornecidos pelo usuário (considere que a equação possui duas raízes reais).

1.2 Construa um algoritmo que, tendo como dados de entrada dois pontos quaisquer do plano, $P(x_1, y_1)$ e $Q(x_2, y_2)$, imprima a distância entre eles.
A fórmula que efetua tal cálculo é: $d = \sqrt{(x_2 - x_1)^2 + (y_2 - y_1)^2}$, que reescrita utilizando os operadores matemáticos adotados fica: d = rad(pot(x2–x1, 2) + pot(y2–y1, 2))

1.3 Faça um algoritmo para calcular o volume de uma esfera de raio R, em que R é um dado fornecido pelo usuário. O volume de uma esfera é dado por $V = \frac{4}{3}\pi R^3$.

Estruturas de seleção

Uma estrutura de **seleção** permite a escolha de um grupo de ações (bloco) a ser executado quando determinadas **condições**, representadas por expressões lógicas ou relacionais, são ou não satisfeitas.

Seleção simples

Quando precisamos testar uma certa condição antes de executar uma ação, usamos uma **seleção simples**, que segue o seguinte modelo:

```
se <condição>
    então
        C; // comando único (ação primitiva)
fimse;
```

<condição> é uma expressão lógica que, quando inspecionada, pode gerar um resultado falso ou verdadeiro.

Se <condição> for verdadeira, a ação primitiva sob a cláusula **então** (C) será executada; caso contrário (<condição> for falsa), encerra-se a seleção (**fimse**), neste caso, sem executar comando algum. Em diagrama de sintaxe, temos:

Diagrama

seleção simples → (se) → [expressão lógica] → (então) →
→ [ação primitiva] → (fimse) → (;) →
→ [bloco] ↑

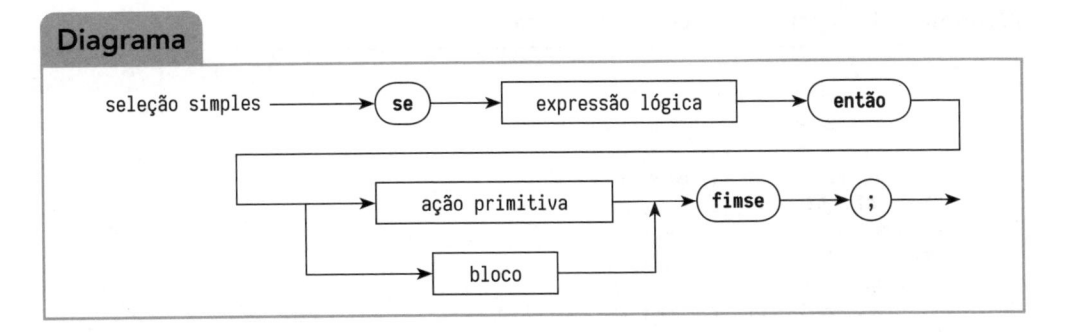

Pelo diagrama de sintaxe observamos que, quando existir apenas uma ação após a cláusula, basta escrevê-la; já quando precisamos colocar diversas ações é necessário usar um bloco, delimitado por **início** e **fim**, conforme o seguinte modelo:

```
se <condição>
    então
        início // início do bloco verdade
            C1;
            C2; // sequência de comandos
            ⋮
            Cn;
        fim; // fim do bloco verdade
fimse;
```

Se <condição> for verdadeira, então o 'bloco verdade' (sequência de comandos C1...Cn) será executado; caso contrário (<condição> for falsa), nada é executado, encerrando-se a seleção (**fimse**). A existência do bloco (demarcado por **início** e **fim**) é necessária devido à existência de um conjunto de ações primitivas sob a mesma cláusula **então**.

Exemplo

Vamos agora ampliar o **Algoritmo 3.2**. Supondo serem N1, N2, N3, N4 as quatro notas bimestrais de um aluno, podemos avaliar sua situação quanto à aprovação, nesse caso, obtida atingindo-se média superior ou igual a 7.

Teríamos, então, como informações de saída a média anual e uma informação adicional, se o aluno for aprovado.

Algoritmo 3.4 Média aritmética com aprovação

```
1.  início
2.      // declaração de variáveis
3.      real: N1, N2, N3, N4, // notas bimestrais
4.            MA; // média anual
5.      leia (N1, N2, N3, N4); // entrada de dados
6.      MA ← (N1 + N2 + N3 + N4) / 4; // processamento
7.      escreva (MA); // saída de dados
8.      se (MA >= 7)
9.          então
10.             escreva ("Aluno Aprovado!");
11.     fimse;
12. fim.
```

Seleção composta

Quando tivermos situações em que duas alternativas dependem de uma mesma condição, uma de a condição ser verdadeira e outra de a condição ser falsa, usamos a estrutura de **seleção composta**. Supondo que um conjunto de ações dependa da avaliação verdadeiro e uma única ação primitiva dependa da avaliação falso, usaremos uma estrutura de seleção semelhante ao seguinte modelo:

```
se <condição>
    então
        início // início do bloco verdade
            C1;
            C2; // sequência de comandos
            ⋮
            Cn;
        fim; // fim do bloco verdade
    senão
        C; // ação primitiva
fimse;
```

Observamos que a existência do bloco verdade continua. Ele será executado caso <condição> (expressão lógica) seja verdadeira. Contudo, a seleção agora é composta, pois, caso o resultado seja falso, teremos a execução do comando C (ação primitiva) que segue a cláusula **senão**.

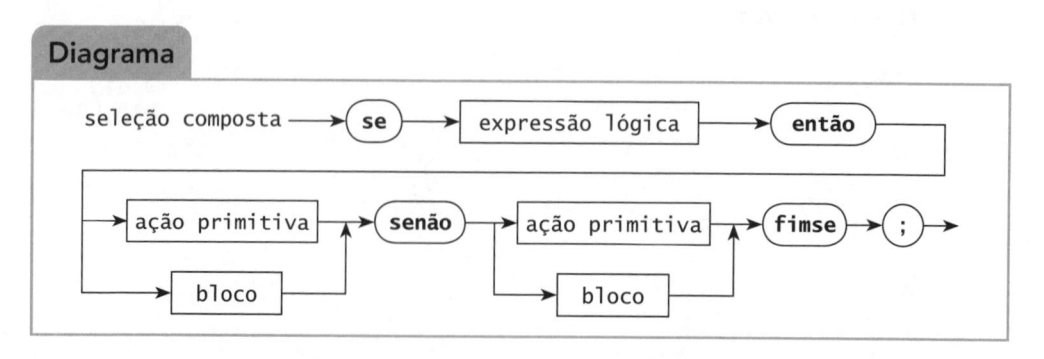

Diagrama

seleção composta → se → expressão lógica → então → ação primitiva / bloco → senão → ação primitiva / bloco → fimse → ;

No caso de existir um conjunto de ações que deveria ser executado quando o resultado da condição fosse falso, criaríamos um 'bloco falsidade', como apresentado no seguinte modelo:

```
se <condição>
    então
        início // início do bloco verdade
            C1;
            C2; // sequência de comandos
            ⋮
            Cn;
        fim; // fim do bloco verdade
    senão
        início // início do bloco falsidade
            C1;
            C2; // sequência de comandos
            ⋮
            Cn;
        fim; // fim do bloco falsidade
fimse;
```

Exemplo

a. Vamos incluir agora, no **Algoritmo 3.4**, a informação que provém do resultado falso da condição (MA >= 7), ou seja, a reprovação do aluno.

Algoritmo 3.5   Média aritmética com aprovação e reprovação

```
1.  início
2.      // declaração de variáveis
3.      real: N1, N2, N3, N4, // notas bimestrais
4.            MA; // média anual
5.      leia (N1, N2, N3, N4);
6.      MA ← (N1 + N2 + N3 + N4) / 4;
7.      escreva ("Média Anual = ", MA);
8.      se (MA >= 7)
9.          então
10.             início // bloco verdade
11.                 escreva ("Aluno Aprovado!");
12.                 escreva ("Parabéns!");
13.             fim;
14.         senão
15.             início // bloco falsidade
16.                 escreva ("Aluno Reprovado!");
17.                 escreva ("Estude Mais!");
18.             fim;
19.     fimse;
20. fim.
```

Seleção encadeada

Quando agruparmos várias seleções, formaremos uma **seleção encadeada**. Normalmente, tal formação ocorre quando uma determinada ação ou bloco deve ser executado se um grande conjunto de possibilidades ou combinações de situações for satisfeito.

Seleção encadeada heterogênea

Podemos construir uma estrutura de seleção de diversas formas, sendo que, ao encadearmos várias seleções, as diferentes possibilidades de construção tendem a um número elevado.

Quando não conseguimos identificar um padrão lógico de construção em uma estrutura de seleção encadeada, dizemos que ela é uma estrutura de **seleção encadeada heterogênea**.

O modelo a seguir expressa um exemplo de uma seleção heterogênea.

```
se <condição 1>
    então
        se <condição 2>
            então
                início // bloco verdade 1
                    C1;
                    ⋮
                    Cn;
                fim; // bloco verdade 1
            fimse;
    senão
        se <condição 3>
            então
                início // bloco verdade 2
                    C1;
                    ⋮
                    Cn;
                fim; // bloco verdade 2
            senão
                se <condição 4>
                    então
                        se <condição 5>
                            então
                                CV; // comando verdade
                        fimse
                    senão
                        CF; // comando falsidade
                fimse;
        fimse;
fimse;
```

Podemos resumir todas as variações possíveis da seleção encadeada do modelo anterior em uma tabela de decisão, conforme a **Tabela 3.1**:

Tabela 3.1

Condição 1	Condição 2	Condição 3	Condição 4	Condição 5	Ação executada
V	V	–	–	–	Bloco verdade 1
F	–	V	–	–	Bloco verdade 2
F	–	F	V	V	Comando verdade
F	–	F	F	–	Comando falsidade

> **Nota**
>
> Uma tabela de decisão é uma construção tabular que apresenta todas as variações possíveis para uma certa estrutura de seleção. Usualmente, as condições estão em colunas e as linhas representam as situações possíveis. A última coluna indica qual ação será executada quando aquela combinação de resultados for satisfeita.

Exemplo

a. Dados três valores A, B, C, verifique se eles podem ser os comprimentos dos lados de um triângulo. Se forem, verifique se compõem um triângulo equilátero, isósceles ou escaleno. Informe se não compuserem nenhum triângulo.
Dados de entrada: três lados de um suposto triângulo (A, B, C).
Dados de saída – mensagens: não compõem triângulo, triângulo equilátero, triângulo isósceles, triângulo escaleno.

O que é triângulo?
Resposta: figura geométrica fechada de três lados, em que cada um é menor que a soma dos outros dois.

O que é um triângulo equilátero?
Resposta: um triângulo com três lados iguais.

O que é um triângulo isósceles?
Resposta: um triângulo com dois lados iguais.

O que é um triângulo escaleno?
Resposta: um triângulo com todos os lados diferentes.

Montando a tabela de decisão, temos a **Tabela 3.2** a seguir:

Tabela 3.2

É triângulo?	É equilátero?	É isósceles?	É escaleno?	Ações
V	V	F	F	"Equilátero"
V	F	V	–	"Isósceles"
V	F	F	V	"Escaleno"
F	–	–	–	"Não é triângulo"

Traduzindo as condições para expressões lógicas:

- É triângulo: (A < B + C) e (B < A + C) e (C < A + B).
- É equilátero: (A = B) e (B = C).
- É isósceles: (A = B) ou (A = C) ou (B = C).
- É escaleno: (A <> B) e (B <> C) e (A <> C).

Construindo o algoritmo:

Algoritmo 3.6 Tipo de triângulo

```
1.  início // algoritmo
2.     inteiro: A, B, C;
3.     leia (A, B, C);
4.     se ((A < B + C) e (B < A + C) e (C < A + B))
5.        então
6.           se ((A = B) e (B = C))
7.              então
8.                 escreva ("Triângulo Equilátero");
9.              senão
10.                se ((A = B) ou (A = C) ou (B = C))
11.                   então
12.                      escreva ("Triângulo Isósceles");
13.                   senão
14.                      escreva ("Triângulo Escaleno");
15.                fimse;
16.          fimse;
17.       senão
18.          escreva ("Estes valores não formam um triângulo!");
19.    fimse;
20. fim. // algoritmo
```

Seleção encadeada homogênea

Chamamos de **seleção encadeada homogênea** a construção de diversas estruturas de seleção encadeadas que seguem um determinado padrão lógico.

Se então se

Vamos supor que, em um dado algoritmo, um comando genérico W deva ser executado apenas quando forem satisfeitas as condições <Condição 1>, <Condição 2>, <Condição 3> e <Condição 4>. Teríamos:

```
se <Condição 1>
   então se <Condição 2>
      então se <Condição 3>
         então se <Condição 4>
            então W;
         fimse;
      fimse;
   fimse;
fimse;
```

Esta construção segue um padrão. Após cada **então** existe outro **se**, não existem **senões**; temos uma estrutura encadeada homogênea. Outro fator importante é que o comando W só será executado quando todas as condições forem ao mesmo tempo verdadeiras; portanto, seria equivalente a escrever, simplificadamente:

```
se (<Condição 1> e <Condição 2> e <Condição 3> e <Condição 4>)
    então W;
fimse;
```

A **Tabela 3.3** expressa nitidamente a necessidade de todas as condições serem verdadeiras simultaneamente.

Tabela 3.3

Condição 1	Condição 2	Condição 3	Condição 4	Ação executada
V	V	V	V	W

Se senão se

Vamos supor que, em determinado algoritmo, uma variável X possa assumir apenas quatro valores, V1, V2, V3, V4, e que exista um comando diferente que será executado para cada valor armazenado em X.

Teremos, por exemplo, a seguinte situação:

```
se (X = V1)
    então
        C1;
fimse;
se (X = V2)
    então
        C2;
se (X = V3)
    então
        C3;
fimse;
se (X = V4)
    então
        C4;
fimse;
```

A tabela de decisão para o exemplo é:

Tabela 3.4

X = V1	X = V2	X = V3	X = V4	Ação
V	F	F	F	C1
F	V	F	F	C2
F	F	V	F	C3
F	F	F	V	C4

Somente um, e apenas um, comando pode ser executado, isto é, trata-se de uma situação excludente (se X é igual a V3, não é igual a V1 nem a V2 nem a V4).

Não se trata de uma estrutura encadeada, pois as seleções não estão interligadas. Por isso, todas as condições (X = Vn) serão avaliadas e ocorrerão testes desnecessários. Para diminuir a quantidade de testes desta estrutura, podemos transformá-la em um conjunto de seleções encadeadas, conforme o seguinte modelo:

```
se (X = V1)
   então C1;
   senão se (X = V2)
           então C2;
           senão se (X = V3)
                   então C3;
                   senão se (X = V4)
                           então C4;
                           fimse;
                   fimse;
           fimse;
fimse;
```

Esta nova estrutura de seleção gera a tabela de decisão mostrada na **Tabela 3.5** a seguir.

Tabela 3.5

X = V1	X = V2	X = V3	X = V4	Ação
V	-	-	-	C1
F	V	-	-	C2
F	F	V	-	C3
F	F	F	V	C4

Nesta estrutura, o número médio de testes a serem executados foi reduzido. Se o conteúdo de X for igual a V2, serão executados apenas dois testes (X = V1) e (X = V2) e um comando (C2), enquanto na estrutura anterior seriam inspecionadas quatro condições, embora um único comando (C2) tenha sido executado. Em outras palavras, nesta estrutura os testes terminam depois de encontrada a primeira condição verdadeira.

Essa construção segue um padrão, após cada **senão** existe outro comando **se**, e depois do **então** existe uma ação qualquer (que não seja outra seleção), compondo uma estrutura típica que denominaremos **se-senão-se**.

Por constituir um encadeamento homogêneo, pode ser simplificado, e para tal utilizaremos uma nova estrutura, a seleção de múltipla escolha.

Seleção de múltipla escolha

Quando um conjunto de valores discretos precisa ser testado e ações diferentes são associadas a esses valores, estamos diante de uma seleção encadeada homogênea do tipo **se-senão-se**. Como essa situação é bastante frequente na construção de algoritmos que dependem de alternativas, utilizaremos uma estrutura específica para estes casos, a **seleção de múltipla escolha**.

O modelo que expressa as possibilidades do exemplo anterior é o seguinte:

```
escolha X
    caso V1: C1;
    caso V2: C2;
    caso V3: C3;
    caso V4: C4;
fimescolha;
```

Caso o conteúdo da variável X seja igual ao valor Vn, então, o comando Cn será executado; caso contrário, serão inspecionados os outros casos até ser encontrada uma igualdade ou terminarem os casos.

Simbolizando através do diagrama de sintaxe, temos:

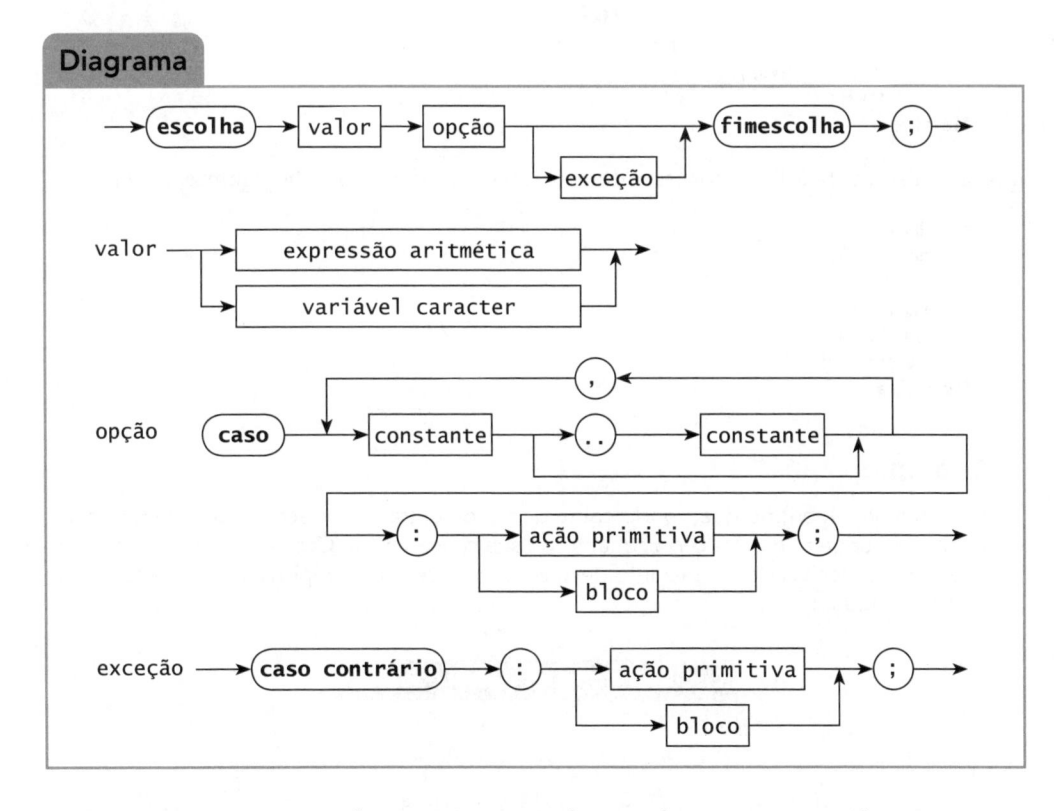

Diagrama

```
→(escolha)→[valor]→[opção]─────────→(fimescolha)→(;)→
                         └→[exceção]↑

valor ──┬→[expressão aritmética]─┐
        └→[variável caracter]────┘

                     ┌──────,←──────┐
opção ─(caso)→┬→[constante]→(..)→[constante]┤
              │                              │
              └→(:)→┬→[ação primitiva]→(;)→
                    └→[bloco]─────────┘

exceção →(caso contrário)→(:)→┬→[ação primitiva]→(;)→
                               └→[bloco]─────────┘
```

Para executar um comando que possui mais de um valor em que se verifica sua necessidade, agrupamos todos esses valores em um único caso. E, para executar um comando que se verifica com todos os outros valores, exceto os discriminados caso a caso, incluímos outra situação: **caso contrário**.

O exemplo genérico a seguir mostra uma estrutura de seleção encadeada homogênea **se-senão-se**:

```
se (X = V1)
    então C1;
    senão se (X = V2)
            então C2;
            senão se (X = V3)
                    então C2
                    senão se (X = V4)
                            então C3;
                            senão se (X = V5)
                                    então C4;
                                    senão C5;
                            fimse;
                    fimse;
            fimse;
    fimse;
fimse;
```

que, ao ser reescrita utilizando a estrutura de múltipla escolha, fica da seguinte maneira:

```
escolha X
    caso V1: C1;
    caso V2, V3: C2;
    caso V4: C3;
    caso V5: C4;
    caso contrário: C5;
fimescolha;
```

Exemplo

Construa um algoritmo que, tendo como dados de entrada o preço de um produto e seu código de origem, mostre o preço junto de sua procedência. Caso o código não seja nenhum dos especificados, o produto deve ser assumido como importado. Siga a tabela de códigos a seguir:

Código de origem	Procedência
1	Sul
2	Norte
3	Leste
4	Oeste
5 ou 6	Nordeste
7, 8 ou 9	Sudeste
10 até 20	Centro-Oeste
25 até 30	Nordeste

Algoritmo 3.7   Múltipla escolha

```
1.  início
2.     // declaração de variáveis
3.     real: Preço;
4.     inteiro: Origem;
5.     leia (Preço, Origem);
6.     escolha Origem;
7.        caso 1: escreva (Preço, " - Sul");
8.        caso 2: escreva (Preço, " - Norte");
9.        caso 3: escreva (Preço, " - Leste");
10.       caso 4: escreva (Preço, " - Oeste");
11.       caso 7, 8, 9: escreva (Preço, " - Sudeste");
12.       caso 10..20: escreva (Preço, " - Centro-Oeste");
13.       caso 5, 6, 25..30: escreva (Preço, " - Nordeste");
14.       caso contrário: escreva (Preço, " - Importado");
15.    fimescolha;
16. fim.
```

Implementando seleção em Python

Uma forma bem visual de compreender as similaridades e diferenças será revisitando o diagrama de sintaxe mais completo do comando **se**

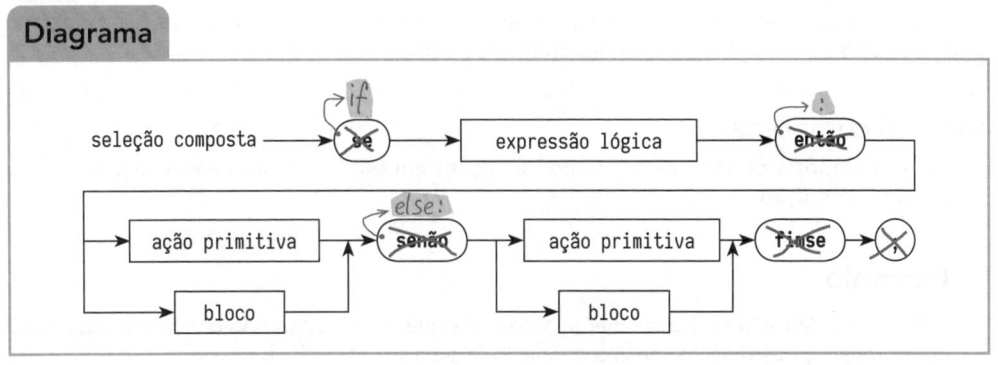

Diagrama

Podemos observar claramente que temos aqui mais similaridades que diferenças; basta trocar algumas palavras-chave que estavam em português para outras em inglês (trocando **se** por **if** ou trocando **senão** por **else:**) ou por símbolos (caso do **então** trocado para **:**).

Seleção simples

A seleção simples ocorre quando temos apenas uma ação ou um bloco que depende de uma única condição.

Exemplo

Começando pelo **Algoritmo 3.4** da média aritmética, transcrevemos abaixo o algoritmo original lado a lado com sua versão convertida para Python.

Programa 3.4   Média aritmética com aprovação (ref. Algoritmo 3.4)

```
1.  início
2.     // declaração de variáveis
3.     real: N1, N2, N3, N4 // notas bimestrais
4.           MA; // média anual
5.     leia (N1, N2, N3, N4); // entrada de dados      N1 = float(input("Nota 1: "))
                                                      N2 = float(input("Nota 2: "))
                                                      N3 = float(input("Nota 3: "))
                                                      N4 = float(input("Nota 4: "))
6.     MA ← (N1+N2+N3+N4)/4; // processamento         MA = (N1+N2+N3+N4)/4
7.     escreva (MA); // saída de dados                print(MA)
8.     se (MA >= 7)                                   if MA >= 7:
9.        então
10.          escreva ("Aluno Aprovado!");             print("Aluno aprovado!")
11.    fimse;
12. fim.
```

Além das diferenças explicadas nos capítulos anteriores, nosso comando de seleção simples vai da linha 8 à linha 11. Vale notar que a linha 8 termina com um caractere de dois pontos (":") no lugar do **então**, que por isso não consta na linha 9. Vale observar ainda que o mesmo trecho de código em Python ficou mais curto (duas linhas a menos).

Seleção composta

A seleção composta ocorre quando temos situações em que duas alternativas dependem de uma mesma condição.

Exemplo

Usaremos o **Algoritmo 3.5** da média aritmética que informa quando o aluno foi aprovado ou reprovado, baseado na mesma condição (média >= 7).

Programa 3.5 Média aritmética com aprovação e reprovação (ref. Algoritmo 3.5)

1.	início	
2.	// declaração de variáveis	
3.	**real:** N1, N2, N3, N4 // notas bimestrais	
4.	MA; // média anual	
5.	**leia** (N1, N2, N3, N4);	N1 = float(input("Nota 1: "))
		N2 = float(input("Nota 2: "))
		N3 = float(input("Nota 3: "))
		N4 = float(input("Nota 4: "))
6.	MA ← (N1+N2+N3+N4)/4;	MA = (N1+N2+N3+N4)/4
7.	**escreva** ("Média Anual = ", MA);	print("Média Anual = ", MA)
8.	**se** (MA >= 7)	if MA >= 7:
9.	**então**	
10.	**início** // bloco verdade	
11.	**escreva** ("Aluno Aprovado!");	print("Aluno aprovado!")
12.	**escreva** ("Parabéns!");	print("Parabéns!")
13.	**fim;**	
14.	**senão**	else:
15.	**início** // bloco falsidade	
16.	**escreva** ("Aluno Reprovado!");	print("Aluno reprovado!")
17.	**escreva** ("Estude Mais!");	print("Estude mais!")
18.	**fim;**	
19.	**fimse;**	
20.	**fim.**	

Desta vez, observamos algumas diferenças adicionais. Quando a condição for verdade, serão executados dois comandos nas linhas 11 e 12, contudo na versão em Python apenas a indentação bastou para denotar o bloco de comandos (dispensando as linhas 10 e 13). Caso similar ocorre quando a condição for falsidade, onde serão executados dois comandos nas linhas 16 e 17, mas a versão em Python dispensou a marcação do bloco (linhas 15 e 18). Vale notar ainda que o trecho completo da condição no algoritmo (linhas 8 a 19) quando convertido para Python ficou ainda mais curto que o anterior (seis linhas a menos) basicamente por conta da marcação de bloco.

Seleção encadeada

Com o que vimos até aqui já seria suficiente para converter quase toda estrutura de seleção que vimos no capítulo. Vamos prosseguir para aprofundar e expandir um pouco mais o entendimento, cobrindo as demais combinações e variações apresentadas.

Seleção encadeada heterogênea

Quando combinamos em sequência diversas seleções sem um padrão de comportamento que se repete temos a seleção encadeada heterogênea.

Exemplo

Usaremos o mesmo exemplo do livro, no caso o **Algoritmo 3.6** que identifica o tipo de triângulo a partir dos tamanhos de cada lado.

Programa 3.6   Tipo de triângulo (ref. Algoritmo 3.6)

```
1.  início
2.     inteiro: A, B, C;
3.     leia (A, B, C);                              A = int(input("Lado 1: "))
                                                    B = int(input("Lado 2: "))
                                                    C = int(input("Lado 3: "))
4.     se ((A<B+C) e (B<A+C) e (C<A+B))             if (A<B+C) and (B<A+C) and (C<A+B):
5.     então
6.        se ((A=B) e (B=C))                           if (A==B) and (B==C):
7.        então
8.           escreva ("Triangulo Equilátero");            print("Triângulo Equilátero")
9.        senão                                        else:
10.       se ((A=B) ou (A=C) ou (B=C))                  if (A==B) or (A==C) or (B==C):
11.       então
12.          escreva ("Triângulo Isósceles");             print("Triângulo Isósceles")
13.       senão                                        else:
14.          escreva ("Triângulo Escaleno");              print("Triângulo Escaleno")
15.       fimse;
16.    fimse;
17.    senão                                         else:
18.       escreva ("Não formam um triângulo!");         print("Não formam um triângulo!")
19.    fimse;
20. fim.
```

Sem muitas novidades aqui, apenas aplicamos o que já vimos. Desta vez, o comando de uma seleção era outra seleção. Vale notar que o trecho completo da condição no algoritmo (linhas 4 a 19) quando convertido para Python diminui em seis linhas.

Seleção encadeada homogênea

Quando combinamos em sequência diversas seleções com um padrão de comportamento que se repete estamos adotando a seleção encadeada homogênea.

Aprendemos neste capítulo sobre duas formas: **se-então-se** e **se-senão-se**, sendo que a segunda é equivalente a estrutura de seleção de múltipla escolha.

O Python inclui, a partir da versão 3.10, uma nova estrutura de controle denominada correspondência de padrão estrutural (*Structural Pattern Matching*), o match/case. Essa estrutura permite a tradução da seleção de múltipla escolha; entretanto, ela foi desenvolvida para permitir a comparação do dado de teste contra uma série de padrões mais complexos, envolvendo múltiplos elementos e configurações, como fazer a correspondência com um padrão de objetos.

No caso que demonstraremos aqui, a comparação com um conjunto de constantes é tradicionalmente implementada com um encadeamento de if/elif/else.

> **Nota**
>
> A sintaxe de correspondência de padrões, o **match/case** do Python, introduziu um novo e poderoso formato para programar tomadas de decisões, para avaliar condições baseadas em padrões mais complexos, valendo seu estudo junto à documentação da linguagem. No caso das linguagens C, Java, JavaScript, temos o **switch** que é uma implementação muito próxima da seleção de múltipla escolha.

Exemplo

Usaremos o **Algoritmo 3.7** que apresentava o preço de um produto e sua procedência, conforme seu respectivo código de origem.

Programa 3.7 Múltipla escolha (ref. Algoritmo 3.7)

1. início	
2. // declaração de variáveis	
3. real: Preço;	
4. inteiro: Origem;	
5. leia (Preço, Origem);	Preco = float(input("Preço: "))
	Origem = int(input("Origem: "))
6. escolha Origem	
7. caso 1: escreva (Preço, " - Sul");	if Origem == 1:
	print(Preco, " - Sul")
8. caso 2: escreva (Preço, " - Norte");	elif Origem == 2:
	print(Preco, " - Norte")
9. caso 3: escreva (Preço, " - Leste");	elif Origem == 3:
	print(Preco, " - Leste")
10. caso 4: escreva (Preço, " - Oeste");	elif Origem == 4:
	print(Preco, " - Oeste")
11. caso 7, 8, 9: escreva (Preço, " - Sudeste");	elif Origem == 7 or Origem == 8 or Origem == 9:
	print(Preco, " - Sudeste")
12. caso 10..20: escreva (Preço, " - Centro-Oeste");	elif Origem in range(10, 21):
	print(Preco, " - Centro-Oeste")
13. caso 5, 6, 25..30: escreva (Preço, " - Nordeste");	elif Origem == 5 or Origem == 6 or Origem in range(25,31):
	print(Preco, " - Nordeste")
14. caso contrário: escreva (Preço, " - Importado");	else:
	print(Preco, " - Importado")
15. fimescolha;	
16. fim.	

Em vez de utilizar a estrutura de seleção **escolha**, utilizamos sua estrutura equivalente **se-senão-se**, dado que na linguagem Python encontramos o **elif** que simplifica o processo de conversão por juntar os comandos **else** + **if** em um só, como ocorre a partir da segunda ocorrência (linha 8) e segue até a penúltima (linha 13). A primeira é tratada por um **if** normal (linha 7), a última é tratada por um **else** final (linha 14).

Vale notar também que cada linha de **caso** foi convertida para uma expressão lógica, algumas vezes usando o operador **or** quando mais de um valor era aceitável (linhas 11 e 13), e outras vezes usando **range** para tratar um intervalo de valores (linhas 12 e 13). Abordaremos o **range** com mais profundidade no tópico de repetição.

Exercícios de fixação 2

2.1 Dado o algoritmo a seguir, responda:
```
início
    lógico: A, B, C;
    se A
        então C1;
        senão
            início
                se B
                    então
                        se C
                            então C2;
                            senão
                                início
                                    C3;
                                    C4;
                                fim;
                        fimse;
                fimse;
                C5;
            fim;
    fimse;
    C6;
fim.
```

a) Se A = verdade, B = verdade, C = falsidade, quais comandos serão executados?

b) Se A = falsidade, B = verdade, C = falsidade, quais comandos serão executados?

c) Se A = falsidade, B = verdade, C = verdade, quais comandos serão executados?

d) Quais são os valores de A, B, C para que somente os comandos C5 e C6 sejam executados?

e) Quais são os valores de A, B, C para que somente o comando C6 seja executado?

2.2 Escreva um algoritmo que leia três valores inteiros e diferentes e mostre-os em ordem decrescente. Utilize para tal uma seleção encadeada.

2.3 Desenvolva um algoritmo que calcule as raízes de uma equação do 2º grau, na forma $Ax^2 + Bx + C$, levando em consideração a existência de raízes reais.

2.4 Tendo como dados de entrada a altura e o sexo de uma pessoa, construa um algoritmo que calcule seu peso ideal, utilizando as seguintes fórmulas:
- para homens: (72,7 * h) – 58;
- para mulheres: (62,1 * h) – 44,7.

2.5 Faça um algoritmo que leia o ano de nascimento de uma pessoa, calcule e mostre sua idade e, também, verifique e mostre se ela já tem idade para votar (16 anos ou mais) e para conseguir a carteira de habilitação (18 anos ou mais).

2.6 Escreva um algoritmo que leia o código de um determinado produto e mostre a sua classificação. Utilize a seguinte tabela como referência:

Código	Classificação
1	Alimento não perecível
2, 3 ou 4	Alimento perecível
5 ou 6	Vestuário
7	Higiene pessoal
8 até 15	Limpeza e utensílios domésticos
Qualquer outro código	Inválido

2.7 Elabore um algoritmo que, dada a idade de um nadador, classifique-o em uma das seguintes categorias:

Idade	Categoria
5 até 7 anos	Infantil A
8 até 10 anos	Infantil B
11 até 13 anos	Juvenil A
14 até 17 anos	Juvenil B
Maiores de 18 anos	Adulto

2.8 Elabore um algoritmo que calcule o que deve ser pago por um produto, considerando o preço normal de etiqueta e a escolha da condição de pagamento. Utilize os códigos da tabela a seguir para ler qual a condição de pagamento escolhida e efetuar o cálculo adequado.

Idade	Categoria
1	À vista em dinheiro ou cheque, recebe 10% de desconto
2	À vista no cartão de crédito, recebe 5% de desconto
3	Em duas vezes, preço normal de etiqueta sem juros
4	Em três vezes, preço normal de etiqueta mais juros de 10%

2.9 Elabore um algoritmo que leia o valor de dois números inteiros e a operação aritmética desejada; calcule, então, a resposta adequada. Utilize os símbolos da tabela a seguir para ler qual a operação aritmética escolhida.

Símbolo	Operação aritmética
+	Adição
–	Subtração
*	Multiplicação
/	Divisão

2.10 O IMC – Índice de Massa Corporal – é um critério da Organização Mundial de Saúde para indicar a condição de peso de uma pessoa adulta. A fórmula é IMC = peso / (altura)^2. Elabore um algoritmo que leia o peso e a altura de um adulto e mostre sua condição.

IMC em adultos	Condição
abaixo de 18,5	abaixo do peso
entre 18,5 e 25	peso normal
entre 25 e 30	acima do peso
acima de 30	obeso

Estruturas de repetição

Voltando ao **Algoritmo 3.4**, que calcula a média aritmética, quantas vezes ele será executado? Do modo em que se encontra o processamento, será realizado uma única vez e para um único aluno. E se forem mais alunos?

Como já vimos, podemos solucionar esse problema escrevendo o algoritmo em questão uma vez para cada aluno, ou seja, se forem 50 alunos, teríamos de escrevê-lo 50 vezes! Trata-se de uma solução simples, porém inviável.

Outro modo de resolver esta questão seria utilizar a mesma sequência de comandos novamente, ou seja, teríamos de realizar um retrocesso – ao início dos comandos – para cada aluno, fazendo, portanto, o fluxo de execução repetir certo trecho do algoritmo, o que, nesta aplicação, corresponderia a repetir o mesmo trecho 50 vezes, sem, no entanto, ter de escrevê-lo 50 vezes.

A esses trechos do algoritmo que são repetidos damos o nome de **laços de repetição**. O número de repetições pode ser indeterminado, porém necessariamente finito.

> **Nota**
>
> Os laços de repetição também são conhecidos por sua denominação em inglês: *loops* ou *looping*. Ganham esse nome por lembrarem uma execução finita em círculos, que depois segue seu curso normal.

Repetição com teste no início

Consiste em uma estrutura de controle do fluxo de execução que permite repetir diversas vezes um mesmo trecho do algoritmo, porém, sempre verificando **antes** de cada execução se é 'permitido' executar o mesmo trecho.

Para realizar a repetição com teste no início, utilizamos a estrutura **enquanto**, que permite que um bloco ou uma ação primitiva seja repetida enquanto uma determinada <condição> for verdadeira. O modelo genérico desse tipo de repetição é o seguinte:

```
enquanto <condição> faça
    C1;
    C2;
    :
    Cn;
fimenquanto;
```

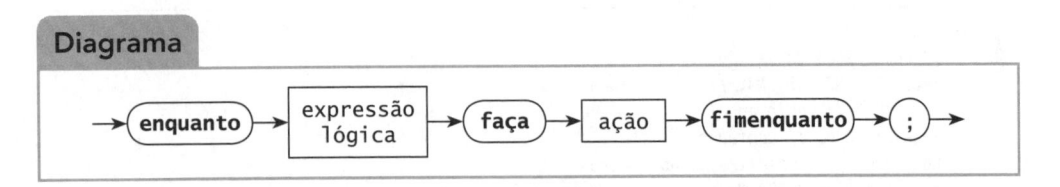

Diagrama

→ (enquanto) → [expressão lógica] → (faça) → [ação] → (fimenquanto) → (;) →

Quando o resultado de <condição> for falso, o comando de repetição será abandonado. Se já da primeira vez o resultado for falso, os comandos não serão executados nenhuma vez, o que representa a característica principal deste modelo de repetição.

Exemplo

Para inserir o cálculo da média dos alunos em um laço de repetição – utilizando a estrutura **enquanto** – que <condição> utilizaríamos?

A condição seria que a quantidade de médias calculadas fosse menor ou igual a 50; porém, o que indica quantas vezes a média foi calculada? A estrutura (**enquanto**) não oferece esse recurso; portanto, devemos estabelecer um modo de contagem, o que pode ser feito com a ajuda de um **contador** representado por uma variável com um dado valor inicial, o qual é incrementado a cada repetição.

Nota

Incrementar é o mesmo que somar um valor constante (normalmente 1). O ponteiro dos segundos de um relógio é um legítimo **contador** de segundos, que sempre vai incrementando 1 a cada instante de tempo equivalente a 1 segundo. Quando atinge 60 segundos, é a vez do ponteiro dos minutos ser incrementado, e assim por diante.

Exemplo (contador)

1. **inteiro:** Con; // declaração do contador
2. Con ← 0; // inicialização do contador
3. Con ← Con + 1; // incrementar o contador de 1

O processo de contagem ocorre na terceira linha, através da expressão aritmética que obtém o valor da variável Con e adiciona 1, armazenando esse resultado na própria variável Con. Repetindo esse comando várias vezes, perceberemos que a variável vai aumentando gradativamente de valor (de 1 em 1), simulando uma contagem de execuções. Para ilustrar o processo na prática, execute mais algumas vezes esta última ação, observando o que acontece com a variável Con.

Aplicando esses conceitos, temos o seguinte algoritmo:

Algoritmo 3.8 Média aritmética para 50 alunos

```
1.  início
2.     // declaração de variáveis
3.     real: N1, N2, N3, N4, // notas bimestrais
4.           MA; // média anual
5.     inteiro: Con; // contador
6.     Con ← 0; // inicialização do contador
7.     enquanto (Con < 50) faça // teste da condição de parada
8.        leia (N1, N2, N3, N4); // entrada de dados
9.        MA ← (N1 + N2 + N3 + N4)/4; // cálculo da média
10.       escreva ("Média Anual =", MA);
11.       se (MA >= 7)
12.          então
13.             início
14.                escreva ("Aluno Aprovado!");
15.                escreva ("Parabéns!");
16.             fim;
17.          senão
18.             início
19.                escreva ("Aluno Reprovado!");
20.                escreva ("Estude Mais!");
21.             fim;
22.       fimse;
23.       Con ← Con + 1; // incrementar o contador em um
24.    fimenquanto;
25. fim.
```

Devemos observar que o contador Con foi inicializado com o valor 0 antes do laço, e que a cada iteração era incrementado em 1.

Em uma variação do **Algoritmo 3.8**, poderíamos calcular a média geral da turma, que seria a média aritmética das 50 médias anuais, utilizando uma expressão aritmética gigantesca:

(M1 + M2 + M3 + M4 + M5 + ··· + M49 + M50)/50

o que se torna inviável. Podemos utilizar nessa situação as vantagens da estrutura de repetição, fazendo um laço que a cada execução acumule em uma variável, conhecida conceitualmente como **acumulador**, o somatório das médias anuais de cada aluno. Após o término da repetição, teríamos a soma de todas as médias na variável de acumulação, restando apenas dividi-la pela quantidade de médias somadas (50).

Exemplo (acumulador)

1. **inteiro:** Acm, // declaração do acumulador
2.   X; // declaração de uma variável numérica qualquer
3. Acm ← 0; // inicialização do acumulador
4. Acm ← Acm + X; // acumular em Acm o valor anterior mais o valor de X

O processo de acumulação é muito similar ao processo de contagem. A única diferença é que na acumulação o valor adicionado pode variar (variável X, no exemplo), enquanto na contagem o valor adicionado é constante. Para ilustrar o processo na prática, execute mais algumas vezes as duas últimas ações do exemplo acima, observando o que acontece com a variável Acm.

Uma solução para o algoritmo que deve ler a nota de 50 alunos e calcular a média aritmética da turma seria:

Algoritmo 3.9   Média aritmética de 50 alunos

```
1.  início
2.     // declaração de variáveis
3.     real: MA, // média anual de um dado aluno
4.           Acm, // acumulador
5.           MAT; // média anual da turma
6.     inteiro: Con; // contador
7.     Con ← 0; // inicialização do contador
8.     Acm ← 0; // inicialização do acumulador
9.     enquanto (Con < 50) faça // teste de condição
10.        leia (MA);
11.        Acm ← Acm + MA; // soma em Acm dos valores lidos em MA
12.        Con ← Con + 1; // contagem do número de médias fornecidas
13.    fimenquanto;
14.    MAT ← Acm/50; // cálculo da média anual da turma
15.    escreva ("média anual da turma = ", MAT);
16. fim.
```

O **Algoritmo 3.9** utiliza o pré-conhecimento da quantidade de alunos da turma da qual se desejava a média geral, o que permitiu construir um laço de repetição com quantidade **pré-determinada** de execuções. Entretanto, se não soubéssemos quantos eram os alunos, o que faríamos para controlar o laço de repetição? Precisaríamos de um laço que fosse executado por uma quantidade **indeterminada** de vezes. Assim, teríamos de encontrar outro **critério de parada**, que possibilitasse que o laço fosse finalizado após a última média anual (independentemente de quantas sejam) ter sido informada. Isso pode ser feito utilizando um valor predefinido como finalizador, a ser informado após a última média.

Para aplicar tal conceito ao algoritmo da média geral da turma, usaremos como **finalizador** o valor –1 que, quando encontrado, encerra o laço sem ter seu valor computado ao acumulador.

Algoritmo 3.10 Média anual com finalizador (estrutura **enquanto**)

```
1.  início
2.     real: MA,    // média anual de um dado aluno
3.           Acm,   // acumulador
4.           MAT;   // média anual da turma
5.     inteiro: Con; // contador
6.     Con ← 0;  // inicialização do contador
7.     Acm ← 0;  // inicialização do acumulador
8.     MA  ← 0;  // inicialização da variável de leitura
9.     enquanto (MA <> -1) faça // teste da condição de parada
10.       leia (MA);
11.       se (MA <> -1) então // evita acumulação do finalizador
12.          início
13.             Acm ← Acm + MA; // acumula em Acm os valores lidos em MA
14.             Con ← Con + 1;  // contagem do número de médias fornecidas
15.          fim;
16.       fimse;
17.    fimenquanto;
18.    se (Con > 0) // houve pelo menos uma execução
19.       então
20.          início
21.             MAT ← Acm/Con;
22.             escreva ("Média anual da turma = ", MAT);
23.          fim;
24.       senão
25.          escreva ("Nenhuma média válida fornecida");
26.    fimse;
27. fim.
```

Devemos observar que a construção desse algoritmo é muito similar ao seu antecessor (**Algoritmo 3.9**), exceto pelas condições adicionais nas linhas 11 e 18. A condição da linha 11 impede que o valor finalizador (−1) seja acumulado e, ao mesmo tempo, evita que o contador seja incrementado. A condição da linha 18 garante que a média somente será calculada se ao menos um valor válido tiver sido fornecido.

Exemplo

Construa um algoritmo que calcule a média aritmética de um conjunto de números pares que forem fornecidos pelo usuário. O valor de finalização será a entrada do número 0. Observe que nada impede que o usuário forneça quantos números ímpares quiser, com a ressalva de que eles não poderão ser acumulados.

Algoritmo 3.11 Média aritmética de um conjunto de números pares

```
1. início
2.    inteiro: N,    // número fornecido pelo usuário
3.             Con,  // contador
4.             Acm;  // acumulador
5.    real: MNP; // média dos números pares
6.    Con ← 0;  // inicialização do contador
7.    Acm ← 0;  // inicialização do acumulador
```

(Continua)

```
8.    N ← 1; // inicialização da variável de leitura
9.    enquanto (N > 0) faça // teste da condição de parada
10.      leia (N);
11.      se (N > 0) e ((N mod 2) = 0) // resto da divisão é igual a zero?
12.        então // o número é par (divisível por 2) e maior que 0
13.          início
14.            Acm ← Acm + N; // acumula em ACM os números pares
15.            Con ← Con + 1; // contagem de números pares
16.          fim;
17.      fimse;
18.    fimenquanto;
19.    se (Con > 0) // houve pelo menos um número par válido
20.      então
21.        início
22.          MNP ← Acm/Con;
23.          escreva ("Média = ", MNP);
24.        fim;
25.      senão
26.        escreva ("Nenhum par foi fornecido!");
27.    fimse;
28. fim.
```

Repetição com teste no final

Para realizar a repetição com teste no final, utilizamos a estrutura **repita**, que permite que um bloco ou uma ação primitiva seja repetida **até** que uma determinada condição seja verdadeira. O modelo genérico deste tipo de repetição é o seguinte:

```
repita
    C1;
    C2;
    ⋮
    Cn;
até <condição>;
```

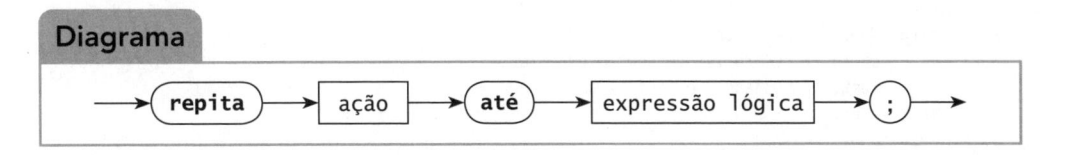

Diagrama

⟶(repita)⟶[ação]⟶(até)⟶[expressão lógica]⟶(;)⟶

Pela sintaxe da estrutura, observamos que o bloco (C1...Cn) é executado pelo menos uma vez, independentemente da validade da condição. Isso ocorre porque a inspeção da condição é feita após a execução do bloco, o que representa a característica principal deste modelo de repetição.

Exemplos

a. Reescrevendo o **Algoritmo 3.9**, que lê a média anual de 50 alunos e calcula a média geral da turma, e utilizando a estrutura de repetição com teste no final, teríamos:

Algoritmo 3.12   Média com **repita**

```
1.  início
2.     // declaração de variáveis
3.     real: MA, // média anual de um dado aluno
4.           Acm, // acumulador
5.           MAT; // média anual da turma
6.     inteiro: Con; // contador
7.     Con ← 0;
8.     Acm ← 0;
9.     repita
10.        leia (MA);
11.        Acm ← Acm + MA;
12.        Con ← Con + 1;
13.    até (Con >= 50); // teste de condição
14.    MAT ← Acm/50;
15.    escreva ("Média anual da turma =", MAT);
16. fim.
```

A utilização de uma estrutura **repita** no lugar de uma estrutura **enquanto** corresponde a utilizar como condição para o **repita** a negação da condição do **enquanto**.

b. Imagine uma brincadeira entre dois colegas, na qual um pensa um número e o outro deve fazer chutes até acertar o número imaginado. Como dica, a cada tentativa é dito se o chute foi alto ou foi baixo. Elabore um algoritmo dentro deste contexto, que leia o número imaginado e os chutes, ao final mostre quantas tentativas foram necessárias para descobrir o número.

Algoritmo 3.13   Descoberta do número

```
1.  início
2.  inteiro: Num, // número inicial a ser descoberto
3.          Chute, // tentativa de acerto do número
4.          Tent; // contador de tentativas
5.     Tent ← 0;
6.     leia (Num);
7.     repita
8.        leia (Chute);
9.        Tent ← Tent + 1;
10.       se (Chute > Num)
11.          então escreva ("Chutou alto!");
12.          senão se (Chute < Num)
13.                então escreva ("Chutou baixo!");
14.             fimse;
15.       fimse;
16.    até (Num = Chute);
17.    escreva (Tent);
18. fim.
```

Observamos que:

- a estrutura de repetição não possui um número determinado de iterações, pois o laço continuará sendo executado até que o usuário acerte o número pensado, condição (Num = Chute);
- o laço é executado pelo menos uma vez e, se este for o caso, o usuário teve bastante sorte e acertou o número na primeira tentativa (Tent será igual a um).

  c. Construa um algoritmo que permita fazer um levantamento do estoque de vinhos de uma adega, tendo como dados de entrada os tipos de vinho, sendo: 'T' para tinto, 'B' para branco e 'R' para rosé. Especifique a porcentagem de cada tipo sobre o total geral de vinhos. A quantidade de vinhos é desconhecida. Utilize como finalizador 'F' de fim.

Algoritmo 3.14   Repita com escolha

```
1.  início
2.     caracter: TV; // tipo de vinho
3.     inteiro: Conv, // contador de vinho
4.              CT, // contador de tinto
5.              CB, // contador de branco
6.              CR; // contador de rosé
7.     real: PT, PB, PR; // porcentagem de tinto, branco e rosê
8.     // inicialização dos diversos contadores
9.     Conv ← 0;
10.    CT ← 0;
11.    CB ← 0;
12.    CR ← 0;
13.    repita
14.       leia (TV);
15.       escolha   TV
16.          caso "T": CT ← CT + 1;
17.          caso "B": CB ← CB + 1;
18.          caso "R": CR ← CR + 1;
19.       fimescolha;
20.       Conv ← Conv + 1;
21.    até (TV = "F");
22.    Conv ← Conv - 1; // descontar o finalizador "F"
23.    se (Conv > 0)
24.       então
25.          início
26.             PT ← (AT*100)/Conv;
27.             PB ← (AB*100)/Conv;
28.             PR ← (AR*100)/Conv;
29.             escreva ("Porcentagem de Tintos = ", PT);
30.             escreva ("Porcentagem de Brancos = ", PB);
31.             escreva ("Porcentagem de Rosés = ", PR);
32.          fim;
33.       senão
34.          escreva ("Nenhum tipo de vinho foi fornecido!")
35.    fimse;
36. fim.
```

Observamos que:

- além do contador geral de vinhos (Conv), foi necessário utilizar um contador para cada tipo de vinho, CT, CB e CR;
- esta é uma aplicação típica da seleção de múltipla escolha, em que cada tipo de vinho corresponde a um caso;
- após o laço de repetição, o contador geral de vinhos foi decrementado em 1, para descontar o finalizador 'F'.

Repetição com variável de controle

Nas estruturas de repetição vistas até agora, ocorrem casos em que se torna difícil determinar o número de vezes em que o bloco será executado. Sabemos que ele será executado enquanto uma condição for satisfeita – **enquanto** – ou até que uma condição seja satisfeita – **repita**. A estrutura **para** é diferente, já que sempre repete a execução do bloco um número predeterminado de vezes, pois ela não prevê uma condição e possui limites fixos.

O modelo genérico para a estrutura de repetição **para** é o seguinte:

```
para V de vi até vf passo p faça
   C1;
   C2;
   ⋮
   Cn;
fimpara;
```

Em que:

- V é a variável de controle;
- vi é o valor inicial da variável V;
- vf é o valor final da variável V, ou seja, o valor até o qual ela vai chegar;
- p é o valor do incremento dado à variável V

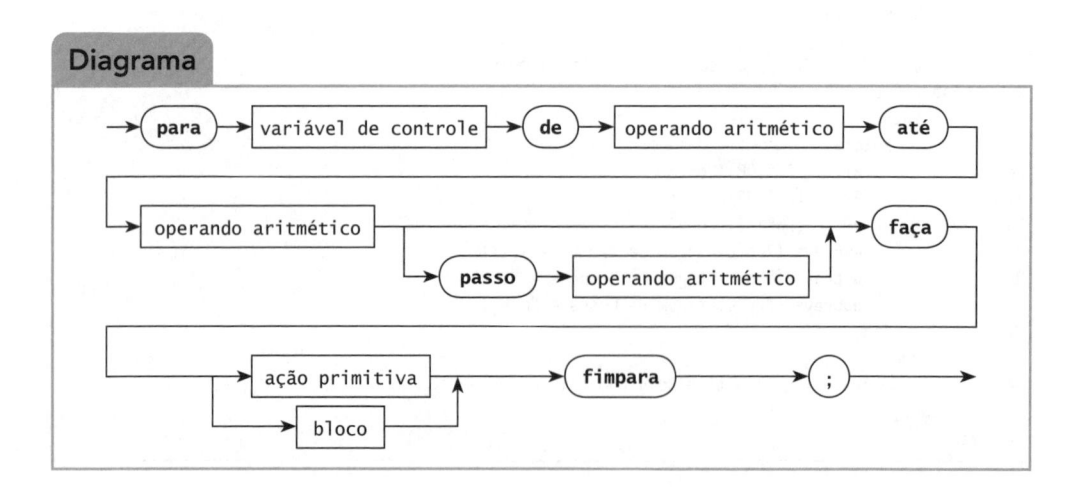

Diagrama

→ (para) → [variável de controle] → (de) → [operando aritmético] → (até)
→ [operando aritmético] → (passo) → [operando aritmético] → (faça)
→ [ação primitiva / bloco] → (fimpara) → (;) →

Possuímos, então, um laço com contador de forma compacta, em que sempre temos uma inicialização (vi) da variável de controle (V), um teste para verificar se a variável atingiu o limite (vf) e um acréscimo (incremento de p) na variável de controle após cada execução do bloco de repetição.

Exemplos

a. Voltando ao cálculo da média aritmética de uma turma fixa de 50 alunos, resolvendo o problema com a repetição **para**, teríamos:

Algoritmo 3.15   Média anual de 50 alunos (com **para**)

```
1.  início
2.      real: MA, // média anual de um dado aluno
3.            Acm, // acumulador
4.            MAT; // média anual da turma
5.      inteiro: V; // variável de controle
6.      Acm ← 0;
7.      para V de 1 até 50 passo 1 faça
8.          leia (MA);
9.          Acm ← Acm + MA;
10.     fimpara;
11.     MAT ← Acm/50;
12.     escreva ("média anual da turma =", MAT);
13. fim.
```

b. Elabore um algoritmo que efetue a soma de todos os números ímpares que são múltiplos de 3 e que se encontram no conjunto dos números de 1 até 500.

Algoritmo 3.16   Soma dos números múltiplos de 3

```
1.  início
2.      inteiro: SI, // soma dos números ímpares
3.                   //  múltiplos de três
4.               V;  // variável de controle
5.      SI ← 0;
6.      para V de 1 até 50 passo 1 faça
7.          se (V mod 2 = 1) // o número é ímpar?
8.              então
9.                  início
10.                     se (V mod 3 = 0) // múltiplo de três?
11.                         então SI ← SI + V;
12.                     fimse;
13.                 fim;
14.         fimse;
15.     fimpara;
16.     escreva ("Soma =", SI);
17. fim.
```

Observamos também dois aspectos interessantes dessa estrutura de repetição:

- Nem sempre a variável de controle atinge o valor final estabelecido. Isso pode ocorrer quando é utilizado um passo maior que 1 e, nesse caso, a repetição termina quando a variável de controle ameaçar ultrapassar o valor final.

  Exemplo: para I de 1 a 10 passo 2 // A variável i vai chegar até 9

- O laço de repetição sempre será executado pelo menos uma vez, porque no mínimo ocorrerá a atribuição do valor inicial para a variável de controle.

  Exemplo: para I de 1 até 10 passo 10 // A variável i vai chegar até 1

c. Elabore um algoritmo que simule uma contagem regressiva de 10 minutos, ou seja, mostre 10:00, e então 9:59, 9:58, ..., 9:00; 8:59, 8:58 até 0:00.

Algoritmo 3.17   Contagem regressiva

```
1.  início
2.     inteiro: Min, // contador dos Minutos
3.             Seg; // contador dos Segundos
4.     escreva ("10:00");
5.     para Min de 9 até 0 passo -1 faça
6.        para Seg de 59 até 0 passo -1 faça
7.           escreva (Min, ":", Seg);
8.        fimpara;
9.     fimpara;
10. fim.
```

Observamos que:

- o passo utilizado nas duas estruturas foi negativo (-1); isto significa que, a cada iteração dos laços de repetição, as variáveis de controle Min e Seg estarão sendo decrementadas de um. Este é o mesmo conceito do contador apresentado no **Algoritmo 3.8**, pois o valor do passo é unitário, porém, neste caso, negativo;
- para mostrar a contagem regressiva utilizamos dois laços de repetição, sendo que o mais interno, responsável pelos segundos, completa um conjunto de 60 iterações para cada minuto, que por sua vez executa apenas 10 iterações.

Comparação entre estruturas de repetição

Todas as estruturas de repetição apresentadas cumprem o papel de possibilitar a criação de laços de repetição dentro de um algoritmo. Convém conhecermos bem as características de cada uma, para melhor utilizá-las conforme nossa conveniência.

A **Tabela 3.6** apresenta um quadro comparativo:

Tabela 3.6 Comparação entre as estruturas de repetição

Estrutura	Condição	Quantidade de execuções	Condição de existência
Enquanto	Início	0 ou muitas	condição verdadeira
Repita	Final	mínimo 1	condição falsa
Para	não tem	((vf-vi) div p)+1	v <= vf

Exemplos

a. Elabore um algoritmo que, utilizando as três estruturas de repetição, imprima a tabuada do número 5:
   - utilizando **enquanto**:

Algoritmo 3.18 Tabuada do número 5 usando **enquanto**

```
1. início
2.    inteiro: Con;
3.    Con ← 1;
4.    enquanto (Con <= 10) faça
5.       escreva (Con, " x 5 = ", Con * 5);
6.       Con ← Con + 1;
7.    fimenquanto;
8. fim.
```

   - utilizando **repita**:

Algoritmo 3.19 Tabuada do número 5 usando **repita**

```
1. início
2.    inteiro: Con;
3.    Con ← 1;
4.    repita
5.       escreva (Con, " x 5 = ", Con * 5);
6.       Con ← Con + 1;
7.    até (Con > 10);
8. fim.
```

- utilizando **para**:

Algoritmo 3.20   Tabuada do número 5 usando **para**

```
1. início
2.    inteiro: Con;
3.    Con ← 1;
4.    para Con de 1 até 10 passo 1 faça
5.       escreva (Con, " x 5 = ", Con * 5);
6.    fimpara;
7. fim.
```

b. Modifique o algoritmo para que ele imprima a tabuada de qualquer número, sendo que este será fornecido pelo usuário, até encontrar como finalizador –1. Sabendo que o primeiro número-base fornecido não é –1:
- utilizando **enquanto**:

Algoritmo 3.21   Tabuada de qualquer número usando **enquanto**

```
1. início
2.    inteiro: N, // número-base
3.            Con; // contador
4.    leia (N);
5.    enquanto (N <> -1) faça
6.       Con ← 1;
7.       enquanto (Con <= 10) faça
8.          escreva (Con, " x ", N, " = ", Con * N);
9.          Con ← Con + 1;
10.      fimenquanto;
11.      leia (N);
12.   fimenquanto;
13. fim.
```

- utilizando **repita**:

Algoritmo 3.22   Tabuada de qualquer número usando **repita**

```
1. início
2.    inteiro: N, // número-base
3.            Con; // contador
4.    leia (N);
5.    repita
6.       Con ← 1;
7.       repita
8.          escreva (Con, " x ", N, " = ", Con * N);
9.          Con ← Con + 1;
10.      até (Con > 10);
11.      leia (N);
12.   até (N = -1);
13. fim.
```

- utilizando **para**:

Algoritmo 3.23 Tabuada de qualquer número usando **para**

```
1.  início
2.     inteiro: N,  // número-base
3.             Con; // contador
4.             X;   // variável de controle
5.     leia (N);
6.     para X de 1 até ? passo 1 faça // número de repetições
7.                                    // é indefinido!
8.        Con ← 1;
9.        para Con de 1 até 10 passo 1 faça
10.          escreva (Con, " x ", N, " = ", Con*N);
11.       fimpara;
12.       leia (N);
13.    fimpara;
14. fim.
```

Verificamos na linha 6 desse exemplo a impossibilidade de construir esse algoritmo utilizando a estrutura **para**, pois esta exige que o número de repetições, além de ser finito, seja predeterminado.

Implementando repetição em Python

Os laços de repetição que vimos na seção anterior possuem seus equivalentes na linguagem Python da seguinte forma:

- Teste no início: **enquanto** implementado pelo **while**
- Variável de controle: **para** implementado pelo **for**

> **Nota**
>
> A linguagem Python não implementa uma estrutura de repetição com teste no final. Na linguagem Pascal, temos o *repeat..until*, equivalente ao *repita..até*, e em linguagens como C, C++, Java e Javascript, por exemplo, temos o loop *do..while*, cujo teste fica no final e que repete o bloco do laço de repetição enquanto a condição for verdade, saindo assim que for avaliada como falsidade.

Repetição com teste no início

Uma forma bem visual de compreender as similaridades e diferenças é revisitando o diagrama de sintaxe do comando **enquanto**

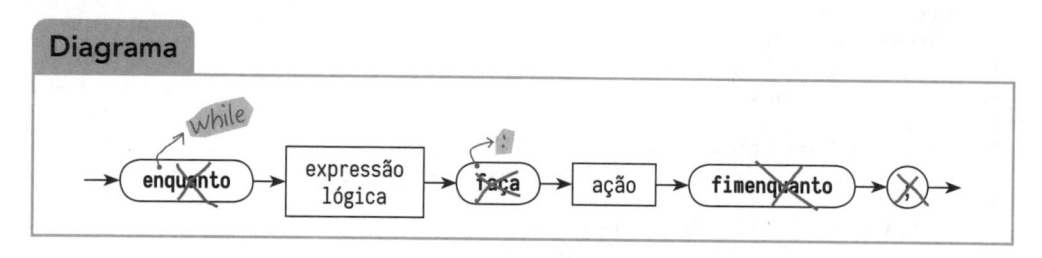

Diagrama

```
         while
  →  enquanto  →  expressão  →  faça  →  ação  →  fimenquanto  →  ⊗  →
                   lógica           :
```

Dentre as similaridades que podemos observar, a palavra-chave **enquanto** é trocada por **while**, assim como **faça** é trocada por ":". O restante da estrutura desse comando permanece, contudo é importante reforçar que a eliminação da palavra-chave **fimenquanto** como delimitador do bloco de comandos a ser repetido é absorvida em Python através do bloco de código que possuir indentação superior, mais a direita, que o comando **while**.

Exemplo

Vamos retomar o **Algoritmo 3.18**, da tabuada, e verificar a solução usando o laço **enquanto** e o loop **while**; temos como resultado, respectivamente:

Programa 3.8 Tabuada do número 5 usando enquanto (ref. Algoritmo 3.18)

```
1.  início
2.     inteiro: Con;
3.     Con ← 1;                              Con = 1
4.     enquanto (Con <= 10) faça             while Con <= 10:
5.        escreva (Con, " x 5 = ", Con * 5);    print(Con, " x 5 = ", Con * 5)
6.        Con ← Con + 1;                        Con = Con + 1
7.     fimenquanto;
8.  fim.
```

Vale notar que a adaptação de sintaxe é direta, praticamente uma tradução dos comandos; bem como reforçar a importância do correto posicionamento das linhas 5 e 6 no código Python, pois a indentação à direita é que constitui o bloco a ser repetido, não havendo as marcações explícitas de fim de laço e de algoritmo.

Adaptando repetição com teste no final

Ao implementarmos em Python um algoritmo que originalmente fora escrito empregando o laço **repita**, precisamos fazer as mesmas adaptações que teríamos ao escrevê-lo usando o laço **enquanto**.

Exemplo

Revisitemos o **Algoritmo 3.13**, da descoberta do número. A versão anterior foi construída como um jogo entre duas pessoas, a que fornece o número e a que irá adivinhá-lo iterativamente a partir das dicas. Escreveremos agora uma nova versão em Python, neste momento adaptando para teste no início (**enquanto/while**) e jogando contra o computador, que será responsável por sortear um número aleatório entre 1 e 100.

Para elaborarmos este programa, jogando contra o computador, usaremos a função **randint** (*random integer*) do módulo **random**. Este módulo implementa diversas funções úteis para gerar números pseudoaleatórios para vários tipos de distribuições. Temos como uma possível implementação do jogo novo o seguinte código:

Programa 3.9 Descoberta do número (ref. Algoritmo 3.13)

1.	`from random import randint`
2. `início`	
3. `    inteiro: Num, // Número inicial a ser descoberto`	
4. `            Chute, // tentativa de acerto do número`	
5. `            Tent; // contador de tentativas`	
6. `    Tent ← 0;`	`Tent = 0`
7. `    leia (Num);`	`Num = randint(1, 100)`
8.	`Chute = 0`
9. `    repita`	`while Chute != Num:`
10. `        leia (Chute);`	`    Chute = int(input("Chute? "))`
11. `        Tent ← Tent + 1;`	`    Tent = Tent + 1`
12. `        se (Chute > Num)`	`    if Chute > Num:`
13. `            então escreva ("Chutou alto!");`	`        print("Chutou alto!")`
14. `        senão se (Chute < Num)`	`    elif Chute < Num:`
15. `            então escreva ("Chutou baixo!");`	`        print("Chutou baixo!")`
16. `        fimse;`	
17. `    fimse;`	
18. `    até (Num = Chute);`	
19. `    escreva (Tent);`	`print("Tentativas: ", Tent)`
20. `fim.`	

Observamos que:

- a função **randint**, importada do módulo **random** na linha 1, devolverá um número randômico no intervalo [1..100], substituindo na linha 7 o **leia** original;
- necessário inicializar a variável **Chute** (linha 8) de forma a assegurar que a condição seja verdade;
- a condição **Chute != Num** do **enquanto/while** é exatamente a negação da condição do **repita**;
- toda a lógica restante se manteve praticamente intacta, mesmo ao termos trocado a repetição com teste no final por uma com teste no início.

Repetição com variável de controle

Para implementar a repetição com variável de controle utilizamos a estrutura de repetição **for**, que permite que um bloco seja repetido através da iteração sobre um conjunto de itens de uma sequência, na ordem em que eles aparecem nesta sequência. Mais adiante veremos que esta iteração pode ocorrer sobre uma lista ou mesmo uma cadeia de caracteres (uma string).

O modelo genérico desse tipo de repetição é o seguinte:

```
for V in <sequência de itens>:
    C1
    C2
    ⋮
    Cn
```

Em que:

- V é a variável de controle;
- <sequência de itens> contém o conjunto dos números pelos quais V passará, ou seja, os valores que V irá assumir a cada iteração do loop.

Nos algoritmos desse tópico, estivemos empregando o laço **para** de modo a iterar sobre uma sequência de números inteiros, empregando a variável de controle para receber todos os elementos dessa sequência desde o limite inicial até o limite final, podendo ser composta por números em ordem crescente (incremento positivo) ou decrescente (incremento negativo: decremento), conforme o valor do passo.

Exemplos

a. Implementando apenas o trecho de um algoritmo que iria imprimir os números de 5 a 10, de um em um, poderíamos fazer assim:

```
1. para X de 5 até 10 passo 1 faça
2.     escreva (X);
3. fimpara;
```

```
for X in [5, 6, 7, 8, 9, 10]:
    print(X)
```

Observamos que:

- a formação do laço **para** dispõe sempre de todos os seus elementos constitutivos: variável de controle, valor inicial, valor final e passo;
- a formação do loop **for** dispõe dos mesmos elementos constitutivos, contudo expressos através dos valores relacionados na lista, sendo essa a ordem com a qual o loop **for** irá iterar, no caso a sequência de números **5**, **6**, **7**, **8**, **9**, **10**. Estes valores, colocados entre colchetes, compõem uma lista, uma estrutura de dados da linguagem que será explorada no próximo capítulo.

Apesar de ser uma ferramenta poderosa na linguagem Python, nem sempre a lista de valores que precisamos é pequena o bastante para expressarmos através dessa notação que discrimina todos os valores intermediários desde o inicial até o final.

No caso mais comum, como o do **Algoritmo 3.20**, o objetivo é simplesmente iterar sobre uma sequência de números de uma determinada forma: começando em 1, indo até 10, e incrementando de um em um. Em situações como essa em que precisamos de uma lista numérica de valores mais longa, faz mais sentido empregarmos a função **range** do Python, que é utilizada para gerar uma sequência de números de qualquer tamanho (como ocorre numa progressão aritmética).

O formato genérico da função **range** é:

```
range (<valor inicial>, <valor final>, <passo>)
```

Em que:

- `<valor inicial>` é o primeiro valor da sequência;
- `<valor final>` indica o fim da sequência, **porém não faz parte dela**;
- `<passo>` indica o valor do incremento (positivo ou negativo) empregado para gerar a sequência.

Importante observar que tanto `<valor inicial>` quanto `<passo>` são opcionais. Quando estes não são explicitamente fornecidos, a função automaticamente emprega os valores 0 e 1, respectivamente.

Portanto, os seguintes exemplos com a função range são equivalentes, pois geram a mesma sequência de números:

```
range (5)
range (0, 5)
range (0, 5, 1)
```

Os três exemplos irão gerar a sequência 0, 1, 2, 3, 4.

Retomando nosso exemplo, para imprimir os números de 5 a 10, precisaríamos colocar o valor inicial do range em 5 e o valor final em 11, podendo informar o passo como 1 ou omiti-lo, sendo neste caso o incremento de +1 usado automaticamente de forma transparente (ao colocarmos apenas dois valores no range, eles serão usados respectivamente como inicial e final). O resultado então ficaria da seguinte forma:

```
1. para X de 5 até 10 passo 1 faça
2.    escreva (X);
3. fimpara;
```

```
for X in range(5, 11, 1):
    print(X)
```

Outros exemplos de argumentos para a função **range** e a sequência de números gerada por ela estão apresentados na **Tabela 3.7**.

Tabela 3.7 Exemplos com a função range

Função range	Sequência gerada
range(7)	0 1 2 3 4 5 6
range(1, 7)	1 2 3 4 5 6
range(1, 7, 2)	1 3 5
range(-3, 4, 1)	-3 -2 -1 0 1 2 3
range(3, -4, -1)	3 2 1 0 -1 -2 -3
range(10, -1, -2)	10 8 6 4 2 0

Empregando então a flexibilidade da função **range**, podemos retomar o diagrama de sintaxe do laço **para**, aproximando-o da sintaxe do loop **for**, e podemos relacioná-los conforme apresentado no diagrama a seguir, que evidencia a tripla funcionalidade do **range**: ele abarca para si o início, o fim e o passo a serem empregados no laço de repetição.

Diagrama

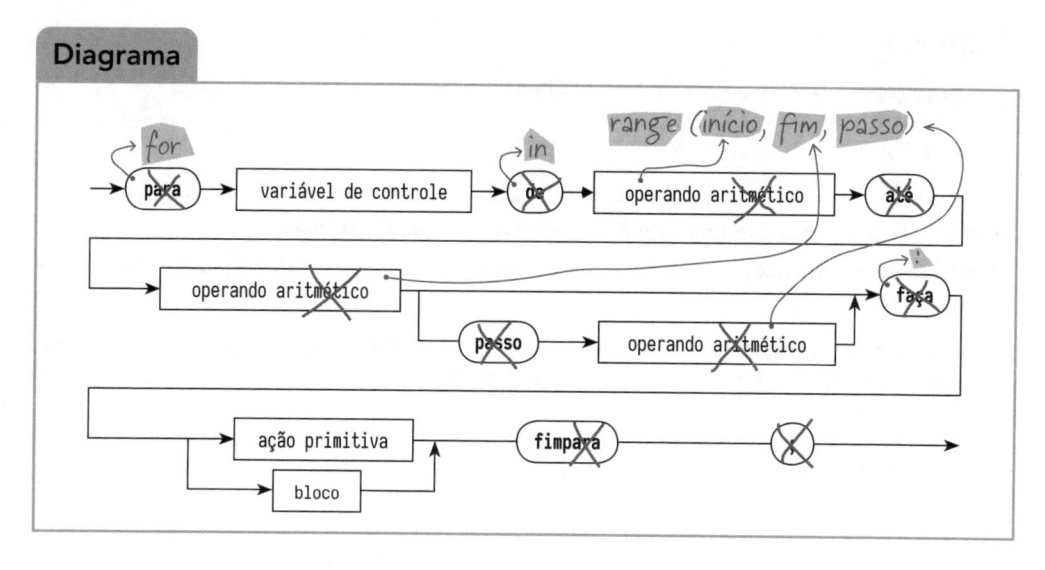

[Diagrama sintático do comando `para...faça` com anotações indicando a tradução para Python usando `for`, `in` e `range(início, fim, passo)`. Os elementos "operando aritmético" (após "até"), "passo", o segundo "operando aritmético", "faça" e "fimpara" aparecem riscados/marcados.]

b. Voltando ao **Algoritmo 3.20**, da tabuada, vejamos sua implementação em Python usando o loop **for** e a função **range**:

Programa 3.10 Tabuada do número 5 usando o loop for (ref. Algoritmo 3.20)

```
1. início
2.    inteiro: Con;
3.    para Con de 1 até 10 passo 1 faça        for Con in range(1, 11, 1):
4.       escreva (Con, " x 5 = ", Con * 5);       print(Con, " x 5 = ", Con * 5)
5.    fimpara;
6. fim.
```

c. Como exemplo de laço de repetição duplo, vamos implementar o **Algoritmo 3.17**, que imprime uma simulação de contagem regressiva de 10 minutos: 10:00, 9:59, 9:58 até 0:0. A implementação ficaria:

Programa 3.11 Contagem regressiva (ref. Algoritmo 3.17)

```
1. início
2.    inteiro: Min, // contador dos Minutos
3.           Seg; // contador dos Segundos
4.    escreva ("10:00");                        print("10:00")
5.    para Min de 9 até 0 passo -1 faça         for Min in range(9, -1, -1):
6.       para Seg de 59 até 0 passo -1 faça        for Seg in range(59, -1, -1):
7.          escreva (Min,":", Seg);                   print(Min, ":", Seg)
8.       fimpara;
9.    fimpara;
10. fim.
```

Vale destacar o emprego do passo negativo (–1, efetuando um decremento) e o cuidado com o valor final dos laços em Python. No caso do **range**, ele não faz parte da sequência, sendo, portanto, necessário colocar –1 em vez de 0. Desta forma, a sequência para Min será o intervalo [9...0] e para Seg [59...0], como estabelecido no laço **para** original.

O laço externo (linha 4) será executado 10 vezes e o laço interno (linha 5) será executado 60 vezes; portanto, a linha 6 será executada 600 vezes (10 * 60).

Exercícios de fixação 3

3.1 Dado o algoritmo a seguir, responda:

```
1.  início
2.     inteiro: A, B, I, J;
3.     leia (A);
4.     repita
5.        para I de 1 até A passo 1 faça
6.           J ← I;
7.           enquanto (J <= A) faça
8.              escreva (J);
9.              J ← J + 1;
10.          fimenquanto;
11.       fimpara;
12.       B ← A;
13.       leia (A);
14.    até ((A = B) ou (A <= 0));
15. fim.
```

a) O que será mostrado se forem fornecidos os números 4 e 0?

b) O que será mostrado se forem fornecidos os números 3, 2 e 2?

c) O que será mostrado se forem fornecidos os números 2, 1 e 0?

d) O que será mostrado se forem fornecidos os números 1 e 0?

3.2 Elabore um algoritmo que calcule um número inteiro que mais se aproxime da raiz quadrada de um número fornecido pelo usuário.

3.3 Construa um algoritmo que verifique se um número fornecido pelo usuário é primo ou não.

3.4 Sendo H = 1 + 1/2 + 1/3 + 1/4 + ⋯ + 1/N, escreva um algoritmo para gerar o número H. O número N é fornecido pelo usuário.

3.5 Elabore um algoritmo que calcule N! (fatorial de N), sendo que o valor inteiro de N é fornecido pelo usuário. Sabendo que

- N! = 1 * 2 * 3 * ⋯ * (N – 1) * N;
- 0! = 1, por definição.

3.6 A série de Fibonacci é formada pela seguinte sequência: 1, 1, 2, 3, 5, 8, 13, 21, 34, 55... etc. Escreva um algoritmo que gere a série de Fibonacci até o vigésimo termo.

3.7 Escreva um algoritmo que leia um conjunto de 20 números inteiros e mostre o maior e o menor valor fornecido.

Exercícios propostos

Estrutura sequencial

1. Construa um algoritmo que calcule a média ponderada entre cinco números quaisquer, sendo que os pesos a serem aplicados são 1, 2, 3, 4 e 5 respectivamente.
2. Elabore um algoritmo que calcule a área de um círculo qualquer de raio fornecido.
3. Prepare um algoritmo capaz de inverter um número de três dígitos fornecido, ou seja, apresentar primeiro a unidade e, depois, a dezena e a centena.
4. Ao completar o tanque de combustível de um automóvel, faça um algoritmo que calcule o consumo efetuado, assim como a autonomia que o carro ainda teria antes do abastecimento. Considere que o veículo sempre seja abastecido até encher o tanque e que sejam fornecidas apenas a capacidade do tanque, a quantidade de litros abastecida e a quilometragem percorrida desde o último abastecimento.
5. Dada uma determinada data de aniversário (dia, mês e ano separadamente), elabore um algoritmo que solicite a data atual (dia, mês e ano separadamente) e calcule a idade em anos, em meses e em dias.
6. Um dado comerciante maluco cobra 10% de acréscimo para cada prestação em atraso e depois dá um desconto de 10% sobre esse valor. Faça um algoritmo que solicite o valor da prestação em atraso e apresente o valor final a pagar, assim como o prejuízo do comerciante na operação.

Estruturas de seleção

7. Escreva um algoritmo que, a partir de um mês fornecido (número inteiro de 1 a 12), apresente o nome dele por extenso ou uma mensagem de mês inválido.
8. Elabore um algoritmo que, a partir de um dia, mês e ano fornecidos, valide se eles compõem uma data válida. Não deixe de considerar os meses com 30 ou 31 dias, e o tratamento de ano bissexto.
9. Escreva o signo do zodíaco correspondente ao dia e mês informado.
10. A partir da idade informada de uma pessoa, elabore um algoritmo que informe a sua classe eleitoral, sabendo que menores de 16 não votam (não votante), que o voto é obrigatório para adultos entre 18 e 65 anos (eleitor obrigatório) e que o voto é opcional para eleitores entre 16 e 18, ou maiores de 65 anos (eleitor facultativo).
11. Construa um algoritmo capaz de dar a classificação olímpica de três países informados. Para cada país é informado o nome e a quantidade de medalhas de ouro, prata e bronze. Considere que cada medalha de ouro tem peso 3, cada prata tem peso 2 e cada bronze, peso 1.
12. Construa um algoritmo que seja capaz de concluir qual dentre os seguintes animais foi escolhido, através de perguntas e respostas. Animais possíveis: leão, cavalo, homem, macaco, morcego, baleia, avestruz, pinguim, pato, águia, tartaruga, crocodilo e cobra.

    Exemplo

    É mamífero? Sim.

    É quadrúpede? Sim.

    É carnívoro? Não.

    É herbívoro? Sim.

    Então o animal escolhido foi o cavalo. Utilize as seguintes classificações:

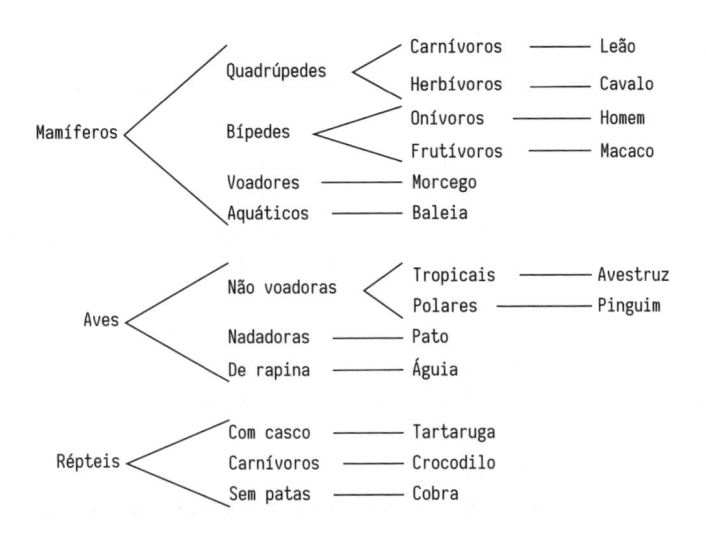

```
                    ┌ Carnívoros ──── Leão
         Quadrúpedes ┤
                    └ Herbívoros ──── Cavalo
         
                    ┌ Onívoros ────── Homem
Mamíferos ┤ Bípedes ┤
                    └ Frutívoros ──── Macaco
         
         Voadores ──── Morcego
         Aquáticos ─── Baleia


              ┌ Tropicais ──── Avestruz
Não voadoras ┤
              └ Polares ────── Pinguim
Aves
Nadadoras ──── Pato
De rapina ──── Águia


         Com casco ──── Tartaruga
Répteis  Carnívoros ─── Crocodilo
         Sem patas ──── Cobra
```

Estruturas de repetição

13. Elabore um algoritmo que obtenha o mínimo múltiplo comum (MMC) entre dois números fornecidos.

14. Elabore um algoritmo que obtenha o máximo divisor comum (MDC) entre dois números fornecidos.

15. Faça um algoritmo capaz de obter o quociente inteiro da divisão de dois números fornecidos, sem utilizar a operação de divisão (/) nem divisão inteira (div).

16. Faça um algoritmo que obtenha o resultado de uma exponenciação para qualquer base e expoente inteiro fornecidos, sem utilizar a operação de exponenciação (pot).

17. Construa um algoritmo que gere os 20 primeiros termos de uma série tal qual a de Fibonacci, mas que cujos dois primeiros termos sejam fornecidos pelo usuário.

18. Construa um algoritmo que, dado um conjunto de valores inteiros e positivos, determine o menor e o maior valor do conjunto. O final do conjunto de valores é conhecido pelo valor –1, que não deve ser considerado.

19. A conversão de graus Fahrenheit para centígrados é obtida pela fórmula $C = 5/9(F - 32)$. Escreva um algoritmo que calcule e escreva uma tabela de graus centígrados em função de graus Fahrenheit que variem de 50 a 150 de 1 em 1.

20. Uma rainha requisitou os serviços de um monge e disse-lhe que pagaria qualquer preço. O monge, necessitando de alimentos, perguntou à rainha se o pagamento poderia ser feito com grãos de trigo dispostos em um tabuleiro de xadrez, de tal forma que o primeiro quadro contivesse apenas um grão e os quadros subsequentes, o dobro do quadro anterior. A rainha considerou o pagamento barato e pediu que o serviço fosse executado, sem se dar conta de que seria impossível efetuar o pagamento. Faça um algoritmo para calcular o número de grãos que o monge esperava receber.

21. Em uma eleição presidencial, existem quatro candidatos. Os votos são informados por código. Os dados utilizados para a escrutinagem obedecem à seguinte codificação:
- 1,2,3,4 = voto para os respectivos candidatos;
- 5 = voto nulo;
- 6 = voto em branco.

Elabore um algoritmo que calcule e escreva:
- o total de votos para cada candidato e seu porcentual sobre o total;
- o total de votos nulos e seu porcentual sobre o total;
- o total de votos em branco e seu porcentual sobre o total.

Como finalizador do conjunto de votos, tem-se o valor 0.

22. Escreva um algoritmo que imprima todas as possibilidades de que no lançamento de dois dados tenhamos o valor 7 como resultado da soma dos valores de cada dado.
23. Elabore um algoritmo que imprima todos os números primos existentes entre N1 e N2, em que N1 e N2 são números naturais fornecidos pelo usuário.
24. Construa um algoritmo que leia um conjunto de dados contendo altura e sexo ('M' para masculino e 'F' para feminino) de 50 pessoas e, depois, calcule e escreva:
    - a maior e a menor altura do grupo;
    - a média de altura das mulheres;
    - o número de homens e a diferença porcentual entre eles e as mulheres.
25. Prepare um algoritmo que calcule o valor de H, sendo que ele é determinado pela série H = 1/1 + 3/2 + 5/3 + 7/4 + ··· + 99/50.
26. Elabore um algoritmo que determine o valor de S, em que: S = 1/1 − 2/4 + 3/9 − 4/16 + 5/25 − 6/36 ··· − 10/100.
27. Escreva um algoritmo que calcule e escreva a soma dos dez primeiros termos da seguinte série:

    2/500 − 5/450 + 2/400 − 5/350 + ···
28. Construa um algoritmo que calcule o valor dos dez primeiros termos da série H, em que: H = 1/pot(1,3) − 1/pot(3,3) +1/pot(5,3) − 1/pot(7,3) + 1/pot(9,3) − ···
29. Uma agência de publicidade quer prestar serviços somente para as maiores companhias – em número de funcionários – em cada uma das classificações: grande, média, pequena e microempresa. Para tal, consegue um conjunto de dados com o código, o número de funcionários e o porte da empresa. Construa um algoritmo que liste o código da empresa com maiores recursos humanos dentro de sua categoria. Utilize como finalizador o código de empresa igual a 0.
30. Calcule o imposto de renda de um grupo de dez contribuintes, considerando que os dados de cada contribuinte, número do CPF, número de dependentes e renda mensal são valores fornecidos pelo usuário. Para cada contribuinte será feito um desconto de 5% do salário mínimo por dependente.

    Os valores da alíquota para cálculo do imposto são:

Renda líquida	Alíquota
Até 2 salários mínimos	Isento
2 a 3 salários mínimos	5%
3 a 5 salários mínimos	10%
5 a 7 salários mínimos	15%
Acima de 7 salários mínimos	20%

Observe que deve ser fornecido o valor atual do salário mínimo para que o algoritmo calcule os valores corretamente.

31. Foi realizada uma pesquisa sobre algumas características físicas da população de uma certa região, a qual coletou os seguintes dados referentes a cada habitante para análise:
- sexo ('M' – masculino ou 'F' – feminino);
- cor dos olhos ('A' – azuis, 'V' – verdes ou 'C'– castanhos);
- cor dos cabelos ('L' – loiros, 'C' – castanhos ou 'P'– pretos);
- idade.

Faça um algoritmo que determine e escreva:
- a maior idade dos habitantes;
- a porcentagem entre os indivíduos do sexo masculino, cuja idade está entre 18 e 35 anos, inclusive;
- a porcentagem do total de indivíduos do sexo feminino cuja idade está entre 18 e 35 anos, inclusive, e que tenham olhos verdes e cabelos loiros.

O final do conjunto de habitantes é reconhecido pelo valor –1 entrando como idade.

32. Anacleto tem 1,50 metro e cresce dois centímetros por ano; Felisberto tem 1,10 metro e cresce três centímetros por ano. Construa um algoritmo que calcule e imprima quantos anos serão necessários para que Felisberto seja maior que Anacleto.

33. Realizou-se uma pesquisa para determinar alguns dados estatísticos em relação ao conjunto de crianças nascidas em um certo período de uma determinada maternidade. Construa um algoritmo que leia o número de crianças nascidas nesse período e, depois, em um número indeterminado de vezes, o sexo de um recém-nascido prematuro ('M' – masculino ou 'F' – feminino) e o número de dias que este foi mantido na incubadora.

Como finalizador, teremos a letra 'X' no lugar do sexo da criança. Determine e imprima:
- a porcentagem de recém-nascidos prematuros;
- a porcentagem de recém-nascidos meninos e meninas do total de prematuros;
- a média de dias de permanência dos recém-nascidos prematuros na incubadora;
- o maior número de dias que um recém-nascido prematuro permaneceu na incubadora.

34. Um cinema possui capacidade de 100 lugares e está sempre com ocupação total. Certo dia, cada espectador respondeu a um questionário, no qual constava:
- sua idade;
- sua opinião em relação ao filme, segundo as seguintes notas:

Nota	Significado
A	Ótimo
B	Bom
C	Regular
D	Ruim
E	Péssimo

Elabore um algoritmo que, lendo esses dados, calcule e imprima:
- a quantidade de respostas "ótimo";
- a diferença porcentual entre respostas "bom" e "regular";
- a média de idade das pessoas que responderam "ruim";
- a porcentagem de respostas "péssimo" e a maior idade que utilizou essa opção;
- a diferença de idade entre a maior idade que respondeu "ótimo" e a maior idade que respondeu "ruim".

35. Em um prédio há três elevadores, denominados A, B e C. Para otimizar o sistema de controle dos elevadores, foi realizado um levantamento no qual cada usuário respondia:
- o elevador que utilizava com mais frequência;
- o período em que utilizava o elevador, entre
- 'M' = matutino;
- 'V' = vespertino;
- 'N' = noturno.

Construa um algoritmo que calcule e imprima:
- qual é o elevador mais frequentado e em que período se concentra o maior fluxo;
- qual é o período mais usado de todos e a qual elevador pertence;
- qual é a diferença porcentual entre o mais usado dos horários e o menos usado;
- qual é a porcentagem sobre o total de serviços prestados do elevador de média.

Resumo

Neste capítulo vimos que o fluxo de execução de um algoritmo segue uma **estrutura sequencial**, que significa que o algoritmo é executado passo a passo, sequencialmente, da primeira à última ação. Vimos a **estrutura de seleção**, que permite que uma ação (ou bloco) seja ou não executada, dependendo do valor resultante da inspeção de uma **condição**. A seleção pode ser **simples**, quando contém apenas a cláusula então; ou **composta**, quando contém então e senão; quando é **encadeada**, pode ser **homogênea** ou **heterogênea**. Verificamos que seleções encadeadas homogêneas são muito comuns, por isso especifica-mos a seleção de **múltipla escolha**, que apresenta **casos** que são avaliados. Por último, apresentamos a **estrutura de repetição**, que permite que trechos de algoritmos sejam repetidos conforme certos **critérios de parada**, e verificamos que podemos construir os laços de repetição de três maneiras: repetição com teste no início – **enquanto**; repetição com teste no final – **repita**; e repetição com variável de controle – **para**. Observamos que no **enquanto** o laço pode não ser executado, pois a condição está no início; que no **repita** o laço é executado pelo menos uma vez, pois a condição está no final; e que no **para** é necessário um número finito e determinado de iterações, pois é preciso conhecer o valor final da variável de controle do laço.

Estruturas de dados

4

Objetivos

- Apresentar o conceito, a aplicação e a manipulação de vetores e matrizes.
- Apresentar o conceito, aplicação e manipulação de registros.
- Explicar a aplicabilidade da combinação dessas estruturas e como manipulá-las.
- Apresentar as estruturas de dados codificadas em Python e instruções úteis para manipulá-las.

▶ Vetores
▶ Matrizes
▶ Registros
▶ Implementação em Python

Introdução

Retornando ao conceito de informação e tipos de informação, podemos notar que foi feita uma divisão imaginária, a fim de tornar mais simples a classificação das informações. Talvez alguns já tenham notado que a quantidade de tipos de dados estipulados (tipos primitivos) não é suficiente para representar toda e qualquer informação que possa surgir. Portanto, em muitas situações esses recursos de representação são escassos, o que poderia ser suprido se existissem mais tipos de dados ou, ainda melhor, se esses tipos pudessem ser 'construídos', criados, à medida que se fizessem necessários.

Construiremos novos tipos, denominados **tipos construídos**, a partir da composição de tipos primitivos. Esses novos tipos têm um formato denominado **estrutura de dados**, que define como os tipos primitivos estão organizados. De forma análoga, anteriormente, as gavetas podiam comportar apenas um dado e, segundo esse novo conceito, uma gaveta poderia comportar um conjunto de dados, desde que previamente organizadas, divididas em compartimentos. Apenas pelo fato de constituírem novos tipos, estes são estranhos ao algoritmo e, portanto, devem ser definidos em cada detalhe de sua estrutura.

Exemplificando, tentemos descobrir ou lembrar o que significa a palavra 'atilho'. Provavelmente, deve ser desconhecida de muitos. Assim, se esta palavra fosse frequentemente utilizada, seria conveniente defini-la antes, daí a necessidade de definirmos os novos tipos de dados, tanto para termos um identificador como para sabermos exatamente o que ele representa e qual sua composição. Definindo, então, 'atilho' é o coletivo de espigas e representa quatro espigas amarradas.

Variáveis compostas homogêneas

Assim como na Teoria dos Conjuntos, uma variável pode ser interpretada como um elemento e uma Estrutura de Dados, como um conjunto. Quando uma determinada Estrutura de Dados é composta de variáveis com o mesmo tipo primitivo, temos um conjunto homogêneo de dados. Podemos considerar que uma variável composta homogênea seja como uma alcateia, e seus elementos (variáveis) sejam como os lobos (que são da mesma espécie).

Variáveis compostas unidimensionais

Para entender variáveis compostas unidimensionais, imaginemos um edifício com um número finito de andares, representando uma estrutura de dados, e seus andares, partições dessa estrutura. Visto que os andares são uma segmentação direta do prédio, estes compõem então o que chamaremos de **estrutura composta unidimensional** (uma dimensão).

Declaração

Nomearemos as estruturas unidimensionais homogêneas de **vetores**. Para usarmos um vetor precisamos primeiramente definir em detalhes como é constituído o tipo construído e, depois, declarar uma variável, associando um identificador de variável ao identificador do tipo vetor.

Para definir o tipo construído vetor seguimos a seguinte regra sintática:

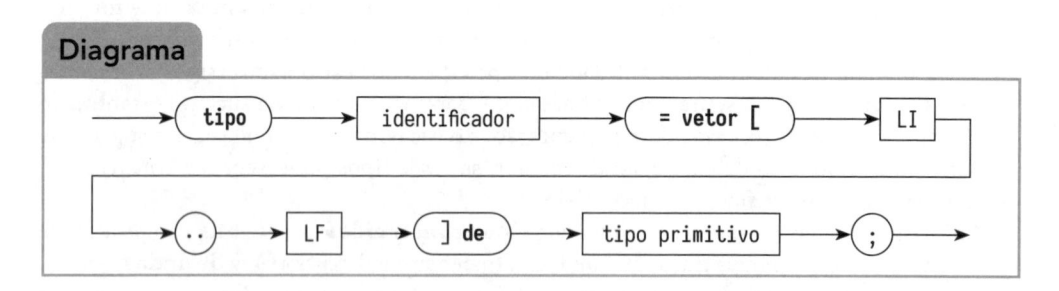

Diagrama

```
→ tipo → identificador → = vetor [ → LI →
    → .. → LF → ] de → tipo primitivo → ; →
```

Em que:

LI: representa o limite inicial do vetor;
LF: representa o limite final do vetor;
tipo primitivo: representa qualquer um dos tipos básicos ou tipo anteriormente definido.

Exemplo

Um vetor de 40 posições reais poderia ter a seguinte definição e declaração:

```
tipo Classe = vetor [1..40] de reais; // definição do tipo vetor
Classe: VetClasse; // declaração da variável vetor
```

A **Figura 4.1** ilustra como o vetor VetClasse, do tipo construído Classe, poderia ser representado. Observamos que a primeira posição do vetor é 1, que é o limite inicial (LI), e que a última posição é 40, que é o limite final (LF).

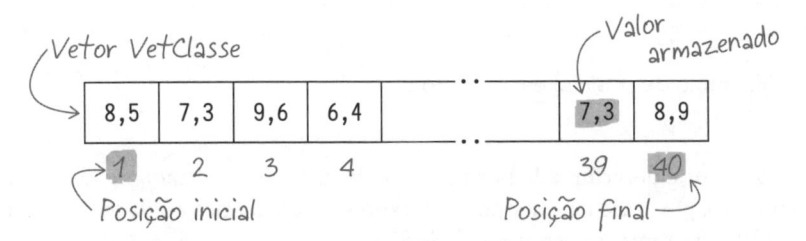

Figura 4.1 Vetor VetClasse.

Devemos ressaltar que LI e LF devem ser obrigatoriamente constantes inteiras e LI < LF. O número de elementos do vetor será dado por LF - LI + 1. Isto significa que as posições do vetor são identificadas a partir de LI, com incrementos unitários, até LF, conforme representado na **Figura 4.2**.

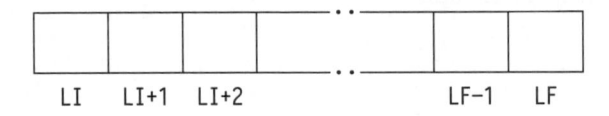

Figura 4.2 Vetor genérico.

Manipulação

Ao imaginarmos o elevador de um prédio, sabemos que este é capaz de acessar qualquer um de seus andares. Entretanto, não basta saber qual andar desejamos atingir se não soubermos o nome do edifício, pois qualquer um possui andares. O que precisamos saber de antemão é o nome do edifício e só então nos preocuparmos para qual daqueles andares queremos ir.

O mesmo acontece com os vetores, visto que são compostos por diversos dados e, como podem existir muitos vetores, torna-se necessário determinar primeiro qual vetor contém o dado desejado e, depois, especificar em qual posição este se encontra.

A **Figura 4.3** mostra um dado em particular dentro do vetor VetClasse.

Exemplo

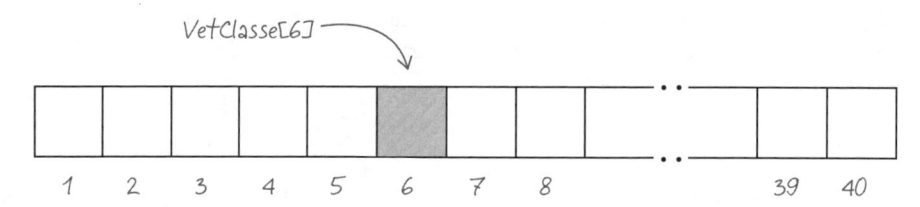

Figura 4.3 Exemplo de posição em um vetor.

O nome do vetor é determinado por meio do identificador utilizado na declaração de variáveis, e a posição, por meio da constante, da expressão aritmética ou da variável que estiver dentro dos colchetes, também denominada **índice**.

> **Nota**
>
> É importante não confundir o índice com o elemento. O índice é a posição no vetor (o andar do prédio), enquanto o elemento é o que está contido naquela posição (o conteúdo do andar).

Após isolar um único elemento do vetor, poderemos manipulá-lo através de qualquer operação de entrada, saída ou atribuição.

Exemplo

```
VetClasse[5] ← 9.5; // atribuindo o valor 9.5 à posição 5 do vetor
leia (VetClasse[6]); // lendo um dado para a posição 6 do vetor
escreva (VetClasse[X]); // escrevendo o conteúdo da posição X do vetor
```

Frequentemente precisamos **inicializar** um vetor com valores específicos, seja para armazenar algum valor padrão ou representar algum conjunto de dados constante ou inicial, necessário a solução de um problema.

Exemplos

a. Um vetor de 10 posições inteiras poderia ter a seguinte definição e declaração com inicialização:

```
// definição do tipo vetor (10 posições para armazenar inteiros)
tipo VetInt = vetor [0..9] de inteiro;

// declaração da variável vetor com inicialização
VetInt: VetFib = [1, 1, 2, 3, 5, 8, 13, 21, 34, 55];
```

b. Um vetor de cinco posições caracteres poderia ter a seguinte definição e declaração com inicialização:

```
// definição do tipo vetor (5 posições para armazenar caracteres)
tipo VetCar = vetor [1..5] de caracteres;

// declaração da variável vetor com inicialização
VetCar: VetVogais = ["a", "e", "i", "o", "u"];
```

As estruturas de dados são estritamente relacionadas com os algoritmos. Então, para uma melhor percepção desses conceitos, utilizaremos a situação de construir um algoritmo que calcule a média aritmética geral de uma classe com 10 estudantes e imprima a quantidade de notas que estão acima da média calculada.

Normalmente, para calcular a média, faríamos:

Algoritmo 4.1 Cálculo da média aritmética de 10 notas

```
1.  início
2.     real: MediaAnual, // média anual de um dado estudante
3.        Soma, // acumulador para a soma das notas
4.        MediaTurma; // média anual da turma
5.     inteiro: Con; // contador
6.     Con ← 0;
7.     Soma ← 0;
8.     enquanto (Con < 10) faça
9.        leia (MediaAnual);
10.       Soma ← Soma + Media;
11.       Con ← Con + 1;
12.    fimenquanto;
13.    MediaTurma ← Soma/10;
14.    escreva ("Média anual da turma = ", MediaTurma);
15. fim.
```

Entretanto surge um problema: para proceder a contagem dos estudantes com nota acima da média da turma, faz-se necessária a comparação de cada uma das dez notas individuais com o conteúdo da variável MediaTurma. Porém, todas as notas foram lidas em uma mesma variável (MediaAnual) e seu valor foi acumulado em uma segunda variável (Soma), a fim de poder calcular a média da classe (MediaTurma). Isto implica que, ao ter calculado a média, não teríamos acesso às nove notas anteriores que o algoritmo utilizou; deveríamos, portanto, utilizar uma variável para cada nota, algo como:

Algoritmo 4.2 Notas acima da média usando variáveis simples

```
1.  início
2.     inteiro: A, B, C, D, E, F, G, H, I, J, NotaAcima;
3.     real: MediaTurma;
4.     NotaAcima ← 0;
5.     leia (A, B, C, D, E, F, G, H, I, J);
6.     MediaTurma ← (A+B+C+D+E+F+G+H+I+J)/10;
7.     se (A > MediaTurma)
8.        então NotaAcima ← NotaAcima + 1;
```

(Continua)

```
 9.    fimse;
10.    se (B > MediaTurma)
11.        então NotaAcima ← NotaAcima + 1;
12.    fimse;
13.    se (C > MediaTurma)
14.        então NotaAcima ← NotaAcima + 1;
15.    fimse;
16.    se (D > MediaTurma)
17.        então NotaAcima ← NotaAcima + 1;
18.    fimse;
19.    se (E > MediaTurma)
20.        então NotaAcima ← NotaAcima + 1;
21.    fimse;
22.    se (F > MediaTurma)
23.        então NotaAcima ← NotaAcima + 1;
24.    fimse;
25.    se (G > MediaTurma)
26.        então NotaAcima ← NotaAcima + 1;
27.    fimse;
28.    se (H > MediaTurma)
29.        então NotaAcima ← NotaAcima + 1;
30.    fimse;
31.    se (I > MediaTurma)
32.        então MediaTurma ← NotaAcima + 1;
33.    fimse;
34.    se (J > MediaTurma)
35.        então NotaAcima ← NotaAcima + 1;
36.    fimse;
37.    escreva (NotaAcima);
38. fim.
```

O **Algoritmo 4.2** torna-se impraticável para uma grande quantidade de notas. Seria muito mais coerente se usássemos uma única variável que comportasse muitos dados, isto é, um vetor armazenando cada nota em uma posição diferente do mesmo.

Se quiséssemos parar em todos os andares de um prédio, bastaria apertar todos os botões do elevador. Em outras palavras, teríamos de 'apertar botão' várias vezes, só que a cada vez seria um botão diferente (haveria uma variação). Poderíamos fazer exatamente o mesmo para acessar todos os elementos de um vetor: bastaria utilizar uma variável como índice, a qual teria sua variação controlada de acordo com nossa conveniência. Reescrevendo o exemplo das notas usando um vetor, teríamos:

Algoritmo 4.3 Notas acima da média usando vetor

```
1.  início
2.     // definição do tipo construído vetor
3.     tipo Classe = vetor [1..10] de reais;
4.
5.     // declaração da variável composta do tipo vetor definido
6.     Classe: VetClasse;
7.
8.     // declaração das variáveis simples
9.     real: Soma, Média;
10.    inteiro: NotaAcima, X;
11.
12.    // inicialização de variáveis
13.    Soma ← 0;
14.    NotaAcima ← 0;
15.
16.    // laço de leitura de VetClasse
17.    para X de 1 até 10 passo 1 faça
18.       leia (VetClasse[X]);
19.    fimpara;
20.
21.    // laço para acumular em Soma os valores de VetClasse
22.    para X de 1 até 10 passo 1 faça
23.       Soma ← Soma + VetClasse[X];
24.    fimpara;
25.
26.    Média ← Soma/10; // cálculo da média do vetor (média da turma)
27.
28.    // laço para verificar valores de VetClasse que estão
29.    // acima  da média
30.    para X de 1 até 10 passo 1 faça
31.       se (VetClasse[X] > Média)
32.          então NotaAcima ← NotaAcima + 1;
33.       fimse;
34.    fimpara;
35.    escreva (NotaAcima); // número de valores acima da média
36. fim.
```

Podemos observar que o identificador VetClasse tem sempre o mesmo nome, mas é capaz de comportar 10 notas, uma em cada uma de suas 10 posições. É justamente aqui que reside uma das principais aplicações práticas dessa estrutura: a utilização de dados diferentes dentro de laços de repetição.

Convém observar que o **Algoritmo 4.3** possui três laços de repetição distintos: leitura, soma e cálculo de NotaAcima, cada um perfazendo um total de 10 repetições, e que nas linhas 18, 23 e 31 existe uma referência à VetClasse[X] no interior desses laços. Isso ocorre porque está sendo utilizado o mesmo identificador (VetClasse), mas com uma posição diferente (X) a cada repetição. Uma vez que a variável X assume um valor diferente a cada repetição, é possível ter acesso a uma nova posição do vetor VetClasse.

É importante que observemos também que o **Algoritmo 4.3** poderia ser utilizado para resolver o mesmo problema para uma turma de 50 alunos. Bastaria que o vetor fosse ampliado e que os laços de repetição fossem redimensionados.

Exemplos

a. Escreva um algoritmo que leia um vetor de 10 posições reais e calcule então a média aritmética do vetor. Em um outro vetor armazene as diferenças absolutas do valor original lido para a média calculada, para cada posição. Fazendo então o cálculo da média deste novo vetor, que representa a média aritmética dos valores absolutos dos desvios em relação à média, ou seja, o desvio médio absoluto do conjunto inicial. Mostre então ao usuário qual foi a média aritmética e o desvio médio do conjunto que ele forneceu.

Algoritmo 4.4 Desvio médio absoluto dos valores do vetor

```
1.  início
2.     // definição do tipo construído vetor
3.     tipo Vet = vetor [1..10] de reais;
4.
5.     // declaração das variáveis compostas
6.     Vet: VetLido, VetDes; // vetor para leitura e vetor para cálculo
7.
8.     // declaração das variáveis simples
9.     real: Soma, MediaLido, MediaDes;
10.    inteiro: X;
11.
12.    // laço de leitura e soma
13.    Soma ← 0;
14.    para X de 1 até 10 passo 1 faça
15.       leia (VetLido[X]);
16.       Soma ← Soma + VetLido[X];
17.    fimpara;
18.
19.    // cálculo da média de VLido
20.    MediaLido ← Soma/10;
21.
22.    // laço de diferenças e soma
23.    Soma ← 0;
24.    para X de 1 até 10 passo 1 faça
25.       VetDes[X] ← abs(VetLido[X] - MediaLido);
26.       Soma ← Soma + VetDes[X];
27.    fimpara;
28.
29.    // cálculo da média de VDes
30.    MediaDes ← Soma/10;
31.
32.    // impressão dos resultados
33.    escreva (MediaLido, MediaDes);
34. fim.
```

Vale ressaltar que:

- o laço de repetição da linha 14, construído para a leitura de VetLido, também está sendo usado para acumular em Soma a soma dos valores do vetor;
- da mesma forma a repetição de cálculo das diferenças absolutas (linha 24) está sendo usada para acumular a soma das diferenças;

- a variável Soma está sendo emprega em dois pontos distintos (linhas 16 e 26), efetuando-se o reuso desta variável de processamento.

b. Desenvolva um algoritmo que leia 10 números inteiros armazenando-os em um vetor. Depois, crie outros dois vetores, um contendo apenas os números pares e outro contendo apenas os números ímpares do vetor lido. Mostre então os três vetores: o original, o de pares e o de ímpares.

Algoritmo 4.5 Separando vetor original em vetores de pares e de ímpares

```
1.  início
2.     tipo Vet = vetor [1..10] de inteiros;
3.     Vet: VetLido, VetPar, VetImpar;
4.
5.     inteiro: I, // contador de ímpares
6.              P, // contador de pares
7.              X; // contador para laços
8.     para X de 1 até 10 passo 1 faça
9.        leia (VetLido[X]);
10.    fimpara;
11.    I ← 0;
12.    P ← 0;
13.    para X de 1 até 10 passo 1 faça
14.       se (VetLido[X] mod 2 = 0)
15.          então início
16.             P ← P + 1;
17.             VetPar[P] ← VetLido[X];
18.          fim;
19.          senão início
20.             I ← I + 1;
21.             VetImpar[I] ← VetLido[X];
22.          fim;
23.       fimse;
24.    fimpara;
25.    // impressão do vetor lido
26.    para X de 1 até 10 passo 1 faça
27.       escreva (VetLido[X]);
28.    fimpara;
29.    // impressão do vetor de pares
30.    para X de 1 até P passo 1 faça
31.       escreva (VetPar[X]);
32.    fimpara;
33.    // impressão do vetor de ímpares
34.    para X de 1 até I passo 1 faça
35.       escreva (VetImpar[X]);
36.    fimpara;
37. fim.
```

Quanto a proposta de solução do **Algoritmo 4.5**, convém destacarmos:

- definimos os três vetores como possuindo o mesmo tamanho, pois não sabemos a priori quantos pares e ímpares farão para de VetLido, portanto poderíamos ter qualquer combinação, incluindo todos serem pares ou todos serem ímpares;

- as variáveis P e I, além de contarem a quantidade de pares e de ímpares, atuam como índices dos respectivos vetores, servindo, portanto, para indexar a posição de armazenamento dos números conforme o resultado da análise do valor de VetLido[X];
- o laço de impressão de VetLido (linha 26) vai até 10, para imprimir todas as posições. Já o laço de impressão de VetPar (linha 30) termina em P e o de VetImpar (linha 34) termina em I. Em ambos os casos, apenas o conjunto efetivamente ocupado de cada um será mostrado.

c. Elabore um algoritmo que leia um vetor de 10 posições inteiras e o coloque em ordem crescente, utilizando a seguinte estratégia de ordenação:
  • selecione o elemento do vetor de 10 posições que apresenta o menor valor;
  • troque este elemento pelo primeiro;
  • repita estas operações, envolvendo agora apenas os nove elementos restantes (selecionando o de menor valor e trocando com a segunda posição), depois os oito elementos restantes (trocando o de menor valor com a terceira posição), depois os sete, os seis e assim por diante, até restar um único elemento, o maior deles.

Algoritmo 4.6 Ordenação por Seleção Direta

```
1.  início
2.     tipo VetInt = vetor [1..10] de inteiros;
3.     VetInt: Vet;
4.
5.     inteiro: I, J, Aux, Menor;
6.     para I de 1 até 10 passo 1 faça
7.        leia (Vet[I]);
8.     fimpara;
9.     para I de 1 até 9 passo 1 faça
10.       Menor ← I;
11.       para J de I+1 até 10 passo 1 faça
12.          se (Vet[J] < Vet[Menor])
13.             então início
14.                    Menor ← J;
15.                fim;
16.          fimse;
17.       fimpara;
18.       Aux ← Vet[I];
19.       Vet[I] ← Vet[Menor];
20.       Vet[Menor] ← Aux;
21.    fimpara;
22.    // impressão do vetor ordenado
23.    para I de 1 até 10 passo 1 faça
24.       escreva (Vet[I]);
25.    fimpara;
26. fim.
```

Este algoritmo implementa um método de ordenação clássico, conhecido como Ordenação por Seleção Direta. Alguns aspectos relevantes desta proposta de solução:

- o laço externo (linha 9) irá passar por toda a extensão do vetor até a penúltima posição e cada uma de suas iterações irá colocar um valor no seu destino correto;

- o laço interno (linha 11) analisará o subconjunto que vai diminuindo de tamanho a cada iteração (ele começa em I+1), procurando pelo menor valor para trocar com o primeiro daquela iteração (Vet[I]);
- as linhas 18 a 20 efetuam a troca do menor encontrado (Vet na posição Menor) usando a variável auxiliar Aux como elemento temporário de armazenamento.

Implementando vetores em Python

Os vetores, estruturas unidimensionais homogêneas tal qual discutido na seção anterior, podem ser implementados em Python usando uma estrutura de dados da linguagem que é bastante versátil: a lista.

O Python possui quatro estruturas básicas que permitem armazenar coleções de dados: a Lista (*List*), a Tupla (*Tuple*), o conjunto (*Set*) e o dicionário (*Dictionary*). Nesta seção implementaremos os algoritmos de vetores usando as funcionalidades da estrutura Lista, usando-a com acessos baseados em índices, sem explorar suas características dinâmicas, que serão discutidas no Capítulo 6 sobre Estruturas de Dados Avançadas (na qual abordaremos o assunto com mais profundidade).

Em nosso pseudocódigo primeiro definimos o tipo construído vetor para então declararmos a variável composta vetor. No Python esta associação é feita diretamente, entre o conjunto de dados e sua variável.

Exemplos:

```
Vet1 = [1, 3, 5, 7, 9]
Vet2 = [0] * 5
Vet3 = ['Oi', 'Olá', 'Tudo bem?', 'Como vai?']
```

Em que:

- Vet1 é uma lista de cinco posições já inicializado com os valores 1, 3, 5, 7 e 9 respectivamente nas posições 0, 1, 2, 3 e 4;
- Vet2 é uma lista de cinco posições, todas elas contendo o valor inteiro 0, resultado de um elemento [0] multiplicado por cinco, indicando que o elemento [0] é repetido cinco vezes;
- Vet3 é uma lista contendo 4 posições, cada uma contendo uma cadeia de caracteres (um valor do tipo *str*).

É importante ressaltar, através do exemplo, que:

- O tamanho da lista depende da quantidade de elementos inicializados;
- A primeira posição da lista é a posição de índice 0;
- Caso queiramos um vetor sem valores, criamos uma inicialização de base para algum valor padrão (*default*), por exemplo [0] * 5 criará uma lista com cinco posições de valor inicial 0.

Da mesma forma que nos algoritmos, em Python podemos isolar um elemento através de seu índice (seu deslocamento no vetor, sua posição na estrutura), conforme ilustra a **Figura 4.4**.

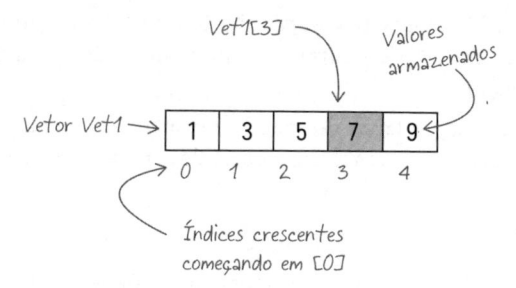

Figura 4.4 Exemplo de posições em um vetor de 5 inteiros (lista de tamanho 5).

Portanto Vet1 é uma lista de tamanho 5, sendo que o primeiro valor (1) está indexado por Vet1[0] e o último valor (9) está indexado por Vet1[4].

Podemos então ler, atribuir, manipular ou imprimir um elemento em particular:

```
Vet1[0] = int(input("Valor")) # lendo a primeira posição do vetor
print(Vet1[4]) # imprimindo a última posição do vetor
```

Ou então, imprimir a lista completa:

```
print(Vet1) # imprimirá em tela: [1, 3, 5, 7, 9]
```

Aplicando esta indexação que as listas possuem, podemos navegar por todas as posições do vetor usando as seguintes estratégias:

- Usando for com range, sendo que neste caso a iteração do loop é de X sobre os valores obtidos com o range, permitindo acesso individual a cada posição através do seu índice:

```
for X in range(0, 5, 1):  # lendo o vetor em ordem ascendente
   Vet1[X] = int(input("Valor: "))
```

O mesmo loop pode ser codificado usando a instrução len(Vet1), que devolve o comprimento da lista (neste caso: 5), para a definição do range:

```
for X in range(len(Vet1)):
   Vet1[X] = int(input("Valor: "))
```

- Usando o for iterando diretamente sobre a lista (para cada valor de Vet1), sendo que neste caso a variável Valor terá uma cópia do dado armazenado em Vet1, para cada iteração, uma posição:

```
for Valor in Vet1:  # mostrando o vetor com for sobre a lista
   print(Valor)
```

Retomando o **Algoritmo 4.3**, que verifica a quantidade de notas acima da média de um vetor de 10 posições reais, poderíamos implementar uma versão equivalente em Python da seguinte forma:

Programa 4.1 Notas acima da média usando lista (ref. Algoritmo 4.3)

1.	início	
2.	// definição do tipo construído vetor	
3.	**tipo** Classe = **vetor** [1..10] **de reais**;	
4.		
5.	// declaração da variável composta	# criação da lista de 10 posições reais
6.	**Classe**: VetClasse;	VetClasse = [0.0] * 10
7.		
8.	// declaração das variáveis simples	
9.	**real**: Soma, Media;	
10.	**inteiro**: NotaAcima, X;	
11.		
12.	// inicialização de variáveis	# inicialização das variáveis simples
13.	Soma ← 0;	Soma = 0
14.	NotaAcima ← 0;	NotaAcima = 0
15.		
16.	// laço de leitura de VetClasse	# loop de leitura de VetClasse
17.	**para** X **de** 1 **até** 10 **passo** 1 **faça**	for X in range(10):
18.	**leia** (VetClasse[X]);	VetClasse[X] = float(input(f'Nota{X+1}: '))
19.	**fimpara**;	
20.	// laço para a Soma dos valores	# loop para a Soma dos valores
21.	**para** X **de** 1 **até** 10 **passo** 1 **faça**	for X in range(10):
22.	Soma ← Soma + VetClasse[X];	Soma = Soma + VetClasse[X]
23.	**fimpara**;	
24.		
25.	Media ← Soma/10; // cálculo da média	Media = Soma / 10 # cálculo da média
26.		
27.	// laço para verificar valores de	# loop de contagem dos valores de
28.	// VetClasse que estão acima da média	# VetClasse acima da média
29.	**para** X **de** 1 **até** 10 **passo** 1 **faça**	for X in range(10):
30.	**se** (VetClasse[X] > Media)	if VetClasse[X] > Media:
31.	**então** NotaAcima ← NotaAcima + 1;	NotaAcima = NotaAcima + 1
32.	**fimse**;	
33.	**fimpara**;	
34.	**escreva** (NotaAcima);	print("Número de notas acima da média: ", NotaAcima)
35.	**fim**.	

Vale destacar que:

- a linha 3 (definição do tipo construído) não tem correspondência no Python dado que a linguagem não utiliza esse conceito;
- a linha 6 (declaração da variável composta) corresponde em Python a criação de uma lista de 10 posições, já previamente inicializada com o valor real 0.0;
- na linha 18, ao apresentarmos a mensagem para o usuário, fizemos X+1, de forma que ao exibir a pergunta da primeira nota tenhamos a *string* 'Nota 1: '. Isto se deve ao fato de que no pseudocódigo temos a liberdade de atribuir os índices do vetor (neste caso, de 1..10), já no Python, a primeira posição da lista sempre é 0;
- a linguagem Python permite somar todos os elementos da lista utilizando o sum, que poderia substituir o loop da linha 21, substituindo a linha 22 por soma = sum(VetClasse).

Exemplos

a. Implementando o **Algoritmo 4.4** do cálculo do desvio médio absoluto de um vetor de 10 posições reais, teríamos como uma possível implementação o seguinte código:

Programa 4.2 Desvio médio absoluto (ref. Algoritmo 4.4)

```
1.  início
2.      // definição do tipo construído vetor
3.      tipo Vet = vetor [1..10] de reais;
4.
5.      // declaração das variáveis compostas        # criação dos vetores de 10 posições reais
6.      Vet: VetLido, VetDes;                        VetLido = [0.0] * 10
                                                     VetDes = [0.0] * 10
7.
8.      // declaração das variáveis simples
9.      real: Soma, MediaLido, MediaDes;
10.     inteiro: X;
11.
12.     // laço de leitura e soma                    # loop de leitura do vetor
13.     Soma ← 0;
14.     para X de 1 até 10 passo 1 faça              for X in range(10):
15.         leia (VetLido[X]);                           VetLido[X] = float(input(f'Valor {X+1}: '))
16.         Soma ← Soma + VetLido[X];
17.     fimpara;
18.
19.     // cálculo da média de VLido                 # cálculo da média do vetor digitado
20.     MediaLido ← Soma/10;                         MediaLido = sum(VetLido) / 10
21.
22.     // laço de diferenças e soma                 # loop de diferenças
23.     Soma ← 0;
24.     para X de 1 até 10 passo 1 faça              for X in range(10):
25.         VetDes[X] ← abs(VetLido[X] - MediaLido);     VetDes[X] = abs(VetLido[X] - MediaLido)
26.         Soma ← Soma + VetDes[X];
27.     fimpara;
28.
29.     // cálculo da média de VetDes                # cálculo da média dos desvios
30.     MediaDes ← Soma/10;                          MediaDes = sum(VetDes) / 10
31.
32.     escreva (MediaLido, MediaDes);               print(f'Média aritmética: {MediaLido:.2f}')
                                                     print(f'Desvio médio absoluto: {MediaDes:.2f}')
33. fim.
```

Vale observar que na versão em Python empregamos sum para retornar a soma das listas, simplificando o cálculo da MediaLido (linhas 20) e da MediaDes (linha 30), dispensando desta forma a variável Soma (ausente nas linhas 13 e 23).

b. Revisitando o **Algoritmo 4.5**, que a partir de um vetor lido preenche dois outros vetores com os números pares e ímpares, podemos escrever o seguinte código como uma possível conversão:

Programa 4.3 Vetor de pares e de ímpares (ref. Algoritmo 4.5)

1.	início	
2.	tipo Vet = vetor [1..10] de inteiros;	
3.	Vet: VetLido, VetPar, VetImpar;	VetLido = [0] * 10
		VetPar = [0] * 10
		VetImpar = [0] * 10
4.		
5.	inteiro: I, // contador de ímpares	
6.	P, // contador de pares	
7.	X; // contador para laços	
8.	para X de 1 até 10 passo 1 faça	for X in range(10):
9.	leia (VetLido[X]);	VetLido[X] = int(input(f'Número {X + 1}: '))
10.	fimpara;	
11.	I ← 0;	I = 0
12.	P ← 0;	P = 0
13.	para X de 1 até 10 passo 1 faça	for X in range(10):
14.	se (VetLido[x] mod 2 = 0)	if VetLido[X] % 2 == 0:
15.	então início	
16.	VetPar[P] ← VetLido[X];	VetPar[P] = VetLido[X]
17.	P ← P + 1;	P += 1
18.	fim;	
19.	senão início	else:
20.	VetImpar[I] ← VetLido[X];	VetImpar[I] = VetLido[X]
21.	I ← I + 1;	I += 1
22.	fim;	
23.	fimse;	
24.	fimpara;	
25.	// impressão do vetor lido	# impressão do vetor lido
26.	para X de 1 até 10 passo 1 faça	
27.	escreva (VetLido[X]);	print(f'Vetor lido: {VetLido}')
28.	fimpara;	
29.	// impressão do vetor de pares	# impressão do vetor de pares
30.	para X de 1 até P passo 1 faça	
31.	escreva (VetPar[X]);	print(f'Vetor PAR, tamanho {P}:{VetPar[0:P]}')
32.	fimpara;	
33.	// impressão do vetor de ímpares	# impressão do vetor de ímpares
34.	para X de 1 até I passo 1 faça	
35.	escreva (VetImpar[X]);	print(f'Vetor ÍMPAR,tamanho {I}:{VetImpar[0:I]}')
36.	fimpara;	
37.	fim.	

Um exemplo de execução do **Programa 4.3**, a partir de possíveis dados fornecidos pelo usuário, está comentado na **Figura 4.5**.

108   Capítulo 4   Estruturas de dados

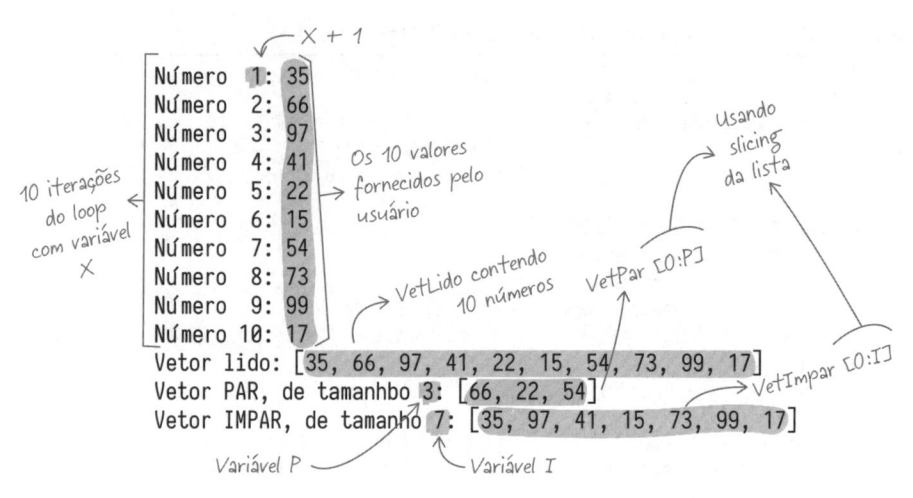

```
                    ┌── X + 1
         ┌ Número  1: 35
         │ Número  2: 66
         │ Número  3: 97
         │ Número  4: 41      Os 10 valores
 10 iterações ⟵ Número  5: 22  ⟶ fornecidos pelo
 do loop   │ Número  6: 15      usuário
 com variável│ Número  7: 54
     X   │ Número  8: 73
         │ Número  9: 99       VetLido contendo      VetPar [0:P]
         └ Número 10: 17       10 números
          Vetor lido:  [35, 66, 97, 41, 22, 15, 54, 73, 99, 17]
          Vetor PAR, de tamanhbo 3: [66, 22, 54]          ⟶ VetImpar [0:I]
          Vetor IMPAR, de tamanho 7: [35, 97, 41, 15, 73, 99, 17]
                      Variável P      Variável I
```
Usando slicing da lista

Figura 4.5 Exemplo de execução do Programa 4.3.

É importante destacar nesta implementação o uso do recurso de fatiamento da lista (*slicing*), ele permitiu a remoção dos loops específicos para impressão de apenas uma parte da lista.

Ao usarmos a notação VetPar[0:P] (linha 31) será criada uma lista contendo apenas os elementos das posições do intervalo de 0 até antes de P, portanto, exatamente os elementos de VetPar que gostaríamos de mostrar no print (é igual a fazer VetPar[:P], omitindo o primeiro valor). No caso de querermos elementos do meio de uma lista, podemos fazer VetLido[2:5], que com base no exemplo resultaria em [97, 41, 22]. Já se desejarmos elementos do final de uma lista, podemos fazer VetLido[6:], que resultaria em [54, 73, 99, 17].

c. Construindo agora uma versão em Python do **Algoritmo 4.6**, que implementa uma versão do clássico algoritmo de Ordenação por Seleção Direta, temos a seguinte possibilidade de solução:

Programa 4.4   Ordenação por Seleção Direta (ref. Algoritmo 4.6)

```
 1.  início
 2.    tipo VetInt = vetor [1..10] de inteiros;
 3.    VetInt: Vet;                              Vet = [0] * 10
 4.
 5.    inteiro: I, J, Aux, Menor;
 6.    para I de 1 até 10 passo 1 faça           for I in range(10):
 7.      leia (vet[I]);                          Vet[i] = int(input(f'Número {i + 1}: '))
 8.    fimpara;
 9.    para I de 1 até 9 passo 1 faça            for I in range(0, 9, 1):
10.      Menor ← I;                              Menor = I
11.      para J de I+1 até 10 passo 1 faça       for J in range(I+1, 10, 1):
12.        se (Vet[J] < Vet[Menor])              if Vet[J] < Vet[Menor]:
13.          então início
14.            Menor ← J;                        Menor = J
15.          fim;
16.        fimse;
```

(*Continua*)

17.	fimpara;	
18.	Aux ← Vet[I];	Aux = Vet[I]
19.	Vet[I] ← Vet[Menor];	Vet[I] = Vet[Menor]
20.	Vet[Menor] ← Aux;	Vet[Menor] = Aux
21.	fimpara;	
22.	// impressão do vetor ordenado	
23.	para I de 1 até 10 passo 1 faça	
24.	escreva (Vet[I]);	print("Vetor ordenado:", Vet)
25.	fimpara;	
26.	fim.	

Nesta implementação é importante tomar cuidado com os valores iniciais e finais de vetor *versus* lista e do laço para *versus* o loop for. A primeira posição do vetor é 1 e o laço para inclui o limite superior na iteração. Já a primeira posição da lista é 0 e o range encerra antes de chegar no limite superior.

Caso colocássemos uma impressão do vetor ao final de cada iteração do loop externo (variável I), inserindo print(Vet) na linha 21, por exemplo, poderíamos *ver o algoritmo funcionando*, efetuando suas trocas gradativas, como exemplificado na possível execução do programa mostrado na **Figura 4.6**.

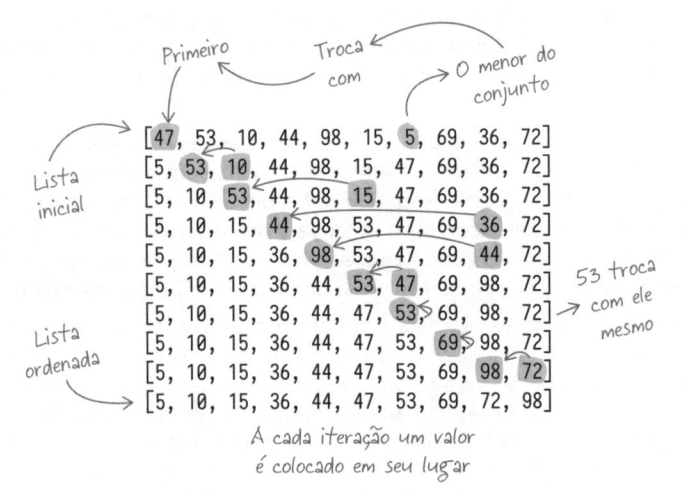

Figura 4.6 Exemplo de execução do Programa 4.4.

Exercícios de fixação 1

1.1 Sendo o vetor V igual a:

V	2	6	8	3	10	9	1	21	33	14
	1	2	3	4	5	6	7	8	9	10

e as variáveis X = 2 e Y = 4, escreva o valor correspondente à solicitação:
a) V[X + 1] b) V[X + 2] c) V[X + 3] d) V[X * 4]
e) V[X * 1] f) V[X * 2] g) V[X * 3] h) V[V[X + Y]]
i) V[X + Y] j) V[8 − V[2]] l) V[V[4]] m) V[V[V[7]]]
n) V[V[1] * V[4]] o) V[X + 4]

1.2 Elabore um algoritmo que efetue a leitura de dois vetores de 20 posições de valores inteiros. Depois efetue as respectivas operações indicadas por outro vetor de 20 posições de caracteres também fornecido pelo usuário, contendo uma das quatro operações aritméticas básicas (testando a validade da entrada de dados) e armazenando os resultados em um quarto vetor. Mostre todos os vetores utilizados.

1.3 Crie um algoritmo que leia um vetor de 10 posições inteiras. Depois, solicite para o usuário um número que ele gostaria de pesquisar neste vetor, caso o número exista no vetor, mostre em qual(is) posição(ões) ele foi encontrado e quantas ocorrências foram detectadas.

1.4 Escreva um algoritmo que leia um vetor de 10 posições com valores inteiros, aceitando apenas números entre 1 e 5 (inclusive). Depois, utilize um outro vetor de cinco posições para calcular a distribuição de frequência das ocorrências dos valores possíveis para o vetor fornecido. Ou seja, o segundo vetor será um vetor de contadores, ele armazenará em sua posição 1 a quantidade de valores 1 do vetor original, na posição 2 a quantidade de valores 2 e assim por diante. Mostre então esta distribuição calculada.

1.5 Desenvolva um algoritmo que leia um vetor de 20 posições inteiras e o coloque em ordem crescente, utilizando como estratégia de ordenação a comparação de pares de elementos adjacentes, permutando-os quando estiverem fora de ordem, até que todos estejam ordenados. Este método de ordenação clássico é conhecido como Ordenação por Permutação ou como *Bubblesort* (ordenação por bolhas).

Variáveis compostas multidimensionais

Suponha que, além do acesso pelo elevador até um determinado andar, tenhamos também a divisão desse andar em apartamentos. Para chegar a algum deles, não basta só o número do andar, precisamos também do número do apartamento.

Os vetores têm como principal característica a necessidade de apenas um índice para endereçamento – são estruturas unidimensionais. Uma estrutura que precisasse de mais de um índice, como no caso do edifício dividido em andares divididos em apartamentos, seria denominada **estrutura composta multidimensional**, nesse caso, de duas dimensões (bidimensional).

Declaração

Denominaremos as estruturas compostas homogêneas multidimensionais de **matrizes**. Para usarmos uma matriz precisamos, primeiramente, definir em detalhes como é constituído o tipo construído e, depois, declarar uma ou mais variáveis, associando os identificadores de variáveis ao identificador do tipo matriz.

Para definir o tipo construído matriz, seguimos a regra sintática a seguir:

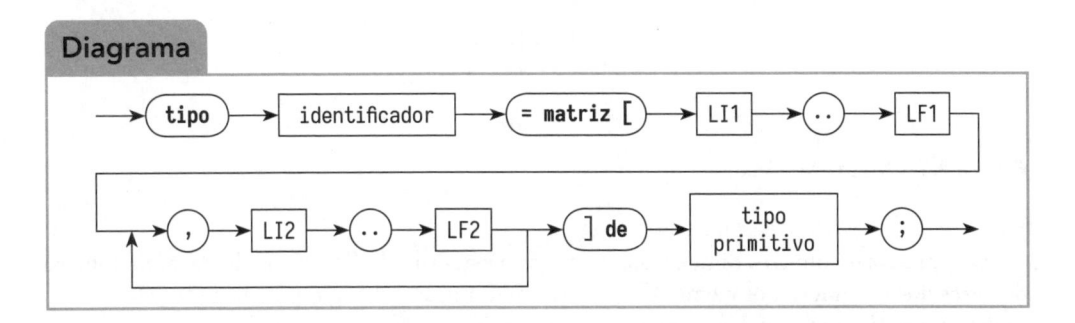

Diagrama

→ tipo → identificador → = matriz [→ LI1 → .. → LF1 →
→ , → LI2 → .. → LF2 →] de → tipo primitivo → ; →

Em que:

LI1..LF1, LI2..LF2,...: são os limites dos intervalos de variação dos índices da variável, em que cada par de limites está associado a um índice;

tipo primitivo: representa qualquer um dos tipos básicos ou tipo anteriormente definido. O número de dimensões da matriz é igual ao número de intervalos.

O número de elementos é igual ao produto do número de elementos de cada dimensão: (LF1 − LI1 + 1) * (LF2 − LI2 + 1) * ... * (LFn − Lin + 1).

Exemplos

a. **tipo** M = **matriz** [1..3, 2..4, 3..4] **de reais**;
   M: Mat;
b. **tipo** Sala = **matriz** [1..4,1..4] **de inteiros**;
   Sala: MatSala
   Mat tem três dimensões e (3 − 1 + 1) * (4 − 2 + 1) * (4 − 3 + 1) = 18 elementos
   MatSala tem duas dimensões e (4 − 1 + 1) * (4 − 1 + 1) = 16 elementos

Manipulação

Para acessar um elemento em uma estrutura composta multidimensional – matriz – precisamos, como em um edifício, de seu nome, de seu andar e de seu apartamento. Considerando uma estrutura bidimensional (dois índices: andar e apartamento), o primeiro índice de acesso a matriz indica a linha (posição horizontal) e o segundo, a coluna (posição vertical).

A **Figura 4.7** ilustra como a matriz MatSala, do tipo construído Sala, poderia ser representada. Observamos na figura o elemento MatSala[2, 3], que se encontra na **linha 2, coluna 3**.

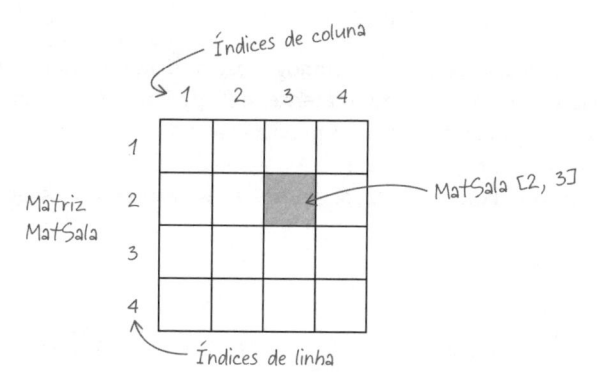

Figura 4.7 Matriz MatSala.

Para matrizes com três dimensões, repete-se a estrutura bidimensional o mesmo número de vezes que o número dos elementos da terceira dimensão, numerando-as de acordo com os limites especificados na declaração do tipo construído.

Exemplo

A matriz Mat poderia ser representada conforme a **Figura 4.8**:

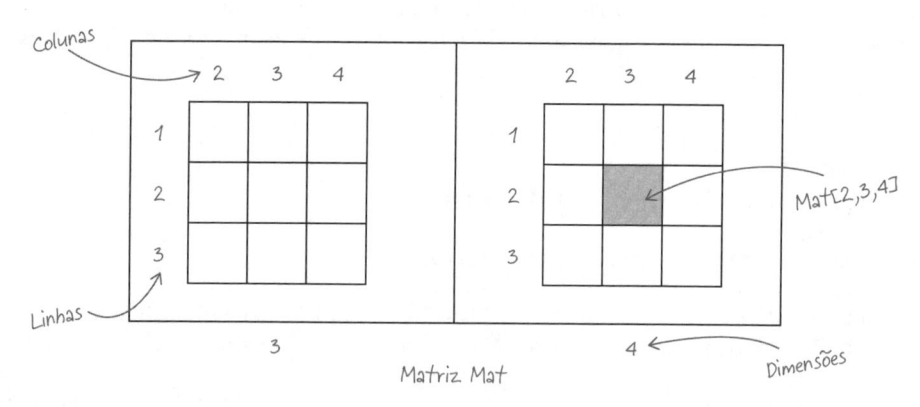

Figura 4.8 Matriz Mat.

O elemento em destaque na **Figura 4.8** corresponde a Mat[2, 3, 4], sendo linha 2, coluna 3 e dimensão 4.

Após isolar um único elemento da matriz, poderemos manipulá-lo através de qualquer operação de entrada, saída ou atribuição.

Exemplo

```
Mat[2, 3, 4] ← 7.5;  // atribuindo o valor 7.5 a posição [2, 3, 4] da matriz
leia (Mat[1, 2, 3]);  // lendo um dado para a posição [1, 2, 3] da matriz
escreva (Mat[J, K, L]);  // escrevendo o conteúdo da posição [J, K, L] da matriz
```

Quando precisarmos inicializar uma matriz com valores predefinidos, inserindo dados em suas posições no próprio código do algoritmo, podemos fazê-lo junto a declaração da variável da composta.

Exemplo

Uma matriz de (3x3) com nove posições inteiras poderia ter a seguinte definição e declaração com inicialização:

```
// definição do tipo matriz (9 posições para armazenar inteiros)
tipo MatInt = matriz [1..3, 1..3] de inteiros;
// declaração da variável matriz com inicialização
MatInt: MatIdentidade = [[1, 0, 0],  // linha 1
                         [0, 1, 0],  // linha 2
                         [0, 0, 1]]; // linha 3
```

Observando mais cuidadosamente, percebemos que uma estrutura composta multidimensional é, na realidade, um conjunto de vetores que são determinados por cada intervalo que compõe o tipo matriz.

Para utilizar o vetor, nós o inserimos em um único laço de repetição, fazendo com que haja variação em seu índice. Como em uma estrutura multidimensional possuímos mais de um índice, faz-se necessária a utilização de mais laços de repetição, em mesmo número do que o número de dimensões da matriz.

As matrizes mais utilizadas são as bidimensionais, devido à sua relação direta com muitas aplicações cotidianas, por exemplo, tabelas de pontuação (medalhas em olimpíadas, campeonatos de futebol etc.), diários de classe para chamada escolar, planilhas eletrônicas, matrizes da matemática etc. Para manipular estas matrizes de duas dimensões precisaremos de dois laços de repetição. Para matrizes de três dimensões, precisaremos de três laços de repetição e assim sucessivamente.

Uma aplicação prática deste contexto de matriz bidimensional é um jogo de azar muito popular, a loteria esportiva. A **Figura 4.9** ilustra genericamente um modelo de cartão de loteria esportiva que foi preenchido com uma aposta hipotética, definida pelas marcações preenchidas à mão no volante de aposta.

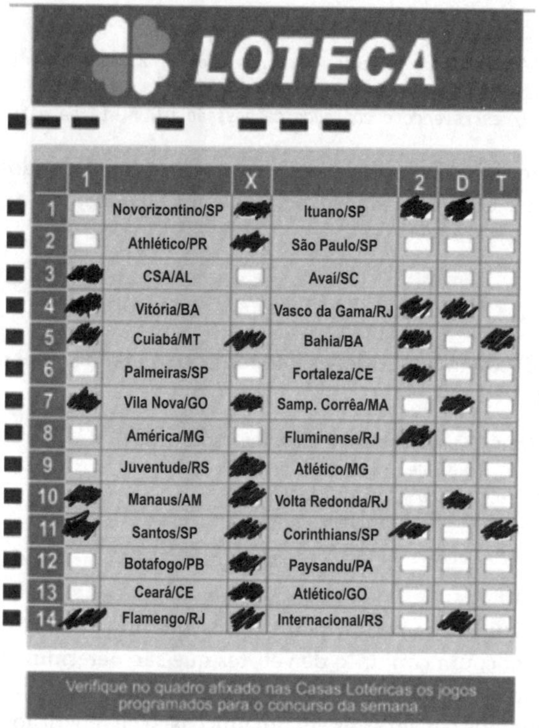

Figura 4.9 Cartão de loteria esportiva.

Digamos que, dado o cartão da **Figura 4.9** inicializado em uma matriz, desejássemos saber para cada jogo do volante, ou seja, para cada linha de sua representação em uma matriz (14×3), se ele é uma aposta simples (apenas uma marcação), ou uma aposta dupla (duas marcações), ou uma aposta tripla (três marcações), bem como a quantidade de cada tipo de aposta (informação usada no contexto real para calcular o preço do volante, seguindo uma série de condicionantes específicas da Caixa Econômica Federal).

Como cada jogo possui três possibilidades: vitória do mandante (coluna 1), empate (coluna do meio, equivalente a coluna 2 da matriz) ou vitória do visitante (coluna 2 da aposta, equivalente a coluna 3 da matriz), precisamos avaliar se cada uma delas possui ou não uma marcação (um caracter "X", por exemplo) e, em seguida, avaliar o próximo jogo do mesmo modo. Resumindo, para cada linha da matriz (jogo) percorreremos todas as colunas (possibilidades de aposta em mandante, empate ou visitante), identificando o tipo de aposta em cada linha e contabilizando sua quantidade.

Para percorrer a matriz dessa forma, linha a linha, horizontalmente, devemos:

- fixar a linha (no laço externo) e
- variar a coluna (no laço interno).

O **Algoritmo 4.7** mostra uma solução possível para o problema apresentado.

Percebemos aqui que, quando I (índice da linha) vale 1, a variável J (índice da coluna) varia de 1 até 3 (elementos mLoteria[1, 1], mLoteria[1, 2] e mLoteria[1, 3]). Depois disso a variável I passa a valer 2, enquanto a variável J volta a valer 1 e itera novamente até 3 (perfazendo os elementos mLoteria[2, 1], mLoteria[2, 2] e mLoteria[2, 3]). Isso continua se repetindo até que I atinja 14 (última linha). Ao final teremos analisado as 14 × 3 posições da matriz, ou seja, teremos verificado o preenchimento ou não das 42 possibilidades.

Algoritmo 4.7 Loteria esportiva, contagem de simples, duplos e triplos

```
1.  início
2.    // definição do tipo construído matriz para o cartão de loteria esportiva
3.    tipo Loteria = matriz [1..14, 1..3] de caracteres;
4.
5.    // declaração da variável composta do tipo construído matriz já com a inicialização da aposta
6.    Loteria: MatLoteria = [[" ", "x", "x"], [" ", "x", " "], ["x", " ", " "], ["x", " ", "x"],
                            ["x", "x", "x"], [" ", " ", "x"], ["x", "x", " "], [" ", " ", "x"],
                            [" ", "x", " "], ["x", "x", " "], ["x", "x", "x"], [" ", "x", " "],
                            [" ", "x", " "], ["x", "x", " "]];
7.
8.    // definição do tipo construído vetor para mostrar o tipo do jogo
9.    tipo TipoJogos = matriz [1..3] de caracteres;
10.
11.   // declaração da variável composta do tipo vetor inicializada com os tipos de jogos
12.   TipoJogos: VetTipoJogo = ["Simples", "Duplo", "Triplo"];
13.
14.   // declaração das variáveis simples
15.   inteiro: I, // índice para controlar a variação das linhas
16.           J, // índice para controlar a variação das colunas
17.           ApostasLinha, // quantidade de apostas em uma linha
18.           ConSimples, ConDuplos, ConTriplos; // contadores dos jogos
19.
20.   // inicialização dos contadores
21.   ConSimples ← 0;
22.   ConDuplos ← 0;
23.   ConTriplos ← 0;
24.   para I de 1 até 14 passo 1 faça
25.     ApostasLinha ← 0;
26.     para J de 1 até 3 passo 1 faça
27.       se (MatLoteria[I, J] = "X")
28.         então
29.           ApostasLinha ← ApostasLinha + 1;
30.       fimse;
31.     fimpara;
32.     escolha ApostasLinha
33.       caso 1: ConSimples ← ConSimples + 1;
34.       caso 2: ConDuplos ← ConDuplos + 1;
35.       caso 3: ConTriplos ← ConTriplos + 1;
36.     fimescolha;
37.     // impressão do tipo do Jogo
38.     escreva (VetTipoJogo[ApostasLinha]);
39.   fimpara;
40.   escreva (ConSimples, ConDuplos, ConTriplos);
41. fim.
```

Cabe destacar que ao final do laço interno, ou seja, o laço das colunas comandado pela variável J (linhas 26 a 31), sabemos se aquela aposta é um jogo Simples, Duplo ou Triplo, através do valor do contador ApostasLinha. Cabe ao laço mais externo, ou seja, o laço das linhas comandado pela variável I (linhas 24 a 39), utilizar a variável ApostasLinha no comando de múltipla escolha (linha 32) para mostrar o resultado daquele jogo (daquela I-éssima linha) e incrementar o respectivo contador, sendo que a cada jogo analisado, o contador ApostasLinha é reinicializado em 0 (linha 25).

Outra construção algorítmica interessante empregada na solução apresentada foi o uso do vetor de constantes caracter VetTipoJogo inicializado na linha 12 contendo a descrição ["Simples", "Duplo", "Triplo"]. Ele permite a exibição correta do tipo do jogo usando a variável ApostasLinha como índice. Por exemplo, quando ApostasLinha contiver o valor 3, pois naquele jogo fora marcado um triplo, a exibição de VetTipoJogo[ApostasLinha] será a exibição de VetTipoJogo[3], portanto será exibido "Triplo".

Da mesma forma seria viável também declarar um vetor de 3 posição inteiras, armazenando na posição 1 a contagem de Simples, na posição 2 a contagem de Duplos e na posição 3 a contagem de Triplos, substituindo-se assim os contadores individuais por posições do vetor, o que nos permitiria até mesmo eliminar a estrutura escolha. Fica a dica para um aprimoramento do algoritmo ou para reflexão sobre quando uma estrutura de dados pode simplificar uma estrutura de controle.

Alterando a perspectiva de como olhar o cartão da loteria esportiva, poderíamos querer descobrir a quantidade de marcações de cada coluna, ou seja, a quantidade de apostas na vitória do mandante (coluna 1), de apostas no empate (coluna 2 ou coluna do meio) e de apostas na vitória do visitante (coluna 3).

Para resolver essa questão, precisamos inverter o modo de percorrer a matriz, verificando todas as linhas de uma coluna específica e seguindo depois para a próxima coluna.

Percorrendo a matriz dessa forma, coluna a coluna, verticalmente, precisamos:

- fixar a coluna (laço externo) e
- variar a linha (laço interno).

O **Algoritmo 4.8** mostra uma solução possível para o problema apresentado.

Percebamos aqui que quando J (coluna) vale 1, a variável I (linha) varia de 1 até 14 (elementos mLoteria[1, 1], mLoteria[2, 1], mLoteria[3, 1], ..., mLoteria[14, 1]). Depois disso a variável J passa a valer 2, enquanto a variável I volta a valer 1 e continua variando novamente até 14 (perfazendo os elementos mLoteria[1, 2], mLoteria[2, 2], mLoteria[3, 2], ..., mLoteria[14, 2]). Isso continua se repetindo até que J atinja 3 (última coluna).

Algoritmo 4.8 Loteria esportiva, contagem de mandante, empate e visitante

```
1.  início
2.     // definição do tipo construído matriz para o cartão de loteria esportiva
3.     tipo Loteria = matriz [1..14, 1..3] de caracteres;
4.
5.     // declaração da variável composta do tipo construído matriz já com a inicialização da aposta
6.     Loteria: MatLoteria = [[" ", "x", "x"], [" ", "x", " "], ["x", " ", " "], ["x", " ", "x"],
                              ["x", "x", "x"], [" ", " ", "x"], ["x", "x", " "], [" ", " ", "x"],
                              [" ", "x", " "], ["x", "x", " "], ["x", "x", "x"], [" ", "x", " "],
                              [" ", "x", " "], ["x", "x", " "]];
```

(Continua)

```
7.
8.      // declaração das variáveis simples
9.      inteiro: I, // índice para controlar a variação das linhas
10.              J, // índice para controlar a variação das colunas
11.              JogosColuna, // quantidade de apostas em uma coluna
12.              ConMandante, ConEmpate, ConVisitante; // contadores dos jogos
13.
14.     // inicialização dos contadores
15.     ConMandante ← 0;
16.     ConEmpate ← 0;
17.     ConVisitante ← 0;
18.     para J de 1 até 3 passo 1 faça
19.         JogosColuna ← 0;
20.         para I de 1 até 14 passo 1 faça
21.             se (MatLoteria[I, J] = "X")
22.                 então
23.                     JogosColuna ← JogosColuna + 1;
24.             fimse;
25.         fimpara;
26.         escolha J
27.             caso 1: ConMandante ← ConMandante + 1;
28.             caso 2: ConEmpate ← ConEmpate + 1;
29.             caso 3: ConVisitante ← ConVisitante + 1;
30.         fimescolha;
31.     fimpara;
32.     escreva (ConMandante, ConEmpate, ConVisitante);
33. fim.
```

Vale destacar que ao final do laço interno, dessa vez o laço das linhas comandado pela variável I, sabemos qual a quantidade de apostas na coluna corrente através do contador JogosColuna. De forma análoga, dessa vez o laço externo controla as colunas e segue comandado pela variável J (linhas 18 a 31) que utiliza o comando de múltipla escolha para incrementar o respectivo contador daquela J-éssima coluna.

Nesta solução também poderíamos ter empregado um vetor de 3 posições para substituir os contadores individuais, eliminando assim a seleção de múltipla escolha da linha 26, que seria substituída, por algo como VetCon[J] ← JogosColuna; o que faria com que a posição do vetor de contadores (VetCon) identificada pela coluna em análise (J) recebesse justamente a quantidade de marcações naquela coluna.

Exemplos

a. A distância rodoviária entre as capitais da região Sudeste está disponível na tabela a seguir. Para consultar a distância basta cruzar as cidades de origem e de destino na matriz, por exemplo a distância entre Rio de Janeiro e São Paulo (ou vice-versa) é de 429 km.

	Vitória	Belo Horizonte	Rio de Janeiro	São Paulo
Vitória		524	521	882
Belo Horizonte	524		434	586
Rio de Janeiro	521	434		429
São Paulo	882	586	429	

Construa um programa que inicialize uma matriz contendo as distâncias apresentadas na tabela acima e que então informe ao usuário a distância necessária para percorrer duas cidades por ele fornecidas, até o momento em que ele forneça duas cidades iguais (origem e destino iguais).

Para resolver este exercício precisamos definir, declarar e inicializar uma matriz (4×4) com as distâncias entre as cidades da região Sudeste. Depois, ler a Origem e o Destino em um laço de repetição até que o usuário queira interromper a execução, fornecendo a mesma cidade como ponto de partida e de chegada.

Uma possível solução para o problema proposto está apresentada no **Algoritmo 4.9**.

Algoritmo 4.9 Distância rodoviária entre cidades

```
1.  início
2.      // definição do tipo construído matriz para armazenar as distâncias
3.      tipo MatInt = matriz [0..3, 0..3] de inteiros;
4.
5.      // declaração da variável composta matriz com a inicialização das distâncias
6.      MatInt: MatDistancia = [[0, 524, 521, 882],
                               [524, 0, 434, 586],
                               [521, 434, 0, 429],
                               [882, 586, 429, 0]]
7.
8.      // definição do tipo construído vetor para mostrar os nomes das cidades
9.      tipo VetCar = matriz [0..3] de caracteres;
10.
11.     // declaração da variável composta inicializada com os nomes das cidades
12.     VetCar: VetCidades = ["Vitória", "Belo Horizonte", "Rio de Janeiro", "São Paulo"];
13.
14.     // declaração das variáveis simples
15.     inteiro: Origem, // código da cidade de origem
16.             Destino; // código da cidade de destino
17.
18.     repita
19.         leia (Origem, Destino); // usando códigos, 1 para Vitória etc.
20.         escreva ("Distância entre ", VetCidade[Origem], " e ", VetCidade[Destino], " = ",
                     MatDistancia[Origem][Destino]);
21.     até (Origem = Destino);
22. fim.
```

Vale destacar os seguintes aspectos:

- o emprego dos valores 0, 1, 2 e 3 para representar a escolha das cidades, respectivamente como códigos para "Vitória", "Belo Horizonte", "Rio de Janeiro" e "São Paulo", coincidindo estrategicamente com as posições do vetor VetCidades e com as linhas e colunas da matriz MatDistancia;
- o uso das variáveis Origem e Destino como índices de consulta a matriz MatDistancia, fazendo com que MatDistancia[Origem][Destino] seja a consulta a distância entre Vitória e São Paulo, quando Origem for 0 (usado como linha) e Destino for 3 (usado como coluna).

  b. Empregando a matriz de distâncias rodoviárias utilizada no exemplo anterior, calcule e mostre as seguintes somas:
  - Soma dos valores da diagonal principal;
  - Soma dos valores do triângulo inferior;
  - Soma dos valores do triângulo superior.

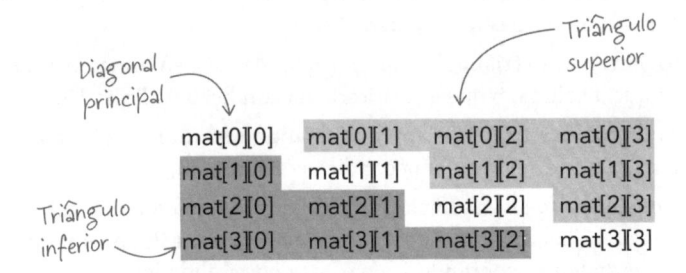

Algoritmo 4.10 Triângulo superior, inferior e diagonal principal de matriz

```
1.  início
2.      // definição do tipo construído matriz para armazenar as distâncias
3.      tipo MatInt = matriz [0..3, 0..3] de inteiros;
4.
5.      // declaração da variável composta matriz com a inicialização das distâncias
6.      MatInt: MatDistancia = [[0, 524, 521, 882],
                                [524, 0, 434, 586],
                                [521, 434, 0, 429],
                                [882, 586, 429, 0]];
7.
8.      // declaração das variáveis simples
9.      inteiro: I, J;
10.
11.     // inicialização dos contadores
12.     Diagonal ← 0;
13.     TriInf ← 0;
14.     TriSup ← 0;
15.
16.     para I de 0 até 3 passo 1 faça
```

(Continua)

```
17.    para I de 0 até 3 passo 1 faça
18.       se (I < J)
19.          então TriSup ← TriSup + MatDistancia[I, J];
20.          senão se (I > J)
21.                então TriInf ← TriInf + MatDistancia[I, J];
22.                senão Diagonal ← Diagonal + MatDistancia[I, J];
23.             fimse;
24.       fimse;
25.    fimpara;
26. fimpara;
27.
28.    escreva (Diagonal, TriSup, TriInf);
29. fim.
```

Vale a pena ressaltar que:

- O laço duplo é uma repetição aninhada tradicional em matrizes bidimensionais, pois percorre todos os elementos da matriz (4×4), portanto a seleção da linha 18 se encontra no laço mais interno e por isso será executada 16 vezes;
- Um elemento pertence ao triângulo superior quando está em uma posição da matriz cuja linha é menor que a coluna, o que é verificado na condição da linha 18;
- Já um elemento está no triângulo inferior quando seu índice de linha é maior que seu índice de coluna, o que é verificado na condição da linha 20;
- Por último, um elemento se encontra na diagonal principal quando está em uma posição na qual linha é igual a coluna, o que ocorre no senão da linha 22, pois as condições anteriores não foram verdadeiras, sobrando apenas esta possibilidade;
- A testarmos este algoritmo, o valor de TriSup e TriInf devem ser iguais, uma vez que a soma das distâncias de ida deve ser igual à soma das distâncias de volta, atestando assim a validade e exatidão da inicialização da matriz.

   c. Elabore um algoritmo que leia duas matrizes internas, A e B, do tipo (3 × 3) e calcule em uma matriz R sua multiplicação, ou seja, R = A * B.

Para resolver esse problema, precisamos levantar a fórmula que mostra como obter R e, em seguida, precisamos construir o algoritmo do processo de multiplicação de duas matrizes (3 × 3).

Recorrendo à matemática, vamos representar o que seria uma ilustração das matrizes envolvidas:

$$\begin{pmatrix} R_{11} & R_{12} & R_{13} \\ R_{21} & R_{22} & R_{23} \\ R_{31} & R_{32} & R_{33} \end{pmatrix} = \begin{pmatrix} A_{11} & A_{12} & A_{13} \\ A_{21} & A_{22} & A_{23} \\ A_{31} & A_{32} & A_{33} \end{pmatrix} * \begin{pmatrix} B_{11} & B_{12} & B_{13} \\ B_{21} & B_{22} & B_{23} \\ B_{31} & B_{32} & B_{33} \end{pmatrix}$$

Matriz R   Matriz A   Matriz B

Figura 4.10   Representação das matrizes A, B e R.

A partir da **Figura 4.10**, e seguindo o método de multiplicação de matrizes, poderíamos escrever as seguintes expressões:

$$R_{11} = A_{11}*B_{11} + A_{12}*B_{21} + A_{13}*B_{31}$$
$$R_{12} = A_{11}*B_{12} + A_{12}*B_{22} + A_{13}*B_{32}$$
$$R_{13} = A_{11}*B_{13} + A_{12}*B_{23} + A_{13}*B_{33}$$
$$R_{21} = A_{21}*B_{11} + A_{22}*B_{21} + A_{23}*B_{31}$$
$$R_{22} = A_{21}*B_{12} + A_{22}*B_{22} + A_{23}*B_{32}$$

Linha se repete em A → variável I
Coluna se repete em B → variável J

$$\cdots \quad \cdots$$

$$R_{32} = A_{31}*B_{12} + A_{32}*B_{22} + A_{33}*B_{32}$$
$$R_{33} = A_{31}*B_{13} + A_{32}*B_{23} + A_{33}*B_{33}$$

Iteração que se repete em A e B → variável K

Podemos perceber que, ao calcular qualquer elemento R[I, J], o índice de linha I se repete na matriz A e o índice da coluna J se repete na matriz B. Já a coluna de A é igual a linha de B, e repete-se três vezes, de 1 a 3. Criando um terceiro índice K para efetuar essa repetição, teríamos, então, que um elemento R[I, J] é igual A[I, K]*B[K, J], somados em três momentos, conforme a variação de K.

Uma solução para calcular R = A*B é expressa no **Algoritmo 4.11**.

Algoritmo 4.11 Multiplicação de duas matrizes (3×3)

```
1.  início
2.     // definição do tipo matriz
3.     tipo MatInt = matriz [1..3, 1..3] de inteiros;
4.
5.     // declaração de variáveis
6.     MatInt: A, // primeira matriz
7.             B, // segunda matriz
8.             R; // matriz de resposta
9.     inteiro: I, J, K; // índices
10.
11.    // ler os valores da matriz A
12.    para I de 1 até 3 passo 1 faça
13.       para J de 1 até 3 passo 1 faça
14.          leia (A[I, J]);
15.       fimpara;
16.    fimpara;
17.
18.    // ler os valores da matriz B
19.    para I de 1 até 3 passo 1 faça
20.       para J de 1 até 3 passo 1 faça
21.          leia (B[I, J]);
22.       fimpara;
23.    fimpara;
```

(Continua)

```
24.
25.    // calcular a multiplicação de A por B
26.    para I de 1 até 3 passo 1 faça
27.       para J de 1 até 3 passo 1 faça
28.          R[I, J] ← 0;
29.          para K de 1 até 3 passo 1 faça
30.             R[I, J] ← R[I, J] + A[I, K] * B[K, J];
31.          fimpara;
32.       fimpara;
33.    fimpara;
34.
35.    // mostrar matriz resposta R
36.    para I de 1 até 3 passo 1 faça
37.       para J de 1 até 3 passo 1 faça
38.          escreva (R[I, J]);
39.       fimpara;
40.    fimpara;
41. fim.
```

É importante ressaltar o emprego do laço de repetição triplo, composto pelas variáveis de controle I (linha 26), J (linha 27) e K (linha 29), fazendo com que a linha 30 seja executada 3 × 3 × 3 vezes (27 iterações).

Implementando matrizes em Python

As matrizes, estruturas multidimensionais homogêneas, podem ser implementadas em Python empregando-se uma lista de listas.

Desta forma, uma matriz (m × n) será constituída de uma lista com m elementos (suas linhas) sendo que cada um é uma lista de n elementos (suas colunas).

Exemplos:

```
Mat1 = [[1, 2], [3, 4]]
Mat2 = [[1, 0, 0],
        [0, 1, 0],
        [0, 0, 1]]
Mat3 = [['Rosa', 'Lírio', 'Antúrio'],
        ['Rosa', 'Amarelo', 'Vermelho']]
```

Em que:

- Mat1 é uma lista de duas listas, cada uma com dois elementos inicializados, [1, 2] são os valores da primeira linha (linha 0) e [3, 4] são os valores da segunda linha (linha 1), sendo essa uma matriz (2×2);
- Mat2 é uma matriz (3×3) cuja indentação da inicialização permitiu uma visualização nitidamente matricial;
- Mat3 é uma matriz bidimensional (2×3) inicializada com constantes *str*.

Da mesma forma que nos algoritmos, em Python podemos isolar um elemento através de seu índice (seu deslocamento no vetor, sua posição na estrutura), conforme ilustra a **Figura 4.11**.

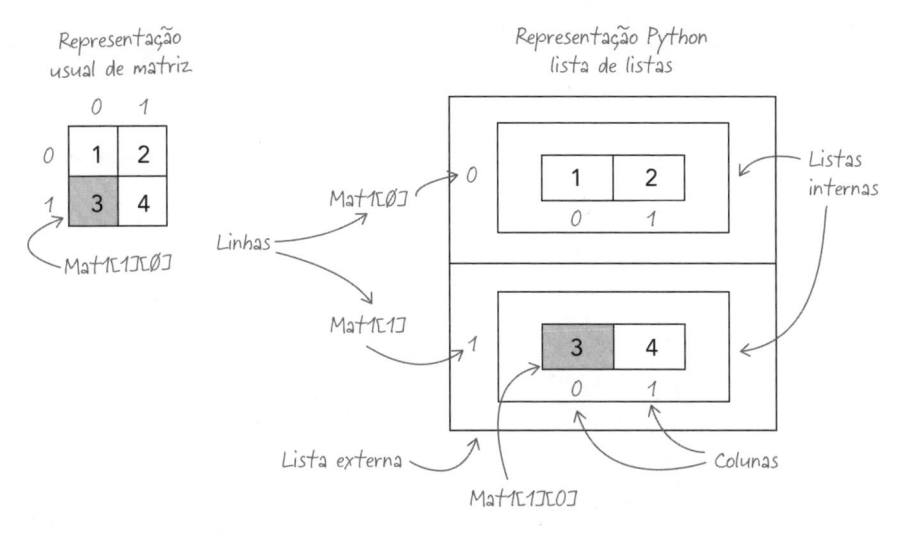

Figura 4.11 Exemplo de posições em uma matriz (2×2).

Podemos então ler, atribuir, manipular ou imprimir um elemento em particular:

```
Mat1[0][0] = int(input("Valor")) # lendo a primeira posição da matriz
print(Mat1[1][1]) # imprimindo a última posição da matriz
```

Ou então, imprimir a matriz de diversas formas:

```
print(Mat1) # imprimirá toda a matriz: [[1, 2], [3, 4]]
print(Mat1[0]) # imprimirá a linha 0: [1, 2]
print(Mat1[0][1]) # imprimirá o segundo elemento da primeira linha: 2
```

Aplicando esta indexação que as matrizes possuem, podemos navegar por todas as posições da matriz usando um loop duplo tradicional, codificado com um duplo for com range, permitindo acesso individual a cada posição da estrutura, exemplificando com a impressão de cada posição da matriz Mat2:

```
for I in range(2): # range com 0 inicial e 1 de passo por default
   for J in range(3):
      print(Mat2[I][J], end=" ")
   print() # pular linha na tela entre linhas da matriz
```

A instrução len é empregada para calcular o número de linhas e de colunas de uma matriz:

```
print(len(Mat3))    # quantidade de linhas de Mat3: 2
print(len(Mat3[0])) # quantidade de colunas da linha 0 de Mat3: 3
```

Retomando o **Algoritmo 4.7** da contagem de jogos da loteria esportiva, teríamos como uma possível implementação o seguinte código:

Programa 4.5 Loteria esportiva, contagem de jogos (ref. Algoritmo 4.7)

```
1.  início
2.      // definição do tipo construído matriz
3.      tipo Loteria = matriz [1..14, 1..3] de caracteres;
4.
5.      // declaração e inicialização do cartão          # declaração e inicialização do cartão
6.      Loteria: MatLoteria = [[" ", "x", "x"],         MatLoteria = [[' ', 'x', 'x'],
                               [" ", "x", " "],                       [' ', 'x', ' '],
                               ["x", " ", " "],                       ['x', ' ', ' '],
                               ["x", " ", "x"],                       ['x', ' ', 'x'],
                               ["x", "x", "x"],                       ['x', 'x', 'x'],
                               [" ", " ", "x"],                       [' ', ' ', 'x'],
                               ["x", "x", " "],                       ['x', 'x', ' '],
                               [" ", " ", "x"],                       [' ', ' ', 'x'],
                               [" ", "x", " "],                       [' ', 'x', ' '],
                               ["x", "x", " "],                       ['x', 'x', ' '],
                               ["x", "x", "x"],                       ['x', 'x', 'x'],
                               [" ", "x", " "],                       [' ', 'x', ' '],
                               [" ", "x", " "],                       [' ', 'x', ' '],
                               ["x", "x", " "]];                      ['x', 'x', ' ']]
7.
8.      // definição dos tipo de jogos
9.      tipo TipoJogos = matriz [1..3] de caracteres;
10.
11.     // declaração vetor de tipos de jogos            // declaração da lista com os tipos de jogos
12.     TipoJogos: VetTipoJogo = ["Simples", "Duplo", "Triplo"];   VetTipoJogo = ["Simples", "Duplo", "Triplo"]
13.
14.     // declaração das variáveis simples
15.     inteiro: I, // linha
16.              J, // coluna
17.              ApostasLinha, // apostas na linha
18.              ConSimples, ConDuplos, ConTriplos;
                 // contadores dos jogos
19.
20.     // inicialização dos contadores                  # inicialização dos contadores
21.     ConSimples ← 0;                                  ConSimples = 0
22.     ConDuplos ← 0;                                   ConDuplos = 0
23.     ConTriplos ← 0;                                  ConTriplos = 0
24.     para I de 1 até 14 passo 1 faça                  for I in range(14):
25.         ApostasLinha ← 0;                                ApostasLinha = 0
26.                                                          # impressão da linha do cartão
27.                                                          print(f'Jogo {I+1:2}: {MatLoteria[I]}', end='')
28.         para J de 1 até 3 passo 1 faça                   for J in range(3):
29.             se (MatLoteria[I, J] = "X")                      if MatLoteria[I][J] == 'x':
30.             então
31.                 ApostasLinha ← ApostasLinha + 1;                 ApostasLinha += 1
32.             fimse;
33.         fimpara;
34.         escolha ApostasLinha
35.             caso 1: ConSimples ← ConSimples + 1;         if ApostasLinha == 1:
                                                                 ConSimples += 1
36.             caso 2: ConDuplos ← ConDuplos + 1;           elif ApostasLinha == 2:
                                                                 ConDuplos += 1
37.             caso 3: ConTriplos ← ConTriplos + 1;         else:
                                                                 ConTriplos += 1
```

(*Continua*)

38. `fimescolha;`	
39. `// impressão do tipo do Jogo`	`# impressão do tipo do Jogo`
40. `escreva (VetTipoJogo[ApostasLinha]);`	`print(f' é um {VetTipoJogo[ApostasLinha - 1]}')`
41. `fimpara;`	
42. `escreva (ConSimples, ConDuplos, ConTriplos);`	`print("Jogos simples: ", ConSimples)`
	`print("Jogos duplos: ", ConDuplos)`
	`print("Jogos triplos: ", ConTriplos)`
43. `fim.`	

É interessante notar as equivalências de inicialização das matrizes (linha 6) e dos vetores (linha 12), bem como a necessidade da adaptação da seleção de múltipla escolha (linha 34) em uma estrutura de seleção encadeada homogênea equivalente (linha 34 e seguintes).

A inclusão do seguinte comando de impressão:

`print(f'Jogo {I+1:2}: {MatLoteria[I]}', end='')`

na linha 27 permitirá a visualização do cartão da loteria em tela de forma matricial, facilitando a percepção das apostas e tipo dos jogos em cada uma das linhas da matriz. A **Figura 4.12** apresenta uma cópia da execução do programa ilustrada com indicações de suas partes.

```
Cartão de loteria apostado:
Jogo  1: [' ', 'x', 'x'] é um Duplo
Jogo  2: [' ', 'x', ' '] é um Simples
Jogo  3: ['x', ' ', ' '] é um Simples
Jogo  4: ['x', ' ', 'x'] é um Duplo
Jogo  5: ['x', 'x', 'x'] é um Triplo
Jogo  6: [' ', ' ', 'x'] é um Simples
Jogo  7: ['x', 'x', ' '] é um Duplo
Jogo  8: [' ', ' ', 'x'] é um Simples
Jogo  9: [' ', 'x', ' '] é um Simples
Jogo 10: ['x', 'x', ' '] é um Duplo
Jogo 11: ['x', 'x', 'x'] é um Triplo
Jogo 12: [' ', 'x', ' '] é um Simples
Jogo 13: [' ', 'x', ' '] é um Simples
Jogo 14: ['x', 'x', ' '] é um Duplo
Quantidade de jogos simples: 7
Quantidade de jogos duplos: 5
Quantidade de jogos triplos: 2
```

Figura 4.12   Exemplo de execução do Programa 4.5.

Na outra perspectiva, que navega a matriz na vertical, uma possível implementação do **Algoritmo 4.8** da contagem de apostas em vitória do visitante, empate ou vitória do visitante, seria:

126   Capítulo 4   Estruturas de dados

Programa 4.6   Loteria esportiva, contagem de jogos (ref. Algoritmo 4.8)

1. início	
2. // definição do tipo construído matriz	
3. **tipo** Loteria = **matriz** [1..14, 1..3] **de caracteres**;	
4.	
5. // declaração e inicialização do cartão	# declaração e inicialização do cartão

6.   **Loteria:** MatLoteria = [[" ", "x", "x"],
                             [" ", "x", " "],
                             ["x", " ", " "],
                             ["x", " ", "x"],
                             ["x", "x", "x"],
                             [" ", " ", "x"],
                             ["x", "x", " "],
                             [" ", " ", "x"],
                             [" ", "x", " "],
                             ["x", "x", " "],
                             ["x", "x", "x"],
                             [" ", "x", " "],
                             [" ", "x", " "],
                             ["x", "x", " "]];
	MatLoteria = [[' ', 'x', 'x'],
	                [' ', 'x', ' '],
	                ['x', ' ', ' '],
	                ['x', ' ', 'x'],
	                ['x', 'x', 'x'],
	                [' ', ' ', 'x'],
	                ['x', 'x', ' '],
	                [' ', ' ', 'x'],
	                [' ', 'x', ' '],
	                ['x', 'x', ' '],
	                ['x', 'x', 'x'],
	                [' ', 'x', ' '],
	                [' ', 'x', ' '],
	                ['x', 'x', ' ']]

7.	
8. // declaração das variáveis simples	
9. **inteiro:** I, // linha	
10. J, // coluna	
11. JogosColuna, // quantidade de apostas em uma coluna	
12. ConMandante, ConEmpate, ConVisitante; // contadores dos jogos	
13.	
14. // inicialização dos contadores	# inicialização dos contadores
15. ConMandante ← 0;	ConMandante = 0
16. ConEmpate ← 0;	ConEmpate = 0
17. ConVisitante ← 0;	ConVisitante = 0
18. **para** J **de** 1 **até** 3 **passo** 1 **faça**	for J in range(3):
19. JogosColuna ← 0;	JogosColuna = 0
20. **para** I **de** 1 **até** 14 **passo** 1 **faça**	for I in range(14):
21. **se** (MatLoteria[I, J] = "X")	if MatLoteria[I][J] == 'x':
22. **então**	
23. JogosColuna ← JogosColuna + 1;	JogosColuna += 1
24. **fimse**;	
25. **fimpara**;	
26. **escolha** J	
27. **caso** 1: ConMandante ← ConMandante + 1;	if J == 0: ConMandante = JogosColuna
28. **caso** 2: ConEmpate ← ConEmpate + 1;	elif J == 1: ConEmpate = JogosColuna
29. **caso** 3: ConVisitante ← ConVisitante + 1;	else: ConVisitante = JogosColuna
30. **fimescolha**;	
31. **fimpara**;	
32. **escreva** (ConMandante, ConEmpate, ConVisitante);	print("Vitória do mandante: ", ConMandante) print("Empate: ", ConEmpate) print("Vitória do visitante: ", ConVisitante)
33. **fim**.	

A cópia de tela da execução do código proposto em Python, sumariza as quantidades de apostas em vitórias do mandante, em empate e em vitórias do visitante do cartão de aposta proposta na **Figura 4.9**. O resultado é o seguinte:

```
Vitória do mandante:  7
Empate: 10
Vitória do visitante: 6
```

Exemplos

a. Implementando o **Algoritmo 4.9**, que permite consultar a distância entre as capitais da região Sudeste, uma das soluções possíveis seria:

Programa 4.7   Distâncias rodoviárias (ref. Algoritmo 4.9)

1. `início`	
2. `// definição do tipo construído matriz para armazenar as distâncias`	
3. `tipo MatInt = matriz [0..3, 0..3] de inteiros;`	
4.	
5. `// Inicialização das distâncias`	`# Inicialização das distâncias`
6. `MatInt: MatDistancia = [[0, 524, 521, 882],` `[524, 0, 434, 586],` `[521, 434, 0, 429],` `[882, 586, 429, 0]];`	`MatDistancia = [[0, 524, 521, 882],` `[524, 0, 434, 586],` `[521, 434, 0, 429],` `[882, 586, 429, 0]]`
7.	
8. `// definição do tipo construído vetor para mostrar os nomes das cidades`	
9. `tipo VetCar = matriz [0..3] de caracteres;`	
10.	
11. `// inicialização das cidades`	`# inicialização das cidades`
12. `VetCar: VetCidades = ["Vitória",` `"Belo Horizonte", "Rio de Janeiro", "São Paulo"];`	`VetCidades = ["Vitória", "Belo Horizonte",` `"Rio de Janeiro", "São Paulo"]`
13.	
14. `// declaração das variáveis simples`	
15. `inteiro: Origem, // código da cidade de origem`	
16. `Destino; // código da cidade de destino`	
17.	`# inicialização loop while` `Origem = 0` `Destino = 1`
18. `repita`	`while Origem != Destino:`
19. `leia (Origem, Destino);`	`print('''\nOpções de escolha:` `0 - Vitória` `1 - Belo Horizonte` `2 - Rio de Janeiro` `3 - São Paulo''')` `Origem = int(input("Qual a origem? "))` `Destino = int(input("Qual o destino? "))`
20. `escreva ("Distância entre",` `VetCidade[Origem], "e", VetCidade[Destino],` `" = ", MatDistancia[Origem][ Destino]);`	`print(f'Distância entre {VetCidades[Origem]}` `e {VetCidades[Destino]} =` `{MatDistancia[Origem][Destino]}')`
21. `até (Origem = Destino);`	
22. `fim.`	

Vale ressaltar os seguintes pontos do processo de codificação:

- o laço repita com teste no final foi convertido em um loop while, o que demandou as inicializações efetuadas de forma a garantir a avaliação da condição Origem != Destino (linha 18) como verdade na primeira inspeção do loop;
- quando for necessário definir uma *string* com múltiplas linhas que serão exibidas com quebra de linha para o usuário (linha 19), utiliza-se como delimitadores de início e fim da *str* um conjunto de três apóstrofos '''.

    b. Codificando em Python o **Algoritmo 4.10**, que permite a verificação das somas dos setores de uma matriz: diagonal principal, triângulo superior e triângulo inferior:

Programa 4.8   Triângulo superior, inferior e diagonal (ref. Algoritmo 4.10)

```
 1.  início
 2.    // definição do tipo construído matriz para armazenar
         as distâncias
 3.    tipo MatInt = matriz [0..3, 0..3] de inteiros;
 4.
 5.    // declaração da variável composta matriz          # inicialização da matriz
         com a inicialização das distâncias                 com as distâncias entre as cidades
 6.    MatInt: MatDistancia = [[0, 524, 521, 882],       MatDistancia = [[0, 524, 521, 882],
                               [524, 0, 434, 586],                       [524, 0, 434, 586],
                               [521, 434, 0, 429],                       [521, 434, 0, 429],
                               [882, 586, 429, 0]];                      [882, 586, 429, 0]];
 7.
 8.    // declaração das variáveis simples
 9.    inteiro: I, J;
10.
11.    // inicialização dos contadores
12.    Diagonal ← 0;                                      Diagonal = 0;
13.    TriInf ← 0;                                        TriInf = 0;
14.    TriSup ← 0;                                        TriSup = 0;
15.
16.    para I de 0 até 3 passo 1 faça                     for I in range(4):
17.      para I de 0 até 3 passo 1 faça                     for J in range(4):
18.        se (I < J)                                         if I < J:
19.          então TriSup ← TriSup + MatDistancia[I, J];        TriSup += MatDistancia[I][J]
20.        senão se (I > J)                                   elif I > J:
21.          então TriInf ← TriInf +                            TriInf += MatDistancia[I][J]
                MatDistancia[I, J];
22.        senão Diagonal ← Diagonal +                        else:
                MatDistancia[I, J];                              Diagonal += MatDistancia[I][J]
23.        fimse;
24.      fimse;
25.    fimpara;
26.   fimpara;
27.
28.   escreva (Diagonal, TriSup, TriInf);                print("Soma da diagonal principal: ", Diagonal)
                                                         print("Soma do triângulo superior: ", TriInf)
                                                         print("Soma do triângulo inferior: ", TriSup)
29. fim.
```

A cópia de tela da execução do código proposto em Python apresenta os valores calculados para as três somas solicitadas. O resultado é o seguinte:

```
Soma da diagonal principal:  0
Soma do triângulo superior:  3376
Soma do triângulo inferior:  3376
```

c. Revisitando o **Algoritmo 4.11**, que lê e calcula a multiplicação de duas matrizes (3×3), uma das codificações possíveis em Python seria:

Programa 4.9 Multiplicação de matrizes (3×3) (ref. Algoritmo 4.11)

1.	início	
2.	// definição do tipo matriz	
3.	**tipo** MatInt = **matriz** [1..3, 1..3] **de inteiros**;	
4.		
5.	// declaração de variáveis	
6.	MatInt: A, // primeira matriz	
7.	B, // segunda matriz	
8.	R; // matriz de resposta	
9.	**inteiro**: I, J, K; // índices	

10.		# criação das matrizes (3x3)
		A = [[0, 0, 0], [0, 0, 0], [0, 0, 0]]
		B = [[0, 0, 0], [0, 0, 0], [0, 0, 0]]
		R = [[0, 0, 0], [0, 0, 0], [0, 0, 0]]

11.	// ler os valores da matriz A	# ler os valores da matriz A
12.	**para** I **de** 1 **até** 3 **passo** 1 **faça**	for I in range(3):
13.	**para** J **de** 1 **até** 3 **passo** 1 **faça**	for J in range(3):
14.	**leia** (A[I, J]);	A[I][J] = int(input(f'A[{I+1}, {J+1}]? '))
15.	fimpara;	
16.	fimpara;	
17.		
18.	// ler os valores da matriz B	# ler os valores da matriz B
19.	**para** I **de** 1 **até** 3 **passo** 1 **faça**	for I in range(3):
20.	**para** J **de** 1 **até** 3 **passo** 1 **faça**	for J in range(3):
21.	**leia** (B[I, J]);	B[I][J] = int(input(f'B[{I+1}, {J+1}]? '))
22.	fimpara;	
23.	fimpara;	
24.		
25.	// calcular a multiplicação de A por B	# calcular a multiplicação de A por B
26.	**para** I **de** 1 **até** 3 **passo** 1 **faça**	for I in range(3):
27.	**para** J **de** 1 **até** 3 **passo** 1 **faça**	for J in range(3):
28.	R[I, J] ← 0;	R[I][J] = 0
29.	**para** K **de** 1 **até** 3 **passo** 1 **faça**	for K in range(3):
30.	R[I,J] ← R[I,J] + A[I,K] * B[K,J];	R[I][J] += A[I][K] * B[K][J]
31.	fimpara;	
32.	fimpara;	
33.	fimpara;	
34.		
35.	// mostrar matriz resposta R	# mostrar a matriz resposta R
36.	**para** I **de** 0 **até** 3 **passo** 1 **faça**	for I in range(3):
37.	**para** J **de** 0 **até** 3 **passo** 1 **faça**	for J in range(3):
38.	**escreva** (R[I, J]);	print(R[I][J], end=" ")
39.	fimpara;	print()
40.	fimpara;	
41.	fim.	

É interessante notarmos os seguintes aspectos ligados a tradução:

- a matriz do pseudocódigo foi definida com índices de 1 a 3, já as matrizes em Python iniciam sempre em 0;
- como o usuário que manipula matrizes na matemática está acostumado como a posição [1, 1] como sendo a primeira de uma matriz, colocamos {I+1} e {J+1} na composição da mensagem de input (linha 21);
- a criação das matrizes A, B e R em Python demandou a inicialização de suas posições com 0 (linha 10). Outra forma de criarmos uma matriz de tamanho (Lin × Col) seria inicializar o total de linhas (lista externa) e depois o total de colunas de cada linha (listas internas) empregando um loop for. O código genérico ficaria da seguinte forma:

```
Mat = [0]*Lin   # criando Lin quantidade de linhas
for I in range(Lin):  # para cada uma das linhas
    Mat[I] = [0]*Col  # criando Col colunas
```

Exercícios de fixação 2

2.1 Sendo a matriz M tridimensional igual a

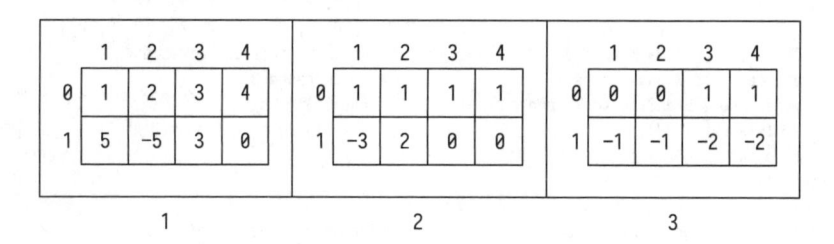

	1	2	3	4
0	1	2	3	4
1	5	-5	3	0

1

	1	2	3	4
0	1	1	1	1
1	-3	2	0	0

2

	1	2	3	4
0	0	0	1	1
1	-1	-1	-2	-2

3

tipo Mat = **matriz** [0..1,1..4,1..3] **de inteiros**;
Mat: M;

Determine os seguintes elementos:
a) M[1,1,2]   b) M[0,3,3]   c) M[1,4,1]
d) M[0,M[0,3,1],1]   e) M[M[0,3,2],2,3]   f) M[1,1,M[0,4,3]]

2.2 Desenhe uma representação para as seguintes matrizes e coloque os valores determinados nos devidos lugares:

a) **Tipo** Mat1 = **matriz** [1..4,1..4,1..4] **de caracteres**;
   Mat1: MA;
   MA [1,2,1] ← "mm";
   MA [4,3,2] ← "nn";
   MA [3,1,3] ← "aa";
   MA [1,4,1] ← "bb";
   MA [2,2,4] ← "oo";

b) **Tipo** Mat2 = **matriz** [1..2,1..2,1..2,1..2,1..2] **de inteiros**;
   Mat2: MB;
   MB [2,2,1,1,1] ← 1;
   MB [1,2,1,2,1] ← 3;
   MB [1,1,2,1,2] ← 5;
   MB [2,1,1,2,2] ← 7;
   MB [2,2,2,2,2] ← 9;

2.3 Escreva um algoritmo que leia a matriz de três dimensões caracter do Exercício 2.2, item a. Depois faça um deslocamento à esquerda das matrizes bidimensionais componentes, ou seja, coloque os dados da matriz bidimensional da terceira dimensão = 1 na terceira dimensão = 4, da 2 na 1, da 3 na 2 e da 4 na 3, sem perder os dados.

2.4 O tempo que um determinado avião dispensa para percorrer o trecho entre duas localidades distintas está disponível através da seguinte tabela:

	1	2	3	4	5	6	7
1		02	11	06	15	11	01
2	02		07	12	04	02	15
3	11	07		11	08	03	13
4	06	12	11		10	02	01
5	15	04	08	10		05	13
6	11	02	03	02	05		14
7	01	15	13	01	13	14	

a) Construa um algoritmo que leia a tabela anterior e informe ao usuário o tempo necessário para percorrer duas cidades por ele fornecidas, até o momento em que ele forneça qualquer uma das cidades como sendo '0'.

b) Desenvolva um algoritmo que permita ao usuário informar várias cidades, até inserir uma cidade '0', e que imprima o tempo total para cumprir todo o percurso especificado entre as cidades fornecidas.

c) Escreva um algoritmo que auxilie um usuário a escolher um roteiro de férias, sendo que o usuário fornece quatro cidades: a primeira é sua origem, a última é seu destino obrigatório e as outras duas caracterizam as cidades alternativas de descanso (no meio da viagem). Por isso, o algoritmo deve fornecer ao usuário qual das duas é a melhor opção, ou seja, qual fará com que a duração das duas viagens (origem para descanso, descanso para destino) seja a menor possível.

Variáveis compostas heterogêneas

Já sabemos que um conjunto homogêneo de dados (tal como uma alcateia) é composto de variáveis do mesmo tipo primitivo (lobos); porém, se tivéssemos um conjunto em que os elementos não são do mesmo tipo, teríamos, então, um conjunto heterogêneo de dados. Exemplificando, poderíamos ter um conjunto de animais quadrúpedes, formado por cães (matilha), camelos (cáfila), búfalos (manada) etc.

Registros

Uma importante estrutura de dados é o **registro**. Para exemplificar, imagine uma identificação de passageiro, aquele formulário de informações que o passageiro entrega ao motorista antes de embarcar no ônibus, junto com sua passagem. Ela é formada por um conjunto de informações logicamente relacionadas, porém, de tipos diferentes, tais como número de passagem (inteiro), origem e destino (caracteres), data (caracteres), horário (caracteres), poltrona (inteiro), idade (inteiro) e nome do passageiro (caracteres), que são subdivisões do registro (elementos do conjunto), também chamadas de **campos**.

Um registro é composto por campos que são partes que especificam cada uma das informações que o compõe. Uma variável do tipo registro é uma variável composta, pois engloba um conjunto de dados, e é heterogênea, pois cada campo pode ser de um tipo primitivo diferente.

A **Figura 4.13** ilustra graficamente um exemplo de uma hipotética identificação de embarque (registro) em um ônibus, com diversas informações (campos) solicitadas pela companhia de transporte para o controle dos passageiros embarcados.

```
Número da passagem: 1102          Data: 10/03/2022
De: São Paulo                     Para: Rio de Janeiro
Horário: 22:15      Poltrona: 23        Idade: 44
Nome do passageiro: Fulano de tal
```

Figura 4.13 Identificação de Passageiro para Embarque.

Declaração

Para usarmos um registro precisamos, primeiramente, definir em detalhes como é constituído o tipo construído, especificando todos os campos e, depois, declarar uma ou mais variáveis, associando os identificadores de variáveis ao identificador do tipo registro.

Para definirmos o tipo construído registro, seguimos a seguinte sintaxe:

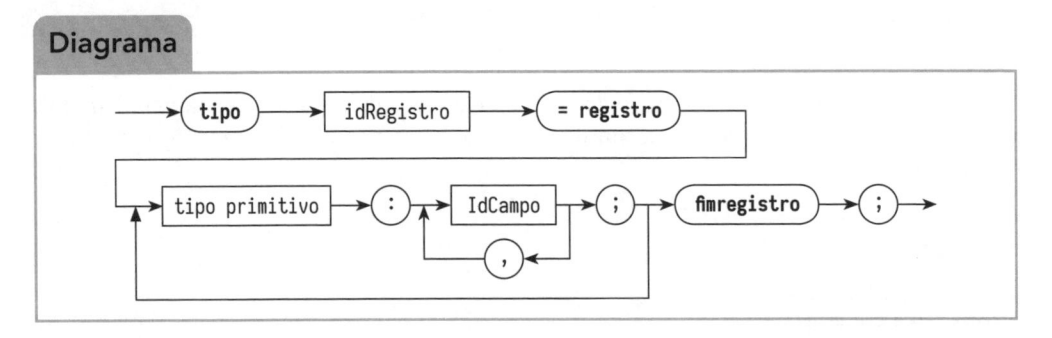

Diagrama

```
  ──▶( tipo )──▶[ idRegistro ]──▶( = registro )──┐
┌──────────────────────────────────────────────◀─┘
└─▶[ tipo primitivo ]─▶(:)─┬─▶[ IdCampo ]─┬─▶(;)─▶( fimregistro )─▶(;)─▶
                           └──────(,)◀────┘
```

Em que:

idRegistro: representa o nome associado ao tipo registro construído;

tipo primitivo: representa qualquer um dos tipos básicos ou tipo anteriormente definido;

IdCampo: representa o nome associado a cada campo do registro.

Exemplo

A definição do registro da **Figura 4.13** poderia ser feita da seguinte forma:

```
// definição do tipo registro
tipo RegEmbarque = registro
                    inteiro: NumPassagem, NumPoltrona, Idade;
                    caracter: Nome, Data, Origem, Destino, Horario;
                  fimregistro;

// declaração da variável composta do tipo registro definido
RegEmbarque: Embarque;
```

O exemplo corresponde à definição de um modelo RegEmbarque de um registro e à criação de uma variável composta chamada Embarque, capaz de conter oito subdivisões (os 8 campos do registro).

Manipulação

Em determinados momentos podemos precisar de todas as informações contidas no registro (Embarque) ou de apenas algum campo do registro (como, frequentemente, o número da poltrona).

Quando acessamos o registro genericamente, estamos referenciando obrigatoriamente todos os campos por ele envolvidos.

Exemplo

```
leia (Embarque);
escreva (Embarque);
```

Para utilizar um campo específico do registro devemos diferenciar esse campo. Para tal, utilizamos o caracter '.' (ponto), a fim de estabelecer a separação do nome do registro do nome do campo.

Exemplo

```
leia (Embarque.Poltrona);
escreva (Embarque.Data);
```

Empregando simultaneamente o acesso genérico ao registro e o acesso específico a alguns campos do registro, podemos construir algoritmos utilizando a sintaxe mais adequada à necessidade e ao contexto daquilo que se deseja representar.

Exemplo

```
// acesso genérico ao registro
leia (Embarque); // ler todos os campos do registro

// acesso específico a um campo do registro
escreva (Embarque.Idade);
se (Embarque.Idade < 18)
    então escreva (Embarque.Nome, " é menor de idade.");
fimse;
```

Para inicializarmos um registro devemos inicializar cada campo na mesma ordem da declaração das variáveis, criando uma atribuição única dos dados no momento da declaração da variável composta. Os campos ficam envolvidos por parênteses.

Exemplo

```
// declaração de registro com inicialização
RegEmbarque: Passageiro1 = (1102, 23, 44, "Fulano de Tal", "10/03/2022", "São Paulo",
"Rio de Janeiro", "22:15");
```

Anotações manuscritas indicando os campos: Destino (1102), NumPassagem, Horário, NumPoltrona, Idade (23, 44), Nome ("Fulano de Tal"), Data ("10/03/2022"), Origem ("São Paulo")

Construindo um algoritmo completo, para ler um registro e atualizar seus campos, imaginemos um registro em que um professor possa armazenar os dados de um estudante, guardando seu nome e suas duas notas bimestrais para calcular a respectiva média semestral.

Algoritmo 4.12 Registro de um estudante

```
1.  início
2.      // definição do tipo registro
3.      tipo RegEstudante = registro
4.                          caracter: Nome;
5.                          real: N1, N2, Media;
6.                      fimregistro;
7.
8.      // declaração da variável composta
9.      RegEstudante: Est;
10.
11.     leia (Est.Nome, Est.N1, Est.N2);
12.     Est.Media ← (Est.N1 + Est.N2) / 2;
13.     escreva (Est.Nome, Est.Media);
14. fim.
```

Registro de conjuntos

Os registros vistos até agora possuíam em seus campos apenas dados de tipos primitivos, entretanto, podemos dispor também de campos que são compostos, ou seja, formados por outros tipos construídos.

Digamos que possuímos um registro de estoque de um produto, contendo como um de seus campos um valor numérico que indique baixas do produto por dia da semana. Temos, então, um vetor de seis posições, no qual cada posição corresponde a um dia útil da semana (incluindo o sábado), conforme ilustrado na **Figura 4.14**.

Nome: Detergente Flor da Manhã						
Código: 23056011 Preço: 2,59						
	1	2	3	4	5	6
Baixa:	0	0	0	0	0	0

Figura 4.14 Registro de estoque (com campo do tipo vetor).

Declaração

Para definir o tipo registro da **Figura 4.14**, utilizamos um tipo construído vetor; então, precisamos inicialmente, definir o vetor de seis posições e, depois, o tipo registro; isto é, precisamos definir todos os conjuntos que serão incluídos no registro antes de sua definição e respectiva declaração da variável composta.

Exemplos

a.

```
// definição do tipo vetor
tipo VetDias = vetor [1..6] de inteiros;

// definição do tipo registro
tipo RegProduto = registro
                    inteiro: Codigo;
                    caracter: Nome;
                    real: Preço;
                    VetDias: Baixa; // do tipo vetor definido
                 fimregistro;

// declaração da variável composta do tipo registro
RegProduto: Produto;
```

b. Modificar o registro de estoque de um produto a fim de que possa conter as baixas de quatro semanas, utilizando um tipo construído matriz (conforme sugestão apresentada na **Figura 4.15**).

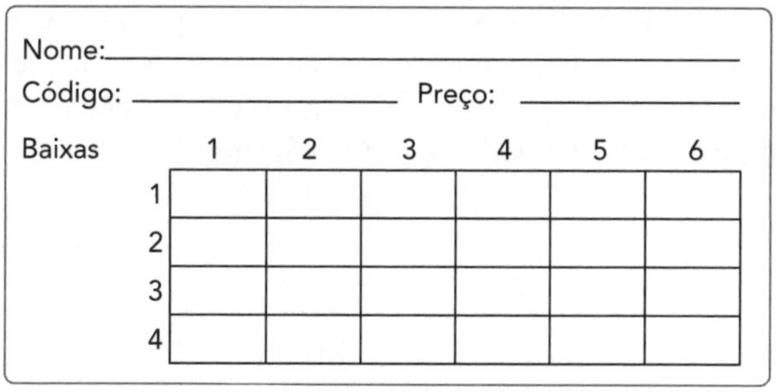

Figura 4.15 Registro de estoque (com campo do tipo matriz).

```
// definição do tipo matriz
tipo MatDias = matriz [1..4,1..6] de inteiros;

// definição do tipo registro
tipo RegProduto = registro
                    inteiro: Codigo;
                    caracter: Nome;
                    real: Preço;
                    MatDias: Baixa; // do tipo matriz definido
                 fimregistro;

// declaração da variável composta do tipo registro
RegProduto: Produto;
```

Manipulação

A manipulação de um registro de conjuntos deve obedecer às manipulações próprias de cada estrutura de dados anteriormente definida.

Exemplos

a. Para acessar quanto foi vendido do produto no terceiro dia da quarta semana, teríamos:

```
Produto.Baixa[4,3]
```

b. Construir o trecho de algoritmo que, usando a definição de Produto, escreva o nome do produto, o código, o preço e as baixas da segunda semana.

```
escreva (Produto.Nome);
escreva (Produto.Codigo);
escreva (Produto.Preço);
para J de 1 até 6 faça
   escreva (Produto.Baixa[2, J]);
fimpara;
```

c. Construa o trecho do algoritmo que totalize por dia de semana todos os dias do mês.

```
para J de 1 até 6 faça    // percorrendo coluna por coluna
   Con ← 0;
   para I de 1 até 4 faça
      Con ← Con + Produto.Baixa[I, J];
   fimpara;
   escreva ("Dia ", J, " totalizou ", Con, " baixas");
fimpara;
```

Para inicializarmos um registro de conjunto, procedemos da mesma maneira, campo a campo, obedecendo respectivamente à sequência empregada na definição do tipo construído.

Exemplo

```
// declaração de registro de conjunto com inicialização
// usando o Registro da Figura 4.14
RegProduto:  Produto1 = (23056011, "Detergente Flor da Manhã", 2.59, [0, 0, 0, 0, 0, 0]);
```

Código ↑ Nome ↑   Preço ↑ Baixa ↑   → Vetor de 6 posições

Revisitando o **Algoritmo 4.12**, que empregava um registro isoladamente, vamos alterar os campos de nota do estudante para um conjunto de 4 notas parciais, armazenadas em um vetor de 4 posições, e uma média ponderada calculada com os pesos 10%, 20%, 30% e 40% das respectivas parciais.

Associando o peso da nota parcial a própria posição da nota no vetor e empregando registro de conjunto, podemos elaborar uma solução conforme **Algoritmo 4.13**.

Algoritmo 4.13 Registro de um estudante com média ponderada em vetor

```
1.  início
2.      // definição do tipo vetor
3.      tipo VetNotas = vetor [1..4] de inteiros;
4.
5.      // definição do tipo registro
6.      tipo RegEstudante = registro
7.                          caracter: Nome;
8.                          VetNotas: Nota;
9.                          real: Media;
10.                     fimregistro;
11.
12.     // declaração da variável composta
13.     RegEstudante: Est;
14.
15.     // declaração da variável simples
16.     inteiro: I;
17.
18.     leia(Est.Nome);
19.     Est.Media ← 0;
20.     para I de 1 até 4 faça
21.         leia (Est.Nota[I]);
22.         Est.Media ← Est.Media + Est.Nota[I] * I/10;
23.     fimpara;
24.     escreva (Est.Nome, " tem media = ", Est.Media);
25. fim.
```

Convém observar que a divisão I/10 (linha 22) irá criar os pesos necessários para a ponderação das parciais no cálculo da média, ou seja, quando I valer 4 teremos 4/10 resultando no peso 0.4 (equivalente a 40%).

Conjunto de registros

Nas estruturas compostas homogêneas (vetores e matrizes) utilizamos tipos de dados primitivos como sendo os elementos dessas estruturas. Agora utilizaremos como componentes dessa estrutura não apenas um tipo primitivo, mas também os tipos construídos, neste caso os registros. Supondo que quiséssemos manter um registro de informações relativas a todos os passageiros que embarcam em um ônibus, utilizaríamos um registro para identificar cada passageiro e, para agrupar todos eles, utilizaríamos um conjunto desses registros.

Supondo que possuímos 44 lugares nesse ônibus, numerados sequencialmente de 1 até 44, podemos, para uni-los, criar um vetor no qual cada posição é um elemento do tipo construído registro (RegEmbarque), tal como mostrado na **Figura 4.16**.

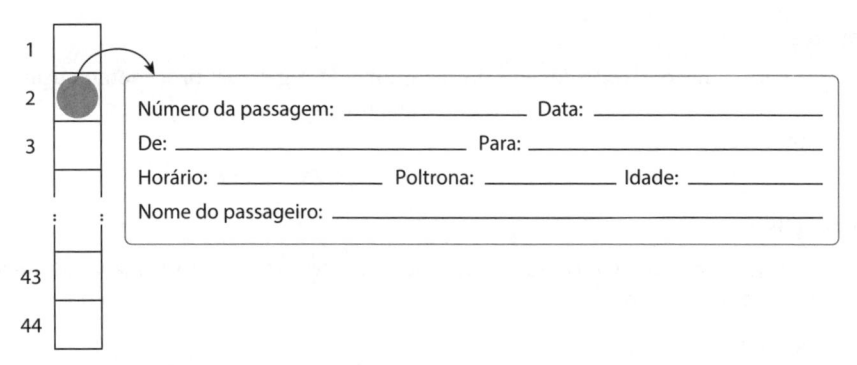

Figura 4.16 Vetor de registros.

Declaração

Como possuímos um vetor composto de registros, não podemos declarar esse vetor sem antes ter definido a estrutura de dados de seus elementos (registros); devemos, então, definir primeiro o tipo construído registro e, depois, o vetor.

Exemplos

a.

```
// definição do tipo registro
tipo RegEmbarque = registro
                    inteiro: NumPassagem, NumPoltrona, Idade;
                    caracter: Nome, Data, Origem, Destino, Horario;
                 fimregistro;

// definição do tipo vetor
tipo VetEmbarque = vetor [1..44] de RegEmbarque;

// declaração da variável composta vetor de registros
VetEmbarque: Onibus;
```

b. Declare um conjunto de registros que comporte as informações de estoque conforme ilustrado na **Figura 4.15**, porém que desta vez permita armazenar 500 produtos diferentes (em um vetor):

```
// definição do tipo matriz
tipo MatDias = matriz [1..4,1..6] de inteiros;

// definição do tipo registro
tipo RegProduto = registro
                    inteiro: Codigo;
                    caracter: Nome;
                    real: Preço;
                    MatDias:  Baixa;
                 fimregistro;

// definição do tipo vetor
tipo VetEstoque = vetor [1..500] de RegProduto;

// declaração da variável composta vetor de registros
VetEstoque: Produto;
```

Manipulação

Ao acessar as informações contidas em um conjunto de registros, procedemos utilizando o modo de acesso característico de cada estrutura que forma conjunto, seja ela um registro, uma matriz ou um vetor.

Exemplos

a. Se quiséssemos saber a baixa do décimo produto, da terceira semana do mês e do quarto dia da semana, escreveríamos:

```
Produto[10].Baixa[3, 4]
```

b. Elabore o trecho de um algoritmo que imprima o total de movimentação do estoque para cada um dos 500 produtos:

```
para N de 1 até 500 faça
   Con ← 0;
   para I de 1 até 4  faça
      para J de 1 até 6 faça
         Con ← Con + Produto[N].Baixa[I, J];
      fimpara;
   fimpara;
   escreva (Produto[N].Nome, Con);
fimpara;
```

c. A partir do exemplo da **Figura 4.16**, que mostra um vetor de 44 posições no qual cada posição do vetor guarda um registro com os dados do passageiro do ônibus que ocupa aquela respectiva poltrona, escreva um trecho de algoritmo que mostre quantos são e o nome de todos os passageiros que possuem menos de 18 anos.

```
QM ← 0;
para I de 1 até 44 faça
   se (Onibus[I].Idade < 18)
      então início
            escreva (Onibus[I].Nome);
            QM ← QM + 1;
         fim;
   fimse;
fimpara;
escreva ("Total de menores de idade no onibus: ", QM);
```

Caso haja necessidade de inicializar uma estrutura de dados composta por um conjunto de registros, podemos primeiro inicializar os registros necessários e depois alocá-los as devidas posições do conjunto, seja este um vetor ou uma matriz.

Exemplo

```
// declaração de conjunto de registro com inicialização
// usando o Registro da Figura 4.16
RegEmbarque:  Passageiro1 = (1102, 23, 44, "Fulano de Tal", "10/03/2022", "São Paulo",
"Rio de Janeiro", "22:15");
RegEmbarque:  Passageiro2 = (1103, 24, 63, "Ciclana de Tal", "10/03/2022", "São Paulo",
"Rio de Janeiro", "22:15");
Onibus[23] = Passageiro1;  //  poltrona 23 na posição 23 do vetor Onibus
Onibus[24] = Passageiro2;
```

Retomando o **Algoritmo 4.13**, que contabilizava a média ponderada de um estudante. Vamos considerar um cenário no qual o professor orienta uma equipe de 4 estudantes, o algoritmo deverá, portanto, considerar um conjunto de registros. O conjunto (equipe) pode ser implementado como um vetor de registros (estudantes), que por sua vez possui como um de seus campos outro conjunto (o vetor de notas parciais).

Definindo e manipulando estas três estruturas aninhadas, podemos elaborar uma solução conforme o **Algoritmo 4.14**.

Algoritmo 4.14   Vetor de Estudantes (conjunto de registros)

```
 1. início
 2.     // definição do tipo vetor para notas
 3.     tipo VetNotas = vetor [1..4] de inteiros;
 4.
 5.     // definição do tipo registro
 6.     tipo RegEstudante = registro
 7.                             caracter: Nome;
 8.                             VetNotas: Nota;
 9.                             real: Media;
10.                         fimregistro;
11.
12.     // definição do tipo vetor para a equipe
13.     tipo VetEquipe = vetor [1..4] de RegEstudante;
14.
15.     // declaração da variável composta
16.     VetEquipe: Equipe;
17.
18.     // declaração da variável simples
19.     inteiro: I, J;
20.
21.     // laço para os 4 estudantes
22.     para I de 1 até 4 faça
23.        leia(Equipe[I].Nome);
24.        Equipe[I].Media ← 0;
25.        para J de 1 até 4 faça
26.           leia (Equipe[I].Nota[J]);
27.           Equipe[I].Media ← Equipe[I].Media + Equipe[I].Nota[J] * J/10;
28.        fimpara;
29.        escreva (Equipe[I].Nome, " tem media = ", Equipe[I].Media);
30.     fimpara;
31. fim.
```

Vale destacar que o laço externo, variável I (linha 22) itera sobre as 4 posições de VetEquipe (os quatro membros da equipe) e que o laço interno, variável J (Linha 25), itera sobre as 4 posições de VetNotas (as parciais de cada estudante), portanto a entrada de dados da linha 26 será executada 16 vezes.

Implementando registros em Python

Os registros, estruturas heterogêneas, podem ser modeladas em Python empregando-se diversas construções da linguagem, o que pode avançar para a modelagem de Classes e o emprego do paradigma de Programação Orientada a Objetos, que não é tratado neste livro de introdução a construção de algoritmos.

Iremos empregar uma estrutura da linguagem conhecida por dataclass que faz parte do módulo dataclasses para criar programas definindo, declarando, inicializando e manipulando estruturas compatíveis com registros, o que nos permitirá utilizar uma sintaxe da linguagem que se aproxima bastante do pseudocódigo que utilizamos.

> **Nota**
>
> Apesar de não existir na linguagem Python uma estrutura exatamente equivalente ao Registro discutido nesta seção, algumas linguagens clássicas possuem uma implementação completamente equivalente. É o caso da **struct** implementada em C (na qual podemos usar **typedef** para definir os tipos) e o **record** implementado em Pascal (na qual podemos usar o **type** para definir os tipos). Já em linguagens orientadas a objetos, como Java, C++, Python e PHP, uma classe pode ser usada para encapsular os campos do registro como atributos (variáveis de instância).

Exemplo

```
# declarando uma dataclass para o exemplo da Figura 4.13
from dataclasses import dataclass
@dataclass
class RegEmbarque:
    NumPassagem: int
    NumPoltrona: int
    Idade: int
    Nome: str
    Data: str
    Origem: str
    Destino: str
    Horario: str
```

Em que:

- `from` e `import` são empregados para importar a dataclass do módulo dataclasses;
- `@dataclass` é um decorador (*decorator*) para indicar que RegEmbarque terá o comportamento de uma dataclass;
- `RegEmbarque` é o identificador do tipo construído;
- os campos foram declarados individualmente, usando a sintaxe: `identificador : tipo`.

É importante ressaltar, através do exemplo, que:

- Para usar uma dataclass precisamos do respectivo import e do uso do decorador @dataclass antecedendo a definição do tipo construído;
- A linguagem demanda que cada campo seja designado individualmente ao seu tipo primitivo em linhas separadas, por exemplo não permitindo agrupar todos os campos de mesmo tipo separados por vírgula (caso de Nome, Data, Origem e Destino).

Podemos então inicializar uma variável composta Passageiro1 do tipo construído RegEmbarque, fazendo:

```
Passageiro1 = RegEmbarque(1102, 23, 44, "Fulano", "10/03/2022", "São Paulo", "Rio de Janeiro",
"22:15")
```

E então manipular o registro separando-o do campo com um '.' (ponto):

```
Passageiro1.Nome = "Fulano de Tal"    # atribuindo novo valor ao campo
Passageiro1.Idade = int(input("Qual idade: "))  # lendo o valor do campo
```

E imprimir um campo ou a estrutura inteira:

```
print("Destino: ", Passageiro1.Destino)
print(Passageiro1)
```

Que irá produzir, respectivamente:

```
Destino:  Rio de Janeiro
RegEmbarque(NumPassagem=1102, NumPoltrona=23, Idade=44, Nome='Fulano de Tal', Data='10/03/2022',
Origem='São Paulo', Destino='Rio de Janeiro', Horario='22:15')
```

Outra forma de inicializar essa variável composta é definir os valores padrão de cada campo logo após seu tipo primitivo. Para tal, bastaria definir a estrutura RegEmbarque da seguinte forma:

```
@dataclass
class RegEmbarque:
    NumPassagem: int = 0
    NumPoltrona: int = 0
    Idade: int = 0
    Nome: str = ''
    Data: str = ''
    Origem: str = ''
    Destino: str = ''
    Horario: str = ''
```

O que permite fazer:

```
Passageiro2 = RegEmbarque()
print(Passageiro2)
```

Produzindo como resultado um registro pronto para uso, inicializado com valores padrão, conforme o resultado do print:

RegEmbarque(NumPassagem=0, NumPoltrona=0, Idade=0, Nome='', Data='', Origem='', Destino='', Horario='')

Implementando em Python o **Algoritmo 4.12**, uma versão equivalente poderia ser da seguinte forma:

Programa 4.10 Dataclass Estudante (ref. Algoritmo 4.12)

1.	início	from dataclasses import dataclass
2.	// definição do tipo registro	# definição do dataclass
		@dataclass
3.	**tipo** RegEstudante = **registro**	Class RegEstudante
4.	**caracter**: Nome;	Nome: str = ''
5.	**real**: N1, N2, Media;	N1: float = 0
		N2: float = 0
		Media: float = 0
6.	**Fimregistro**;	
7.		
8.	// declaração da variável composta	# criação da variável composta
9.	RegEstudante: Est;	Est = RegEstudante()
10.		
11.	**leia** (Est.Nome, Est.N1, Est.N2);	Est.Nome = input("Qual o nome: ")
		Est.N1 = float(input("Nota 1: "))
		Est.N2 = float(input("Nota 2: "))
12.	Est.Media ← (Est.N1 + Est.N2) / 2;	Est.Media = (Est.N1 + Est.N2) / 2
13.	**escreva** (Est.Nome, Est.Media);	print(f'{Est.Nome} tem média = {round(Est.Media, 1)}')
14.	**fim**.	

Neste programa empregamos a estratégia de inicializar os campos na definição da dataclass, portanto ao criarmos a variável Est na linha 9 teremos como resultado um registro com o seguinte conteúdo: RegEstudante(Nome='', N1=0, N2=0, Media=0).

Registro de conjuntos

Para criarmos um registro de conjuntos em Python usaremos o tipo list como tipo do campo desejado para vetor ou matriz e acessaremos os dados seguindo a mesma nomenclatura já utilizada.

Traduzindo o **Algoritmo 4.13**, que emprega um vetor de 4 notas para armazenar as parciais de um estudante, poderíamos implementar o seguinte código em Python:

Programa 4.11 DataClass Estudante com vetor de Notas (ref. Algoritmo 4.13)

1.	início	from dataclasses import dataclass
2.	// definição do tipo vetor	
3.	**tipo** VetNotas = **vetor** [1..4] **de inteiros**;	
4.		
5.	// definição do tipo registro	# definição do dataclass
		@dataclass
6.	**tipo** RegEstudante = **registro**	class RegEstudante:
7.	**caracter**: Nome;	Nome: str

(Continua)

8.	**VetNotas**: Nota;	Nota: list
9.	**real**: Media;	Media: float
10.	**fimregistro**;	
11.		
12.	// declaração da variável composta	# criação da variável com inicialização
13.	**regEstudante**: Est;	Est = RegEstudante('', [0.0, 0.0, 0.0, 0.0], 0.0)
14.		
15.	// declaração da variável simples	
16.	**inteiro**: I;	
17.		
18.	**leia**(Est.Nome);	Est.Nome = input("Qual o nome: ")
19.	Est.Media ← 0;	
20.	**para** I **de** 1 **até** 4 **faça**	for I in range(4):
21.	**leia** (Est.Nota[I]);	Est.Nota[I] = float(input(f'Nota {I + 1}: '))
22.	Est.Media ← Est.Media + Est.Nota[I] * I/10;	Est.Media = Est.Media + Est.Nota[I] * (I + 1) / 10
23.	**fimpara**;	
24.	**escreva** (Est.Nome, " tem media = ", Est.Media);	print(f'{Est.Nome} tem média = {round(Est.Media, 1)}')
25.	**fim**.	

Devido ao uso do tipo list para o campo Nota (linha 8), não inicializamos a estrutura diretamente em sua definição (o que exigiria compreensão de temas mais profundos da linguagem). A criação da variável composta foi então efetuada na linha 13 com valores padrão para posterior uso do registro (variável Est). Esta inicialização efetuada na linha 13 dispensou a correspondente inicialização do campo Media no pseudocódigo (linha 19). Vale destacar novamente que a lista começa na posição 0, portanto a operação I+1 (linhas 21 e 22) foi necessária para adaptar esta característica ao contexto.

Conjunto de registros

Para implementarmos um conjunto de registros em Python usaremos uma lista para criar o vetor ou matriz desejado e uma dataclass como elemento de cada posição do conjunto.

Revisitando o **Algoritmo 4.14**, no qual temos uma equipe de estudantes representada por um vetor de 4 posições e cada estudante por um registro, poderíamos implementar o seguinte código em Python:

Capítulo 4 Estruturas de dados

Programa 4.12 Vetor de Estudantes (ref. Algoritmo 4.14)

1. início	from dataclasses import dataclass
2. // definição do tipo vetor	
3. **tipo** VetNotas = **vetor** [1..4] **de inteiros**;	
4.	
5. // definição do tipo registro	# definição do dataclass
	@dataclass
6. **tipo** RegEstudante = **registro**	class RegEstudante:
7. **caracter**: Nome;	Nome: str
8. **VetNotas**: Nota;	Nota: list
9. **real**: Media;	Media: float
10. **fimregistro**;	
11.	
12. // definição do tipo vetor para a equipe	
13. **tipo** VetEquipe = **vetor** [1..4] **de RegEstudante**;	
14.	
15. // declaração da variável composta	// criação da variável com inicialização
16. **VetEquipe**: Equipe;	Equipe = [None] * 4
	for I in range(4):
	Equipe[I] = RegEstudante('', [0.0, 0.0,
	0.0, 0.0], 0.0)
17.	
18. // declaração da variável simples	
19. **inteiro**: I, J;	
20.	
21. // laço para os 4 estudantes	
22. **para** I **de** 1 **até** 4 **faça**	for I in range(4):
23. **leia**(Equipe[I].Nome);	Equipe[I].Nome = input("Qual o nome: ")
24. Equipe[I].Media ← 0;	
25. **para** J **de** 1 **até** 4 **faça**	for J in range(4):
26. **leia** (Equipe[I].Nota[J]);	Equipe[I].Nota[J] = float(input(f'Nota {J + 1}: '))
27. Equipe[I].Media ← Equipe[I].Media + Equipe[I].Nota[J] * J/10;	Equipe[I].Media = Equipe[I].Media + Equipe[I].Nota[J] * (J + 1) / 10
28. **fimpara**;	
29. **escreva** (Equipe[I].Nome, " tem media = ", Equipe[I].Media);	print(f'{Equipe[I].Nome} tem média = {round(Equipe[I].Media, 1)}')
30. **fimpara**;	
31. **fim**.	

É importante reforçarmos os seguintes aspectos ligados às especificidades da linguagem:

- Equipe foi criada como 4 posições contendo None (linha 16). O valor None foi empregado pois era necessário ter uma lista de 4 posições, porém sem nenhum valor associado a estas posições;

- As posições da lista Equipe foram então inicializadas com valores padrão no loop (linha 16); criando assim os registros individuais dos 4 estudantes. Este procedimento é similar ao que fizemos em matrizes, quando criamos as linhas e depois as colunas de cada linha.

Exercícios de fixação 3

3.1 Com base em seu conhecimento, defina um registro para representar um cheque bancário.

3.2 Empregando o tipo construído registro da questão anterior, defina um conjunto de registros capaz de armazenar as folhas de cheque de um talão (considere o tamanho usual de 20 folhas).

3.3 Usando como base a **Figura 4.16**, que define um vetor de 44 posições com os dados dos passageiros de um ônibus, elabore um algoritmo que, considerando que os dados da estrutura já estão preenchidos (portanto sem necessidade de ler as informações individuais de cada passageiro), efetue então um processamento de forma que seja mostrada a média de idade dos passageiros e o nome daqueles que estejam acima desta média.

3.4 Utilizando o registro apresentado na **Figura 4.14** e definindo um conjunto para guardar as baixas diárias no estoque de 50 produtos (um vetor de 50 RegProduto), elabore um algoritmo que leia o preço e o nome de todos os produtos e, como é o primeiro cadastro do estoque, armazene zero como baixa em todos os dias. Como estratégia de identificação dos produtos, faça com que o código seja atribuído automaticamente com o valor da posição do produto no vetor (o código do produto ficará sendo igual a posição que seu registro ocupa no vetor).

3.5 Um cinema possui 140 lugares, 14 fileiras com 10 poltronas cada, numeradas de 1 a 140. Elabore um programa de venda de bilhetes empregando uma matriz (14 × 10) como representação dos lugares da plateia. Para cada entrada adquirida serão informados o número da poltrona, o tipo do ingresso: 'm' – meia entrada ou 'i' – inteira e a idade do cliente. Ao final será informado 0 como poltrona (a mesma poltrona não pode ser vendida duas vezes). Mostre então:

a) a matriz (simulando a plateia do cinema com a letras do tipo do ingresso e '_' quando vazio);

b) a quantidade de cada tipo de pagante (meia e inteira);

c) a quantidade de menores de 12, menores de 18 e maiores de idade.

Exercícios propostos

Estruturas de dados homogêneas unidimensionais – vetores

1. Crie um algoritmo que leia um vetor de 30 números inteiros e gere um segundo vetor cujas posições pares são o dobro do vetor original e as ímpares o triplo.

2. Desenvolva um algoritmo que permita a leitura de um vetor de 30 números inteiros, e gere um segundo vetor com os mesmos dados, só que de maneira invertida, ou seja, o primeiro elemento ficará na última posição, o segundo na penúltima posição, e assim por diante.

3. Elabore um algoritmo que leia 50 números inteiros e obtenha qual o tamanho da maior sequência consecutiva de números em ordem crescente.

4. Elabore um algoritmo que leia uma série de 50 notas, e calcule quantas são 10% acima da média e quantas são 10% abaixo.

5. Faça um algoritmo que leia o nome, o custo e o preço de 50 produtos. Ao final deverá relacionar os produtos que:
   a) Tem lucro menor que 10%;
   b) Tem lucro entre 10% e 30%;
   c) Tem lucro maior que 30%.
6. Construa um algoritmo que permita informar dados para 2 vetores inteiros de 20 posições, e apresente a intersecção dos vetores. Lembrando que intersecção são os elementos repetidos em ambos os vetores, mas sem repetição (cada número pode aparecer uma única vez no resultado).
7. Construa um algoritmo que permita informar dados para 2 vetores inteiros de 20 posições, e apresente o conjunto união dos vetores. Lembrando que conjunto união são todos os elementos que existem em ambos os vetores, mas sem repetição (cada número pode aparecer uma única vez no resultado).
8. Crie um algoritmo que leia a pontuação final de 200 provas de um concurso e os nomes dos respectivos participantes, e apresente um ranking dos colocados que obtiveram mais de 70 pontos.
9. Dado um vetor com dados de 50 alturas, elabore um algoritmo que permita calcular:
   a) A média das alturas;
   b) O desvio padrão das alturas. Lembrando que desvio padrão é dado por (Σ (Alturas^2)/ número de alturas) – Média^2
   c) A moda das alturas. Lembrando que moda é o valor que tem maior incidência de repetições;
   d) A mediana das alturas. Lembrando que a mediana é o elemento central de uma lista ordenada.
10. Escreva um algoritmo que leia o número de linhas (n) que o usuário deseja e então mostre o Triângulo de Pascal com n linhas.
    Exemplo: para n igual a 6, temos:
    1
    1 1
    1 2 1
    1 3 3 1
    1 4 6 4 1
    1 5 10 10 5 1

Estruturas de dados homogêneas multidimensionais – matrizes

11. Faça um algoritmo que preencha uma matriz 5x5 de inteiros e escreva:
    a) a soma dos números ímpares fornecidos;
    b) a soma de cada uma das 5 colunas;
    c) a soma de cada uma das 5 linhas.
12. Construa um algoritmo que leia um conjunto de números inteiros para preencher uma matriz 10x10 e a partir daí, gere um vetor com os maiores elementos de cada linha e outro vetor com os menores elementos de cada coluna.

13. Dada uma matriz 5x5, elabore um algoritmo que escreva:
   a) a diagonal principal;
   b) o triangulo superior à diagonal principal;
   c) o triangulo inferior à diagonal principal;
   d) tudo exceto a diagonal principal;
   e) a diagonal secundária;
   f) o triangulo superior à diagonal secundária;
   g) o triangulo inferior à diagonal secundária;
   h) tudo exceto a diagonal secundária;

14. Elabore um algoritmo que preencha uma matriz 5x5 de inteiros e depois faça:
   a) trocar a segunda e a quinta linha;
   b) trocar a primeira e a quarta coluna;
   c) trocar a diagonal principal e a secundária;
   d) escrever como ficou a matriz;

15. Prepare um algoritmo que seja capaz de ler números inteiros para uma matriz 10x10 e depois gire seus elementos em 90° no sentido horário, ou seja, a primeira coluna passa a ser a primeira linha, e assim por diante.

Estruturas de dados heterogêneas – registros

16. Elabore um algoritmo que permita ao usuário gerenciar uma pequena lista de contatos prioritários (capacidade máxima de 20 contatos). Cada contato deve possuir nome usual (o primeiro nome ou apelido da pessoa), o nome completo, telefone fixo e telefone celular. Construa um pequeno menu de opções, permitindo a leitura da opção desejada até o usuário escolher 0, para sair. O menu terá, portanto, as seguintes opções:

0) sair

1) incluir um novo contato (adicione o novo contato na primeira posição livre do vetor de registros, cuidando com o limite de 20 contatos)

2) consultar um contato a partir do nome usual (ler o nome usual, procurar pelo contato, em encontrando, mostrar as informações detalhadas dos campos, se não encontrar, mostrar mensagem de contato inexistente)

3) exibir a listagem de todos os contatos em ordem alfabética de nome usual (ou seja, antes de imprimir os contatos existente na lista, ordene o vetor em ordem alfabética ascendente de nome usual).

17. Um profissional de saúde possui 4 horários para atender pacientes em seu consultório no período da tarde. De segunda à sexta-feira faz consultas às 14h, 15h, 16h e 17h . Para organizar uma agenda semanal do profissional, elabore um algoritmo que defina uma estrutura de dados compatível com o cenário apresentado e então, permita gerenciar a agenda com as seguintes opções:

0) sair

1) incluir uma nova consulta, permitindo a escolha do dia e horário e lendo os dados do paciente (nome e telefone), cuidando para que o horário esteja livre;

2) remover uma consulta que um cliente desmarcou, a partir da leitura do dia e horário (deixando este registro livre para uso)

3) exibir uma listagem completa da agenda semanal, organizada por dia e horário. Quando houver um paciente apresenta seus dados (nome e telefone), e "Livre" caso não haja paciente.

18. Para o controle dos veículos que dos moradores de um determinado condomínio, o síndico criou o seguinte registro-padrão:

```
Proprietário: _____ Combustível: _____
Modelo: _____
Cor: _____ Ano: _____ Placa: _____
```

Em que:
- combustível pode ser álcool, gasolina ou flex;
- placa possui os três primeiros valores alfabéticos e os quatro restantes valores numéricos.

Sabendo que o número exato de veículos do condômino é igual ao número de apartamentos, 20 unidades, e que o carro fica estacionado em um vaga numerada de 1 a 20.

a) Construa um algoritmo que leia os dados de todos os veículos do condomínio;

b) Na sequência, liste os nomes dos proprietários, placas e vagas ocupadas cujos carros são do ano de 2000 ou anterior e que sejam flex;

c) Depois, imprima uma listagem dos carros com Modelo, Placa, Cor e Proprietário ordenada por Ano descendente (do carro mais novo para o carro mais antigo);

d) Por último, construa um algoritmo que permita a troca de veículo, ou seja, que a partir da leitura da vaga a ser ocupada, leia as demais informações do veículo (fazendo esta operação de atualização até o síndico fornecer 0 como vaga).

19. Uma determinada empresa de pesquisas fez um levantamento com 100 clientes de um Shopping Center, perguntando as seguintes informações:
- Idade
- Frequência ao shopping (1 – diária, 2 – semanal, 3 – eventual)
- Avaliação da praça de alimentação (1 – Excelente, 2 – Boa, 3 – Precisa melhorar)
- Sugestão de melhoria (caso a opção da avaliação seja 3)

Elabore um algoritmo que leia a pesquisa em um conjunto de registros e então mostre as seguintes informações:

a) A porcentagem de entrevistados por faixa etária: menor de 18, 18 a 65 e acima de 65
b) A porcentagem de avaliações Excelentes, Boas e Precisa Melhorar
c) Uma listagem com todas as sugestões de melhoria, indicando a idade do entrevistado, separando esta listagem pelas categorias de frequência ao shopping.

20. Uma determinada biblioteca obras de ciências exatas, ciências humanas e ciências biomédicas, totalizando 1.500 volumes, 500 de cada área. O proprietário resolveu informatizá-la e, para tal, agrupou as informações sobre cada livro do seguinte modo:

```
Código de catalogação: _____ Doado: _____
Nome da obra: _____
Nome do autor: _____
Editora: _____ Nº de páginas: _____
```

a) Construa um algoritmo que declare tal estrutura e que reúna todas as informações de todas as obras em três vetores distintos para cada área.
b) Elabore um trecho de algoritmo que, utilizando como premissa o que foi feito no item a, realize uma consulta às informações. O usuário fornecerá código da obra e sua área; existindo tal livro, informa seus campos; do contrário, envia mensagem de aviso. A consulta repete-se até que o usuário introduza código finalizador com o valor –1.
c) Idem ao item b, porém o usuário simplesmente informa o nome e a área do livro que deseja consultar.
d) Escreva um trecho de algoritmo que liste todas as obras de cada área que representem livros doados.
e) Idem ao item d, porém, obras cujos livros sejam comprados e cujo número de páginas se encontre entre 100 e 300.
f) Elabore um trecho de algoritmo que faça a alteração de um registro; para tal, o usuário fornece o código, a área e as demais informações sobre o livro. Lembre-se de que somente pode ser alterado um livro existente.
g) Construa um trecho de algoritmo que efetue a exclusão de algum livro; o usuário fornecerá o código e a área. Lembre-se de que somente pode ser excluído um livro existente.

Resumo

Neste capítulo vimos as **estruturas de dados**, que nos permitem armazenar e manipular um conjunto de informações através de uma mesma variável. Verificamos que uma estrutura de dados é um **tipo construído**, que deve ser **definido** na elaboração do algoritmo, e que depois devemos **declarar a variável composta** associada a esse tipo. Classificamos as estruturas em **homogêneas**, um mesmo tipo primitivo, e **heterogêneas**, tipos primitivos diferentes. Nomeamos as homogêneas unidimensionais de **vetores** e as homogêneas multidimensionais de **matrizes**. Já as estruturas **heterogêneas** chamamos de **registros**, que são estruturas de dados divididas em **campos**, em que cada campo é uma variável diferente a ser declarada. Por último, definimos tipos e declaramos variáveis nas quais os registros continham campos que eram outras estruturas de dados e, também, vetores e matrizes de registros.

Módulos

5

Objetivos

- Explicar a técnica de refinamentos sucessivos.
- Introduzir o conceito de módulos, demonstrando seu efeito prático na redução da complexidade.
- Orientar sobre o escopo e a utilização de variáveis de forma a não gerar conflitos.
- Aumentar a generalidade dos módulos através da passagem de parâmetros.
- Comparar os diferentes contextos de módulos e suas aplicações.

▶ Decomposição de problemas
▶ Construção de módulos ou subalgoritmos
▶ Parametrização de módulos
▶ Tipos de módulos
▶ Implementação em Python

Um problema complexo pode ser simplificado quando dividido em vários problemas menores. Para acompanhar essa abordagem, neste capítulo serão apresentados conceitos e técnicas que permitem a divisão de um algoritmo em módulos ou subalgoritmos.

Decomposição

A decomposição de um problema é fator determinante para a redução da complexidade. Lembremos que Complexidade é sinônimo de Variedade, ou seja, a quantidade de situações diferentes que um problema pode apresentar. Assim, quando decompomos um problema em subproblemas, estamos invariavelmente dividindo também a complexidade e, por consequência, simplificando a resolução. Outra grande vantagem da decomposição é que permite focalizar a atenção em um problema pequeno de cada vez, o que ao final produzirá uma melhor compreensão do todo.

Inspirados no método cartesiano, adotaremos um critério para orientar o processo de decomposição:

- Dividir o problema em suas partes principais.
- Analisar a divisão obtida para garantir coerência.
- Se alguma parte ainda permanecer complexa, decompô-la também.
- Analisar o resultado para garantir entendimento e coerência.

Fazendo uma analogia, entender o funcionamento corpo humano não é nada trivial. Isso porque nosso corpo é uma máquina complexa. Contudo, podemos dividir esse problema em partes menores: sistema digestivo, respiratório, nervoso, cardiovascular etc. e assim, tentando compreender cada parte separadamente, podemos compreender melhor o todo. Caso essas partes ainda sejam muito complexas, podemos continuar dividindo em partes ainda menores, por exemplo, o sistema respiratório pode ser dividido em nariz, faringe, laringe, traqueia e pulmões; os pulmões, por sua vez, em brônquios, bronquíolos e alvéolos, e assim por diante.

Esse processo de decomposição contínua também é conhecido como refinamentos sucessivos, porque se parte de um problema complexo e abrangente, que é sucessivamente dividido até resultar em problemas mais simples e específicos.

Nota

A técnica de Refinamentos Sucessivos é muitas vezes chamada de *Top-Down Analysis* (Decomposição de cima para baixo), uma vez que se parte de conceitos mais abrangentes (abstratos) até atingir o nível de detalhamento desejado.

Também existe a abordagem exatamente inversa, conhecida por *Bottom-Up Analysis* (Decomposição de baixo para cima). Consiste em partir dos conceitos mais detalhados e ir agrupando-os sucessivamente em níveis mais abrangentes (abstratos) até atingir o nível de abstração desejado.

O processo de compreensão é frequentemente mais natural quando se usa a abordagem *Top-Down*. Por exemplo, é mais fácil compreender um automóvel partindo-se do todo até o último parafuso do que do parafuso até o todo. Certamente existem exceções. Por exemplo, é mais fácil entender operações aritméticas mais abstratas, como potenciação e radiciação, se antes soubermos somar e subtrair.

Modularização

Depois de decompor um problema complexo em subproblemas, podemos construir um subalgoritmo ou módulo para cada subproblema. Passaremos a descrever de que forma isso poderá ser feito, mas antes apresentaremos o problema que será utilizado como exemplo no decorrer do capítulo.

Construir um algoritmo que calcule os atrasos e as horas trabalhadas de um dado funcionário a partir do registro de entradas e saídas (também conhecido por Registro ou Cartão Ponto/Folha de Ponto) ilustrado na **Figura 5.1**.

Capítulo 5   Módulos   155

Dia	Manhã		Tarde		Total	Atraso
	Entrada	Saída	Entrada	Saída		

FOLHA DE PONTO MENSAL

Nome: Felisberto Laranjeira	
Seção: Controle de Estoque	Função: Estoquista
Mês: Janeiro	Ano: 2047

Dia	Manhã		Tarde		Total	Atraso
	Entrada	Saída	Entrada	Saída		
1						
2	08:10	12:00	14:00	18:10	08:00	00:10
3						
4	07:45	13:00	14:05	17:00	08:10	00:05
...						
30						
31						
Total					16:10	00:15
Média					08:05	00:07

Figura 5.1   Folha de ponto.

Ao final deverá ser impresso o total de atrasos e de horas trabalhadas no mês acompanhados das respectivas médias por dia.

Define-se como horas trabalhadas a soma das diferenças entre entrada e saída, dos períodos da manhã e da tarde, e atraso, como a soma dos tempos decorridos após as 8 horas (no período da manhã) e após as 14 horas (no período da tarde).

ALGORITMO 5.1   Registro Ponto – versão 1

```
1.  início
2.     tipo dia = registro
3.                inteiro: dt, em, sm, et, st;
4.             fimregistro;
5.     tipo totDia = registro
6.                 inteiro: atraso, horas;
7.             fimregistro;
8.     tipo V1 = vetor [1..31] de dia;
9.     tipo V2 = vetor [1..31] de totDia;
10.    V1: cartão;
11.    V2: totalDia;
12.    inteiro: dia, a, b, c, d, cont, i, me, ms, tm, tt, atrm, atrt,
                toth, totatr;
13.    cont ← 0;
14.    leia (dia);
15.    enquanto (dia > 0 e dia < 32) faça
16.       leia (a, b, c, d);
17.       cartão[cont].dt ← dia;
18.       cartão[cont].em ← a;
19.       cartão[cont].sm ← b;
20.       cartão[cont].et ← c;
```

(Continua)

```
21.         cartão[cont].st ← d;
22.         cont ← cont + 1;
23.         leia (dia);
24.     fimenquanto;
25.     cont ← cont - 1;
26.     se (cont > 0)
27.         então início
28.             para i de 1 até cont faça
29.                 me ← cartão[i].em;
30.                 me ← (me div 100)*60 + me mod 100;
31.                 ms ← cartão[i].sm;
32.                 ms ← (ms div 100)*60 + ms mod 100;
33.                 tm ← ms - me;
34.                 se (me > 480)
35.                     então atrm ← me - 480;
36.                     senão atrm ← 0;
37.                 fimse;
38.                 me ← cartão[i].et;
39.                 me ← (me div 100)*60 + me mod 100;
40.                 ms ← cartão[i].st;
41.                 ms ← (ms div 100)*60 + me mod 100;
42.                 tt ← ms - me;
43.                 se (me > 840)
44.                     então atrt ← me - 840;
45.                     senão atrt ← 0;
46.                 fimse;
47.                 totalDia[i].horas ← tm + tt;
48.                 totalDia[i].atraso ← atrm + atrt;
49.                 toth ← toth + (tm + tt);
50.                 totatr ← totatr + (atrm + atrt);
51.             fimpara;
52.             para i de 1 até cont faça
53.                 escreva (cartão[i].dt);
54.                 escreva (cartão[i].em, cartão[i].sm);
55.                 escreva (cartão[i].et, cartão[i].st);
56.                 escreva (totalDia[i].horas div 60);
57.                 escreva (totalDia[i].horas mod 60);
58.                 escreva (totalDia[i].atraso div 60);
59.                 escreva (totalDia[i].atraso mod 60);
60.             fimpara;
61.             escreva ((toth/cont) div 60, (toth/cont) mod 60);
62.             escreva (toth div 60, toth mod 60);
63.             escreva ((totatr/cont) div 60, (totatr/cont) mod 60);
64.             escreva (totatr div 60, totatr mod 60);
65.         fim;
66.     fimse;
67. fim.
```

Observamos que a estrutura de dados cartão (vetor de registros) é usada para armazenar os valores informados (horários de entrada e saída de cada dia) respeitando a sequência original em que foram informados. Vale notar também que a estrutura de dados totalDia armazena o resultado da totalização de atrasos e horas trabalhadas em cada dia, conforme a mesma sequência da estrutura cartão.

Esta seria a construção de um algoritmo conforme vínhamos fazendo até agora, ou seja, um algoritmo que resolve diretamente o problema como um todo, por mais que para concebê-lo tenhamos mentalmente decomposto o problema. Assim, ao ler o algoritmo, não conseguimos identificar qualquer decomposição feita, o que, por consequência, o tornou mais difícil de ler (menos legível), uma vez que seria necessário absorver toda a complexidade de uma única vez.

No decorrer do capítulo, utilizaremos os módulos para estruturar os algoritmos, assim os subalgoritmos representarão no código a decomposição do problema em partes menores já realizada de forma abstrata durante a concepção da solução e entendimento do problema.

Declaração

Para modularizar o algoritmo anterior, necessitamos de uma sintaxe para expressar essa nova estrutura compreendida por módulos. De certo modo, precisamos uniformizar determinado conjunto de ações afins criando um bloco que obedeça à mesma estruturação de um algoritmo, com o objetivo de representar um bloco lógico em especial.

Para delimitar um módulo, utilizamos os delimitadores **módulo** e **fimmódulo**:

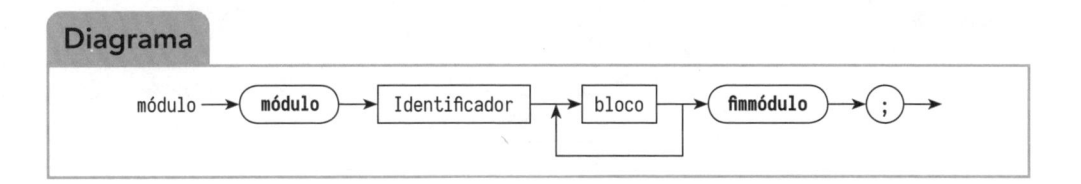

Diagrama

módulo ⟶ (módulo) ⟶ [Identificador] ⟶ (bloco) ⟶ (fimmódulo) ⟶ (;) ⟶

Exemplo

```
módulo < Identificador >  // início do bloco lógico
    // declarações das variáveis internas
    // sequência de ações
fimmódulo;  // fim bloco lógico
```

Em que:
Identificador é o nome pelo qual o módulo será referenciado no algoritmo.

Quando construímos um módulo, estamos na verdade construindo um algoritmo em instância menor, ou seja, um pequeno conjunto solução, praticamente independente.

Esse subalgoritmo, além de organizar o código, poderá ser acionado diversas vezes (reutilização) e poderá inclusive utilizar outros módulos ou até mesmo ser composto por diversos módulos.

Vejamos na **Figura 5.2** como ficou a decomposição do problema de uma forma gráfica, ilustrando os módulos:

158 Capítulo 5 Módulos

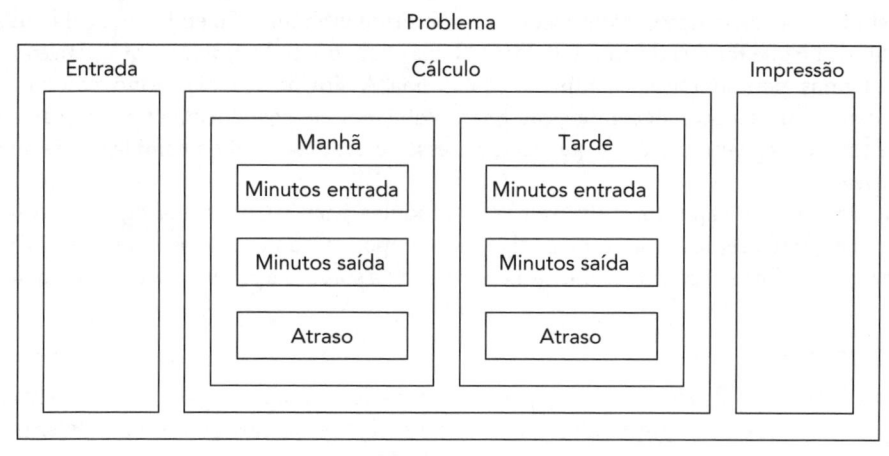

Figura 5.2 Ilustração da decomposição do problema.

Podemos apresentar a mesma decomposição de outra forma, conforme ilustrado na **Figura 5.3**.

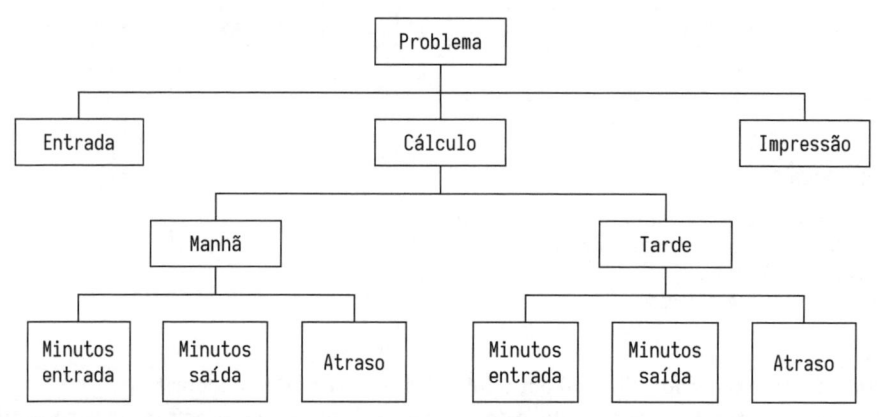

Figura 5.3 Representação hierárquica da decomposição.

Através do diagrama percebemos a divisão hierárquica dos subalgoritmos. Por exemplo, os módulos Manhã e Tarde estão subordinados ao módulo Cálculo, apesar de não estarem subordinados entre si e, juntamente com o módulo Cálculo, estarem subordinados ao algoritmo completo.

Com o emprego de subalgoritmos utilizados especificamente para resolver problemas pequenos, aumentou-se o grau de clareza, facilitando a compreensão de cada parte isoladamente, assim como o relacionamento entre elas.

Como exemplo, vejamos a construção do módulo Entrada:

ALGORITMO 5.2 Módulo Entrada

```
1.  módulo Entrada
2.
3.      cont ← 1;
4.      leia (dia);
5.      enquanto (dia > 0) e (dia < 32) faça
6.          leia (a, b, c, d);
7.          cartão[cont].dt ← dia;
8.          cartão[cont].em ← a;
9.          cartão[cont].sm ← b;
10.         cartão[cont].et ← c;
11.         cartão[cont].st ← d;
12.         cont ← cont + 1;
13.         leia (dia);
14.     fimenquanto;
15.     cont ← cont - 1;
16. fimmódulo;
```

e também o módulo MinutoEntrada (pertencente ao módulo Tarde).

ALGORITMO 5.3 Módulo MinutoEntrada

```
1.  módulo MinutoEntrada
2.      me ← cartão[i].et;
3.      me ← (me div 100)*60 + me mod 100;
4.  fimmódulo;
```

Convém observar a conversão de horário para minutos (linha 3). A variável me (minutos da entrada) vai conter o horário informado convertido em minutos. Para fazer isso é extraído os 2 primeiros dígitos informados (referentes à hora) através de me div 100, que na sequência é convertido em minutos (multiplicando por 60), e o resultado é depois somado com os últimos dois dígitos que são extraídos via me mod 100.

Além de ser uma ferramenta valiosa na redução da complexidade, a modularização também traz as seguintes vantagens:

- Um módulo pode ser reaproveitado diversas vezes no mesmo ou em outros algoritmos;
- A elaboração de cada módulo pode ser feita de forma independente, e em momentos distintos, permitindo focalizar a atenção em um problema de cada vez;
- Cada módulo pode ser testado individualmente, facilitando a identificação e correção de problemas;
- A correção de problemas afeta apenas o módulo e reduz os riscos de efeitos colaterais no resto do algoritmo.

Manipulação

Agora que o conjunto solução já está dividido (segundo diagrama hierárquico), precisamos verificar como ocorrerá o relacionamento entre essas partes.

A ativação de um módulo ocorre quando um determinado ponto do algoritmo contém o identificador que foi usado na definição do módulo, o que é conhecido como *chamada* (ou *ativação*) do módulo. Durante o acionamento do módulo, o fluxo de execução é desviado para ele e, logo após sua conclusão, o fluxo de execução retorna ao algoritmo de origem, no primeiro comando após a ativação.

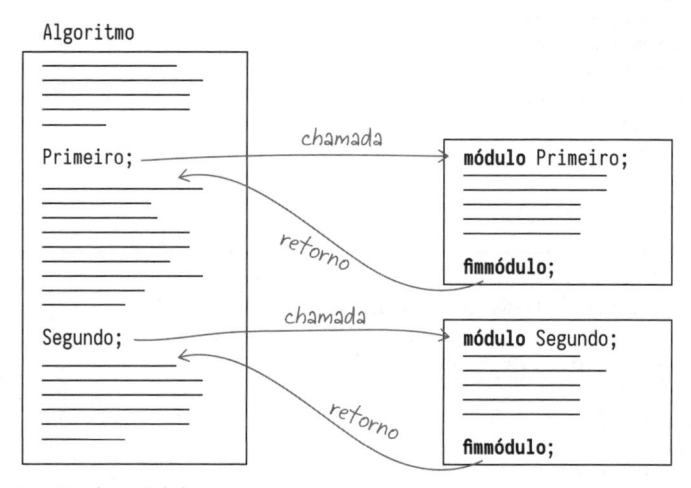

Figura 5.4 Ativação de módulos.

O algoritmo do registro de ponto, agora com ativação de módulos:

ALGORITMO 5.4 Registro Ponto – versão 2

```
1.  início
2.     tipo dia = registro
3.                  inteiro: dt, em, sm, et, st;
4.              fimregistro;
5.     tipo totDia = registro
6.                     inteiro: atraso, horas;
7.                 fimregistro;
8.     tipo V1 = vetor [1..31] de dia;
9.     tipo V2 = vetor [1..31] de totDia;
10.    V1: cartão;
11.    V2: totalDia;
12.    inteiro: dia, a, b, c, d, cont, i, me, ms, tm, tt, atrm,
               atrt, toth, totatr;
13.
14.    módulo Entrada
15.       cont ← 0;
16.       leia (dia);
17.       enquanto (dia > 0) e (dia < 32) faça
18.          leia (a, b, c, d);
```

(Continua)

```
19.         cartão[cont].dt ← dia;
20.         cartão[cont].em ← a;
21.         cartão[cont].sm ← b;
22.         cartão[cont].et ← c;
23.         cartão[cont].st ← d;
24.         cont ← cont + 1;
25.         leia (dia);
26.     fimenquanto;
27.     cont ← cont - 1;
28. fimmódulo;
29.
30. módulo Cálculo
31.
32.     módulo Manhã
33.
34.         módulo MinutoEntrada
35.             me ← cartão[i].em;
36.             me ← (me div 100)*60 + me mod 100;
37.         fimmódulo;
38.
39.         módulo MinutoSaída
40.             ms ← cartão[i].sm;
41.             ms ← (ms div 100)*60 + ms mod 100;
42.         fimmódulo;
43.
44.         módulo Atraso
45.             se (me > 480)
46.                 então atrm ← me - 480;
47.                 senão atrm ← 0;
48.             fimse;
49.         fimmódulo;
50.
51.         MinutoEntrada;
52.         MinutoSaída;
53.         tm ← ms - me;
54.         Atraso;
55.
56.     fimmódulo;
57.
58.     módulo Tarde
59.
60.         módulo MinutoEntrada
61.             me ← cartão[i].et;
62.             me ← (me div 100)*60 + me mod 100;
63.         fimmódulo;
64.
65.         módulo MinutoSaída
66.             ms ← cartão[i].st;
67.             ms ← (ms div 100)*60 + ms mod 100;
68.         fimmódulo;
69.
70.         módulo Atraso
71.             se (me > 840)
72.                 então atrt ← me - 840;
73.                 senão atrt ← 0;
```

(Continua)

```
74.             fimse;
75.         fimmódulo;
76.
77.         MinutoEntrada;
78.         MinutoSaída;
79.         tt ← ms - me;
80.         Atraso;
81.
82.     fimmódulo;
83.
84.     para i de 1 até cont-1 faça
85.         Manhã
86.         Tarde;
87.         totalDia[i].atraso ← atrm + atrt;
88.         totalDia[i].horas ← tm + tt;
89.         toth ← toth + (tm + tt);
90.         totatr ← totatr + (atrm + atrt);
91.     fimpara;
92. fimmódulo;
93.
94. módulo Impressão
95.     para i de 1 até cont faça
96.         escreva (cartão[i].dt);
97.         escreva (cartão[i].em, cartão[i].sm);
98.         escreva (cartão[i].et, cartão[i].st);
99.         escreva (totalDia[i].horas div 60);
100.        escreva (totalDia[i].horas mod 60);
101.        escreva (totalDia[i].atraso div 60);
102.        escreva (totalDia[i].atraso mod 60);
103.    fimpara;
104.    escreva ((toth/cont) div 60, (toth/cont) mod 60);
105.    escreva (toth div 60, toth mod 60);
106.    escreva ((totatr/cont) div 60, (totatr/cont) mod 60);
107.    escreva (totatr div 60, totatr mod 60);
108. fimmódulo;
109.
110.    // Bloco principal
111.    Entrada;
112.    se (cont > 0)
113.        então início
114.                Cálculo;
115.                Impressão;
116.            fim;
117.    fimse;
118.
119. fim.
```

Implementando módulos em Python

A linguagem Python apresenta grande similaridade com o que vimos até aqui, tanto em conceito quanto em implementação.

Contudo, vale mencionar que as terminologias são diferentes para as mesmas coisas. O que chamamos até aqui de **módulo** é conhecido como **função** no Python.

Por outro lado, um módulo em Python é um conjunto de definições de funções que podem ser utilizadas em outros programas. Utilizamos tais módulos nos capítulos anteriores ao fazer um import no começo do programa.

Poderemos compreender melhor as similaridades e diferenças avaliando o diagrama de sintaxe alterado:

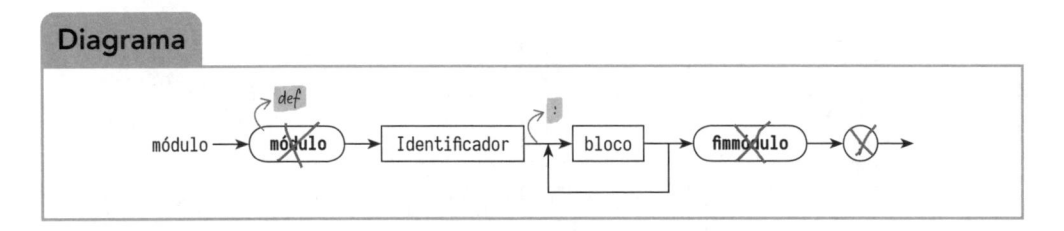

Diagrama

módulo → ~~módulo~~ (def) → Identificador → bloco → ~~fimmódulo~~ (:) → ⊗

Vejamos como ficaria a implementação do módulo MinutoEntrada.

PROGRAMA 5.1 Módulo MinutoEntrada (ref. Algoritmo 5.3)

```
1.  módulo MinutoEntrada           def MinutoEntrada():
2.      me ← cartão[i].et;             me = cartao[i].et
3.      me ← (me div 100)*60 + me mod 100;   me = (me // 100)*60 + me % 100
4.  fimmódulo;
```

Podemos observar que:

- A definição foi de fato muito similar, bastando trocarmos o comando **módulo** por def, seguido de : ao final (linha 1);
- Logo depois de MinutoEntrada temos um () na linha 1. Esse par de parênteses serão utilizados para demarcar os parâmetros (como veremos mais adiante), na ausência destes fica apenas ();
- O fim do módulo é demarcado pela indentação das linhas 2 e 3 do programa, uma instrução colocada na linha 4 (ou outra posterior), começando alinhada à esquerda, não pertenceria mais ao corpo da função.

Escopo de variáveis

Até este momento cuidamos da divisão e da estruturação dos conjuntos de ações afins que compuseram os módulos, porém não nos preocupamos em agrupar as variáveis coerentemente, ou seja, de acordo com seu emprego na estrutura definida. Todas as variáveis utilizadas no algoritmo encontram-se declaradas em seu início, o que as torna passíveis de aplicação por qualquer módulo integrante. Essas variáveis são denominadas **globais**.

Em alguns casos, uma determinada variável é utilizada apenas por um módulo específico, o que não justifica uma definição global, pois somente se fazem necessários o conhecimento e a utilização dessa variável dentro dos limites desse bloco lógico.

Essa situação ocorre quando a variável é declarada internamente ao módulo e é denominada **variável local**.

O escopo ou abrangência de uma variável, na realidade, denota sua visibilidade (conhecimento e aplicação) perante os diversos módulos integrantes do algoritmo. A visibilidade é relativa à hierarquia; podemos dizer, então, que uma variável é *global* a todos os módulos hierarquicamente inferiores e é *local* quando é visível apenas em seu contexto e não aos módulos hierarquicamente superiores.

Para visualizar melhor esses conceitos e analisar casos peculiares, vejamos, na **Figura 5.5**, um exemplo genérico.

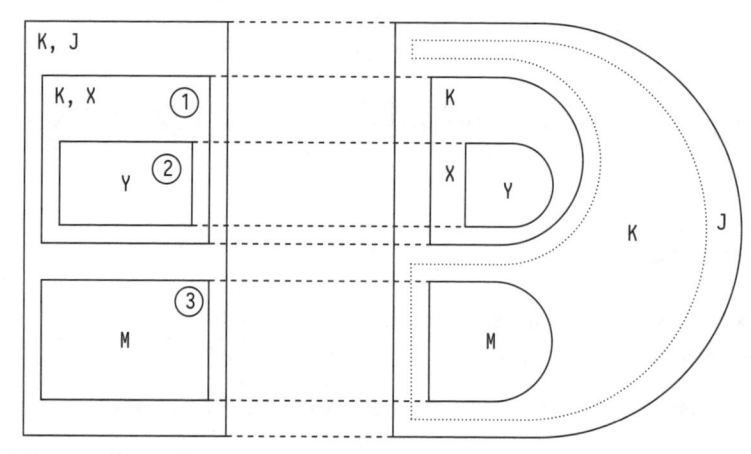

Figura 5.5   Escopo de variáveis.

Observamos que as variáveis K e J definidas no início do algoritmo são visíveis, a princípio, a todo e qualquer módulo, ou seja, são globais a todos. A variável M é local ao módulo 3 e visível apenas a este, assim como a variável Y é local ao módulo 2.

Em outra situação, temos a variável X, que é local ao módulo 1, sendo visível também ao módulo 2, podendo ser definida relativamente como global ao módulo 2.

Em uma situação bastante particular, na qual ocorre um conflito na declaração da variável K (início do algoritmo e interior do módulo 1), assumiremos sempre que a variável a ser utilizada no interior do módulo será a que foi definida neste, ignorando a existência de outra variável de mesmo nome no âmbito global. Temos, então, que os módulos 1 e 2 não enxergam a mesma variável global K vista pelo módulo 3, e sim a variável K definida localmente no módulo 1.

Refazendo o algoritmo do registro de ponto utilizando os conceitos de escopo de variáveis, temos:

ALGORITMO 5.5   Registro Ponto – versão 3

```
1.  início
2.     tipo dia = registro
3.                  inteiro: dt, em, sm, et, st;
4.              fimregistro;
5.     tipo totDia = registro
6.                     inteiro: atraso, horas;
7.              fimregistro;
8.     tipo V1 = vetor [1..31] de dia;
9.     tipo V2 = vetor [1..31] de totDia;
10.    V1: cartão;
```

(Continua)

```
11.         V2: totalDia;
12.         inteiro: cont, i, toth, totatr;
13.
14.         módulo Entrada
15.            inteiro: dia, a, b, c, d;
16.            cont ← 0;
17.            leia (dia);
18.            enquanto (dia > 0) e (dia < 32) faça
19.               leia (a, b, c, d);
20.               cartão[cont].dt ← dia;
21.               cartão[cont].em ← a;
22.               cartão[cont].sm ← b;
23.               cartão[cont].et ← c;
24.               cartão[cont].st ← d;
25.               cont ← cont + 1;
26.               leia (dia);
27.            fimenquanto;
28.            cont ← cont - 1;
29.         fimmódulo;
30.
31.         módulo Cálculo
32.            inteiro: tm, tt, atrm, atrt;
33.
34.            módulo Manhã
35.               inteiro: me, ms;
36.
37.               módulo MinutoEntrada
38.                  me ← cartão[i].em;
39.                  me ← (me div 100)*60 + me mod 100;
40.               fimmódulo;
41.
42.               módulo MinutoSaída
43.                  ms ← cartão[i].sm;
44.                  ms ← (ms div 100)*60 + ms mod 100;
45.               fimmódulo;
46.
47.               módulo Atraso
48.                  se (me > 480)
49.                     então atrm ← me - 480;
50.                     senão atrm ← 0;
51.                  fimse;
52.               fimmódulo;
53.
54.               MinutoEntrada;
55.               MinutoSaída;
56.               tm ← ms - me;
57.               Atraso;
58.
59.            fimmódulo;
60.
61.            módulo Tarde
62.               inteiro: me, ms;
63.
64.               módulo MinutoEntrada
65.                  me ← cartão[i].et;
```

(Continua)

```
66.                me ← (me div 100)*60 + me mod 100;
67.             fimmódulo;
68.
69.             módulo MinutoSaída
70.                ms ← cartão[i].st;
71.                ms ← (ms div 100)*60 + ms mod 100;
72.             fimmódulo;
73.
74.             módulo Atraso
75.                se (me > 840)
76.                   então atrt ← me - 840;
77.                   senão atrt ← 0;
78.                fimse;
79.             fimmódulo;
80.
81.             MinutoEntrada;
82.             MinutoSaída;
83.             tt ← ms - me;
84.             Atraso;
85.
86.          fimmódulo;
87.
88.          para i de 1 até cont faça
89.             Manhã;
90.             Tarde;
91.             totalDia[i].atraso ← atrm + atrt;
92.             totalDia[i].horas ← tm + tt;
93.             toth ← toth + (tm + tt);
94.             totatr ← totatr + (atrm + atrt);
95.          fimpara;
96.       fimmódulo;
97.       módulo Impressão
98.          para i de 1 até cont faça
99.             escreva (cartão[i].dt);
100.            escreva (cartão[i].em, cartão[i].sm);
101.            escreva (cartão[i].et, cartão[i].st);
102.            escreva (totalDia[i].horas div 60);
103.            escreva (totalDia[i].horas mod 60);
104.            escreva (totalDia[i].atraso div 60);
105.            escreva (totalDia[i].atraso mod 60);
106.         fimpara;
107.         escreva ((toth/cont) div 60, (toth/cont) mod
108.         escreva (toth div 60, toth mod 60);
109.         escreva ((totatr/cont) div 60, (totatr/cont)
110.         escreva (totatr div 60, totatr mod 60);
111.      fimmódulo;
112.
113.      // Bloco principal
114.      Entrada;
115.      se (cont > 0)
116.         então início
117.                Cálculo;
118.                Impressão;
119.            fim;
120.      fimse;
121. fim.
```

Vejamos na **Figura 5.6** como ficou o escopo de variáveis do nosso exemplo.

```
Algoritmo 5.5
    cartão, totalDia, cont, i, toth, totatr
    ┌─────────────────────────────────────┐
    │ Entrada                             │
    │     dia, a, b, c, d                 │
    └─────────────────────────────────────┘
    ┌─────────────────────────────────────┐
    │ Cálculo                             │
    │     tm, tt, atrm, atrt              │
    │   ┌─────────────────────────────┐   │
    │   │ Manhã                       │   │
    │   │     me, ms                  │   │
    │   │   ┌───────────────────┐     │   │
    │   │   │ MinutoEntrada     │     │   │
    │   │   └───────────────────┘     │   │
    │   │   ┌───────────────────┐     │   │
    │   │   │ MinutoSaída       │     │   │
    │   │   └───────────────────┘     │   │
    │   │   ┌───────────────────┐     │   │
    │   │   │ Atraso            │     │   │
    │   │   └───────────────────┘     │   │
    │   └─────────────────────────────┘   │
    │   ┌─────────────────────────────┐   │
    │   │ Tarde                       │   │
    │   │     me, ms                  │   │
    │   │   ┌───────────────────┐     │   │
    │   │   │ MinutoEntrada     │     │   │
    │   │   └───────────────────┘     │   │
    │   │   ┌───────────────────┐     │   │
    │   │   │ MinutoSaída       │     │   │
    │   │   └───────────────────┘     │   │
    │   │   ┌───────────────────┐     │   │
    │   │   │ Atraso            │     │   │
    │   │   └───────────────────┘     │   │
    │   └─────────────────────────────┘   │
    └─────────────────────────────────────┘
    ┌─────────────────────────────────────┐
    │ Impressão                           │
    └─────────────────────────────────────┘
```

Figura 5.6 Escopo de variáveis do Algoritmo 5.5.

Escopo de variáveis em Python

Aqui encontraremos algumas diferenças relevantes, que merecem aprofundamento. A linguagem Python apresenta exatamente os mesmos conceitos para escopo de variáveis que estudamos. Contudo, dado que as variáveis não são declaradas acaba sendo menos nítido determinar quando uma variável é local ou global.

Para amenizar essa dificuldade, a linguagem convenciona que toda variável modificada no interior de uma função no Python é sempre uma variável local.

Vejamos o seguinte trecho de código:

PROGRAMA 5.2 Módulo Abastecimento

```
1. def Abastecer():
2.     tanque = "cheio"
3.     print("- Frentista : Abastecimento realizado. Seu tanque ficou", tanque)
4.
5. # Bloco principal
6. tanque = "vazio"
7. print("- Você : Chegando no posto meu tanque estava", tanque)
8. Abastecer()
9. print("- Você : Saindo do posto meu tanque ficou", tanque)
```

Que produz o seguinte resultado:

— Você : Chegando no posto meu tanque estava vazio
— Frentista : Abastecimento realizado. Seu tanque ficou cheio
— Você : Saindo do posto meu tanque ficou vazio

Será que tem alguma lógica encher o tanque e ele continuar vazio?
Pode até parecer estranho à primeira vista, mas para o Python a lógica está impecável!
Acontece que a variável da linha 2 não é a mesma variável das linhas 6, 7 e 9. Apesar de ter o mesmo nome, a variável tanque na linha 2 é local, enquanto nas demais linhas ela é global.

Lembremos da definição acima: "toda variável modificada no interior de uma função no Python é sempre uma variável local". Isso explica por que a variável global tanque não mudou de valor depois da linha 6.

Mistério resolvido, como fazemos então para corrigir essa situação?

Basta explicitar em nosso código que a função modifique o valor da variável global tanque em vez de criar uma variável local. Isso pode ser feito utilizando a cláusula global. Vejamos como ficaria:

PROGRAMA 5.3   Módulo Abastecimento corrigido

```
1.  def Abastecer():
2.      global tanque
3.      tanque = "cheio"
4.      print("- Frentista : Abastecimento realizado. Seu tanque ficou", tanque)
5.
6.  # Bloco principal
7.  tanque = "vazio"
8.  print("- Você : Chegando no posto meu tanque estava", tanque)
9.  Abastecer()
10. print("- Você : Saindo do posto meu tanque ficou", tanque)
```

Que produz o seguinte resultado:

— Você : Chegando no posto meu tanque estava vazio
— Frentista : Abastecimento realizado. Seu tanque ficou cheio
— Você : Saindo do posto meu tanque ficou cheio

Foi necessário deixarmos explícito para o Python na linha 2 que a variável tanque a ser considerada seria aquela de escopo global. A partir daí o comportamento ficou exatamente aquele que esperávamos.

O que realmente importa aprendermos aqui é que no Python toda variável alterada internamente em uma função será **sempre** local, salvo quando explicitado o contrário. Vale a menção honrosa que ao fazer isso a linguagem acaba incentivando uma boa prática de programação, ao evitar o uso descontrolado de variáveis globais.

Vejamos agora como ficaria a implementação do módulo Entrada em Python usando a cláusula global.

PROGRAMA 5.4 Módulo Entrada (ref. Algoritmo 5.2)

1. **módulo** Entrada	def Entrada():
2.	global cont, cartao
3. cont ← 1;	cont = 0
4. **leia** (dia);	dia = int(input("Dia do mês: "))
5. **enquanto** (dia > 0) **e** (dia < 32) **faça**	while dia>0 and dia<32:
6. **leia** (a, b, c, d);	a = int(input("Entrada manhã: "))
	b = int(input("Saída manhã: "))
	c = int(input("Entrada tarde: "))
	d = int(input("Saída tarde: "))
7. cartão[cont].dt ← dia;	cartao[cont].dt = dia
8. cartão[cont].em ← a;	cartao[cont].em = a
9. cartão[cont].sm ← b;	cartao[cont].sm = b
10. cartão[cont].et ← c;	cartao[cont].et = c
11. cartão[cont].st ← d;	cartao[cont].st = d
12. cont ← cont + 1;	cont += 1
13. **leia** (dia);	dia = int(input("Dia do mês: "))
14. **fimenquanto**;	
15. cont ← cont - 1;	
16. **fimmódulo**;	

Podemos observar que:

- A linha 2 explicita que apenas as variáveis cont e cartao funcionarão como variáveis globais, e os valores modificados serão visíveis fora da função;
- As demais variáveis (a, b, c, d e dia) funcionarão como variáveis locais, e seus valores não serão visíveis fora da função.

Exercícios de fixação 1

1.1 Defina o valor das variáveis em cada módulo:

a)
```
início
   inteiro: A,B,C;
   módulo Um
      inteiro: A,B,D;
      módulo Dois
         inteiro: C,D,E;
         módulo Três
            inteiro: D,E;
            D ← 7;
            E ← 8;
         fimmódulo; // Três
         C ← 5;
         D ← 6;
         E ← 7;
         Três;
      fimmódulo; // Dois
      A ← 2;
      B ← 3;
      D ← 5;
      Dois;
   fimmódulo; // Um
   A ← 1;
   B ← 2;
   C ← 3;
   Um;
fim.
```

b)
```
início
   inteiro: A,B,C;
   módulo Um
      inteiro: A,C;
      A ← B + 4;
      C ← A - 1;
   fimmódulo; // Um
   módulo Dois
      inteiro: A,D,E;
      módulo Três
         inteiro: B,D;
         B ← C * 2;
         D ← E + 1;
      fimmódulo; // Três
      A ← C * 5; D
      D ← A + 2;
      E ← B - 1;
      Três;
   fimmódulo; // Dois
   A ← 5;
   B ← A + 5;
   C ← B - 3;
   Dois;
   Um;
fim.
```

Passagem de parâmetros

Aprendemos a decompor um problema por refinamentos sucessivos e a representar essa decomposição através dos módulos ou subalgoritmos. Assim, cada subparte do problema interage apenas com algumas das demais partes, conforme a divisão que foi concebida. Acaba funcionando como um quebra-cabeça em que cada peça possui apenas uma possibilidade de encaixe com algumas outras peças.

Seria mais promissor se cada peça pudesse ser encaixada com qualquer outra peça, como em um brinquedo de montar, o que se torna possível quando cada peça é generalizada, ou seja, é projetada de forma que seu uso possa ser o mais genérico possível.

Exemplificando, um módulo que calcula o valor de dois elevado ao cubo (2^3) tem uma aplicação muito restrita. Contudo, se generalizássemos o módulo de forma a torná-lo capaz de calcular o valor de qualquer base elevada a qualquer expoente, sua aplicação seria muito mais abrangente. Portanto, dizemos que um módulo é generalizado quando ele for parametrizado.

A utilização de parâmetros nos módulos funciona de forma muito similar às funções matemáticas, como podemos notar:

$f(x, y) = x^y$, em que x e y são parâmetros da função f.

Essa função em particular (f) foi definida em termos dos parâmetros x e y. Para calcularmos a função para algum valor particular de x e y, devemos substituí-los pelo valor dos argumentos desejados.

$f(3, 2) = 3^2 = 9$
$f(5, 3) = 5^3 = 125$

Uma correspondência é estabelecida entre os parâmetros especificados na definição da função e os argumentos utilizados no acionamento da função. No primeiro exemplo, o parâmetro x foi substituído pelo argumento 3, enquanto o parâmetro y foi substituído pelo argumento 2. É importante perceber que a ordem é crucial, pois f(3, 2) não é o mesmo que f(2, 3).

Declaração

A parametrização de um módulo deve evidenciar a interface do módulo, ela é composta pela declaração de seus parâmetros (que serão posteriormente empregados para seu acionamento). O número de parâmetros, os tipos dos parâmetros e a ordem da definição dos parâmetros em um módulo fazem parte do que chamamos de assinatura do módulo. A especificação dos parâmetros é realizada empregando a seguinte sintaxe:

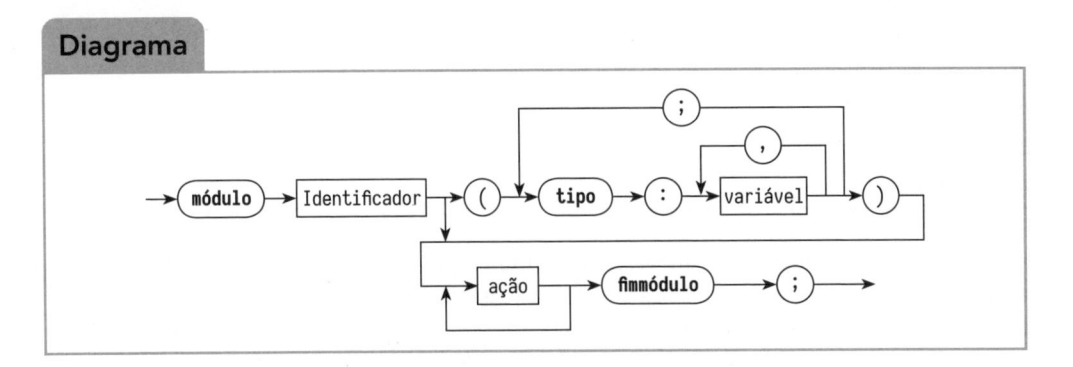

Diagrama

Exemplo

```
módulo < Identificador > (tipo: V1, V2, V3)
    // declaração das variáveis locais
    // sequência de ações
fimmódulo;
```

   Em que
   Identificador: é o nome pelo qual o módulo será referenciado no algoritmo:
   V1,V2 e V3: são as variáveis declaradas como os parâmetros do módulo.

Exemplificando, vejamos a generalização dos módulos Manhã e Tarde (pertencentes ao módulo Cálculo no **Algoritmo 5.5**), através do emprego de um parâmetro que represente o período.

ALGORITMO 5.6 Módulo CalculaPeríodo

```
1.  módulo CalculaPeríodo (inteiro: HE, HS, período)
2.      inteiro: me, ms;
3.
4.      módulo MinutoEntrada
5.          me ← (HE div 100)* 60 + HE mod 100;
6.      fimmódulo;
7.
8.      módulo MinutoSaída
9.          ms ← (HS div 100)*60 + HS mod 100;
10.     fimmódulo;
11.
12.     módulo Atraso
13.         se (período = 480)
14.             então início
15.                     atrm ← me - 480;
16.                     tm ← ms - me;
17.                 fim;
18.             senão início
19.                     atrt ← me - 840;
20.                     tt ← ms - me;
21.                 fim;
22.         fimse;
23.     fimmódulo;
24.
25.     MinutoEntrada;
26.     MinutoSaída;
27.     Atraso;
28.
29. fimmódulo;
```

Utilizamos um módulo CalculaPeríodo que unificou os módulos Manhã e Tarde empregando para cálculo dos minutos de entrada e saída as variáveis HE e HS, respectivamente, sendo que estes parâmetros permitem o cálculo independente do período em questão, pois seus valores são passados como argumentos. O parâmetro Período é utilizado para podermos verificar o valor a ser subtraído no cálculo do atraso (480 para manhã e 840 para tarde) e determinar qual total será calculado (tm ou tt) através dos argumentos que são enviados na chamada ao módulo.

Manipulação

A passagem de parâmetros ocorre a partir da correspondência argumento-parâmetro. Os argumentos, que podem ser constantes ou variáveis, presentes na chamada do módulo serão correspondidos pelos parâmetros do módulo na mesma ordem, ou seja, ao primeiro argumento corresponde o primeiro parâmetro, ao segundo argumento, o segundo parâmetro e assim por diante.

Ilustremos isso com um módulo capaz de apresentar a saudação correta (conforme a hora do dia) para qualquer pessoa.

ALGORITMO 5.7 Módulo Saudação

```
1.  módulo Saudação (caracter: Nome; inteiro: Hora)
2.     caracter: Aux;
3.     se (Hora < 12)
4.        então Aux ← "Bom dia";
5.        senão se ((Hora >= 12) e (Hora < 19))
6.                então Aux ← "Boa tarde";
7.                senão Aux ← "Boa noite";
8.             fimse;
9.     fimse;
10.    escreva(Aux, Nome);
11. fimmódulo;
```

Supondo o seguinte trecho de algoritmo:

...

A ← "Pedro";
B ← 15;
Saudação(A, B);

...

Temos que, ao ativar o módulo Saudação, o valor do argumento A ("Pedro") é transferido para seu respectivo parâmetro Nome, assim como o do argumento B (15) é transferido para o parâmetro Hora. Após executadas todas as ações do módulo, será escrito "Boa tarde Pedro".

Vejamos como ficaria a utilização do módulo CalculaPeríodo inserido no módulo Cálculo:

ALGORITMO 5.8 Acionamento do módulo CalculaPeríodo

```
1.  módulo Cálculo
2.     inteiro: tm, tt, atrm, atrt;
3.
4.     módulo CalculaPeríodo (inteiro: HE, HS, período);
5.        inteiro: me, ms;
6.
7.        módulo MinutoEntrada
8.           me ← (HE div 100)*60 + HE mod 100;
9.        fimmódulo;
10.
11.       módulo MinutoSaída
12.          ms ← (HS div 100)*60 + HS mod 100;
13.       fimmódulo;
14.
15.       módulo Atraso
16.          se (período = 480)
17.             então início
18.                   atrm ← me - 480;
19.                   tt ← ms - me;
20.                fim;
21.             senão início
22.                   atrt ← me - 840;
```

(Continua)

```
23.                    tt ← ms - me;
24.                 fim;
25.         fimse;
26.     fimmódulo;
27.
28.         MinutoEntrada;
29.         MinutoSaída;
30.         Atraso;
31.
32.     fimmódulo;
33.
34.     para i de 1 até cont faça
35.         CalculaPeríodo (cartão[i].em, cartão[i].sm, 480);
36.         CalculaPeríodo (cartão[i].et, cartão[i].st, 840);
37.         totalDia[i].atraso ← atrm + atrt;
38.         totalDia[i].horas ← tm + tt;
39.         toth ← toth + (tm + tt);
40.         totatr ← totatr + (atrm + atrt);
41.     fimpara;
42.
43. fimmódulo;
```

Na chamada ao módulo CalculaPeríodo são enviados os valores respectivos de cada argumento esperado; na primeira requisição utilizamos em, sm e 480 (linha 35), pois desejamos efetuar os cálculos que outrora eram efetuados pelo módulo Manhã. De modo semelhante, na segunda requisição utilizamos et, st e 840 (linha 36) quando queremos calcular valores respectivos ao período da tarde (antigo módulo Tarde).

Implementando parâmetros em Python

Perceberemos que a passagem de parâmetros em funções Python é idêntica à discutida na construção dos módulos em algoritmos, como apresentado no exemplo **Programa 5.5** a seguir.

PROGRAMA 5.5 Módulo Saudação (ref. Algoritmo 5.7)

1. módulo Saudação (caracter: Nome; inteiro: Hora)	def Saudacao(Nome, Hora):
2. caracter: Aux;	
3. se (Hora < 12)	if Hora<12:
4. então Aux ← "Bom dia";	Aux = "Bom dia"
5. senão se ((Hora >= 12) e (Hora < 19))	elif Hora >= 12 and Hora < 19:
6. então Aux ← "Boa tarde";	Aux = "Boa tarde"
7. senão Aux ← "Boa noite";	else:
	Aux = "Boa noite"
8. fimse;	
9. fimse;	
10. escreva(Aux, Nome);	print(f"{Aux}, {Nome}!")
11. fimmódulo;	

Contudo, a linguagem incorpora algumas facilidades adicionais na passagem de parâmetros que vale aprendermos.

Parâmetros opcionais

Nem sempre queremos passar todos os parâmetros. Uma característica que torna a linguagem mais poderosa e flexível é a possibilidade de manipular parâmetros opcionais.

Imaginemos que no exemplo anterior, gostaríamos de acrescentar um título da pessoa a ser saudada, mas que nem sempre saibamos qual seria esse título. Seria necessário criar duas funções Saudação, uma com 2 parâmetros (Nome e Hora) e outra com 3 parâmetros (Nome, Hora e Título).

Para tornar as funções ainda mais genéricas, a linguagem permite estabelecer um valor padrão para um ou mais parâmetros da função

Vejamos como ficaria nesse caso:

PROGRAMA 5.6 Módulo Saudação com parâmetro opcional

```
1.  def Saudacao(Nome, Hora, Titulo = ""):
2.      if Hora<12:
3.          Aux = "Bom dia"
4.      elif Hora >= 12 and Hora < 19:
5.          Aux = "Boa tarde"
6.      else:
7.          Aux = "Boa noite"
8.      print(f"{Aux}, {Titulo}{Nome}!")
9.
10. # Bloco principal
11. Saudacao("Pedro", 15)
12. Saudacao("Pedro", 15, "Dr. ")
13. Saudacao("Pedro", 15, "São ")
```

E que resultaria em:

```
Boa tarde, Pedro!
Boa tarde, Dr. Pedro!
Boa tarde, São Pedro!
```

Como pudemos observar, na definição do terceiro parâmetro Título a atribuição ="" (linha 1) indica que este possui um valor padrão (vazio) a ser considerado quando, na chamada da função, este argumento não for informado. Esta situação ocorre com Saudacao("Pedro",15), na linha 11, que acabou fazendo que a função internamente considerasse o parâmetro Título com seu valor padrão.

Parâmetros nomeados

Vimos que ao acionar uma função, será realizada a correspondência dos argumentos da chamada para os respectivos parâmetros na mesma ordem.

Contudo, a linguagem permite mais essa característica poderosa de acionar os parâmetros em qualquer ordem.

Naturalmente, para tanto é preciso identificar os parâmetros ao fornecer os argumentos na chamada.

Nenhuma alteração é necessária na função original, apenas na chamada. Usando o mesmo programa do exemplo anterior, poderíamos fazer:

```
Saudacao(Hora=15, Nome="Pedro")
Saudacao(Titulo="dr", Nome="Pedro", Hora=15)
Saudacao(Titulo="São", Hora=15, Nome="Pedro")
```

Os resultados aqui são exatamente os mesmos do exemplo anterior.

Podemos observar que a relação parâmetro / argumento ficou mais explícita nas chamadas acima, e, portanto, tornando a ordem desnecessária. Quando não são nomeados os parâmetros, os argumentos são associados respectivamente, seguindo a ordem. Em havendo dois parâmetros opcionais, se for passar o segundo sem passar o primeiro, este precisará ser nomeado.

Nota

Convém observar que a linguagem Python permite a passagem de estruturas de dados por parâmetro, mas é importante ressaltar que neste caso qualquer alteração realizada dentro da função refletirá na estrutura de dados original. Funciona como se a própria estrutura estivesse sendo submetida como argumento.

Vale ainda esclarecer que dados primitivos passados como argumentos não possuem o mesmo comportamento, nesse caso alterações não afetarão os valores originais. Funciona como se uma cópia do valor estivesse sendo passado como argumento.

Em Python o modelo de passagem de argumentos é conhecido por passagem por atribuição. É um modelo híbrido onde tipos primitivos são passados por valor (ocorre uma cópia, parâmetros e argumentos são espaços diferentes em memória) e estruturas de dados são passadas por referência (a função efetivamente acessa o mesmo local do argumento).

Exercícios de fixação 2

2.1 Dado o módulo a seguir, determinar o valor impresso para cada uma das chamadas:

módulo Equação1 (**inteiro:** A)
   inteiro: X;
   X ← pot (A, 2) + (5 * A) + 3;
   escreva (X);
fimmódulo;

a) Equação1 (2);
b) Equação1 ((3 * 4) – 14 + (8/4));
c) B ← 3;
   Equação1 (B * 2 – 1);
d) B ← 6;
   A ← B * 5/3; Equação1 (A – 9);

2.2 Dado o módulo a seguir, determinar o valor impresso para cada uma das chamadas:

```
módulo Equação2 (inteiro: A, B, C)
    inteiro: X;
    X ← 0;
    se A + 2 > B - 3
        então X ← C * 2;
    fimse;
    se C / 4 < B * 3
        então X ← X + 5;
    fimse;
    se X < A + B
        então C ← A - B;
        senão B ← C * A;
    fimse;
    X ← A + B - C;
    escreva (X);
fimmódulo;
```

a) Equação2 (3, 4, 5);

b) Equação2 (8 – 3 * 2, –5 + 12/2, –1);

c) A ← 3 * 2;
B ← A – 3;
C ← A + B;
Equação2 (B, C, A);

Contexto de módulos

Um módulo é um algoritmo em instância menor, é um subalgoritmo que obedece à mesma estruturação do conjunto total, possui um objetivo bem particular, deseja resolver um problema em especial, especificar uma solução.

Algumas características que envolvem essa solução determinam um conceito particular aos módulos. A essência do módulo, seu objetivo, dita a situação que norteia seu conjunto de ações, determina o que chamaremos a seguir de contexto.

Contexto de ação

Assumiremos que um módulo possui contexto de ação quando ele se preocupar com um processo em particular, quando seu conjunto de ações for o que perfaz sua essência. Como exemplo, podemos citar os módulos Entrada e Impressão, desenvolvidos no algoritmo do registro de ponto, ambos procurando resolver uma pequena parte do algoritmo, leitura e saída dos dados, respectivamente, em que as ações descritas focam em perfazer um conjunto de ações.

Vejamos outro módulo que possui contexto de ação, cujo objetivo é escrever a sequência de elementos de uma série de Fibonacci até alcançar um valor fornecido.

ALGORITMO 5.9 Módulo Fibonacci

```
1.  módulo Fibo (inteiro: N)
2.     inteiro: a, b, c;
3.     a ← 1;
4.     b ← 1;
5.     enquanto (a < n) faça
6.        escreva (a);
7.        c ← a + b;
8.        a ← b;
9.        b ← c;
10.    fimequanto;
11. fimmódulo;
```

Além do **Algoritmo 5.9** acima e dos anteriormente citados (Entrada e Impressão), podemos considerar que o algoritmo da Saudação (**Algoritmo 5.7**) também é um módulo com contexto de ação, uma vez que se preocupa apenas com a ação de saudar alguém.

Implementando contexto de ação em Python

A maior parte das implementações que realizamos até aqui tinham por essência executar algo, e, portanto, não haveria muita novidade dado os vários exemplos mencionados.

Vejamos mais essa implementação:

PROGRAMA 5.7 Módulo Fibonacci (ref. Algoritmo 5.9)

1. módulo **Fibo** (inteiro: N)	def Fibo (N)
2. inteiro: a, b, c;	
3. a ← 1;	a = 1
4. b ← 1;	b = 1
5. **enquanto** (a < N) **faça**	while (a < N):
6. escreva (a);	print(a, end=" ")
7. c ← a + b;	c = a + b
8. a ← b;	a = b
9. b ← c;	b = c
10. fimequanto;	
11. **fimmódulo;**	

Como podemos observar, a tradução foi praticamente literal, confirmando novamente que a linguagem facilita a implementação de nossos módulos com contexto de ação. No exemplo acima, a única diferença perceptível ocorre na linha 6, onde utilizamos end=" " que serve para adicionar um espaço em branco e manter na mesma linha, questão um tanto "cosmética" que ajuda na visualização do que será impresso (tudo na mesma linha), mas não interfere com a lógica do algoritmo e muito menos com a construção do módulo.

Exercícios de fixação 3

3.1 Construa um algoritmo que leia três números inteiros A, B, C e que, utilizando um módulo com Contexto de Ação e passagem de parâmetros, imprima esses três números em ordem crescente.

3.2 Elabore um algoritmo que leia a seguinte estrutura de dados através de um módulo Leitura:

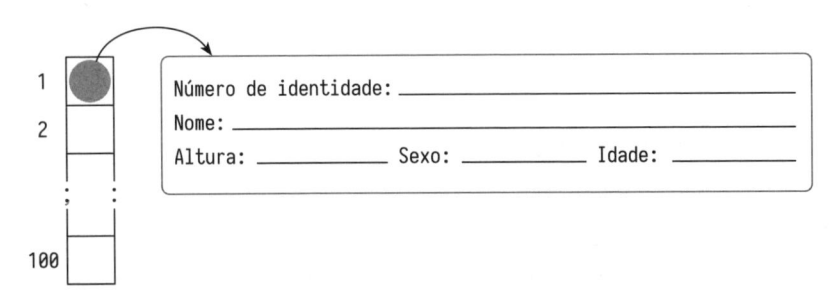

```
1   ┌─────────────────────────────────────────────┐
2   │ Número de identidade: _____ │
    │ Nome: _____│
⋮   │ Altura: _____ Sexo: _____ Idade: ___│
100 └─────────────────────────────────────────────┘
```

e que possua outros dois módulos, um que receba como parâmetro duas posições do vetor e que mostre todas as informações coincidentes existentes entre esses dois registros, e outro que receba como parâmetro um nome, mostre as informações relacionadas a este e procure um possível outro nome igual (se existir, também o exibe).

Contexto de resultado

Assumiremos que um módulo possui contexto de resultado quando este se preocupar com um valor especial, quando sua característica for a de calcular um resultado. Para exemplificar, podemos lembrar as funções matemáticas sobre as quais é possível desenvolver alguns módulos com esse contexto: calcular uma raiz, um valor absoluto, um fatorial ou mesmo verificar se um número é par, primo etc.

A essência de um módulo com contexto de resultado é que seu conjunto de ações visa um objetivo único, que é 'retornar' ao ponto de sua chamada um valor, sendo que este será associado ao próprio nome que identifica o módulo.

Para que um módulo possa retornar um valor, ou seja, devolver um resultado como resposta, será necessário que explicitemos qual é o valor a retornar, o que será efetuado através do comando:

Diagrama

⟶(retorne)⟶(( )⟶[expressão]⟶( ))⟶(;)⟶

Exemplo

a) retorne (5);
b) retorne (X);
c) retorne (Y * 2);

Para que um módulo possua contexto de resultado, é necessário que contenha o comando retorne, pois este é o que fará o retorno do valor da expressão através do identificador do módulo para a parte do algoritmo ou módulo em que foi chamado. Como exemplo, vejamos um módulo que tem por objetivo verificar o sinal de um número que recebe como parâmetro, sendo que este deve retornar −1 se o número for negativo, 0 se o número for nulo e +1 se for positivo.

ALGORITMO 5.10 Módulo Sinal

```
1. módulo Sinal (inteiro: X)
2.    se (X > 0)
3.       então retorne (1);
4.       senão se (X = 0)
5.                então retorne (0);
6.                senão retorne (-1);
7.             fimse;
8.    fimse;
9. fimmódulo;
```

Supondo o seguinte trecho de algoritmo:

```
...
A ← -17
B ← Sinal (A);
escreva (B)
...
```

Ocorre que o valor de A (−17) é enviado como argumento ao módulo Sinal, no qual é recebido e utilizado através do parâmetro X; usando as comparações, o módulo retorna o devido valor, no caso, −1, que será o valor atribuído à variável B e exibido pelo comando **escreva**.

Vejamos outro módulo, que tem por objetivo retornar verdade se o argumento recebido for par, e falsidade, caso contrário (ímpar):

ALGORITMO 5.11 Módulo Par

```
1. módulo Par (inteiro: Num)
2.    se (Num mod 2) = 0
3.       então retorne (V);
4.       senão retorne (F);
5.    fimse;
6. fimmódulo;
```

Devemos ter cuidado ao utilizar módulos com contexto de resultado, pois quando atribuímos o retorno do módulo a uma variável recebemos um valor do mesmo tipo ao da expressão utilizada no comando **retorne**, sendo necessária a verificação da compatibilidade de tipos. O resultado do módulo Par só poderá ser atribuído a uma variável de tipo primitivo lógico.

Recursividade

Para complementar o estudo de modularização, precisamos discutir um tema costumeiramente desafiador quando iniciamos a aprendizagem de lógica de programação: a Recursividade.

Vamos a uma definição de dicionário:

> **re-cur-si-vi-da-de**
> (*recursivo + -idade*)
> *nome feminino*
> 1. Qualidade do que é recursivo.

A definição 1 foi legitimamente recursiva porque usa a própria definição para se definir. Convenhamos que não ajudou muito a entender o conceito.

Uma situação cômica que pode ajudar na compreensão do conceito de recursividade vem da placa: "Jogue o lixo no lixo". Todo nerd de carteirinha entra em parafuso (ou ri muito), porque ao jogar o lixo na lata de lixo, o resultado será lixo. Portanto, para obedecer totalmente ao que diz a placa, seria necessário jogar a lata de lixo (com o lixo dentro) no lixo, e o resultado disso seria novamente lixo, e assim sucessivamente por toda a eternidade.

Afinal, essa tal recursividade tem alguma lógica?

Tem sim, mas é utilizada especialmente quando um problema pode ser resolvido utilizando um algoritmo que aciona a si mesmo para chegar ao resultado desejado.

Vejamos isso através de um exemplo clássico, o cálculo do fatorial de um número. Para calcular 5!, efetivamos a seguinte sequência de multiplicações:

5! = 5 * 4 * 3 * 2 * 1

A definição genérica de fatorial pode ser apresentada como:

- 0! = 1 (por definição, é o caso base ou critério de parada)
- n! = n * n-1! (definição recursiva)

Aplicando a definição genérica no caso do 5!, podemos ilustrar as chamadas e retornos das recursões necessárias até alcançar o 0!, conforme **Figura 5.7** a seguir.

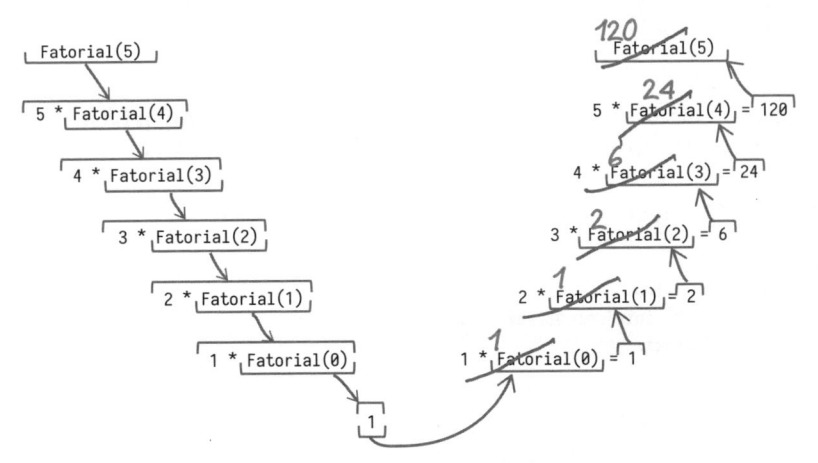

Figura 5.7 Ilustração das chamadas recursivas para calcular 5!

Podemos escrever um algoritmo empregando a definição recursiva do cálculo do fatorial de um número, conforme ilustrado na **Figura 5.7**, utilizando um módulo com contexto de resultado que aciona a si mesmo, ou seja, um módulo recursivo, conforme **Algoritmo 5.12**.

ALGORITMO 5.12   Módulo Fatorial

```
1.  módulo Fatorial (inteiro: N)
2.    se (N = 0) então
3.       início
4.          escreva ("0! = 1");
5.          retorne (1);
6.       fim;
7.    fimse;
8.    escreva (N, "! = ", N, " * ", N-1, "!");
9.    retorne (N * Fatorial(N-1));
10. fimmódulo;
```

Convém destacar que:

- a chamada recursiva está na linha 9, o retorno ocorrerá apenas quando a multiplicação for efetuada, ou seja, quando a chamada a Fatorial(N-1), que deu início a uma nova recursão, tiver retornado com o valor calculado para o caso N-1;
- o critério de parada, que no caso do cálculo do fatorial é atingir 0!, quando for chamado Fatorial(0), é verificado pela seleção da linha 2. O retorne(1) da linha 5 é o final da recursão, a partir dele volta-se a cada uma das chamadas até o acionamento de origem.

> **Nota**
>
> A recursividade é uma técnica bastante poderosa e muito útil em cenários complexos, empregada com frequência na manipulação de estruturas de dados mais sofisticadas.
>
> O emprego de módulos recursivos demanda diversas considerações sobre complexidade e eficiência de algoritmos (e uso dos recursos computacionais), comparando versões recursivas com suas versões iterativas, entre outras características a serem analisadas.

Para encerrar a discussão sobre Contexto de Resultado, segue o **Algoritmo 5.13** que apresenta o Registro de Ponto utilizando os conceitos de módulos retornando algum resultado:

ALGORITMO 5.13   Registro Ponto – versão 4

```
1.  início
2.     tipo dia = registro
3.                   inteiro: dt, em, sm, et, st;
4.              fimregistro;
5.     tipo totDia = registro
6.                     inteiro: atraso, horas;
7.                fimregistro;
8.     tipo V1 = vetor [1..31] de dia;
9.     tipo V2 = vetor [1..31] de totDia;
```

(Continua)

```
10.     V1:   cartão;
11.     V2:   totalDia;
12.     inteiro: cont, i, toth, totatr;
13.
14.     módulo Entrada
15.         inteiro: dia, a, b, c, d;
16.         cont ← 0;
17.         leia (dia);
18.         enquanto (dia > 0) e (dia < 32) faça
19.             leia (a, b, c, d);
20.             cartão[dia].dt ← dia;
21.             cartão[dia].em ← a;
22.             cartão[dia].sm ← b;
23.             cartão[dia].et ← c;
24.             cartão[dia].st ← d;
25.             cont ← cont + 1;
26.             leia (dia);
27.         fimenquanto;
28.         cont ← cont - 1;
29.     fimmódulo;
30.
31.     módulo Cálculo
32.
33.         módulo Minuto (inteiro: H)
34.             inteiro: m;
35.             m ← (H div 100)*60 + H mod 100;
36.             retorne (m);
37.         fimmódulo;
38.
39.         módulo Atraso (inteiro: H, período)
40.             inteiro: a;
41.             se minuto (H) > período
42.                 então a ← minuto (H) - período;
43.                 senão a ← 0;
44.             fimse;
45.             retorne (a);
46.         fimmódulo;
47.
48.         módulo Total (inteiro: HE, HS);
49.             inteiro: t;
50.             t ← minuto (HS) - minuto (HE);
51.             retorne (t);
52.         fimmódulo;
53.     .
54.         para i de 1 até cont faça
55.             totalDia[i].atraso ← Atraso(cartão[i].em, 480) +
                                        Atraso(cartão[i].et, 840);
56.             totalDia[i].horas ← Total(cartão[i].em, cartão[i].sm) +
                                       Total(cartão[i].et, cartão[i].st);
57.             toth ← toth + totalDia[i].horas;
58.             totatr ← totatr + totalDia[i].atraso;
59.         fimpara;
60.
61.     fimmódulo;
62.
```

(Continua)

```
63.     módulo Impressão
64.        para i de 1 até cont faça
65.           escreva (cartão[i].dt);
66.           escreva (cartão[i].em, cartão[i].sm);
67.           escreva (cartão[i].et, cartão[i].st);
68.           escreva (totalDia[i].horas div 60);
69.           escreva (totalDia[i].horas mod 60);
70.           escreva (totalDia[i].atraso div 60);
71.           escreva (totalDia[i].atraso mod 60);
72.        fimpara;
73.        escreva ((toth/cont) div 60, (toth/cont) mod 60);
74.        escreva (toth div 60, toth mod 60);
75.        escreva ((totatr/cont) div 60, (totatr/cont) mod 60);
76.        escreva (totatr div 60, totatr mod 60);
77.     fimmódulo;
78.
79.     // Bloco principal
80.     Entrada;
81.     se (cont > 0)
82.        então início
83.              Cálculo;
84.              Impressão;
85.           fim;
86.     fimse;
87.
88.  fim.
```

Observamos que no algoritmo final existem três módulos com contexto de ação (Entrada, Cálculo e Impressão) e três módulos com contexto de resultado (Minuto, Atraso e Total). Ao longo do desenvolvimento deste, incluímos novos conceitos, e a cada nova versão havia um algoritmo mais legível, um algoritmo mais claro, conciso e funcional, que foi o resultado da **modularização**.

> **Nota**
>
> Durante nossa jornada neste capítulo fomos substituindo trechos de algoritmo por outras estruturas que não modificaram o seu comportamento final. Esse processo de construir algoritmos de uma nova maneira (usando uma nova lógica, uma nova organização), mas mantendo a integridade e o comportamento original é conhecido por **Refatoração**.

Implementando contexto de resultado em Python

Perceberemos que a implementação de módulos com contexto de resultado em Python é exatamente a mesma, bastando apenas utilizar o comando return.

Vejamos como ficaria a implementação do **Módulo Par**:

PROGRAMA 5.8 Módulo Par (ref. Algoritmo 5.11)

```
1.  módulo Par (inteiro: Num)         def Par(Num):
2.     se (Num mod 2 = 0)                if Num % 2 == 0:
3.        então retorne (V);                return True
4.        senão retorne (F);             else:
                                            return False
5.     fimse;
6.  fimmódulo;
```

Seguem alguns exemplos de acionamento:

```
print(Par(6))
print(Par(7))
```

Que gerariam os resultados abaixo:

```
True
False
```

Nota

A terminologia para módulos com contexto de resultado é também denominada **função** (function em inglês) em diversas linguagens, uma vez que se aproxima do conceito matemático de funções. A linguagem Python não estabelece essa nomenclatura, tanto que a palavra function não é reconhecida pelo interpretador e nem se trata de uma palavra reservada. Ainda que o termo seja largamente utilizado na comunidade (dado a equivalência conceitual com outras linguagens), para o interpretador Python o que determina se um dado módulo possui contexto de resultado é exclusivamente a utilização do comando return.

Vimos que o retorno de resultados funciona de forma bastante similar em Python. Contudo a linguagem incorpora algumas facilidades adicionais, algumas das quais vale discutirmos por serem muito úteis, mesmo para iniciantes em programação.

Resultados múltiplos

É relativamente comum precisarmos devolver mais de um resultado como retorno de um módulo. Nestes casos seria necessário retornar uma estrutura de dados ou escrever uma função para cada retorno desejado.

Vejamos uma aplicação simples que ilustra bem a necessidade de retornar mais de um valor, assim como sua implementação:

PROGRAMA 5.9 Módulo Coordenadas

```
1.  def lerCoordenadas():
2.      x = int(input("Coordenada X: "))
3.      y = int(input("Coordenada y: "))
4.      return x, y # monta uma tupla  (x, y)
5.
6.  # Bloco principal
7.  coord = lerCoordenadas()
8.  print(coord[0], coord[1])
9.
10. a, b = lerCoordenadas()
11. print(a, b)
```

Fica bem claro nesse exemplo que seria muito limitante retornar apenas a coordenada x ou apenas a coordenada y. Contudo poucas linguagens possuem o recurso de empacotar o retorno de diversas variáveis simples.

Para usufruirmos dessa capacidade peculiar e muito útil, basta explicitar os valores a serem retornados separados por vírgula (linha 4), que ocorre um empacotamento dos valores.

Os valores podem ser recebidos numa única variável (do tipo *tupla*, linha 7), que passa a ter na posição 0 o primeiro valor, e na posição 1 o segundo valor, e assim por diante.

Outra possibilidade na linguagem seria determinar duas variáveis para receber os valores usando uma atribuição múltipla (linha 10), na qual a primeira variável recebe o valor da posição 0, a segunda recebe o valor da posição 1 (e assim por diante, respectivamente), ocorrendo o desempacotamento do retorno.

Módulos externos

Vimos até aqui que o conceito de Modularização possui grande valor mesmo quando restrito à apenas um programa. Contudo esse valor pode ser ampliado exponencialmente, quando um mesmo módulo puder ser reaproveitado em diversos programas distintos. Na linguagem Python isso pode ser feito através de módulos guardados em arquivos separados.

Manipulação

Como vimos e utilizamos em capítulos anteriores, podemos acessar funções da biblioteca da linguagem, ou até mesmo funções que foram desenvolvidas por outros programadores, sem que precisemos saber como a função foi implementada.

Para incluir estas funções no código que estamos desenvolvendo usamos o comando **import**.

Exemplos

a. Importar as funções do módulo math, que fornece acesso à diversas funções matemáticas úteis.

```
1. import math
2. print(math.pi)
3. print("Raiz de 9: ", math.sqrt(9))
4. print("3 ao quadrado: ", pow(3, 2))
```

Neste exemplo de import (linha 1) poderemos acessar todas as funções e constantes definidas no módulo math, separando o nome do módulo do nome da função com um "." (ponto), como ocorre nas linhas 2 e 3. Vale destacar que sqrt é a função para calcular a raiz quadrada (*square root*) e pi devolverá o valor da constante PI. Por outro lado, observemos que a função pow (de *power* – potência), que está calculando 3^2 na linha 4, não leva math como prefixo, por ser uma função Python nativa (também chamada *built-in*).

    b. Importar apenas as funções desejadas de um módulo usando o comando **from**.

```
1. from math import pi, sqrt
2. print(pi)
3. print("Raiz de 9: ", sqrt(9))
4. print("Absoluto de -9: ", abs(-9))
```

Neste exemplo de import estamos importando apenas pi e sqrt do módulo math (linha 1). Neste modo de importação, as funções podem ser usadas diretamente, como nas linhas 2 e 3, sem necessidade de referenciar o módulo. O exemplo com a função abs (valor absoluto), que está calculando abs(-9) na linha 4, é outro caso de uma função nativa (*built-in*) que pode ser usada diretamente pois não requer a importação do módulo math, como as demais nesse exemplo.

Definição

A linguagem Python permite facilmente criar nossas próprias bibliotecas de módulos, o que ajuda a ampliar as possibilidades da Modularização de maneira mais personalizada às nossas próprias necessidades e dos sistemas que iremos implementar.

Vejamos como construir um módulo externo (biblioteca) de forma personalizada, agregando dois dos exemplos utilizados anteriormente: função Fibo (**Programa 5.7**) e função Par (**Programa 5.8**) em um mesmo arquivo que nomearemos de MyLib.py:

PROGRAMA 5.10   Módulo MyLib.py

```
1.  def Fibo(n):
2.      # Imprime uma sequência de Fibonacci de 1 até o limite superior n fornecido
3.      a = b = 1
4.      while a < n:
5.          print(a, end=' ')
6.          c = a + b
7.          a = b
8.          b = c
9.      print()
10.
11. def Par(Num):
12.     # Retorna True quando Num for par, False quando for ímpar
13.     if Num % 2 == 0:
14.         return True
15.     else:
16.         return False
```

Observemos a simplicidade para montar a biblioteca MyLib no módulo Python do **Programa 5.10**. Não foi necessário nenhum comando específico ou adicional, nem no início nem no final no código. Bastou colocar no mesmo arquivo dois dos módulos que desenvolvemos anteriormente (Fibo na linha 1 e Par na linha 11).

Assim como vimos o uso de módulos da biblioteca padrão, vejamos agora um exemplo de manipulação da nossa MyLib:

PROGRAMA 5.11   Importação MyLib

```
1.  from MyLib import Fibo, Par
2.
3.  # Exemplos de módulo com contexto de ação
4.  Fibo(100)
5.  Fibo(1000)
6.
7.  # Exemplos de módulo com contexto de resultado
8.  print (Par(7))
9.  print (Par(8))
```

Ao executar o **Programa 5.11**, teremos o seguinte resultado:

```
1 1 2 3 5 8 13 21 34 55 89
1 1 2 3 5 8 13 21 34 55 89 144 233 377 610 987
False
True
```

Observemos que tanto módulos com contexto de ação (Fibo) quanto módulos com contexto de resultado (Par) podem ser importados de uma biblioteca. Como já discutido, em Python ambos são funções. O primeiro apenas imprime (ação) enquanto o segundo retorna um valor (resultado).

Dessa forma poderemos utilizar nossa biblioteca MyLib em qualquer outro programa, ampliando os horizontes de modularização e reutilização de código.

Nota

Em Python o termo módulo é comumente utilizado nos casos de trechos de programa armazenados em arquivos separados. Além de comandos, cada módulo pode conter definições e variáveis, que são sempre tratadas como locais. O módulo até pode enxergar variáveis explicitamente marcadas como globais em seus programas chamadores, mas a recíproca não é totalmente verdadeira. Para que o programa chamador possa acessar ou modificar alguma variável global interna ao módulo, é preciso fazer uma referência explícita indicando o nome do módulo seguido de ponto e seguido do nome da variável.

Recursividade

Podemos implementar recursividade em Python de maneira bem similar àquela vista nos algoritmos. Utilizaremos o mesmo exemplo do cálculo do fatorial para demonstrar a conversão no **Programa 5.12**.

Capítulo 5   Módulos   189

PROGRAMA 5.12   Módulo Fatorial (ref. Algoritmo 5.12)

1. **módulo** Fatorial (**inteiro**: N)	def Fatorial(N):
2. **se** (N = 0) **então**	if N == 0:
3. **início**	
4. **escreva** ("0! = 1");	print('0! = 1')
5. **retorne** (1);	return 1
6. **fim**;	
7. **fimse**;	
8. **escreva** (N, "! = ", N, " * ", N-1, "!");	print(f"{N}! = {N} * {N-1}!")
9. **retorne** (N * Fatorial(N-1));	return N * Fatorial(N-1)
10. **fimmódulo**;	

O resultado de uma chamada à função recursiva fatorial em um comando:

print(f"Fatorial de 5 = {Fatorial(5)}")

seria a seguinte impressão:

```
5! = 5 * 4!
4! = 4 * 3!
3! = 3 * 2!
2! = 2 * 1!
1! = 1 * 0!
0! = 1
Fatorial de 5 = 120
```

Como encerramento desse capítulo, vejamos como ficaria a versão mais completa de nosso algoritmo do Registro de Ponto totalmente implementado em Python.

PROGRAMA 5.13   Registro Ponto (ref. Algoritmo 5.13)

1. **início**	from dataclasses import dataclass
2. **tipo** dia = **registro**	@dataclass class Dia

3. **inteiro**: dt, em, sm, et, st;	dt: int = 0
	   em: int = 800
	   sm: int = 1200
	   et: int = 1400
	   st: int = 1800

4. **fimregistro**;	
5. **tipo** totDia = **registro**	@dataclass class totDia
6. **inteiro**: atraso, horas;	atraso: int = 0 horas: int = 0
7. **fimregistro**;	
8. **tipo** V1 = **vetor** [1..31] **de** dia;	cartao = [None] * 31
9. **tipo** V2 = **vetor** [1..31] **de** totDia;	totalDia = [None] * 31
10. V1: cartão;	for i in range(31): cartao[i] = Dia()
11. V2: totalDia;	totalDia[i] = totDia()
12. **inteiro**: cont, i, toth, totatr;	cont = toth = totatr = 0
13.	
14. **módulo** Entrada	def Entrada(): global cartao, cont
15. **inteiro**: dia, a, b, c, d;	
16. cont ← 0;	
17. **leia** (dia);	dia = int(input("Dia do mês (0 para sair): "))
18. **enquanto** (dia > 0) e (dia < 32) **faça**	while (dia>0) and (dia<32):

19. **leia** (a, b, c, d);	a = int(input("Entrada manhã (hhmm): "))
	   b = int(input("Saída manhã (hhmm): "))
	   c = int(input("Entrada tarde (hhmm): "))
	   d = int(input("Saída tarde (hhmm): "))

(Continua)

Capítulo 5 Módulos

20.	cartão[dia].dt ← dia;	cartao[cont].dt = dia
21.	cartão[dia].em ← a;	cartao[cont].em = a
22.	cartão[dia].sm ← b;	cartao[cont].sm = b
23.	cartão[dia].et ← c;	cartao[cont].et = c
24.	cartão[dia].st ← d;	cartao[cont].st = d
25.	cont ← cont + 1;	cont += 1
26.	leia (dia);	dia = int(input("Dia do mês (0 para sair): "))
27.	fimenquanto;	
28.	cont ← cont - 1;	
29.	fimmódulo;	
30.		
31.	módulo Cálculo	def Calculo():
		global cartao, totalDia, cont, toth, totatr
32.		
33.	módulo Minuto (inteiro: H)	def Minuto(H):
34.	inteiro: m;	
35.	m ← (H div 100)*60 + H mod 100;	m = ((H // 100) * 60) + (H % 100)
36.	retorne (m);	return m
37.	fimmódulo;	
38.		
39.	módulo Atraso (inteiro: H, período)	def Atraso(H, período):
40.	inteiro: a;	
41.	se minuto (H) > período	if Minuto(H) > período:
42.	então a ← minuto (H) - período;	a = Minuto(H) - período
43.	senão a ← 0;	else:
		a = 0
44.	fimse;	
45.	retorne (a);	return a
46.	fimmódulo;	
47.		
48.	módulo Total (inteiro: HE, HS);	def Total(HE, HS):
49.	inteiro: t;	
50.	t ← minuto (HS) - minuto (HE);	t = Minuto(HS) - Minuto(HE)
51.	retorne (t);	return t
52.	fimmódulo;	
53.		
54.	para i de 1 até cont faça	for i in range (0, cont):
55.	totalDia[i].atraso ← Atraso(cartão[i].em, 480) + Atraso(cartão[i].et, 840);	totalDia[i].atraso = Atraso(cartao[i].em,480) + Atraso(cartao[i]. et, 840)
56.	totalDia[i].horas ← Total(cartão[i].em, cartão[i].sm) + Total(cartão[i].et, cartão[i].st);	totalDia[i].horas = Total(cartao[i].em, cartao[i].sm) + Total(cartao[i].et, cartao[i].st)
57.	toth ← toth + totalDia[i].horas;	toth += totalDia[i].horas
58.	totatr ← totatr + totalDia[i].atraso;	totatr += totalDia[i].atraso
59.	fimpara;	
60.		
61.	fimmódulo;	
62.		
63.	módulo Impressão	def Impressao():
		global cartao, totalDia, cont, toth, totatr
		print('Dias informados ---')
64.	para i de 1 até cont faça	for i in range(0, cont):
65.	escreva (cartão[i].dt);	print(f'Dia {cartao[i].dt:02} ', end='')
66.	escreva (cartão[i].em, cartão[i].sm);	print(f'{cartao[i].em // 100:02}:{cartao[i].em % 100:02}-{cartao[i].sm // 100:02}:{cartao[i].sm % 100:02},', end='')
67.	escreva (cartão[i].et, cartão[i].st);	print(f'{cartao[i].et // 100:02}:{cartao[i].et % 100:02}-{cartao[i].st // 100:02}:{cartao[i].st % 100:02}', end='')
68.	escreva (totalDia[i].horas div 60);	print(f', total {totalDia[i].horas // 60:02}:', end='')
69.	escreva (totalDia[i].horas mod 60);	print(f'{totalDia[i].horas % 60:02}', end='')
70.	escreva (totalDia[i].atraso div 60);	print(f', atraso {totalDia[i].atraso // 60:02}:', end='')
71.	escreva (totalDia[i].atraso mod 60);	print(f'{totalDia[i].atraso % 60:02}')
72.	fimpara;	
		print('Totalização ---------------------------------------')
		print(f'Dias {cont}')
73.	escreva ((toth/cont) div 60, (toth/cont) mod 60);	print(f'Horas {(int(toth/cont))//60:02}:{(int(toth/cont))%60:02}h em média, ', end='')
74.	escreva (toth div 60, toth mod 60);	print(f'{toth//60:02}:{toth%60:02}h no total')
75.	escreva ((totatr/cont) div 60, (totatr/cont) mod 60);	print(f'Atrasos {(int(totatr/cont))//60:02}:{(int(totatr/cont))%60:02}h em média, ', end='')
76.	escreva (totatr div 60, totatr mod 60);	print(f'{totatr//60:02}:{totatr%60:02}h no total')

(*Continua*)

```
77.     fimmódulo;
78.
79.     # Bloco Principal              # Bloco Principal
80.     Entrada;                       Entrada()
81.     se (cont > 0)                  if (cont>0):
82.        então início
83.           Cálculo;                 Calculo()
84.           Impressão;               Impressao()
85.        fim;
86.     fimse;
87.
88.     fim.
```

A execução do **Programa 5.13**, fornecendo como dados de entrada os valores exemplificados na **Figura 5.1**, produz o resultado apresentado na **Figura 5.8** comentada a seguir:

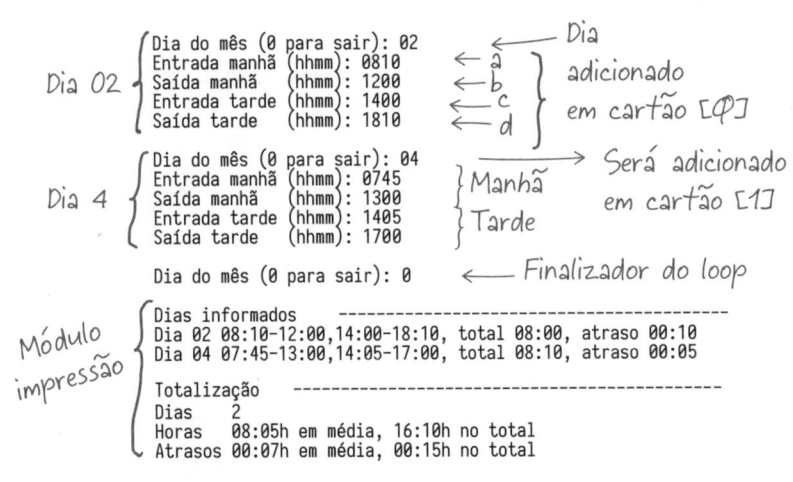

```
              ⎧ Dia do mês (0 para sair): 02     ← Dia
              ⎪ Entrada manhã (hhmm): 0810       ← a  ⎫
   Dia 02  ⎨ Saída manhã   (hhmm): 1200         ← b  ⎬ adicionado
              ⎪ Entrada tarde (hhmm): 1400       ← c  ⎪ em cartão [0]
              ⎩ Saída tarde   (hhmm): 1810       ← d  ⎭

              ⎧ Dia do mês (0 para sair): 04              Será adicionado
              ⎪ Entrada manhã (hhmm): 0745       ⎫ Manhã  em cartão [1]
   Dia 4   ⎨ Saída manhã   (hhmm): 1300         ⎬
              ⎪ Entrada tarde (hhmm): 1405       ⎫ Tarde
              ⎩ Saída tarde   (hhmm): 1700       ⎭

                Dia do mês (0 para sair): 0     ← Finalizador do loop

              ⎧ Dias informados  ----------------------------------------
  Módulo    ⎪ Dia 02 08:10-12:00,14:00-18:10, total 08:00, atraso 00:10
impressão   ⎨ Dia 04 07:45-13:00,14:05-17:00, total 08:10, atraso 00:05
              ⎪
              ⎪ Totalização      ----------------------------------------
              ⎪ Dias    2
              ⎪ Horas   08:05h em média, 16:10h no total
              ⎩ Atrasos 00:07h em média, 00:15h no total
```

Figura 5.8 Exemplo de execução do Programa 5.13 – Registro de Ponto.

Exercícios de fixação 4

4.1 Construa um módulo que calcule a quantidade de dígitos de determinado número inteiro.

4.2 Elabore um módulo que retorne o reverso de um número inteiro, por exemplo 932 → 239.

4.3 Construa um módulo que, dado um número de conta corrente com cinco dígitos, retorne seu dígito verificador, o qual é calculado da seguinte maneira:

Exemplo

Número da conta: 25678
- somar números da conta com seu inverso: 25678 + 87652 = 113330;
- multiplicar cada dígito por sua ordem posicional e somar esse resultado:

$$
\begin{array}{cccccc}
 1 & 1 & 3 & 3 & 3 & 0 \\
*1 & *2 & *3 & *4 & *5 & *6 \\
\hline
 1 + & 2 + & 9 + & 12 + & 15 + & 0 = 39
\end{array}
$$

- o último dígito deste resultado é o dígito verificador da conta (39 → 9).

Exercícios propostos

1. Supondo os módulos a seguir, indique o tipo de contexto de cada um:
   a) Dígito verificador do CPF
   b) Inversão de matrizes
   c) Impressão de boleto bancário
   d) Média aritmética
   e) Resto da divisão
   f) Leitura de um QR Code
   g) Efetuar um aumento nos preços dos produtos cadastrados em uma estrutura
   h) Impressão da relação dos alunos reprovados
2. Construa um módulo que calcule o resto da divisão entre dois números (sem utilizar o operador mod).
3. Construa um módulo que calcule o quociente inteiro da divisão entre dois números (sem utilizar o operador div).
4. Construa um módulo capaz de obter a raiz quadrada inteira de um número inteiro qualquer.
5. Construa um módulo que identifique se um número é ou não divisível por 6.
6. Construa um módulo que identifique se um número é ou não primo.
7. Construa um módulo que imprima todos os divisores de dado número.
8. Construa um módulo capaz de obter o MMC entre dois números inteiros quaisquer.
9. Construa um módulo capaz de obter o MDC entre dois números inteiros quaisquer.
10. Construa um módulo capaz de calcular a exponenciação para quaisquer base e expoentes inteiros;
11. Construa um módulo que apresente o valor absoluto de dado número.
12. Construa um módulo capaz de calcular o fatorial de um número.
13. Construa um módulo que calcule o Arranjo de n elementos, p a p. Utilize a fórmula A = n!/(n–p)!
14. Construa um módulo que calcule o número de Combinações de n elementos p a p. Utilize a fórmula C = n!/(p!*(n–p)!)
15. Construa um módulo que faça o arredondamento científico de qualquer valor fracionário.
16. Construa um algoritmo modularizado que, a partir de um vetor de 100 inteiros, possibilite:
    a) a digitação dos valores no vetor;
    b) imprimir o valor do somatório de seus itens;
    c) imprimir a média dos valores fornecidos;
    d) calcular o desvio-padrão;
    e) substituir por zero todos os valores negativos;
    f) substituir por zero todos os valores repetidos (maiores que zero).

17. Construa um algoritmo que calcule o somatório dos n primeiros termos da série de Fibonacci (1, 1, 2, 3, 5, ...).
18. Imprima por extenso o valor de um número inteiro fornecido no intervalo 1 à 999.999
19. Com base no seguinte registro:

```
Número do cheque: _____  Agência: _____
Número da conta corrente: _____  DV: _____
Nome: _____  Valor: _____
```

Construa um algoritmo que possua:
- módulo para leitura do registro;
- módulo para validação do dígito verificador (utilize a mesma fórmula do exercício 4.3);
- módulo para somar e imprimir a soma total dos cheques de uma mesma pessoa, acionando cada vez que a leitura detecta outro cliente.
- O algoritmo deve ser executado até que o número do cheque seja igual a zero.

20. Com base no exemplo do registro de ponto, aprimore o algoritmo final de modo que imprima o total de horas extras ou horas devidas do mês. Para tal, sabe-se que a jornada de trabalho diário é de oito horas. Se o funcionário trabalhar mais que isso acumulará horas extras, se trabalhar menos acumulará horas devidas. No fim do mês, o algoritmo deverá informar o saldo de horas e se o mesmo é de horas extras ou de horas devidas

Resumo

Complexidade é sinônimo de **variedade**. Sempre que um problema é decomposto, ou seja, é dividido em partes menores, a variedade é reduzida e, com ela, a complexidade. Os algoritmos podem acompanhar a decomposição de problemas através dos **módulos**, também conhecidos como **subalgoritmos** por representarem uma parte do algoritmo como um todo.

O **escopo** ou abrangência de variáveis trata da visibilidade destas nos diversos módulos existentes. As variáveis são de escopo **global** quando são visíveis em todos os módulos hierarquicamente inferiores e **local** quando são visíveis apenas no próprio módulo. Esse tipo de recurso possibilita uma maior independência dos módulos, uma vez que cada módulo pode utilizar suas próprias variáveis (locais) sem interferir nos demais módulos.

A **parametrização** de módulos possibilita uma maior generalização e, consequentemente, um maior reaproveitamento dos módulos em um maior número de situações diferentes.

Em sua essência, os módulos podem ser de **contexto de ação** quando são centrados nos processos e atividades realizadas, enquanto são de **contexto de resultado** quando têm por objetivo calcular ou obter algum valor em especial.

Estruturas de dados avançadas

6

Objetivos

- Apresentar o conceito básico das estruturas avançadas: a lista.
- Explicar como a lista pode ser utilizada para que funcione como uma fila, pilha, árvore ou demais estruturas.
- Apresentar a manipulação de listas, filas e pilhas em Python
- Apresentar a estrutura de dados Dicionário em Python

▶ Utilização de listas
▶ Método de acesso: fila
▶ Método de acesso: pilha
▶ Utilização de árvores
▶ Outras estruturas
▶ Implementação em Python

Este capítulo tem por objetivo utilizar os conhecimentos apresentados até aqui na resolução de problemas computacionais associados a estruturas de dados clássicas, demonstrando assim a versatilidade do conhecimento adquirido nas mais diversas situações.

Neste capítulo, abordaremos os conceitos e as aplicações básicas de algumas estruturas de dados como listas, filas, pilhas e árvores, enfocando em essência o fundamento lógico de suas principais operações utilizando Listas Lineares. Portanto, o objetivo não é esgotar o tema Estruturas de Dados nem mesmo atingir um aprofundamento acadêmico, uma vez que isso envolveria a avaliação de restrições computacionais (análise de desempenho, complexidade, consumo de recursos, ponteiros, alocação de memória etc.) e uma vasta gama de conceitos e técnicas, o que mereceria atenção especial em um livro exclusivamente criado para essa finalidade.

Listas lineares

É de grande importância neste capítulo que se compreenda muito bem o conceito de listas. Para ilustrar, iniciaremos imaginando uma brincadeira tipicamente utilizada para entrega de presentes a algum aniversariante. Consiste em entregar um cartão (no lugar do presente) no qual se informa que o presente está guardado sob a cama. Lá chegando, o aniversariante percebe que existe uma mensagem dizendo que o presente se encontra na gaveta do armário; ao abri-la, encontra outro papel que o conduz ao fogão, do fogão para debaixo do tapete, daí para a geladeira e desta para sob a mesa, onde o aniversariante finalmente encontraria seu presente.

196 Capítulo 6 Estruturas de dados avançadas

Ilustrando esta sequência, teríamos um encadeamento linear do bilhete inicial até o presente, passando por todas as etapas da brincadeira, como mostra a **Figura 6.1**:

Figura 6.1 Mapa do presente.

cama						
cartão	gaveta	fogão	tapete	geladeira	mesa	presente
	cama	gaveta	fogão	tapete	geladeira	mesa

Devemos notar que:

- as setas utilizadas na ilustração anterior nada mais são que mero artifício ilustrativo, visto que foi possível representar o mesmo encadeamento lógico sem elas, e que no exemplo real elas não existem;
- é necessário um ponto de partida (cartão), que não é considerado parte integrante da sequência, apenas indicador de seu início;
- cada um dos pontos é composto da localização do próprio ponto e de uma indicação do próximo local. Isso os torna de tal maneira independentes que permite até mesmo uma alteração completa de sua disposição, mantendo intacto o encadeamento lógico de seus componentes.

cama						
cartão	presente	geladeira	gaveta	tapete	mesa	fogão
	mesa	tapete	cama	fogão	geladeira	gaveta

Temos, então, um exemplo daquilo que denominamos lista linear, no caso específico uma lista encadeada, que se define por um conjunto de elementos individualizados em que cada um referencia outro elemento distinto como sucessor, ou seja, cada elemento indica a localização do próximo elemento.

Em outro exemplo, imaginemos a preparação de uma lista de tarefas a serem cumpridas no centro da cidade. Inicialmente, cada atividade é relacionada, conforme vai surgindo na memória, até que se esgotem todas as atividades. Temos, então, a seguinte primeira versão da lista de tarefas:

Lista de tarefas
1. Efetuar um saque no caixa automático
2. Comprar livros na livraria
3. Deixar o carro no estacionamento
4. Pegar as roupas na lavanderia
5. Buscar encomenda no correio
6. Comprar presente na loja de brinquedos
7. Autenticar documentos no cartório
8. Comprar calçados no shopping

Agora, um pouco de planejamento: é preciso estabelecer uma ordem a ser seguida conforme os mais variados critérios (pré-requisitos, prioridades, proximidade geográfica etc.). Contudo, não iremos reescrever a lista, vamos apenas acrescentar uma coluna, como apresentado a seguir:

Lista de tarefas	
Começo em: 3	
Item	Próximo
1. Efetuar um saque no caixa automático	6
2. Comprar livros na livraria	4
3. Deixar o carro no estacionamento	8
4. Pegar as roupas na lavanderia	Final
5. Buscar encomenda no correio	1
6. Comprar presente na loja de brinquedos	2
7. Autenticar documentos no cartório	5
8. Comprar calçados no shopping	7

Temos, então, a mesma lista de antes, só que agora ela está encadeada, porque cada elemento 'aponta para' seu sucessor, ou seja, cada elemento indica o próximo elemento da lista como se apontasse para este.

No exemplo, a primeira atividade é "Deixar o carro no estacionamento", a segunda é "Comprar calçados no shopping", e assim sucessivamente, até "Pegar as roupas na lavanderia", que é a última atividade (seu campo próximo indica "Final").

Declaração

Para representar a lista do exemplo, precisamos do seguinte vetor de registros:

```
tipo regItem = registro
                 caracter: item;
                 inteiro: prox;
              fimregistro;
tipo vetLista = vetor [1..100] de regItem;
vetLista: lista;
inteiro: começo;

começo ← 3;
```

Usaremos a variável começo como referência ao ponto de partida da lista encadeada e o valor 0 (ou outro valor não válido) como final da lista.

Vejamos, então, como fica a disposição dos elementos da lista na estrutura de dados utilizada:

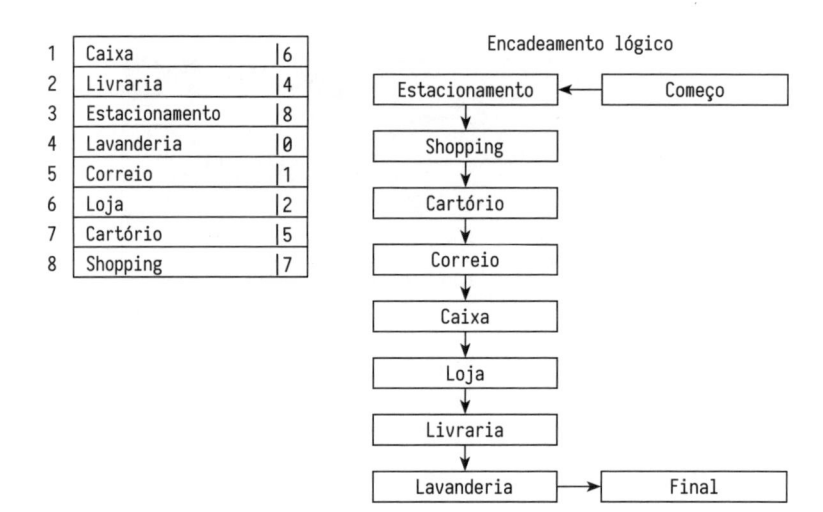

#	item	prox
1	Caixa	6
2	Livraria	4
3	Estacionamento	8
4	Lavanderia	0
5	Correio	1
6	Loja	2
7	Cartório	5
8	Shopping	7

Encadeamento lógico:

Começo → Estacionamento → Shopping → Cartório → Correio → Caixa → Loja → Livraria → Lavanderia → Final

Manipulação

Para utilizar devidamente uma lista, devemos observar alguns pontos relevantes no tratamento das operações mais frequentes com essa estrutura: inserção e remoção.

Inserção

Qualquer elemento que fosse inserido nesse vetor seria alocado a partir da posição nove, porém, devido à independência dos elementos, poderia estar logicamente encadeado em qualquer lugar da lista: supondo que fosse necessário incluir a farmácia na lista de compras, temos três possibilidades:

a) No meio da lista

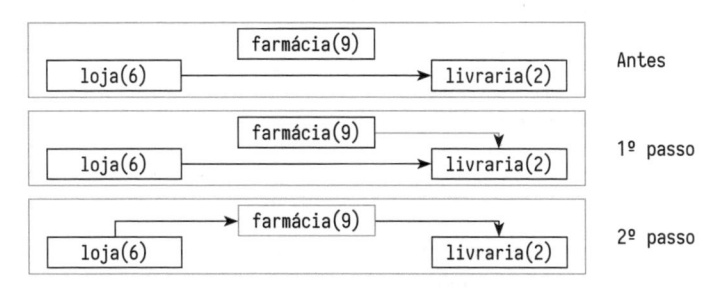

```
┌─────────────────────────────────────┐
│              farmácia(9)            │
│   loja(6) ─────────────► livraria(2)│   Antes
└─────────────────────────────────────┘

┌─────────────────────────────────────┐
│              farmácia(9)            │
│   loja(6) ─────────────► livraria(2)│   1º passo
└─────────────────────────────────────┘

┌─────────────────────────────────────┐
│         ──► farmácia(9)             │
│   loja(6)                livraria(2)│   2º passo
└─────────────────────────────────────┘
```

1º passo: lista[9].prox ← lista[6].prox;
2º passo: lista[6].prox ← 9;

b) No fim da lista

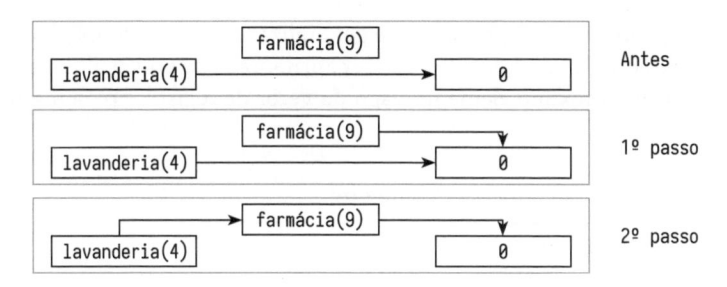

```
┌─────────────────────────────────────┐
│              farmácia(9)            │
│ lavanderia(4) ─────────────► 0      │   Antes
└─────────────────────────────────────┘

┌─────────────────────────────────────┐
│              farmácia(9)            │
│ lavanderia(4) ─────────────► 0      │   1º passo
└─────────────────────────────────────┘

┌─────────────────────────────────────┐
│         ──► farmácia(9)             │
│ lavanderia(4)                0      │   2º passo
└─────────────────────────────────────┘
```

1º passo: lista[9].prox ← lista[4].prox;
2º passo: lista[4].prox ← 9;

c) No início da lista

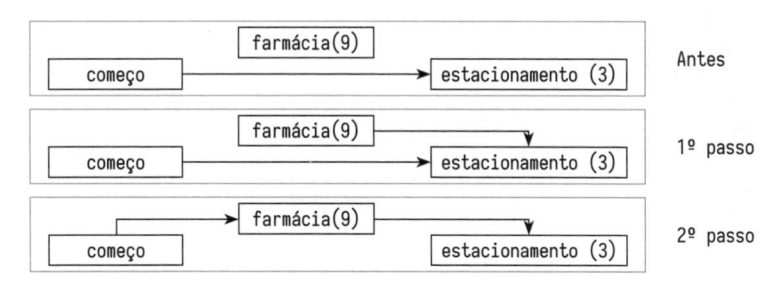

```
┌─────────────────────────────────────────┐
│              farmácia(9)                │
│   começo ─────────────► estacionamento(3)│  Antes
└─────────────────────────────────────────┘

┌─────────────────────────────────────────┐
│              farmácia(9)                │
│   começo ─────────────► estacionamento(3)│  1º passo
└─────────────────────────────────────────┘

┌─────────────────────────────────────────┐
│         ──► farmácia(9)                 │
│   começo                estacionamento(3)│  2º passo
└─────────────────────────────────────────┘
```

1º passo: lista[9].prox ← começo;
2º passo: começo ← 9.

Podemos generalizar todos os casos de inserção com o seguinte módulo:

Algoritmo 6.1 Inserção em uma lista (reduzido)

```
1. módulo Insere (inteiro: novo, antecessor)
2.     lista[novo].prox ← antecessor;
3.     antecessor ← novo;
4. fimmódulo;
```

Usamos como primeiro parâmetro (novo) a posição no vetor do novo elemento a ser inserido na lista, e como segundo parâmetro (antecessor) o sucessor do elemento que precederá aquele que será inserido.

```
Insere (9, lista[6].prox);    // meio da lista, ex a)
Insere (9, lista[4].prox);    // fim da lista, ex b)
Insere (9, começo);           // início da lista, ex c)
```

O módulo proposto serve ao propósito de generalizar, de forma simplificada, o funcionamento de uma operação de inserção. Ele pode ser aprimorado ao prever algumas consistências e encontrar por si só o próximo elemento vago no vetor de registros para o armazenamento do novo item da lista.

Algoritmo 6.2 Inserção em uma lista (completo)

```
1.  módulo Existe (inteiro: posição)
2.      inteiro: i;
3.      se começo = 0
4.          então retorne (F);
5.      fimse;
6.      i ← começo;
7.      repita
8.          se lista[i].prox = posição
9.              então retorne (V);
10.         fimse;
11.         i ← lista[i].prox;
12.     até i = 0;
13.     retorne (F);
14. fimmódulo;
15.
16. módulo Novo
17.     inteiro: novo, i;
18.     novo ← 0;
19.     i ← 1;
20.     repita
21.         se não Existe (i)
22.             então novo ← i;
23.         senão se lista[i].item = " "
24.                 então novo ← i;
25.             fimse;
```

(Continua)

```
26.         fimse;
27.         i ← i + 1;
28.     até (i > 100) ou (novo > 0);
29.     retorne (novo);
30. fimmódulo;
31.
32. módulo Insere (caracter: info; inteiro: antecessor)
33.     inteiro: pos;
34.     se não Existe (antecessor) // consistência do antecessor
35.         então escreva ("Antecessor não pertence à lista !");
36.         senão início
37.             pos ← Novo;
38.             se pos = 0 // vetor esgotado
39.                 então escreva ("Não existem mais posições disponíveis !");
40.                 senão início
41.                     lista[pos].item ← info;
42.                     se começo = 0 // lista vazia
43.                         então início
44.                             começo ← pos;
45.                             lista[pos].prox ← 0;
46.                         fim;
47.                         senão início
48.                             lista[pos].prox ← antecessor;
49.                             antecessor ← pos;
50.                         fim;
51.                     fimse;
52.                 fimse;
53.     fimse;
54. fimmódulo;
```

Conforme podemos notar, o módulo Insere faz uso de um módulo Novo, que tem por objetivo encontrar a primeira posição disponível no vetor (quando houver), e utiliza também o módulo Existe, cujo propósito é avaliar se uma dada posição pertence ao encadeamento da lista.

Dessa forma, no módulo Insere foi possível: consistir a existência do parâmetro Antecessor, a localização e utilização da primeira posição disponível, além de incluir um tratamento especial para o caso de a lista estar vazia.

Assim, o exemplo anterior poderia ser acionado da seguinte forma:

```
Insere ("Farmácia", lista[6].prox);    // meio da lista, ex a)
Insere ("Farmácia", lista[4].prox);    // fim da lista, ex b)
Insere ("Farmácia", começo);           // início da lista, ex c)
```

Remoção

Qualquer elemento que fosse removido seria simplesmente 'desligado' da lista, isto é, nenhum outro elemento da lista o encararia como sucessor, mesmo que continuasse ocupando uma das posições do vetor. Exemplificamos, então, a remoção de um elemento em três situações:

202 Capítulo 6 Estruturas de dados avançadas

a) No meio da lista: remover Correio

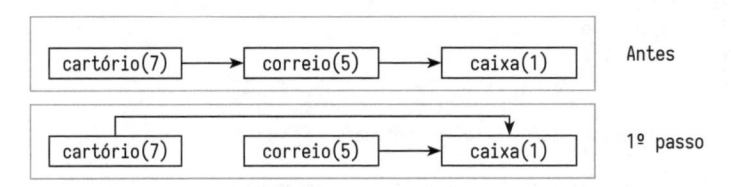

```
┌─────────────────────────────────────────────┐
│  cartório(7) ──► correio(5) ──► caixa(1)    │   Antes
└─────────────────────────────────────────────┘

┌─────────────────────────────────────────────┐
│              ┌──────────────────────┐       │
│  cartório(7) │   correio(5) ──► caixa(1)    │   1º passo
└─────────────────────────────────────────────┘
```

1º passo: lista[7].prox ← lista[5].prox;

b) No início da lista: remover Estacionamento

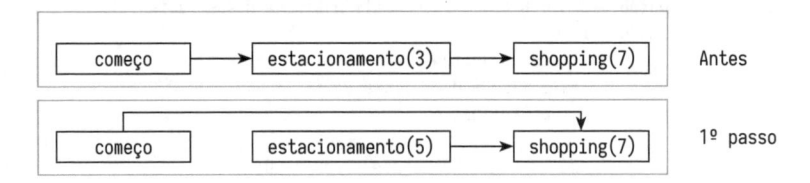

```
┌─────────────────────────────────────────────────────┐
│  começo ──► estacionamento(3) ──► shopping(7)       │   Antes
└─────────────────────────────────────────────────────┘

┌─────────────────────────────────────────────────────┐
│          ┌──────────────────────────┐               │
│  começo  │   estacionamento(5) ──► shopping(7)      │   1º passo
└─────────────────────────────────────────────────────┘
```

1º passo: começo ← lista[3].prox;

c) No fim da lista: remover Lavanderia

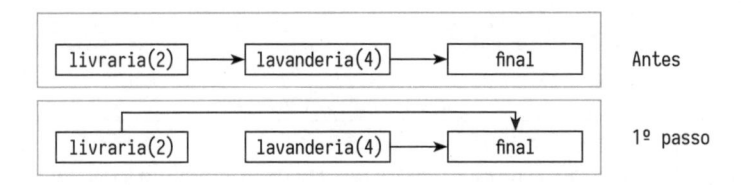

```
┌─────────────────────────────────────────────┐
│  livraria(2) ──► lavanderia(4) ──► final    │   Antes
└─────────────────────────────────────────────┘

┌─────────────────────────────────────────────┐
│              ┌──────────────────────┐       │
│  livraria(2) │  lavanderia(4) ──► final     │   1º passo
└─────────────────────────────────────────────┘
```

1º passo: lista[2].prox ← lista[4].prox;

Podemos generalizar todos os casos de remoção em um único módulo:

Algoritmo 6.3   Remoção em uma lista (parcial)

```
1. módulo Remove (inteiro: velho, antecessor)
2.    antecessor ← lista[velho].prox;
3. fimmódulo;
```

Exemplo

```
Remove (5, lista[7].prox);   // meio da lista, ex a)
Remove (3, começo);          // início da lista, ex b)
Remove (4, lista[2].prox);   // fim da lista, ex c)
```

Examinando com atenção, poderemos enxergar a beleza da simplicidade do código, que inclusive simplifica a compreensão do que realmente ocorre: o elemento anterior liga-se ao próximo elemento de seu próximo elemento.

Poderemos aperfeiçoar o módulo acrescentando algumas consistências, conforme mostrado a seguir:

Algoritmo 6.4 Remoção em uma lista (completo)

```
1. módulo Remove (inteiro: velho, antecessor)
2.    se começo = 0 // Lista vazia
3.       então escreva ("A lista está vazia !");
4.       senão se não Existe (antecessor)
5.              então escreva ("O elemento a ser removido não pertence à lista !");
6.              senão antecessor ← lista[velho].prox;
7.          fimse;
8.    fimse;
9. fimmódulo;
```

Dessa vez, o **Algoritmo 6.3** permaneceu intacto, sendo apenas precedido de algumas consistências: Lista vazia e o elemento Antecessor não pertencente à lista para a qual foi utilizado o módulo Existe definido no **Algoritmo 6.2**.

Exercícios de fixação 1

1.1 Dada uma lista de nomes em ordem alfabética, isto é, um vetor desordenado de nomes, e cujo encadeamento segue a ordem alfabética, construa um algoritmo que, sem alterar o encadeamento alfabético, faça:

  a) a impressão da relação de nomes da lista (em ordem alfabética);

  b) a inclusão de um novo nome;

  c) a localização e a exclusão de um nome fornecido;

  d) a alteração de um nome fornecido.

Implementando Listas Lineares em Python

Já empregamos o tipo list do Python para implementar as estruturas unidimensionais homogêneas: os vetores; bem como usamos listas com dataclass para implementarmos uma tradução possível para conjuntos de registros.

Entretanto, o tipo lista do Python é bem mais que uma forma de traduzirmos para Python nossos vetores de tamanho fixo. Ela permite a manipulação de listas dinâmicas, que podem aumentar e diminuir de tamanho. Permite também uma composição heterogênea, ou seja, cada elemento da lista pode ser de um tipo diferente. E, finalmente, a lista possui uma série de métodos nativos prontos e úteis para sua manipulação.

Começaremos exemplificando o uso da abordagem dinâmica para listas e, para tal, vamos recuperar um exemplo discutido no Capítulo 4, o **Programa 4.3**, que apresentava a solução para o problema de desenvolver um algoritmo para ler 10 números inteiros em um vetor, criando em seguida outros dois vetores, um contendo apenas os números pares e outro contendo apenas os números ímpares do vetor lido.

O **Programa 6.1** a seguir apresenta uma nova solução possível, usando a característica dinâmica da lista e um de seus métodos, o append. Colocamos os dois programas lado a lado para compararmos as estratégias de implementação de cada um; à esquerda, a abordagem de tamanho fixo e, à direita, uma abordagem explorando a natureza dinâmica das listas em Python.

Programa 6.1 Listas como estruturas dinâmicas

```
1.  VetLido = [0] * 10                              VLido = []
2.  VetPar = [0] * 10                               VPar = []
3.  VetImpar = [0] * 10                             VImpar = []
4.
5.  for X in range(10):                             for X in range(10):
6.      VetLido[X] = int(input(f'Número {X + 1}: ')) VLido.append(int(input(f'Número {X + 1}:')))
7.
8.  I = 0
9.  P = 0
10. for X in range(10):                             for X in range(10):
11.     if VetLido[X] % 2 == 0:                         if VLido[X] % 2 == 0:
12.         VetPar[P] = VetLido[X]                          VPar.append(VLido[X])
13.         P += 1
14.     else:                                           else:
15.         VetImpar[I] = VetLido[X]                        VImpar.append((VLido[X]))
16.         I += 1
17.
18. # impressão do vetor lido                       # impressão do vetor lido
19. print(f'Vetor lido: {VetLido}')                 print(f'Vetor lido: {VetLido}')
20.
21. # impressão do vetor de pares                   # impressão do vetor de pares
22. print(f'Vetor PAR, tamanho                      print(f'Vetor PAR, de tamanho {len(VPar)}:
    {P}:{VetPar[0:P]}')                             {VPar}')
23.
24. # impressão do vetor de ímpares                 # impressão do vetor de ímpares
25. print(f'Vetor ÍMPAR,tamanho                     print(f'Vetor IMPAR, de tamanho
    {I}:{VetImpar[0:I]}')                           {len(VImpar)}: {VImpar}')
```

É importante destacarmos que:

- originalmente os três vetores foram criados com o mesmo tamanho de 10 posições (pois não se sabe *a priori* quantos pares ou ímpares serão fornecidos); já na versão dinâmica, as três listas foram criadas vazias (linhas 1 a 3) e serão preenchidas conforme o algoritmo avançar;

- o número lido é inserido na posição X do vetor VetLido, já o método append adiciona o valor lido ao final da lista VLido (linha 6), o que realizado 10 vezes corresponde a ler os 10 números;

- as variáveis I e P, usadas para contar os ímpares e pares e servir de índice para VetImpar e VetPar respectivamente, não foram necessárias na versão dinâmica, pois o valor analisado é adicionado ao final da lista VImpar ou VPar, que, portanto, terão o tamanho exato correspondente a quantidade de números de cada tipo;

- a impressão de VetPar (linha 22) e VetImpar (linha 25) empregou a técnica de *slicing* para não mostrar as posições não usadas (que continham 'lixo'), no caso das listas VPar e VImpar, elas terão o tamanho exato para conter os valores necessários para cada situação;

- a quantidade de pares e ímpares das listas dinâmicas foi calculada usando a função len, que devolve o comprimento de uma lista (linhas 22 e 25).

Na sequência do capítulo, iremos manipular as listas lineares usando um determinado padrão de inserção e remoção. Essas funcionalidades já estão implementadas nativamente para as listas, e a **Tabela 6.1** apresenta um resumo dos principais métodos para manipulação do tipo list.

Tabela 6.1 Principais métodos para manipulação do tipo list

Método	Descrição
append( )	adiciona um elemento ao final da lista
clear( )	remove todos os elementos da lista
copy( )	retorna uma cópia da lista
count( )	retorna o número de vezes em que o elemento aparece na lista
extend( )	adiciona os elementos de uma lista ou iterável ao final da lista
index( )	retorna o índice do primeiro elemento igual ao valor especificado
insert( )	insere o elemento na posição especificada
pop( )	remove e retorna o elemento da posição especificada, se não for especificado um índice, remove e retorna o último elemento da lista
remove( )	remove o primeiro elemento igual ao valor especificado
reverse( )	inverte a ordem dos elementos da lista
sort( )	ordena os elementos da lista em ordem ascendente (elementos de mesmo tipo e comparáveis, parâmetro opcional reverse=True, ordena descendente)

O **Programa 6.2** apresenta um exemplo ilustrativo do emprego dos métodos supracitados sobre uma lista contendo nomes de cores.

PROGRAMA 6.2 Exemplos de operações sobre o tipo list

```
1.  lista1 = ['azul']
2.  print(f'Tamanho: {len(lista1)}, lista1: {lista1}')
3.  lista1.append('vermelho')
4.  print(f'Tamanho: {len(lista1)}, lista1: {lista1}')
5.  lista2 = lista1.copy( )  # criando uma lista nova como uma cópia
6.  lista1.clear( )  # removendo todos os elementos de lista 1
7.  print(f'Tamanho: {len(lista1)}, lista1: {lista1}')
8.  print(f'Tamanho: {len(lista2)}, lista2: {lista2}')
9.  lista2.extend(['cinza', 'verde', 'vermelho'])
10. print(f'Tamanho: {len(lista2)}, lista2: {lista2}')
11. print("Posição de 'vermelho': ", lista2.index('vermelho'))
    # qual o índice do primeiro elemento 'vermelho'?
12. print("Quantidade de 'vermelho': ", lista2.count('vermelho'))
13. lista2.insert(1, 'marrom')  # inserindo 'marrom' na posição 1
14. print(f'Tamanho: {len(lista2)}, lista2: {lista2}')
15. print('Removendo elemento posição 2: ', lista2.pop(2))
16. print(f'Tamanho: {len(lista2)}, lista2: {lista2}')
17. lista2.reverse( )
18. print('Lista invertida: ', lista2)
19. lista2.sort( )
20. print('Lista ordenada: ', lista2)
```

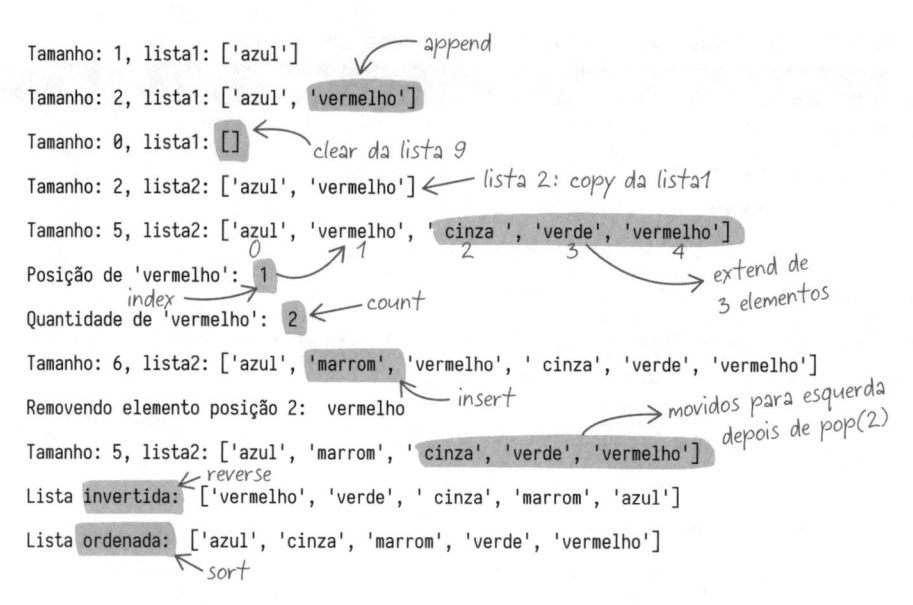

```
Tamanho: 1, lista1: ['azul']                              ← append
Tamanho: 2, lista1: ['azul', 'vermelho']
Tamanho: 0, lista1: []    ← clear da lista 9
Tamanho: 2, lista2: ['azul', 'vermelho']  ← lista 2: copy da lista1
Tamanho: 5, lista2: ['azul', 'vermelho', 'cinza ', 'verde', 'vermelho']
                      0        1            2        3        4
Posição de 'vermelho': 1                                  → extend de
           index                                            3 elementos
Quantidade de 'vermelho': 2  ← count

Tamanho: 6, lista2: ['azul', 'marrom', 'vermelho', ' cinza', 'verde', 'vermelho']
Removendo elemento posição 2:  vermelho  ← insert    → movidos para esquerda
                                                       depois de pop(2)
Tamanho: 5, lista2: ['azul', 'marrom', 'cinza', 'verde', 'vermelho']
                   ← reverse
Lista invertida: ['vermelho', 'verde', ' cinza', 'marrom', 'azul']

Lista ordenada: ['azul', 'cinza', 'marrom', 'verde', 'vermelho']
                ← sort
```

Figura 6.2 Execução do Programa 6.2.

A lista é implementada como uma lista linear sequencial, portanto, mesmo sendo dinâmica do ponto de vista do seu tamanho, os antecessores e sucessores de um elemento da lista são os que se encontram antes e depois do elemento nas posições da lista indexadas pelo seu índice.

> **Nota**
>
> A lista do Python é implementada internamente através de um vetor dinâmico, sofrendo alterações de tamanho conforme são adicionados ou removidos elementos. A adição e a remoção no final são eficientes, pois o Python aloca algum espaço extra, portanto nem toda operação de **append/pop** no final automaticamente implica em um redimensionamento. Entretanto, a inserção ou remoção no início são mais dispendiosas, pois demandam um deslocamento de elementos na estrutura sequencial da lista. O tipo list permanece muito eficiente para acesso randômico a determinados elementos da lista através de sua posição.

Para usarmos uma lista sequencial Python para acondicionar uma lista encadeada, podemos proceder como já fizemos no exemplo da Lista de Tarefas, ou seja, podemos empregar uma list com dataclass equivalente ao registro definido anteriormente, com os campos item e próximo. O **Programa 6.3** a seguir apresenta a inicialização e o percurso da lista de tarefas encadeada empregando essa estratégia de indexar as posições da estrutura.

PROGRAMA 6.3 Lista de tarefas encadeada

```
1.  from dataclasses import dataclass
2.
3.  @dataclass
4.  class regItem:
5.      item: str
6.      prox: int
7.
8.  listaTarefas = [regItem('Efetuar um saque no caixa automático', 5),
                    regItem('Comprar livros na livraria', 3),
                    regItem('Deixar o carro no estacionamento', 7),
                    regItem('Pegar as roupas na lavanderia', -1),
                    regItem('Buscar encomenda no correio', 0),
                    regItem('Comprar presente na loja de brinquedos', 1),
                    regItem('Autenticar documentos no cartório', 4),
                    regItem('Comprar calçados no shopping', 6)]
9.
10. comeco = 2  # começo da lista, primeira tarefa
11. tarefa = listaTarefas[comeco]
12. i = 1
13. print(f'Tarefa {i}: {tarefa.item}')
14. while tarefa.prox != -1:
15.     i += 1
16.     tarefa = listaTarefas[tarefa.prox]
17.     print(f'Tarefa {i}: {tarefa.item}')
```

Que produz o seguinte resultado:

```
Tarefa 1: Deixar o carro no estacionamento
Tarefa 2: Comprar calçados no shopping
Tarefa 3: Autenticar documentos no cartório
Tarefa 4: Buscar encomenda no correio
Tarefa 5: Efetuar um saque no caixa automático
Tarefa 6: Comprar presente na loja de brinquedos
Tarefa 7: Comprar livros na livraria
Tarefa 8: Pegar as roupas na lavanderia
```

Vale a pena destacar que:

- a lista listaTarefas continua sendo uma estrutura sequencial e se ela fosse iterada com um loop for regular (do início ao fim) mostraria as tarefas na ordem de inserção, ocorrida na inicialização (linha 8), e não na ordem adequada determinada pelo campo prox de cada registro;
- os índices da lista começam em 0, portanto empregamos -1 para indicar o final do encadeamento (inicialização na linha 12), o que será usado como condição do loop while (linha 14);
- para pegarmos a primeira tarefa, usamos a variável começo como índice da listaTarefas (linha 11);
- a cada iteração do loop while, o campo prox da tarefa atual é empregado para obtermos a próxima tarefa da lista encadeada (linha 16).

Filas

Filas são estruturas de dados que se comportam como as filas que conhecemos. Na verdade, uma fila nada mais é do que uma lista na qual é aplicada uma disciplina de acesso característica: todo elemento que entra na lista entra no fim desta e todo elemento que sai da lista sai do início dela, exatamente como uma fila real; daí utilizar a denominação fila para essa lista. Essa disciplina de acesso também é conhecida como PEPS – primeiro que entra, primeiro que sai (FIFO – *First In, First Out*), ou seja, qualquer elemento que tenha entrado em uma fila sai da mesma antes de qualquer outro que tenha entrado depois dele. Portanto, fila é uma lista em que as inserções são feitas no final e as remoções são feitas no início, e cuja finalidade principal é registrar a ordem de chegada de seus componentes. Alguns exemplos cotidianos são a fila em um ponto de ônibus, a fila no caixa de um supermercado ou a fila de documentos no servidor de impressão.

Declaração

Utilizaremos um exemplo de fila bancária, na qual os clientes são atendidos pela ordem de chegada. Para tal, aplicaremos as seguintes definições:

```
tipo regCliente = registro
                    caracter: nome;
                    inteiro: prox;
                 fimregistro;
tipo vetFila = vetor [1..100] de regCliente;
vetFila: fila;
inteiro: começo, final
começo ← 3;
final ← 1.
```

Vejamos, então, como fica a disposição dos elementos da lista ao longo da estrutura de dados utilizada:

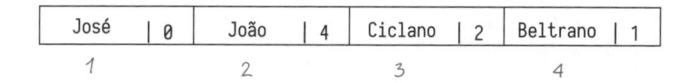

José	0	João	4	Ciclano	2	Beltrano	1
1		2		3		4	

o que vem representar o seguinte encadeamento lógico:

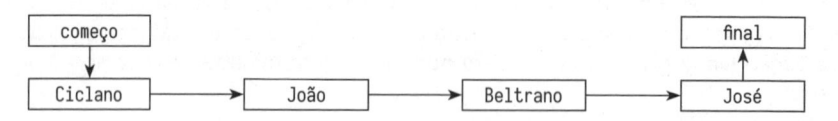

começo → Ciclano → João → Beltrano → José ← final

Manipulação

Para utilizar devidamente uma fila, devemos observar alguns pontos relevantes no tratamento das operações mais frequentes com essa estrutura: inserção e remoção.

Inserção

De acordo com a definição de fila, todas as inserções são feitas no final, o que pode ser realizado com o auxílio de uma variável que indica a posição do último da fila.

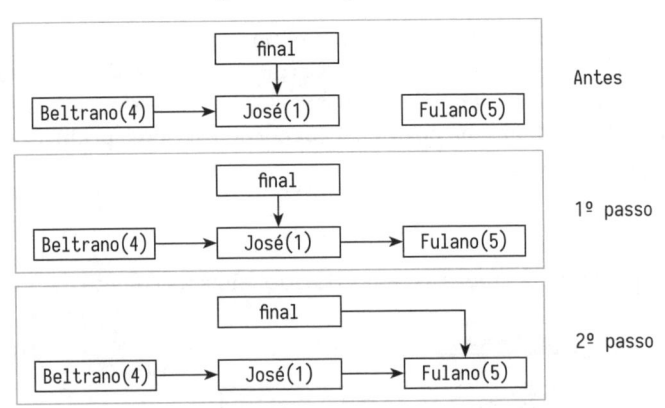

Antes

1º passo

2º passo

1º passo: fila[1].prox ← 5;
2º passo: final ← 5;

Para criar um módulo de inserção em uma fila, precisamos apenas identificar qual é o elemento a ser inserido.

Algoritmo 6.5 Inclusão em uma fila

```
1.  módulo Entra (caracter: nome)
2.     inteiro: pos;
3.     pos ← Novo; // Utilizando o módulo Novo
4.     se pos = 0 // vetor esgotado
5.        então escreva ("Não existem mais posições disponíveis !")
6.     senão início
7.            fila[pos].nome ← nome;
8.            fila[pos].prox ← 0;
9.            se final = 0 // Fila vazia
10.              então início
11.                    começo ← pos;
12.                    final ← pos;
13.                 fim;
14.           senão início
15.                    fila[final].prox ← pos;
16.                    final ← pos;
17.                 fim;
18.           fimse;
19.    fimse;
20. fimmódulo;
```

Exemplo

Entra ("Fulano");
Entra ("Ondamar");

Devemos notar que foi utilizado novamente o módulo Novo, definido no **Algoritmo 6.2**. Notemos também que, no caso da fila vazia, a inserção é ligeiramente diferente: por não haver elementos na lista, não é necessário ajustar o encadeamento, assim como as variáveis começo e final ainda não indicam nenhuma posição, e quando é inserido o primeiro elemento ambas passam a indicar o mesmo local.

Remoção

De maneira similar à inserção, todas as remoções são feitas no começo da fila.

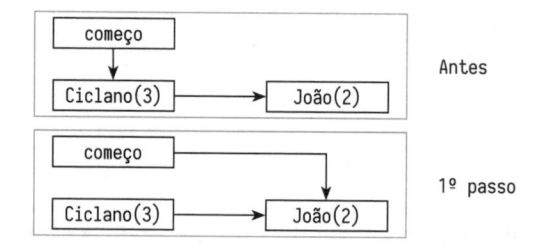

1º passo: começo ← fila[3].prox

Podemos generalizar a remoção de qualquer elemento da fila através de um módulo com contexto de ação.

Algoritmo 6.6   Remoção em uma fila

```
1.  módulo Sai;
2.     se começo = 0 // Fila vazia
3.        então escreva ("A fila está vazia !");
4.        senão início
5.                 começo ← fila[começo].prox;
6.                 se começo = 0 // Último elemento
7.                    então final ← 0;
8.                 fimse;
9.              fim;
10.    fimse;
11. fimmódulo;
```

Notemos que não é possível remover elementos em uma fila vazia e que, quando o último elemento da fila é removido, a variável final também deve ser atualizada.

Implementando Filas em Python

Podemos empregar o tipo `list` para implementar em Python a disciplina de acesso Fila. Entretanto, a linguagem possui um tipo `deque` pertencente ao módulo `collections` que é mais eficiente para esta finalidade. Deque vem de *double-ended queue*, ou seja, uma fila de duas extremidades, e para efeitos de Fila empregaremos apenas os métodos `append` (ou `extend`) para adicionar elementos no final e `popleft` para remover elementos do início da fila.

O **Programa 6.4** a seguir apresenta um exemplo de implementação da fila de clientes do banco empregada anteriormente.

Programa 6.4 Fila de clientes com deque

```
1.  from collections import deque
2.
3.  filaClientes = deque(["Ciclano", "João"])
4.  print(f'Tamanho: {len(filaClientes)}, Fila: {filaClientes}')
5.  filaClientes.extend(['Beltrano', 'José'])
6.  print(f'Tamanho: {len(filaClientes)}, Fila: {filaClientes}')
7.  filaClientes.append('Fulano')
8.  print(f'Tamanho: {len(filaClientes)}, Fila: {filaClientes}')
9.
10. while filaClientes:
11.     print("Atendendo:", filaClientes.popleft())
```

Importante ressaltarmos que:

- a `filaClientes` foi criada e inicializada com dois elementos (linha 3);
- a função `len` também pode ser usada com deques para descobrir a quantidade de elementos da fila (linhas 4, 6 e 8);
- podemos imprimir a fila inteira no formato padrão de lista (linhas 4, 6 e 8);
- o método `extend` (linha 5) representou que dois novos clientes chegaram e foram adicionados ao final da fila;
- o método `append` (linha 7) adicionou `Fulano` ao final da fila;
- o loop `while` (linha 10) se encerra quando a `filaClientes` estiver vazia;
- para atender o cliente que está na frente (no início da fila), apenas executamos o método `popleft` (linha 11), que retorna o elemento e o remove da fila.

O **Programa 6.4** produz o resultado apresentado na **Figura 6.3** a seguir.

```
Tamanho: 2, Fila: deque(['Ciclano', 'João'])               ← fila inicial
                                                             extend de
Tamanho: 4, Fila: deque(['Ciclano', 'João', 'Beltrano', 'José'])   2 novos clientes

Tamanho: 5, Fila: deque(['Ciclano', 'João', 'Beltrano', 'José', 'Fulano'])
                                                                    ↑ append
Atendendo: Ciclano  ⎤
Atendendo: João     ⎥
                    ⎥  loop while
Atendendo: Beltrano ⎬  removendo clientes
Atendendo: José     ⎥  do início da fila
                    ⎥
Atendendo: Fulano   ⎦
```

Figura 6.3 Execução do Programa 6.4 – Fila de clientes.

Nota

O tipo **deque** do Python é implementado internamente através de uma lista duplamente encadeada, portanto é muito eficiente para inserção e remoção tanto no início (respectivamente **appendleft** e **popleft**) quanto no final da lista (**append** e **pop**). Entretanto, o deque é menos eficiente para acesso a elementos no meio da lista, situação na qual seria mais indicado o tipo **list**.

Pilhas

Assim como as filas, as pilhas são uma lista na qual é aplicada uma disciplina de acesso denominada UEPS, último que entra, primeiro que sai (LIFO: *Last In, First Out*), ou seja, qualquer elemento que entrar na pilha somente sairá quando todos os que entraram depois dele saíram. Portanto, pilha é uma lista na qual todas as inserções e remoções são feitas no final e possui a finalidade principal de tornar disponíveis primeiro os elementos mais recentes. Alguns exemplos cotidianos são uma pilha de pratos aguardando para serem lavados ou uma pilha de livros aguardando para serem guardados na estante, o último prato/livro que foi colocado no topo da pilha será o primeiro a ser retirado/manipulado.

Declaração

Como exemplo de aplicação de uma pilha, imaginemos um indivíduo de memória fraca que vive esquecendo seus objetos por onde passa, esquecendo inclusive por onde passou. A fim de tentar refazer o percurso na esperança de encontrar seus pertences, poderíamos usar a seguinte pilha:

```
tipo regLocal = registro
                    caracter: local;
                    inteiro: prox;
                fimregistro;
tipo vetPilha = vetor [1..100] de regLocal;
vetPilha: pilha;
inteiro: topo;
topo ← 2;
```

A pilha representada no vetor ficaria assim esquematizada:

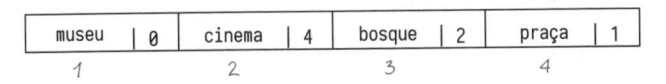

museu	0	cinema	4	bosque	2	praça	1
1		2		3		4	

E a estrutura pilha, que terá no topo o último local visitado:

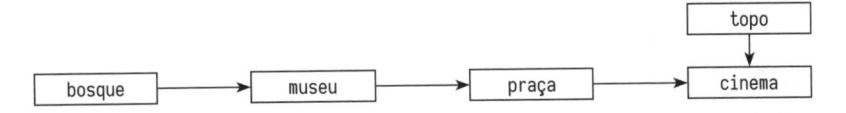

bosque → museu → praça → cinema ← topo

Manipulação

Inserção

De acordo com a definição de pilha, todas as inserções, também denominadas empilhamentos (ou *push*), são feitas no final. Isso ocorre com o auxílio de uma variável que indica a posição do topo da pilha.

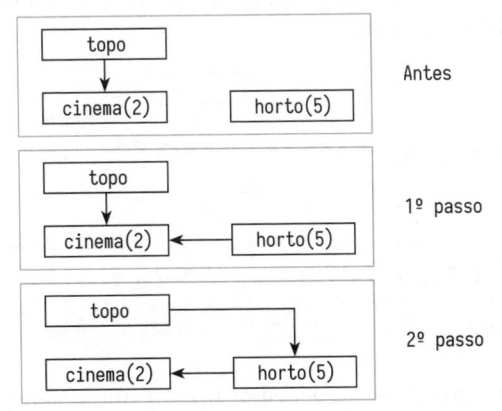

Antes: topo → cinema(2)   horto(5)

1º passo: topo → cinema(2) ← horto(5)

2º passo: topo → cinema(2) ← horto(5)

1º passo: pilha[5].prox ← 2;
2º passo: topo ← 5;

Para criar um módulo de inserção em uma pilha, precisamos apenas identificar qual é o elemento a ser inserido.

Algoritmo 6.7   Inserção em uma pilha

```
1.  módulo Empilha (caracter: local)
2.     inteiro: pos;
3.     pos ← Novo; // Utilizando o módulo Novo
4.     se pos = 0 // Vetor esgotado
5.        então escreva ("Não existem mais posições disponíveis !");
6.        senão início
7.                 pilha[pos].local ← local;
8.                 pilha[pos].prox ← 0;
9.                 se topo = 0 // Pilha vazia
10.                   então topo ← pos;
11.                   senão início
12.                            pilha[topo].prox ← pos;
13.                            topo ← pos;
14.                         fim;
15.              fimse;
16.    fimse;
17. fimmódulo;
```

Exemplo

```
Empilha ("Horto");
Empilha ("Teatro");
```

Podemos perceber que foi utilizado novamente o módulo Novo, definido no **Algoritmo 6.2**. Percebemos também que, no caso de pilha vazia, não é necessário ajustar o encadeamento.

Remoção

De maneira similar à inserção, todas as remoções, também denominadas desempilhamentos (ou *pop*), são feitas no topo da pilha.

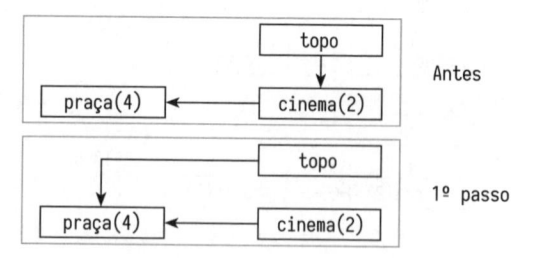

1° passo: topo ← pilha[2].prox;

Para retirar um elemento da pilha, podemos utilizar um módulo com contexto de ação, sem utilizar nenhum parâmetro:

Algoritmo 6.8 Remoção em uma pilha

```
1. módulo Desempilha
2.    se topo = 0 // Pilha vazia
3.       então escreva ("A pilha está vazia !");
4.       senão topo ← pilha[topo].prox;
5.    fimse;
6. fimmódulo;
```

Notemos que não é possível desempilhar elementos em uma pilha vazia.

Implementando Pilhas em Python

Podemos empregar o tipo list ou o tipo deque para implementar em Python a disciplina de acesso Pilha. Ambos possuem boa eficiência quando empregados os métodos append (para empilhar – *push*) e pop (para desempilhar). O deque sendo mais adaptado para situações robustas, com a manipulação de muitos elementos na pilha.

O **Programa 6.5** a seguir apresenta um exemplo de implementação da pilha de locais visitados empregada anteriormente.

PROGRAMA 6.5 Pilha de clientes com list

```
1. pilhaLocais = ["Bosque", "Museu"]
2. print(f'Tamanho: {len(pilhaLocais)}, Pilha: {pilhaLocais}')
3. pilhaLocais.extend(['Praça', 'Cinema'])
4. print(f'Tamanho: {len(pilhaLocais)}, Pilha: {pilhaLocais}')
5. pilhaLocais.append('Horto')
6. print(f'Tamanho: {len(pilhaLocais)}, Pilha: {pilhaLocais}')
7.
8. while pilhaLocais:
9.    print("Voltando até:", pilhaLocais.pop())
```

Convém reforçarmos que:

- a pilhaLocais foi criada e inicializada com dois elementos (linha 1);
- o comando len também pode ser usado com listas para descobrir a quantidade de elementos da pilha (linhas 2, 4 e 6);
- o método extend (linha 3) representou que dois novos locais foram visitados e inseridos no topo da pilha;
- o método append adicionou Horto ao topo da pilha (final da lista, linha 5);
- o loop while (linha 8) se encerra quando a pilhaLocais estiver vazia;
- para voltarmos aos locais (sendo o último o topo da pilha), apenas executamos o método pop, que retorna o elemento e o remove da pilha.

O **Programa 6.5** produz o resultado apresentado na **Figura 6.4** a seguir.

```
                                    ← fila inicial          extend de
                                         ↓                 ↙ 2 novos locais
Tamanho: 2, Pilha: ['Bosque', 'Museu']
Tamanho: 4, Pilha: ['Bosque', 'Museu', 'Praça', 'Cinema']
Tamanho: 5, Pilha: ['Bosque', 'Museu', 'Praça', 'Cinema', 'Horto']
Voltando até: Horto  ⎫                                         ↓
Voltando até: Cinema ⎪  loop while                   append = push
Voltando até: Praça  ⎬  removendo = pop
Voltando até: Museu  ⎪  locais do topo da pilha
Voltando até: Bosque ⎭
```

Figura 6.4 Execução do Programa 6.5 – Pilha de locais.

> **Nota**
>
> Uma pilha frequentemente pode ter uma limitação na quantidade de elementos, seja por restrições de memória, de projeto ou pela própria natureza da aplicação. Quando tentamos efetuar um *push* em uma pilha cheia, ocorre um *stack overflow* (um 'estouro da pilha'); quando tentamos efetuar um *pop* em uma pilha vazia, ocorre um *stack underflow*. Ao implementarmos funções recursivas, precisamos justamente cuidar do critério de parada, de forma que a pilha que é criada com as chamadas sucessivas à mesma função não tenha um *overflow* travando a aplicação.

Árvores

Uma árvore é uma estrutura de dados não linear na qual os elementos estão encadeados de forma hierárquica. Um elemento pode possuir dois ou mais sucessores, porém todos os elementos possuem apenas um antecessor, como ilustra o exemplo da **Figura 6.5**:

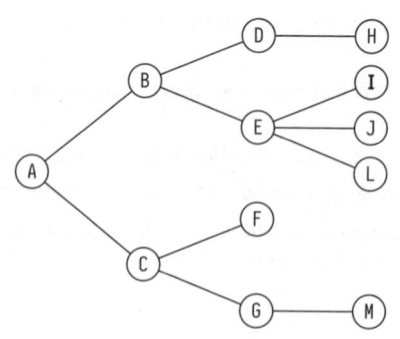

Figura 6.5 Exemplo de árvore.

A terminologia utilizada para discutir árvores é um clássico caso de metáforas misturando vegetais com árvores genealógicas e alguns termos específicos. O primeiro elemento, que dá origem aos demais, é chamado de raiz da árvore; qualquer elemento é chamado de nó; a quantidade de níveis a partir do nó-raiz até o nó mais distante é dita altura da árvore; assim como o número máximo de ramificações a partir de um nó é denominado grau. Em uma estrutura de árvore, os sucessores de um determinado nó são chamados de filhos ou descendentes; o único antecessor de um dado elemento é chamado de pai ou ancestral; e cada elemento final (sem descendentes) é conhecido como folha. Assim, no exemplo anterior, F e G são descendentes (filhos) de C, assim como G é o ancestral (pai) de M. A árvore possui raiz em A, altura 3, grau 3 e folhas F, H, I, J, L e M.

Declaração

O vetor de registros que foi utilizado sem problemas até aqui para representar as listas (filas e pilhas) precisará sofrer modificações, visto que cada elemento da árvore pode possuir diversos sucessores. Ou seja, para efeitos de representação da árvore (que é não linear) no algoritmo, usaremos uma lista para armazenar os nós que representarão o encadeamento para seus nós filhos através de um outro vetor (que estará limitado a indexar até 4 filhos). Utilizaremos, portanto, a seguinte estrutura:

```
tipo vetFilho = vetor [1..4] de inteiros;
tipo nó = registro
            caracter: info;
            vetFilho: filho;
         fimregistro;
tipo vet = vetor [1..100] de nó;
vet: árvore;
```

Lembramos que o vetor de sucessores (filhos) deve sempre ser inicializado com zero e que, quando um filho vale zero, isso significa que não possui descendentes. Ressaltamos, também, que a árvore foi formatada sob um formato linear com encadeamento em seu vetor de representação:

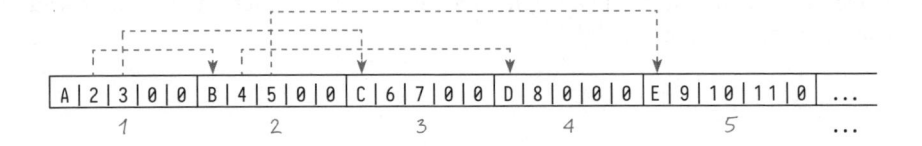

A	2	3	0	0	B	4	5	0	0	C	6	7	0	0	D	8	0	0	0	E	9	10	11	0	...

    1   2   3   4   5

Para facilitar a visualização, as árvores são normalmente representadas usando uma organização hierárquica dos nós, como ilustrado na **Figura 6.6**:

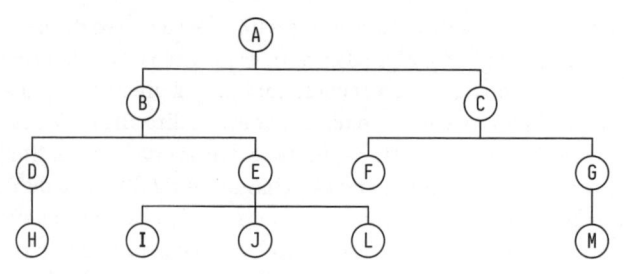

Figura 6.6 Representação convencionada de árvore.

Existem ainda outras formas de representação para essa estrutura de dados, tal como o Diagrama de Inclusão apresentado na **Figura 6.7**.

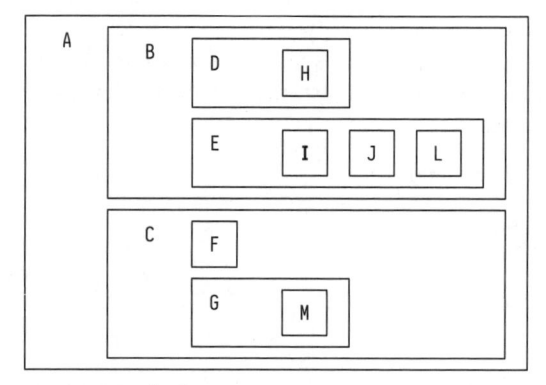

Figura 6.7 Outra representação de árvores.

Manipulação

Imaginemos um labirinto composto de várias cavernas e túneis que as interligam. Em cada caverna existe um baú, porém apenas em uma delas ele está repleto de moedas de ouro; as outras possuem baús vazios.

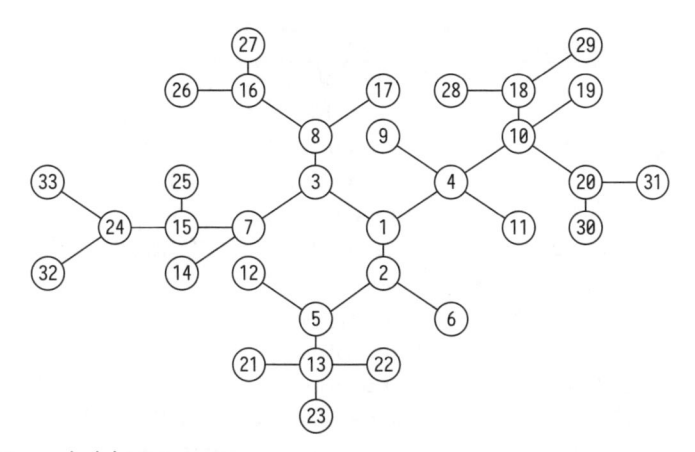

Figura 6.8 Mapa do labirinto.

Se prestarmos atenção, poderemos perceber que esse labirinto possui a estrutura de uma árvore, como mostra a **Figura 6.9**:

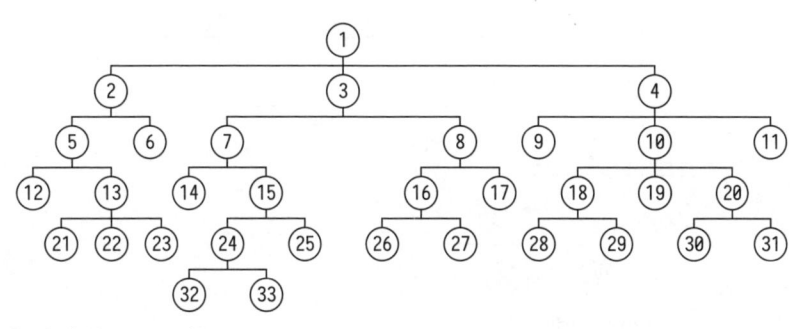

Figura 6.9 Labirinto em árvore.

Para entrar na 'caça ao tesouro', precisamos percorrer todos os túneis e cavernas e verificar o conteúdo dos baús até encontrar aquele que contém as moedas de ouro, sem, porém, nos perdermos no labirinto.

Não podemos utilizar um novelo de lã; contudo, podemos usar uma pilha, que cumpre exatamente o mesmo objetivo, ou seja, permite registrar a ordem em que as cavernas serão visitadas.

Explicando melhor, entraríamos sempre na caverna (nó) indicada no topo da pilha, desempilhando-a e empilhando as cavernas subsequentes (filhos). Repetindo esse processo, percorremos todas as cavernas (nós) do labirinto (árvore), como ilustramos a seguir.

A esse procedimento é dado o nome de **Busca em Profundidade** (ou *Depth-first Search*), porque se vasculham (visitam) todos os nós de um ramo até atingir os nós terminais (folhas), repetindo o processo em todos os ramos. A busca em profundidade é justamente um clássico exemplo de aplicação dos algoritmos de pilha.

Nós visitados	Ações
	Empilha(1);
1	Desempilha; Empilha (4,3,2);
2 3 4	Desempilha; Empilha (6,5);
5 6 3 4	Desempilha; Empilha (13,12);
12 13 6 3 4	Desempilha;
13 6 3 4	Desempilha; Empilha (23,22,21);
21 22 23 6 3 4	Desempilha;
22 23 6 3 4	Desempilha;
23 6 3 4	Desempilha;
6 3 4	Desempilha;
3 4	Desempilha; Empilha (8,7);
7 8 4	Desempilha; Empilha (15,14);
14 15 8 4	Desempilha;
⋮	

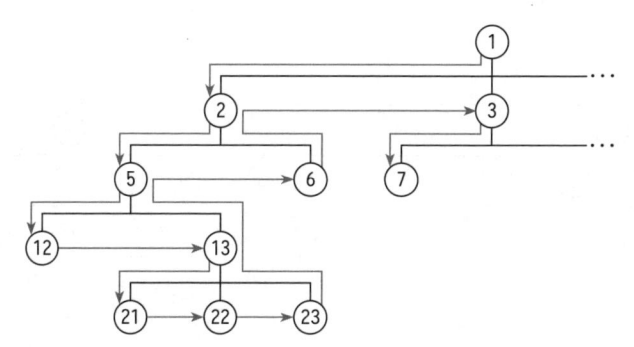

Figura 6.10 Busca em profundidade.

Logo a seguir descrevemos o algoritmo capaz de percorrer o labirinto (árvore) e descobrir a localização do baú com o tesouro, caso exista.

Algoritmo 6.9 Busca em profundidade na árvore

```
 1. início
 2.     tipo vetFilho = vetor [1..4] de inteiro;
 3.     tipo regNó = registro
 4.                     caracter: info;
 5.                     vetFilho: filho;
 6.                  fimregistro;
 7.     tipo vet = vetor [1..1000] de regNó;
 8.     vet: árvore;
 9.     tipo reg = registro
10.                     caracter: local;
11.                     inteiro: prox;
12.                  fimregistro;
13.     tipo vetPilha = vetor [1..100] de reg;
14.     vetPilha: pilha;
15.
16.     inteiro: nó, topo, i;
17.
18.     topo ← 0;
19.     nó ← 1;
20.     enquanto árvore[nó].info <> "moedas" faça
21.         para i de 4 até 1 passo -1 faça
22.             se árvore[nó].filho[i] <> 0
23.                 então Empilha(árvore[nó].filho[i]); // Utilizando Empilha
24.             fimse;
25.         fimpara;
26.         nó ← pilha[topo].local;
27.         desempilha;
28.     fimenquanto;
29.     se árvore[nó].info = "moedas"
30.         então escreva ("O tesouro está na caverna", nó);
31.         senão escreva ("Tesouro não encontrado");
32.     fimse;
33. fim.
```

Observemos que o algoritmo utiliza os módulos Empilha e Desempilha definidos nos **algoritmos 6.7** e **6.8**, respectivamente.

Poderíamos percorrer a árvore de outra maneira, ou seja, visitando todos os filhos de mesmo nível dos diversos ramos, como ilustra a **Figura 6.11**.

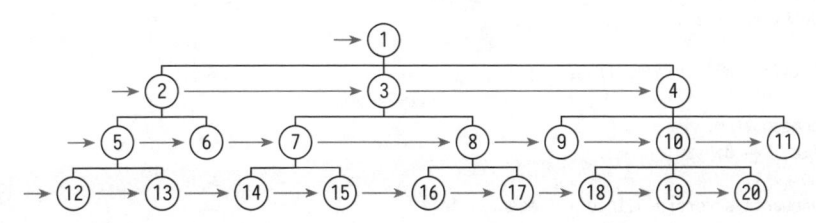

Figura 6.11 Busca em amplitude.

A esta estratégia dá-se o nome de **Busca em Amplitude** (ou Busca em Largura ou *Breadth-first Search*), que pode ser facilmente implementada se, em vez de utilizarmos uma pilha para registrar os próximos nós a serem visitados, usarmos uma fila, visitando primeiro o elemento que é retirado da fila e enfileirando seus filhos no final dela. A busca em amplitude é justamente um clássico exemplo de aplicação dos algoritmos de fila.

Nós visitados	Ações
	Entra (1);
1	Sai; Entra (2,3,4);
2 3 4	Sai; Entra (5,6);
3 4 5 6	Sai; Entra (7,8);
4 5 6 7 8	Sai, Entra (9,10,11);
5 6 7 8 9 10 11	Sai, Entra (12,13);
6 7 8 9 10 11 12 13	Sai;
7 8 9 10 11 12 13	Sai; Entra (14,15);
8 9 10 11 12 13 14 15	Sai; Entra (16,17);
9 10 11 12 13 14 15 16 17	Sai;
10 11 12 13 14 15 16 17	Sai; Entra (18,19,20);
⋮	
⋮	

Descrevemos a seguir o algoritmo que, utilizando a busca em amplitude, descobre a localização do baú com o tesouro, caso exista.

Algoritmo 6.10   Busca em amplitude na árvore

```
1.  início
2.     tipo vetFilho = vetor [1..4] de inteiro;
3.     tipo regNó = registro
4.                   caracter: info;
5.                   vetFilho: filho;
6.                fimregistro;
7.     tipo vet = vetor [1..1000] de regNó;
8.     vet: árvore;
9.     tipo regFila = registro
10.                   caracter: local;
11.                   inteiro: prox;
12.               fimregistro;
13.    tipo vetFila = vetor [1..100] de regFila;
14.    vetFila: fila;
15.
16.    inteiro: nó, começo, final, i;
17.
18.    começo ← 0;
19.    final ← 0;
20.    nó ← 1;
21.    enquanto árvore[nó].info <> "moedas" faça
22.       para i de 1 até 4 faça
23.          se árvore[nó].filho[i] <> 0
24.             então Entra(árvore[nó].filho[i]); // Utilizando Entra
25.          fimse;
26.       fimpara;
```

(Continua)

```
27.         nó ← fila[começo].local;
28.         sai;
29.     fimenquanto;
30.     se árvore[nó].info = "moedas"
31.         então escreva ("O tesouro está na caverna", nó);
32.         senão escreva ("Tesouro não encontrado");
33.     fimse;
34. fim.
```

Observemos que o algoritmo utiliza os módulos Entra e Sai, definidos nos **algoritmos 6.5** e **6.6**, respectivamente.

Ao desenvolver o estudo de árvores, abordamos apenas alguns entre os muitos métodos de busca, assim como não nos preocupamos em especificar técnicas de inserção e remoção, pois estas dependem da concepção da estrutura (grau, ordenação, balanceamento etc.).

Nota

O Python não possui uma estrutura do tipo árvore pronta para uso em seus módulos nativos. Para implementarmos uma árvore própria, específica para atender as demandas algorítmicas de um determinado problema, bem como para implementar alguma das outras estruturas que discutimos neste capítulo de modo particular, com dados e encadeamento específicos, podemos utilizar com bastante sucesso a instanciação de objetos que sejam responsáveis por constituir os elementos/nós das estruturas. Nesse caso, os objetos são criados dinamicamente conforme a demanda e são encadeados ('linkados') através de atributos que apontam para o(s) próximo(s) elemento(s) da estrutura, conforme o modelo que se deseja representar. Essa abordagem emprega o paradigma da Programação Orientada a Objetos que não é tema de estudo deste material e deve ser explorada em livros específicos, bem como o aprofundamento e estudos destas estruturas de dados clássicas da computação.

Outras estruturas

Vimos que pilhas e filas são disciplinas de acesso a uma lista linear. Também vimos que uma árvore é uma estrutura hierárquica, que em nosso algoritmo foi implementada através de um vetor (havendo outras formas de representar o encadeamento entre os nós). Entretanto, existem outras variações de formatos de listas, cada qual com suas técnicas de representação e de manipulação específicas.

Da mesma forma com árvores, vimos árvores genéricas, mas encontramos diversas formas de representar e estruturar árvores, incluindo vários tipos de árvore, como por exemplo: Árvores Binárias (na qual cada elemento possui no máximo dois filhos), Árvores Binárias de Busca, Árvore Balanceada AVL, Árvore Rubro-Negra, Árvore B e assim por diante; bem como formas de navegar pelas árvores: pré-ordem, intra-ordem e pós-ordem.

Listas duplamente encadeadas

São listas que, além de cada elemento indicar o elemento seguinte, também indicam aquele que o antecede, ou melhor, cada elemento é ligado a seu sucessor e a seu predecessor, possibilitando um trajeto no sentido começo-final ou no sentido oposto (final-começo).

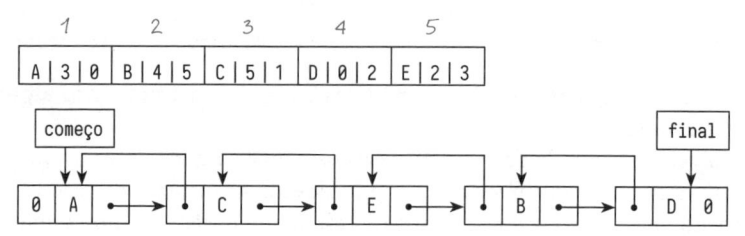

Figura 6.12 Lista duplamente encadeada.

Nessa estrutura, de lista duplamente encadeada, podem ser aplicadas às disciplinas de acesso já discutidas, como uma fila (FIFO) ou uma pilha (LIFO).

Listas circulares

São listas que possuem a característica especial de ter, como sucessor do fim da lista, seu início, ou melhor, o fim da lista 'aponta' para seu início, formando um círculo que permite uma trajetória contínua na lista.

A essa estrutura podem ser aplicadas as disciplinas de acesso já citadas, como uma fila (FIFO) ou uma pilha (LIFO).

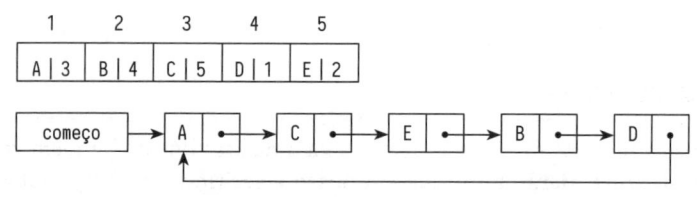

Figura 6.13 Lista circular.

Grafos

Chamamos genericamente de grafo, apesar de possuir diversas classificações, toda estrutura na qual cada elemento pode ter vários antecessores, além de poder possuir diversos sucessores. Utilizando a analogia do labirinto usado em árvores, poderíamos ter um labirinto no qual vários caminhos diferentes chegam ao mesmo lugar.

Os elementos/nós de um grafo são chamados de vértices e as ligações entre eles são chamadas de arestas. Um grafo é uma árvore se e somente se existir um único caminho entre cada par de vértices. A **Figura 6.14** ilustra um exemplo de um grafo.

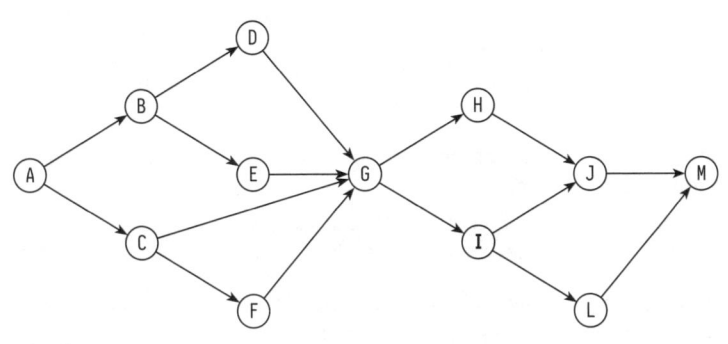

Figura 6.14 Grafo.

Dicionários em Python

O Python possui um outro tipo bastante versátil e útil para manipular estruturas de dados compostas denominado **dicionário**. Os dicionários são estruturas que implementam vetores associativos, ou seja, seus elementos constituintes são **pares chave-valor**. Se em uma lista usamos o índice numérico inteiro para consultar um elemento usando sua posição, em um dicionário usamos a **chave** para consultar seu respectivo **valor**.

Relacionando dicionários com vetores, podemos imaginá-los como sendo vetores nos quais as posições são acessadas por chaves definidas e nomeadas pelo programador, em vez de uma sequência predefinida de números inteiros (que é o caso com as listas).

Dicionários, assim como listas, são dinâmicos (podem aumentar e diminuir de tamanho) e ter seus valores alterados, modificados ou excluídos.

Na declaração de uma lista usamos [ ], na definição de uma tupla usamos ( ), já para definir um dicionário usaremos { } para delimitar o dicionário e seus pares (sendo estes separados por vírgulas) da seguinte forma:

```
dic = {'chave': 'valor'}
```

Nesse caso, dic é um dicionário de tamanho 1, possui apenas 1 par, o acesso é feito por chave ao dado valor, ambos strings. Uma chave pode ser qualquer tipo imutável (como inteiros, *strings* etc.) e o valores podem ser de qualquer tipo (como str, int, float, bool ou mesmo listas e outros dicionários). O principal objetivo de um dicionário é armazenar e recuperar valores usando chaves (que não podem ser duplicadas) em uma estrutura que pode ser modificada. Ou seja, assim como em um vetor não alteramos os índices, no dicionário não podemos duplicar as chaves (apenas remover ou inserir os pares chave-valor).

Exemplos:

```
d = {}
carro = {'marca': 'Volkswagen', 'modelo': 'Fusca', 'ano': 1971}
numeros = {1: 'um', 2: 'dois', 3: 'três', 4:'quatro',
           5: 'cinco', 6: 'seis', 7: 'sete', 8: 'oito', 9: 'nove'}
contato = {
    'nome' : 'Fulano de Tal',
    'email': 'fulano@empresatal.com.br',
    'idade': 50
}
```

em que:

- d é um dicionário vazio, cujos pares podem ser adicionados posteriormente;
- carro é um dicionário com 3 chaves string e seus respectivos valores;
- numeros é um dicionário de comprimento 9 com chaves numéricas e seus respectivos valores (no caso números por extenso);
- contato é um dicionário com 3 chaves no qual cada uma representa um atributo de uma mesma pessoa e os valores seriam os respectivos dados pessoais de contato.

Para manipular os pares chave-valor de um dicionário usaremos as chaves como 'posição', substituindo o índice usando no caso do vetor tradicional, assim carro['modelo'] nos devolve o valor da chave modelo no dicionário carro, no caso o valor string 'Fusca'.

Podemos então imprimir, alterar, adicionar ou remover elementos usando métodos do tipo dict do Python da seguinte forma:

```
print(numeros[2]) # imprimindo a chave 2, imprimirá em tela: dois
print(contato['nome']) # imprimirá em tela: Fulano de Tal
contato['email'] = 'fulano@emptal.com' # alterando o valor do email do contato
contato['CPF'] = '123.456.789-00' # adicionando um novo par, chave CPF
numeros.pop(6) # remove o par de chave 6
carro.clear() # remove todos os elementos do dicionário carro
```

Ou então, imprimir a lista completa:

```
print(carro)
# imprimirá em tela: {'marca': 'Volkswagen', 'modelo': 'Fusca', 'ano': 1971}
```

Em um vetor tradicional conhecemos os índices previamente, podendo então iterar em um laço de repetição usando um contador; já em um dicionário, como as chaves são definidas internamente na estrutura, precisamos navegar por ela. Para iterar por todas as **chaves** de um dicionário podemos construir uma repetição de duas formas:

```
for chave in contato:
    print(chave)

# mesmo loop usando o método keys()
for chave in contato.keys():
    print(chave)
```

O que imprime:

```
nome
email
idade
CPF
```

Podemos também navegar por todos os **valores** de um dicionário de duas formas:

```
for chave in contato:
    print(contato[chave])

# mesmo loop usando o método values()
for valor in contato.values():
    print(valor)
```

O que imprime:

```
Fulano de Tal
fulano@empresa.org
50
123.456.789-00
```

De modo a iterar pelo dicionário tendo acesso simultâneo e individual à chave e ao seu valor, podemos empregar o método items que devolve uma tupla, contendo (chave, valor). Nesse caso, ao fazermos a atribuição da tupla em duas variáveis, podemos navegar por todos os **pares** de um dicionário da seguinte forma:

```
for chave, valor in contato.items():
  print(f'Chave {chave} = {valor}')
```

O que imprime:

```
Chave nome = Fulano de Tal
Chave email = fulano@empresa.org
Chave idade = 50
Chave CPF = 123.456.789-00
```

Podemos utilizar como valor de uma chave uma lista composta por dicionários. Esta composição permite subir o nível de representação criando estruturas aninhadas. Lembrando que uma matriz em Python e uma lista de elementos (as linhas) onde cada elemento é uma outra lista (contendo as colunas), podemos imaginar um dicionário contendo pares chave-valor no qual cada valor pode ser um outro dicionário.

Exemplo:

```
regioes = {
    'Sul': [
        {'nome': 'Paraná', 'sigla': 'PR', 'capital': 'Curitiba'},
        {'nome': 'Santa Catarina', 'sigla': 'SC', 'capital': 'Florianópolis'},
        {'nome': 'Rio Grande do Sul', 'sigla': 'RS', 'capital': "Porto Alegre"}
    ],
    'Centro-Oeste': [
        {'nome': 'Goiás', 'sigla': 'GO', 'capital': 'Goiânia'},
        {'nome': 'Mato Grosso', 'sigla': 'MT', 'capital': 'Cuiabá'},
        {'nome': 'Mato Grosso do Sul', 'sigla': 'MS', 'capital': "Campo Grande"},
        {'nome': 'Distrito Federal', 'sigla': 'DF', 'capital': 'Brasília'}
    ]
}
```

Nesse exemplo temos um dicionário chamado regioes composto por duas chaves, Sul e Centro-Oeste. O valor de Sul contém três dicionários, um para cada estado da região. Centro-Oeste contém quatro dicionários, um para cada estado da região. Os dicionários de cada estado possuem três pares chave-valor, usados para guardar os atributos nome, sigla e capital do estado.

Conferindo esta composição, podemos fazer algumas impressões acessando a algumas partes específicas da estrutura dicionário regioes:

```
print(len(regioes)) # resulta em 2, as duas regiões
print(len(regioes['Centro-Oeste'])) # resulta em 4, os quatro dicionários
print(len(regioes['Centro-Oeste'][0])) # resulta em 3, os 3 pares chave:valor
print(regioes['Centro-Oeste'][0]['nome']) # imprimirá Goiás
```

Finalmente, de forma a explorar a totalidade do dicionário regioes, podemos construir um loop duplo para passar por todos os estados das duas regiões, imprimindo todos os elementos:

```
for regiao, estados in regioes.items():
    print(f"Região {regiao} possui {len(estados)} estados:")
    for est in estados:
        print(f"- {est['nome']} - {est['sigla']}, capital {est['capital']}")
    print()
```

Que irá produzir como resultado a impressão mostrada na **Figura 6.15**:

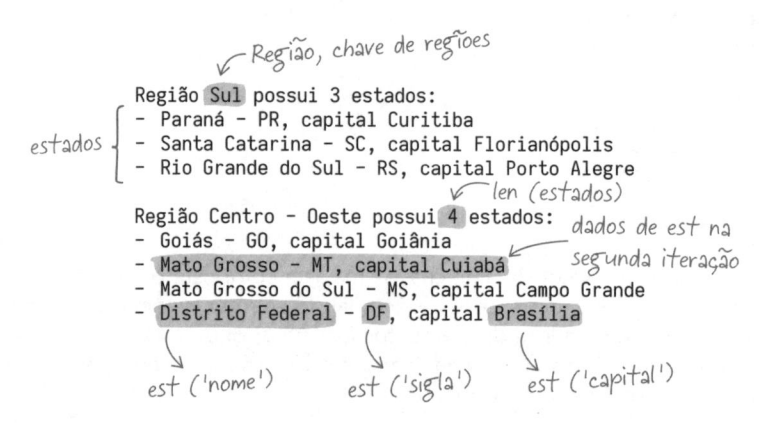

```
Região Sul possui 3 estados:
- Paraná - PR, capital Curitiba
- Santa Catarina - SC, capital Florianópolis
- Rio Grande do Sul - RS, capital Porto Alegre
Região Centro - Oeste possui 4 estados:
- Goiás - GO, capital Goiânia
- Mato Grosso - MT, capital Cuiabá
- Mato Grosso do Sul - MS, capital Campo Grande
- Distrito Federal - DF, capital Brasília
```

Figura 6.15 Exemplo de execução do Dicionário aninhado regiões.

Exercícios propostos

1. Dada uma fila qualquer contendo os valores 3, 9, 5, 1 (3 é o começo e 1 o final), descreva qual o resultado após as seguintes operações : Entra(2); Sai; Sai. Sai; Entra(7); Sai; Sai; Entra(4); Sai; Sai; Entra(8); Entra(6); Sai;
2. Dada uma pilha qualquer contendo os valores 3, 9, 5, 1 (3 é o topo), descreva qual o resultado após as seguintes operações : Empilha(2); Desempilha; Desempilha; Desempilha; Empilha(7); Desempilha; Desempilha; Empilha(4); Desempilha; Desempilha; Empilha(8); Empilha(6); Desempilha;
3. Será que a sequência de parênteses "(()((((()))(()))))))" é válida? Construa um algoritmo que possibilite a verificação de balanceamento dessa ou de qualquer outra sequência de parênteses. Faça isso usando uma pilha, empilhando cada "(" e desempilhando cada ")". A sequência será válida se não sobrar parênteses na pilha ao final, e se não faltar parênteses durante.
4. Adapte o algoritmo 6.2 de tal forma que permita que as inserções na fila mantenham sempre a ordem alfabética de seus elementos. Teremos então uma lista ordenada.
5. Refaça os algoritmos 6.2 e 6.4 (listas simples), utilizando uma lista duplamente encadeada.
6. Refaça os algoritmos 6.2 e 6.4 (listas simples), utilizando uma lista circular.
7. Refaça os algoritmos 6.5 e 6.6 (filas), utilizando uma lista duplamente encadeada.
8. Refaça os algoritmos 6.5 e 6.6 (filas), utilizando uma lista circular.

9. Refaça os algoritmos 6.7 e 6.8 (pilhas), utilizando uma lista duplamente encadeada.
10. Refaça os algoritmos 6.7 e 6.8 (pilhas), utilizando uma lista circular.
11. Imagine um colecionador de vinhos que compra vinhos recentes e guarda-os em uma adega para envelhecerem, e que a cada ocasião especial abre sempre sua última aquisição (para poupar os mais antigos).

    Construa um algoritmo que:

    a) permita incluir novos vinhos na adega;
    b) informe qual vinho deve ser aberto em uma ocasião especial;
    c) relacione as cinco aquisições mais antigas.

    Sendo que as informações básicas que o registro deve conter, relacionadas exclusivamente aos vinhos, são:

    ```
    Produto: _____
    Casta: _____ Safra: _____
    ```

12. Dado um vetor de nomes diversos que contém duas listas – uma para os nomes de mulheres e outra para os nomes de homens –, construa um algoritmo que faça o seguinte:

    a) a inclusão de um nome de homem, fornecido pelo usuário;
    b) a inclusão e a exclusão de um nome de homem, fornecido pelo usuário;
    c) a inclusão de um nome qualquer, sendo que o usuário fornece o nome e seu respectivo sexo;
    d) a localização e a exclusão de um nome qualquer, sendo que o usuário fornece o nome e seu respectivo sexo;
    e) a localização e a alteração de um nome qualquer, sendo que o usuário fornece o nome, o respectivo sexo e, se localizado, o novo nome e o novo sexo deste.

Resumo

Listas são conjuntos de dados lineares que podem sofrer inserções e remoções. Essas listas podem ser implementadas de modo sequencial ou encadeado (em que cada elemento indica seu sucessor), por sua vez, podem ser manipuladas segundo duas estratégias distintas: **Fila** e **Pilha**.

A Fila é uma disciplina de acesso sobre uma lista que determina que todo elemento que entra na Fila sai dela antes de qualquer outro que tenha entrado depois (Primeiro que Entra, Primeiro que Sai).

A Pilha é uma disciplina de acesso sobre uma lista que determina que todo elemento que entra na Pilha sai dela depois de qualquer outro que tenha entrado em seguida (Último que Entra, Primeiro que Sai).

Há também outras estruturas de dados, como: a **lista duplamente encadeada** (que além de indicar seu sucessor indica também seu antecessor), a **lista circular** (em que o último elemento tem o primeiro elemento como seu sucessor) e as estruturas como a **árvore** (que possui mais de um sucessor e apenas um antecessor) e o **grafo** (que possui mais de um sucessor e mais de um antecessor).

Arquivos

7

Objetivos

- Apresentar o conceito e a aplicabilidade dos arquivos
- Explicar as formas básicas de manipulação
- Diferenciar os tipos de arquivos, adaptando a manipulação prática associada a cada um
- Apresentar os formatos texto e JSON e a serialização de estruturas em Python.

▶ Persistência de dados
▶ Como declarar um arquivo
▶ Como manipular um arquivo: leitura e escrita de dados
▶ Arquivos sequencial baseado em registros
▶ Implementação em Python
▶ Formatos texto, JSON e binário em Python

Introdução

Até este momento, utilizávamos variáveis simples ou compostas para armazenar as informações necessárias à resolução de determinado problema. Esses problemas tinham uma limitação quanto à quantidade de dados que poderia ser armazenada para resolvê-los e quanto à existência desses dados ao longo do tempo. Os algoritmos eram limitados conforme a capacidade finita das estruturas de dados utilizadas (registros ou vetores/matrizes) e os programas elaborados até agora utilizavam apenas a memória principal (ativa apenas durante a execução do programa).

Neste capítulo começaremos a manipular uma nova estrutura: o **arquivo**. Os arquivos têm como principal finalidade armazenar os dados de um sistema em um dispositivo de armazenamento mais perene, acessível e com bastante capacidade. Muito comuns em nosso cotidiano: arquivos de receitas, prontuários médicos, anotações pessoais, livros eletrônicos, fotos, vídeos, músicas, ilustrações, planilhas etc., guardam muita informação de diferentes fontes sendo estruturados de diversas maneiras.

A persistência dos dados é essencial para a manutenção e funcionamento dos sistemas de informação que organizam nossa vida e permeiam nossa atuação profissional. Esses sistemas utilizam diversas tecnologias para tal, empregando usualmente Sistemas de Gerenciamento de Bancos de Dados (SGBDs), seja com Bancos de Dados Relacionais ou Bancos de Dados Não Convencionais (NoSQL).

No contexto dos sistemas de informação corporativos, o cenário demanda o trabalho com sistemas de banco de dados altamente configuráveis, acessíveis e eficientes no processamento de quantidades gigantescas de dados. No contexto do uso pessoal ou da persistência empregada em sistemas específicos, dedicados a resolver determinados problemas, arquivos proprietários manipulados pelo próprio programa podem ser os mais indicados, incluindo formatos de arquivos indicados para permitir interoperabilidade entre sistemas distintos.

Trataremos neste capítulo do segundo cenário: como um algoritmo poderá persistir seus dados empregando arquivos.

Persistindo dados

Para ilustrarmos a necessidade de guardamos dados de modo mais permanente para recuperá-los e processá-los posteriormente, vamos a um exemplo cotidiano bastante comum na vida dos jovens adultos, casais e famílias:

Cenário: *Felizberto é um jovem universitário que já faz estágio em sua área de estudos e tem algumas obrigações financeiras relativas à sua própria manutenção. Como muitas outras pessoas, acaba terminando o mês e seus recursos ficam escassos, com dificuldade para fazer face a seus compromissos obrigatórios. Ele não sabe como resolver o problema: tem um valor adequado e justo de remuneração, mas sempre 'está no vermelho'!*

O contexto no qual se encontra Felizberto é bem comum, ele gasta seus recursos sem um controle, sem acompanhamento. Como não tem o histórico das despesas, não consegue saber qual é o 'ladrão' de seus recursos, como pode economizar para terminar o mês sem dificuldade, e mais ainda, como gerar economias para investir e ter uma reserva de emergência?

Se Felizberto for se aconselhar com alguém mais experiente, assistir algum programa de televisão ou a um vídeo em um canal de finanças pessoais, o primeiro passo sugerido por todos será o mesmo: "*tome notas de todos os seus gastos*".

Em essência, Felizberto precisa saber como está gastando, para onde seus recursos estão sendo destinados, precisa 'anotar', 'escrever' quanto e para onde está direcionando seu dinheiro. Uma vez que tenha um histórico de dados poderá analisá-los, descobrindo relações e somas parciais que o ajudarão a se estruturar, a decidir melhor onde e quando gastar e, sobretudo, o que cortar ou reduzir para começar a economizar.

O ato de 'tomar nota de suas despesas', ou seja, **registrar os dados** dos seus gastos, pode ser realizado de diversas formas, como por exemplo:

- um bloquinho de notas que carrega consigo e conforme gasta já toma nota;
- um caderno que tem em casa e anota as despesas do dia assim que retorna;
- guardar todos os comprovantes para verificação futura.

A estratégia adotada poderá ser mais ou menos prática, dependendo do seu efetivo interesse e dedicação. Se simplesmente coletar os comprovantes e deixá-los guardados, quando for tentar olhar tudo novamente para separar e somar, terá um trabalho grande e provavelmente não seguirá com o plano. Por isso, a dica com bom potencial de sucesso é simplesmente manter um caderno de anotações, no qual diariamente registra o histórico de despesas. O simples ato de guardar estes dados já irá sensibilizá-lo quanto a seus gastos, quando for analisar o conjunto, terá ainda mais surpresas!

A questão central do nosso estudo de caso é o ato de **persistir os dados**.

O conceito de persistir, enquanto verbo, pode ter dois significados principais:

1. ser firme ou constante em
2. durar longo tempo, de determinado modo

No caso de Felizberto, ambos se aplicam!

Do ponto de vista pessoal, ele precisa persistir no sentido de ser constante, não desistir, continuar com sua estratégia de anotar diariamente seus gastos, continuar firme no propósito de estruturar sua vida financeira.

Do ponto de vista algorítmico e computacional, o que nos interessa é o ato de guardar algo para durar longo tempo, nesse sentido a persistência significa manter os dados armazenados mesmo depois que o processo que os criou tenha se encerrado, persistir implica em armazenar os dados de forma correta, não volátil e em dispositivo adequado.

No caso do Felizberto, ele não pode confiar que ao final de uma semana lembrará de todas as despesas passadas, sua memória é volátil, ele acabará esquecendo. Entretanto, ao final do dia, antes de encerrar suas atividades, certamente terá capacidade de memorização o suficiente para se recordar de tudo o que fez, e então conseguirá anotar as despesas do dia.

Continuando com o percurso pessoal do Felizberto, a **Figura 7.1** ilustra um pedaço do seu caderno de anotações.

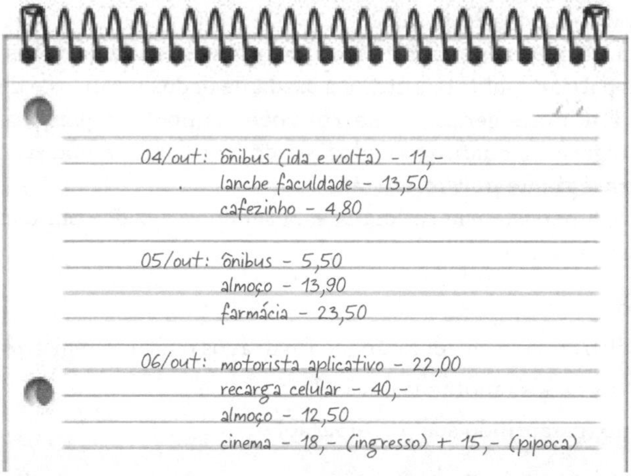

Figura 7.1 Anotações das despesas pessoais (caderno).

Ao tomar notas ele está marcando o dia/mês da despesa (quando), o local ou objeto do gasto (descrição) e o valor da despesa (quanto). Estes dados são fundamentais para estruturar seu controle de gastos: data (dia/mês), descrição e valor, pois são justamente as variáveis do problema.

Passados alguns dias, Felizberto lançou mão de uma planilha de cálculo para facilitar a contabilização e análise de suas contas. Decidiu que anotará diariamente as despesas no caderno e, no final de semana, transcreverá para uma planilha. Seu primeiro rascunho está apresentado na **Figura 7.2**.

Data	Despesa	Valor
04/out	ônibus	11
	lanche faculdade	13,5
	cafezinho	4,8
05/out	ônibus	5,5
	almoço	13,9
	farmácia	23,5
06/out	motorista aplicativo	22
	recarga celular	40
	almoço	12,5
	cinema (ingresso)	18
	cinema (pipoca)	15
	Total	179,7

Figura 7.2 Registro das despesas (planilha).

Com essa planilha, ainda sem uma formatação padrão dos dados, Felizberto já terá em mãos um instrumento de análise. A planilha é de fato uma **matriz** na qual as colunas representam as **variáveis** do problema (data, descrição da despesa e valor) e as linhas armazenam os **registros** de cada uma das despesas.

A planilha permite que em um único espaço se faça a **entrada** de dados, o **processamento** (criando somas parciais, subtotais etc.) e a **saída** de dados (gráficos e demais apontamentos para análise). Em linhas gerais, Felizberto pode manipular a planilha de forma que ela contenha tanto o algoritmo quanto os dados, sendo ao mesmo tempo sua forma de armazenamento, sua **estratégia de persistência**.

Nesse contexto, a persistência cotidiana está sendo realizada com o caderno, que passa pelos seguintes passos:

- abrir o caderno,
- encontrar o ponto correto de anotação (ao final, após o último registro),
- escrever os novos dados (anotar as novas despesas), e
- fechar o caderno (garantindo sua preservação).

A persistência final está sendo realizada com um **arquivo**, uma planilha que:

- precisa ser **aberta**,
- **manipulada** (ler e escrever nos locais adequados) e
- **fechada** (garantindo a consistência dos dados).

A **Figura 7.3** apresenta uma segunda versão da planilha de Felizberto, agora já com um dado novo adicional que ele pôde fornecer enquanto digitava suas despesas: qual a categoria do gasto. Esse dado será essencial para realizar análises por grupo de gastos (como a tabela de subtotais à direita), incluindo decidir a qual grupo cada gasto pertence: o cafezinho é alimentação (essencial) ou é mais um lazer (algo que pode ser reduzido/cortado)?

Data	Categoria	Valor	Despesa
04/out	Transporte	11,00	ônibus
04/out	Alimentação	13,50	lanche faculdade
04/out	Lazer	4,80	cafezinho
05/out	Transporte	5,50	ônibus
05/out	Alimentação	13,90	almoço
05/out	Saúde	23,50	farmácia
06/out	Transporte	22,00	motorista aplicativo
06/out	Fixa	40,00	recarga celular
06/out	Alimentação	12,50	almoço
06/out	Lazer	18,00	cinema (ingresso)
06/out	Lazer	15,00	cinema (pipoca)

Categorias	Valor
Despesas fixas	40,00
Transporte	38,50
Alimentação	39,90
Lazer	37,80
Saúde	23,50
Soma parcial	**179,70**

Figura 7.3 Planilha elaborada com categorias e subtotais.

Os **dados** manipulados e persistidos neste problema permitirão que **informações** e análises importantes quanto aos gastos de Felizberto possam ser calculadas no futuro. O ato de salvar os dados cronologicamente de modo organizado em dispositivo permanente permitirá que informações sejam inferidas, ajudando nosso acadêmico a dar um jeito em sua vida financeira.

O exemplo discutido nos serviu para mostrar que a persistência, ato de gravar, salvar, armazenar os dados de modo perene para consulta futura, não é apenas algo importante do ponto de vista dos sistemas, mas que estes o fazem para garantir a perenidade dos dados porque o problema em si já exige esse armazenamento, vide qualquer exemplo de sistema de informação utilizado corriqueiramente pelas pessoas para o próprio funcionamento e operação das organizações, bem como para o dia a dia dos usuários dos diversos serviços que compõem o funcionamento da sociedade.

Arquivos baseados em registros

Quando manipulamos dados em arquivos, em especial na abordagem que estamos tratando nesta seção, de conjuntos de dados salvos sequencialmente seguindo um determinado formato, estamos manipulando **registros** que são compostos por **campos**, sendo que a totalidade desses registros gravados sequencialmente um após o outro compõem nosso **arquivo**.

Para o registro do problema do acompanhamento financeiro, poderíamos propor uma possível organização como a apresentada na **Figura 7.4**.

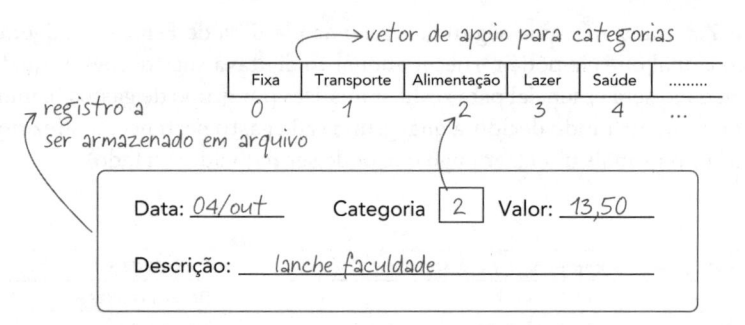

Figura 7.4 Registro para dados de uma despesa.

Na composição da proposta usamos um registro de conjunto (conforme já visto no capítulo 4), entretanto, o vetor contendo os nomes das categorias é na realidade uma estrutura à parte, que apenas nos favorece para armazenar no registro o campo categoria como sendo um código numérico, mais fácil de manipular posteriormente (e não um tipo caracter que seria repetido inúmeras vezes sem necessidade). Portanto, para persistirmos os dados das diversas despesas, precisamos ver como declarar e manipular um arquivo composto por vários registros, construindo assim o histórico de gastos de Felizberto.

Declaração

Visto que um arquivo é um conjunto de registros, precisamos definir o registro que compõe o arquivo primeiro, para somente então definir o arquivo. Segundo nosso exemplo, cada despesa é representada por um registro:

```
tipo RegDespesa = registro
                inteiro: dia, mes, categoria;
                real: valor;
                caracter: descricao;
             fimregistro;
```

Podemos então definir o arquivo segundo a sintaxe a seguir:

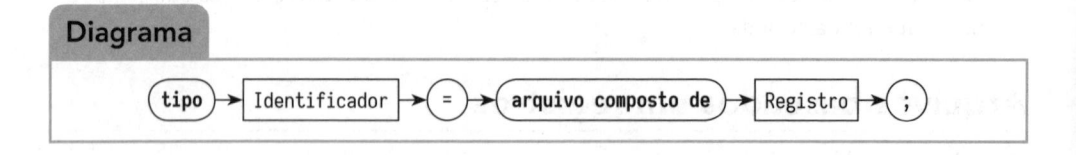

Diagrama

(tipo) → Identificador → (=) → (arquivo composto de) → Registro → (;)

Em que:

- Identificador: representa o nome do tipo arquivo;
- Registro: identificador de um registro previamente definido.

Completando toda a definição e declaração necessárias para utilizarmos o arquivo do exemplo, teríamos:

```
// definição do tipo registro
tipo regDespesa = registro
                    inteiro: dia, mes, categoria;
                    real: valor;
                    caracter: descricao;
                 fimregistro;

// definição do tipo arquivo
tipo arqDespesas = arquivo composto de regDespesa;

// declaração da variável composta do tipo registro definido
regDespesa: despesa;

// declaração do identificador do arquivo
arqDespesas: gastos;
```

Em que:

- regDespesa é o identificador da estrutura do tipo registro que formará o arquivo;
- arqDespesas é o identificador do tipo associado ao arquivo, formado por diversos registros do tipo regDespesa;
- despesa é a variável de registro;
- gastos é a variável de arquivo.

As variáveis despesa e gastos serão utilizadas no algoritmo para a manipulação do registro em memória e do arquivo, respectivamente.

Manipulação

Generalizando, podemos admitir que trabalhar com arquivos, ou seja, coleções de registros que foram persistidos, armazenados em memória secundária, segue um processo semelhante de operação. Em linhas gerais, seguiremos o seguinte fluxo de base:

1. abrir o arquivo,
2. manipular o arquivo (ler e/ou escrever registros no arquivo),
3. fechar o arquivo.

A ação de ler ou **copiar** os dados do arquivo servirá para **trazer de volta ao algoritmo** os dados que estão guardados, salvos no arquivo. A ação de escrever ou **gravar** os dados no arquivo servirá para **salvar no arquivo** os dados que estão sendo manipulados pelo algoritmo.

Abrindo um arquivo

Em nossos algoritmos, a ação de abertura de um arquivo será realizada através do seguinte comando:

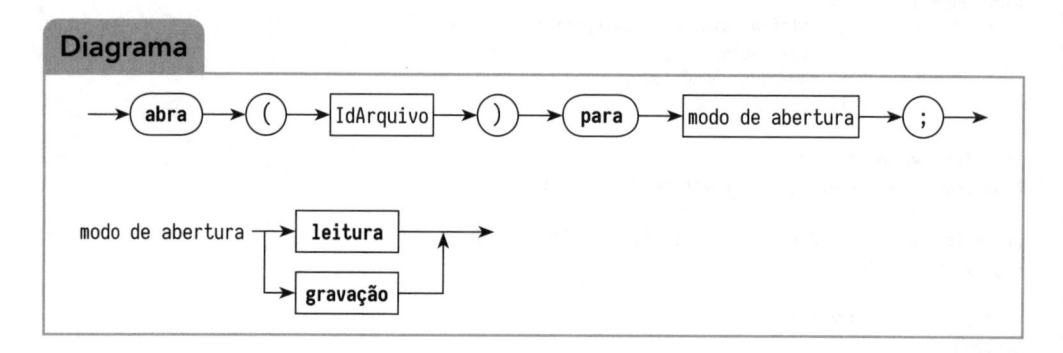

Diagrama

→ abra → (→ IdArquivo →) → para → modo de abertura → ; →

modo de abertura → leitura
                 → gravação

Em que:

- IdArquivo: representa o identificador da variável arquivo previamente definida;
- modo de abertura: indica se o arquivo será aberto para leitura ou para gravação.

Exemplo

```
abra (gastos) para leitura;  // apto a acessar a partir do primeiro registro
abra (gastos) para gravação; // apto a gravar após o último registro
```

Nesta abstração para o comando de abertura de arquivos, convencionaremos que após a execução do comando de abertura usando o modo **leitura**, o registro que estará à disposição será sempre o primeiro que foi armazenado no arquivo, ou seja, o arquivo aberto estará pronto para acessar o primeiro registro, o registro inicial, permitindo assim uma leitura sequencial dos demais registros até o final do arquivo.

Para o comando de abertura usando o modo **gravação**, o arquivo será aberto e estará posicionado após o último registro armazenado no arquivo, ou seja, o arquivo aberto estará pronto para adicionar novos registros. No contexto da abordagem adotada, se o arquivo for novo (não existe ainda), também estará pronto para armazenar novos registros, entretanto isso ocorrerá a partir do início, pois não há histórico de registros gravados.

Fechando um arquivo

Depois de usarmos um arquivo precisamos fechá-lo, pois caso contrário deixaríamos seu conteúdo exposto a agentes externos que poderiam danificar sua integridade (caderno de despesas aberto sobre a mesa, por exemplo).

Portanto, é importante fechar os arquivos após sua utilização. Para tal, usaremos o seguinte comando:

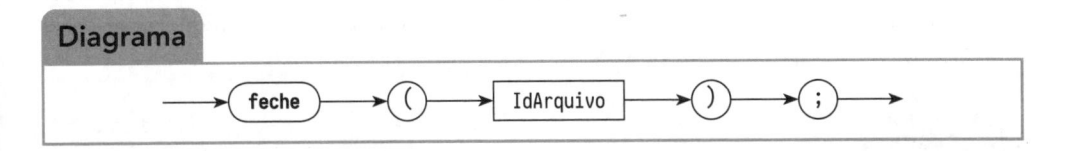

Diagrama

→ (feche) → (( ) → [IdArquivo] → ( )) → (;) →

Em que:

- IdArquivo: representa o identificador da variável arquivo previamente definida (e que já foi aberta anteriormente).

Exemplo

feche (gastos);

Copiando um registro

Ler de um arquivo significa na prática copiar o conteúdo do arquivo que nos interessa em algum lugar, em uma estrutura em memória, ou seja, trazer um registro salvo no arquivo de volta para o algoritmo. Utilizaremos para tal o comando:

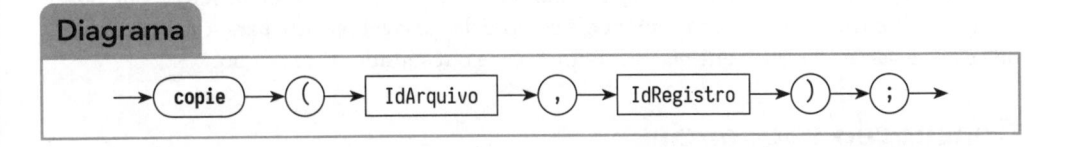

Diagrama

→ (copie) → (( ) → [IdArquivo] → (,) → [IdRegistro] → ( )) → (;) →

Em que:

- IdArquivo: representa o identificador da variável arquivo previamente definida;
- IdRegistro: representa o identificador da variável registro de formato igual àquele que compõe o arquivo (usado originalmente no momento da persistência do arquivo).

Exemplo

copie (gastos, despesa);

Quem copia, copia de um lugar de origem para outro destino. Nesse comando, copiam-se as informações da posição atual do arquivo para o registro em memória especificado no comando, o qual possui um formato idêntico ao do registro que compõe o arquivo. Vale ressaltar que todos os campos do registro do arquivo são copiados para os respectivos campos (por correspondência unívoca) do registro estabelecido no comando.

Vale destacar que o fluxo dos dados nesse comando é sempre da variável arquivo para a variável registro, ou seja, é a variável registro que efetivamente recebe o resultado da operação.

Guardando um registro

Para guardar um novo registro no arquivo (salvar/armazenar os dados no arquivo), faz-se necessário que o registro a ser inserido possua uma estruturação de campos idêntica à dos registros já armazenados, e ao mesmo tempo esteja completamente preenchido. Para efetuar essa operação, empregaremos o comando:

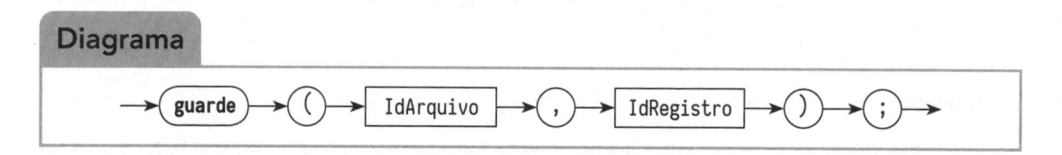

Diagrama

→ (guarde) → (( ) → [IdArquivo] → (,) → [IdRegistro] → ( )) → (;) →

Em que:

- IdArquivo: representa o identificador da variável arquivo previamente definida;
- IdRegistro: representa o identificador da variável registro de formato igual àquele que compõe o arquivo.

Exemplo

guarde (gastos, despesa);

Quem guarda, guarda alguma coisa em algum lugar. Nesse comando, guardam-se os dados do registro (definido no comando) armazenando-os na posição atual do arquivo. Vale observar que o fluxo dos dados nesse comando é sempre da variável registro para a variável arquivo, ou seja, é a variável arquivo que efetivamente recebe o resultado da operação.

Concepção sequencial

Quando criamos um arquivo, utilizamos determinado padrão de comportamento que estabelece o modo pelo qual os registros são armazenados no arquivo, isto é, o algoritmo estabelece a estruturação do arquivo. Caso a gravação dos registros no arquivo seja feita de forma contínua, um após o outro, teremos estabelecido uma circunstância de sequência no armazenamento dos registros, obtendo um arquivo cuja concepção é dita **sequencial**.

Nessas circunstâncias, discorremos que a localização de qualquer um dos registros que foi armazenado é indeterminada, ou seja, para acessar um registro específico, precisamos obedecer a sua ordem de gravação, o que implica percorrer todos os registros que o antecedem.

Como exemplo de um arquivo de concepção sequencial vejamos como ficam os algoritmos necessários para manipular os registros do controle de despesas proposto para ajudar Felizberto a estruturar sua vida financeira.

Escrita em arquivo sequencial

Vejamos então como combinar os comandos vistos para manipular arquivos baseados em registros na construção de um algoritmo capaz de ler as despesas de Felizberto e efetuar a persistência desses dados em arquivo.

O **Algoritmo 7.1** apresenta uma possível solução para esse contexto.

ALGORITMO 7.1 Persistir os registros das despesas em arquivo

```
1.  início
2.     // definição do tipo registro
3.     tipo regDespesa = registro
4.                        inteiro: dia, mes, categoria;
5.                        real: valor;
6.                        caracter: descricao;
7.                     fimregistro;
8.
9.     // definição do tipo arquivo
10.    tipo arqDespesas = arquivo composto de regDespesa;
11.
12.    // declaração da variável composta do tipo registro definido
13.    regDespesa: despesa;
14.
15.    // declaração da variável arquivo
16.    arqDespesas: gastos;
17.
18.    abra (gastos) para gravação;
19.    leia (despesa.dia);
20.    enquanto (despesa.dia <> 0) faça
21.       leia (despesa.mes, despesa.categoria, despesa.valor, despesa.descricao);
22.       guarde (gastos, despesa);
23.       leia (despesa.dia);
24.    fimenquanto;
25.    feche (gastos);
26. fim.
```

É importante ressaltar que:

- a abertura do arquivo gastos (linha 18) foi realizada para o modo gravação;
- cada registro despesa tem seus campos lidos individualmente (linhas 19 e 21), mas ele é persistido no arquivo através de um único comando guarde (linha 22);
- o laço enquanto (linha 20) garantirá que todas as despesas de um determinado dia (ou de dias diferentes lançados na mesma execução) possam ser fornecidos até o momento em que o finalizador 0 seja lido;
- o arquivo gastos é adequadamente fechado (linha 25) ao final de sua manipulação.

Leitura de arquivo sequencial

Considerando que Felizberto persistiu em um conjunto de despesas, ou seja, ele já tem um arquivo contendo diversos registros salvos conforme o **Algoritmo 7.1**, vejamos como podemos efetuar a leitura do arquivo e a geração de um relatório com informações dos subtotais por categorias, tal qual apresentado na **Figura 7.3**.

O **Algoritmo 7.2** apresenta uma possível solução para esse contexto.

ALGORITMO 7.2   Leitura do arquivo de despesas e geração de relatório

```
1.  início
2.      // definição do tipo registro
3.      tipo regDespesa = registro
4.                          inteiro: dia, mes, categoria;
5.                          real: valor;
6.                          caracter: descricao;
7.                      fimregistro;
8.
9.      // definição do tipo arquivo
10.     tipo arqDespesas = arquivo composto de regDespesa;
11.
12.     // definição do tipo vetor para as categorias
13.     tipo vetCategorias = vetor [1..5] de caracteres;
14.
15.     // definição do tipo vetor para os subtotais por categoria
16.     tipo vetTotais = vetor [1..5] de reais;
17.
18.     // declaração da variável composta do tipo registro definido
19.     regDespesa: despesa;
20.
21.     // declaração da variável arquivo
22.     arqDespesas: gastos;
23.
24.     // declaração da variável vetor com inicialização das categorias
25.     vetCategorias: categorias ["Despesas Fixas", "Transporte", "Alimentação",
                                  "Lazer", "Saúde"];
26.
27.     // declaração da variável vetor com inicialização em 0 (subtotais)
28.     vetTotais: totais [0, 0, 0, 0,0];
29.
31.     real: totalGeral; // soma de todas as despesas
32.     inteiro: i; // contador para o laço dos vetores
33.
34.     totalGeral ← 0;
35.     // leitura do arquivo, exibição dos registros e cálculo dos subtotais
36.     abra (gastos) para leitura;
37.     enquanto (gastos) faça
38.        copie (gastos, despesa);
39.        escreva (despesa);
40.        totalGeral ← totalGeral + despesa.valor;
41.        totais[despesa.categoria] ← totais[despesa.categoria] + despesa.valor;
42.     fimenquanto;
43.     feche (gastos);
44.
45.     // exibição dos subtotais por categoria
46.     para i de 1 até 5 faça
47.        escreva (categorias[i], totais[i]);
48.     fimpara;
49.     escreva (totalGeral);
50. fim.
```

Precisamos reforçar que:

- o vetor categorias, inicializado com constantes caracter (linha 25), foi usado para armazenar os nomes de cada categoria, assim categorias[1] contém "Despesas Fixas", categorias[2] contém "Transporte" e assim por diante, respectivamente;
- o vetor totais, inicializado com 0 (linha 28), foi usado para armazenar os subtotais de cada categoria, assim totais[1] contém a soma dos gastos com despesas fixas, totais[2] contém a soma dos gastos com despesas de transporte e assim por diante, respectivamente;
- a abertura do arquivo gastos (linha 36) foi realizada para o modo leitura;
- cada registro despesa é lido em um único comando copie (linha 38);
- a variável totalGeral contém a soma de todas as despesas (linha 40) persistidas no arquivo gastos;
- a contabilização da soma das despesas por categoria é facilitada porque o campo despesa.categoria emprega um código numérico para identificar cada categoria, sendo este valor exatamente o índice a ser empregado para os vetores categorias e totais;
- o laço enquanto (linha 37) garantirá que todas as despesas persistidas no arquivo sejam lidas. Quando chegarmos ao final do arquivo, gastos retornará falsidade, encerrando assim a repetição;
- o arquivo gastos é adequadamente fechado (linha 43) ao final de sua manipulação.

Exercícios de fixação 1

Muito comum em dietas, a avaliação antropométrica é bastante empregada na nutrição e na medicina para a análise das condições de um paciente, assim como o acompanhamento de seu progresso ao longo do tempo. Geralmente inclui dados de peso, altura, cintura, abdômen, Índice de Massa Corporal (IMC), percentual de massa, entre outros, dependendo da necessidade do profissional de saúde ao fazer o acompanhamento de um paciente em particular.

1.1 Considerando o cenário exposto, elabore um algoritmo que efetue a leitura das seguintes medições de um paciente:
- data (dia e mês)
- altura (em metros)
- peso (em quilos)
- cintura (em centímetros)
- abdômen (em centímetros)
- quadril (em centímetros)

E na sequência efetue a persistência dos dados dessa medição em um arquivo de concepção sequencial, para poder comparar mais tarde a evolução das medidas.

1.2 Dado o arquivo persistido pela questão anterior, desenvolva um algoritmo que leia o arquivo e mostre um relatório, contendo além dos dados medidos, o cálculo do IMC, da razão cintura/quadril e das diferenças de peso, IMC e razão entre os diversos registros, conforme ilustrado no seguinte exemplo fictício:

Data	27/05	15/07		26/08		11/11	
Altura	1,78 m	1,78 m		1,78 m		1,78 m	
Peso	74,20 kg	75,90 kg	(+1,70)	73,80 kg	(-2,10)	71,30 kg	(-2,50)
IMC	23,40	24,00	(+0,60)	23,30	(-0,70)	22,50	(-0,80)
Cintura	82,00 cm	84,00 cm		83,00 cm		81,00 cm	
Abdômen	96,00 cm	98,00 cm		89,00 cm		85,00 cm	
Quadril	100,00 cm	100,00 cm		100,00 cm		99,00 cm	
Razão cintura / quadril	0,82	0,84	(+0,02)	0,83	(-0,01)	0,82	(-0,01)

Implementando arquivos em Python

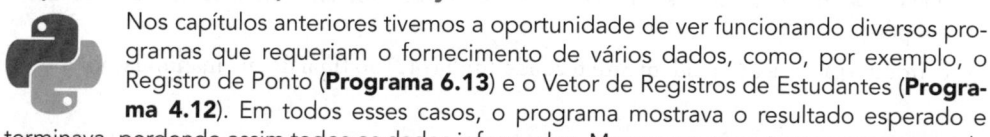

Nos capítulos anteriores tivemos a oportunidade de ver funcionando diversos programas que requeriam o fornecimento de vários dados, como, por exemplo, o Registro de Ponto (**Programa 6.13**) e o Vetor de Registros de Estudantes (**Programa 4.12**). Em todos esses casos, o programa mostrava o resultado esperado e terminava, perdendo assim todos os dados informados. Mesmo ao executarmos uma segunda vez, somente para repetir a execução anterior sem nenhuma alteração, seria necessário informar os mesmos dados, tudo de novo.

Para evitar de informarmos tudo novamente a cada execução, podemos:

1. Guardar os dados informados em algum dispositivo de armazenamento para depois recuperá-los (no mesmo formato como os guardamos);
2. Obter novos dados vindos de alguma outra fonte externa que já os havia armazenado antes (sendo necessário saber como foram armazenados para podermos recuperá-los corretamente).

Em ambos os casos, estamos empregando soluções de Persistência de Dados, que visam assegurar que os dados possam ser recuperados, mesmo depois que o programa tenha sido finalizado (término previsto) ou que tenha sido interrompido (término imprevisto por erro, falta de energia, término forçado, etc.). Importante ressaltar que ao recuperar os dados previamente persistidos, para o programa será como se fossem dados novos porque os dados anteriores foram "perdidos". Portanto, não faria diferença se estamos recuperando os mesmos dados de antes (caso 1) ou se estamos recuperando dados vindos de outra fonte (caso 2).

Como consequência disso, é muito relevante termos em mente que qualquer que seja a fonte ou a forma de recuperação, os dados virão de um ambiente externo, fora do controle ou do conhecimento do programa, o que traz consigo um conjunto de problemas que requerem cuidados e tratativas que veremos a seguir.

O tema Persistência é bastante abrangente uma vez que existem múltiplas estratégias, ferramentas e plataformas para persistir informação. Como forma de facilitar a aprendizagem inicial, neste capítulo restringiremos esse tema extenso e complexo utilizando ferramentas nativas da linguagem Python: os Arquivos.

Para implementarmos operações de persistência de dados em Python usando arquivos, poderemos utilizar uma série de funções e módulos diferentes suportados nativamente pela linguagem. Começaremos manipulando arquivos simples de texto livre (sem estrutura), passando por arquivos texto com uma estruturação dos dados e finalizando com arquivos binários, permitindo a persistência de qualquer estrutura de dados mais elaborada suportada pela linguagem.

Como arquivos texto que usamos no dia a dia, podemos lembrar dos formatos TXT (padrão de arquivo texto) e CSV (*Comma-separated Values*, amplamente usado para importar e exportar planilhas), bem como qualquer arquivo contendo o código-fonte de uma linguagem de programação, como por exemplo as extensões .py (Python), .c (linguagem C), .cpp (linguagem C++), .java (Java), .js (JavaScript), etc.; e demais arquivos empregados em computação como .html (páginas Web), .css (*Cascading Style Sheets*), .xml (*Extensible Markup Language*), .rss (*Really Simple Syndication*), JSON (*Javascript Object Notation*), etc.

Arquivos binários também fazem parte do nosso cotidiano, estamos usando arquivos com formatos binários dedicados o tempo todo, como os arquivos executáveis (.exe) e os arquivos PDF (*Portable Document Format*). Vejamos alguns outros exemplos de formatos de arquivos binários comuns de:

- áudio: MP3, AAC, OGG, WAV, MIDI etc.;
- imagem: PNG, JPEG, GIF, BMP, PPM, TIFF, RAW etc.;
- vídeo: MP4, MOV, WMV, AVI, MKV, MPEG etc.;
- compressão de dados: ZIP, TAR, GZIP, 7Z etc.

Podemos observar nos exemplos mencionados que existe uma grande variedade de padrões e formatos, tanto nos arquivos texto como nos arquivos binários. Para poder recuperar as informações persistidas nesses arquivos, precisaremos conhecer qual foi o padrão utilizado para criá-los. Portanto, tudo depende de como os dados foram persistidos.

Vamos a um exemplo prático e simples para diferenciar os formatos de arquivo do ponto de vista de sua representação e portabilidade. Supondo que possuímos as seguintes variáveis em um programa:

```
pais = "Brasil"
dado = "PIB"
ano = 2020
valor = 7400000000000
```

Essas variáveis contêm dados referentes à informação de que o Brasil em 2020 teve como resultado um PIB (Produto Interno Bruto) de 7.4 trilhões de reais. Poderíamos deixar estes dados soltos em variáveis simples ou organizá-los em uma estrutura, opção sujeita às necessidades do algoritmo e do contexto do problema. Já vimos que podemos fazer uma dataclass (um registro com os diversos campos), um dicionário (um vetor associativo com os diversos pares chave-valor) ou mesmo uma lista heterogênea como opções de estruturação dos dados, mas como faríamos para persistir essas estruturas de dados?

Isso depende, em certa medida, da estrutura de dados que pretendemos usar. Seguindo com nosso exemplo prático sobre os dados do PIB, poderemos representar esse conjunto de valores em diversas estruturas de dados (conforme visto nos capítulos anteriores). Para fins didáticos, usaremos apenas duas estruturas de dados bem simples: Cadeia de caracteres e Lista.

Combinado a isso, veremos uma possível abordagem para cada um dos formatos de arquivo de modo a estabelecermos uma comparação dos resultados:

- criar um arquivo texto salvando apenas uma linha resultante da concatenação dos dados, por exemplo, salvando a variável linhaTxt composta da seguinte forma:

linhaTxt = pais + ' ' + dado + ' ' + str(ano) + ' ' + str(valor)

- criar um arquivo binário salvando uma lista Python, por exemplo, salvando a variável listaDados inicializada da seguinte forma:

listaDados = [pais, dado, ano, valor]

A **Figura 7.5** ilustra como os dois arquivos que foram gravados usando um programa Python: pib.txt, resultado da variável linhaTxt e pib.dat (uma extensão genérica para *data* – dados), com a persistência da variável listaDados; foram exibidos quando abertos pelo Bloco de Notas.

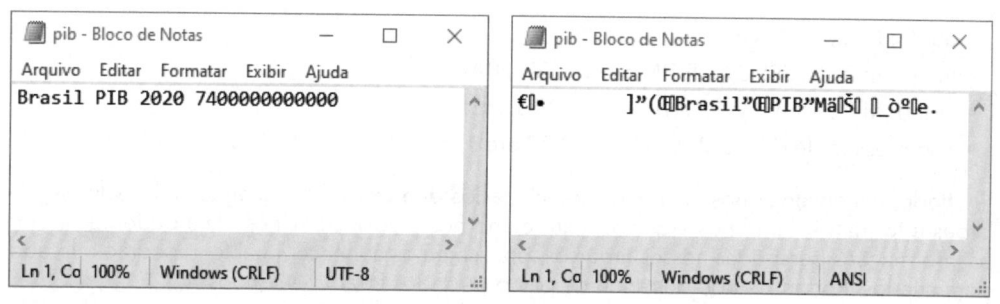

Figura 7.5 Arquivos texto e binário exibidos no Bloco de Notas.

Observamos que os quatro dados salvos como texto são legíveis para o programa padrão de texto e para humanos. Já o arquivo binário, aparece com diversos caracteres estranhos, apenas o que originalmente era uma string ("Brasil" e "PIB") está legível, os demais caracteres exibidos são desprovidos de significado, tanto para humanos quanto para o programa bloco de notas .

Essa comparação é muito valiosa para reforçar o seguinte ponto: **arquivos contêm dados vindos do mundo exterior, para recuperar esses dados o programa precisa saber como foram persistidos**.

No primeiro exemplo, fica visível que tanto a estruturação dos dados quanto o formato de arquivo permitiram a recuperação – sem perdas ou distorções – pelo programa bloco de notas. O mesmo poderia ter ocorrido caso tivéssemos construído um programa capaz de ler esse formato de arquivo e fazer o processo inverso para separar os dados da cadeia de caracteres e recuperar os valores originais do PIB para as mesmas variáveis.

Já no segundo exemplo, fica visível que nem a estrutura de dados nem o formato de arquivo puderam ser recuperados – sem perdas ou distorções – pelo programa bloco de notas. Naturalmente, o bloco de notas não foi construído com a intenção de ler arquivos binários, mas em Python nós poderemos implementar um programa que não apenas leia o formato binário, mas principalmente possa fazer o processo inverso e recuperar os valores originais do PIB para a mesma estrutura de dados em lista.

Entre as diversas opções de manipulação de arquivos em Python, que possui uma biblioteca extensa e extensível de funções para diversas necessidades, concentraremos nossa discussão em três cenários básicos e didáticos:

- arquivos texto;
- arquivos texto estruturados com o padrão JSON;
- arquivos binários.

Abertura e fechamento de Arquivos

Independente da operação que faremos em um arquivo, como persistir dados novos, ler e eventualmente remover dados ou ler o arquivo inteiro para memória, manipulá-lo e gravá-lo novamente, precisaremos das duas operações básicas: abertura e fechamento do arquivo.

Em Python, a sintaxe geral básica para abrir um arquivo é:

```
<arquivo> = open(<nome do arquivo>, <modo>)
```

Em que:

- <arquivo> será um objeto do tipo arquivo sobre o qual poderemos executar métodos como ler (read), escrever (write) e fechar (close);
- <nome do arquivo> é uma string contendo o nome do arquivo;
- <modo> é uma string contendo alguns caracteres que descrevem como o arquivo será usado, conforme apresentado na **Tabela 7.2**.

Já para fechar um arquivo, apenas executamos o método close, fazendo:

```
<arquivo>.close( )
```

Exemplo

```
arq = open('PIB.dat', 'w+b')
# operações de leitura e/ou escrita
arq.close( )
```

Neste caso, o arquivo de nome PIB.dat foi aberto para escrita ou leitura em modo binário, apagando o arquivo anterior, se existir, e depois das possíveis operações de entrada e saída, foi fechado.

Por padrão, os arquivos em Python são abertos em modo texto, no qual lemos e gravamos strings. Adicionar 'b' ao modo abre o arquivo em modo binário (o que nos habilita a ler aquele arquivo que o bloco de notas não foi capaz, como ilustrado na **Figura 7.5**).

A **Tabela 7.1** apresenta os modos de abertura de arquivos disponíveis.

Tabela 7.1 Modos para abertura de arquivos

Caractere	Significado
'r'	*read* – abre para leitura (é o padrão), gera erro se o arquivo não existir
'w'	*write* – abre para escrita, cria o arquivo, se não existir, e apaga seu conteúdo, se existir
'x'	*create* – abre exclusivamente para criação, gera erro se o arquivo existir
'a'	*append* – abre para escrita, adiciona ao final do arquivo, cria o arquivo, se não existir
'+'	aberto para atualização (leitura e escrita)
'b'	*binary* – modo binário (escrita de bytes)
't'	*text* – modo texto (é o padrão)

Combinando as opções de modo entre si, podemos gerar várias configurações de abertura conforme nossas necessidades. A **Tabela 7.2** apresenta as combinações mais usuais para modos de abertura de arquivos e as diferenças entre elas quanto a permitir leitura, permitir escrita, criar um arquivo novo, apagar o arquivo existente e, finalmente, se após abertura posiciona no início ou no final do arquivo.

Tabela 7.2 Combinações mais usuais para modos de abertura de arquivos

Ação	'r'	'r+'	'w'	'w+'	'a'	'a+'
Leitura	X	X		X		X
Escrita		X	X	X	X	X
Cria			X	X	X	X
Apaga			X	X		
Posiciona no início	X	X	X	X		
Posiciona no final					X	X

Os modos de abertura de arquivos apresentados na **Tabela 7.2** são todos para arquivo texto, pois o 't' é opcional (por ser o padrão), portanto, 'w+' é o mesmo que 'w+t'. Para binário, basta acrescentar o caractere 'b' em qualquer um dos modos, por exemplo 'rb', 'w+b', e assim por diante.

> **Nota**
>
> Nas diversas funções Python empregadas neste capítulo, usaremos os parâmetros necessários para o correto funcionamento dos exemplos que serão discutidos. A documentação completa de cada função com seu conjunto de parâmetros, bem como a manipulação de outros formatos de arquivo, como CSV ou estratégias de acesso randômico, devem ser consultadas na documentação da linguagem e não serão tratadas neste material.

Arquivos texto

Um dos formatos mais simples de armazenar informações em arquivos é usar um arquivo texto no qual são gravadas sequências de caracteres organizadas em linhas. O formato texto é portável e pode ser aberto por qualquer programa que consiga interpretar corretamente a representação de caracteres utilizada.

Ainda que o conteúdo de um arquivo texto nos pareça totalmente compreensível (como o poema na **Figura 7.6**), isso não se aplica ao computador. Para poder "entender" as informações vindas do mundo exterior – como no caso de um arquivo texto – o computador precisa converter nossas convenções de escrita (alfabeto, algarismos e demais símbolos) em valores numéricos. Por exemplo, nós entendemos facilmente um "A" como a primeira letra do alfabeto, mas ao ler o mesmo "A" vindo do mundo exterior através de um arquivo texto, o computador precisa converter esse caractere em um código. Aliás, é importante considerarmos que um "Á" já seria outro caractere, diferente também de um "À" ou um "Ã", cada um com seu código distinto e exclusivo.

Para tanto, é utilizada uma convenção para conversão dos nossos símbolos de escrita (caracteres ou grafemas) em números (código). Tal convenção é chamada de codificação de caracteres, também conhecida por *charset*.

Ao longo da evolução da computação, a codificação de caracteres (*charset*) foi evoluindo conforme às necessidades de ampliação da quantidade de símbolos a serem representados: letras dos alfabetos, sinais de pontuação, caracteres de controle etc., gerando no decorrer do tempo diversas convenções diferentes. O primeiro e mais difundido padrão foi o ASCII (*American Standard Code for Information Interchange*) com seus primeiros 128 caracteres de base, depois estendido para 256, passando por ISO 8859-1, Windows-1252, até os padrões mais recentes como Unicode e seus esquemas padronizados de transformação UTF (*Unicode Transformation Format*, como UTF-8, UTF-16 etc.). Os últimos padrões incorporaram as representações iniciais do ASCII e a ampliaram significativamente para atingir a diversidade necessária para suportar qualquer sistema de escrita existente.

Afinal, se isso é uma questão que concerne apenas ao computador, por que precisamos nos importar com isso?

Porque os arquivos texto – que nos parecem corretos ao visualizar – podem ter sido criados com um padrão de codificação diferente daquele que tentaremos usar para ler o arquivo, fazendo com que o computador utilize o padrão incorreto para decodificar cada caractere, ocasionando trocas indevidas e assim distorcendo o conteúdo original. A seguir, veremos através de um exemplo como lidar corretamente com essa situação nesse tipo de arquivo.

Na **Figura 7.6** verificamos como o poema "No meio do caminho", salvo em um arquivo de nome Drummond.txt, é exibido pelo programa Bloco de Notas. Pode-se notar a referência ao UTF-8 no canto inferior direito, evidenciando qual codificação de caracteres está em uso.

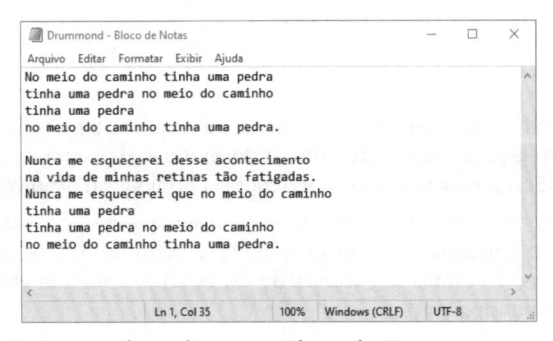

Figura 7.6 Arquivo Drummond.txt aberto no Bloco de Notas.

Leitura de arquivo texto

O **Programa 7.1** ilustra a abertura do arquivo Drummond.txt como arquivo texto apenas para leitura.

PROGRAMA 7.1 Abrindo arquivo Drummond.txt

```
1. print("Lendo o arquivo inteiro para uma única string: ")
2. arquivo = open('Drummond.txt', 'rt', encoding='utf8')
3. texto = arquivo.read( )
4. print(texto)
5. arquivo.close( )
```

Vale destacar que:

- o comando de abertura entrada = open('Drummond.txt', 'rt') é idêntico a fazer entrada = open('Drummond.txt'), pois o 'r' e o 't' são os valores *default* para o modo de abertura de arquivos e tipo de arquivo, respectivamente;
- o parâmetro encoding é opcional, mas preferimos especificar a codificação do arquivo de origem, no caso UTF-8, para evitar distorções nos caracteres. Se não especificado, o Python utiliza por padrão um *charset* que seja mais adequado para a plataforma, mas que nem sempre funciona para os caracteres acentuados em nosso idioma;
- o arquivo está no mesmo diretório do programa Python, caso estivesse em outro local, o caminho deveria ser especificado;
- a função read (linha 3) leu todo o conteúdo do arquivo para a variável string texto.

Normalmente iremos manipular os arquivos texto linha a linha, lendo de forma sequencial as linhas do arquivo. Veremos esse processo usando o mesmo arquivo, só que dessa vez lendo uma linha de cada vez. Nesse caso, uma opção é utilizar a função *readline*, conforme demonstra o **Programa 7.2**.

PROGRAMA 7.2 Lendo o arquivo Drummond.txt linha a linha

```
1. print("Lendo o arquivo linha a linha:");
2. arquivo = open('Drummond.txt', encoding='utf8') # 'r' e 't' são as opções default
3. linha = arquivo.readline( )
4. while linha:
5.    print(linha, end='')
6.    linha = arquivo.readline( )
7. arquivo.close( )
```

Observamos que:

- a função readline na linha 3 leu uma única linha do arquivo, a primeira. Para ler as demais, foi preciso criar um laço de repetição através do bloco while (linha 4), que irá iterar até que readline (linha 6) não tenha mais conteúdo (chegou ao final do arquivo);
- o print da linha 5 precisou incluir end='' para garantir que não houvesse duas quebras de linha: uma vinda do fim de linha do arquivo texto e outra gerada pelo print, o que ocasionaria em duas linhas em branco na impressão do poema (uma que veio do arquivo e outra produzida pelo comando print).

> **Nota**
>
> No Python, o padrão durante a leitura em modo texto é converter terminadores de linha específicos da plataforma para apenas um '\n' (LF – *Line Feed*). O Linux emprega '\n', já o Windows emprega '\r\n' (sendo '\r' um CR – *Carriage Return*). Ao escrever em arquivos no modo texto, será feito o caminho contrário, o Python salvará as ocorrências de '\n' de volta para os finais de linha específicos da plataforma em questão.

Para manipularmos arquivos em Python, é fortemente recomendado utilizar um importante recurso da linguagem. Trata-se da palavra-chave with, que permite criar um bloco lógico que irá conter as operações de leitura e escrita no arquivo. A vantagem dessa estrutura é que o arquivo é fechado automaticamente após o término de sua utilização (fim do bloco), mesmo que ocorra uma exceção em algum momento, prevenindo, assim, que os dados do arquivo sejam corrompidos. Por conta desse valioso diferencial da linguagem, daqui em diante daremos preferência para o uso do with, sempre lembrando que o close virá embutido e assegurado como bônus.

O **Programa 7.3** emprega o bloco with e outra estratégia bastante útil e prática para navegar pelas linhas do arquivo: implementar um loop for adaptado para arquivos.

PROGRAMA 7.3 Arquivos texto com bloco with e loop for para leitura

```
1.  lin = 1
2.  qtde = 0
3.  with open('Drummond.txt', encoding='utf8') as arquivo:
4.      for linha in arquivo:
5.          linha = linha.rstrip( )
6.          tam = len(linha)
7.          print(f"Linha {lin:2d} ({tam:2d} caracteres): {linha}")
8.          lin += 1
9.          qtde += tam
10. print("Total de caracteres no arquivo:", qtde)
```

Nesse programa, o fechamento do arquivo ocorre automaticamente após a linha 9, última que pertence ao bloco do with, mesmo que algum erro ocorra, o arquivo é fechado corretamente e não corremos o risco de corromper os dados. A **Figura 7.7** apresenta a saída do programa, no qual adicionamos uma contagem da quantidade de linhas (variável lin), da quantidade de caracteres em cada linha (variável tam) e da quantidade de caracteres totais (variável qtde).

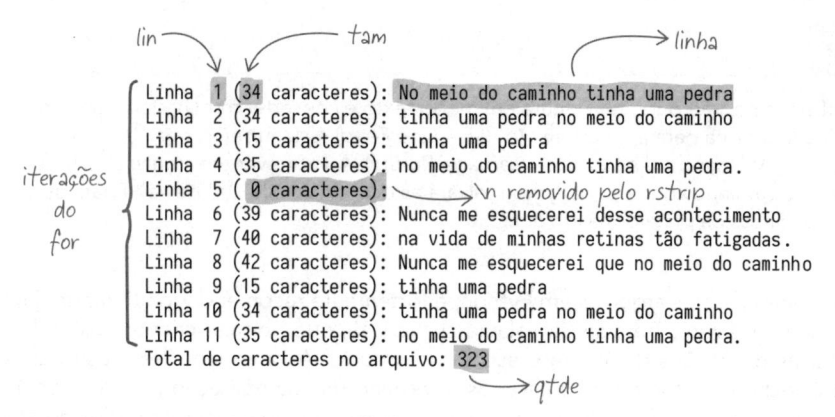

```
                        lin          tam                          linha
                          ↓           ↓                             ↓
                   ┌  Linha  1 (34 caracteres): No meio do caminho tinha uma pedra
                   │  Linha  2 (34 caracteres): tinha uma pedra no meio do caminho
                   │  Linha  3 (15 caracteres): tinha uma pedra
                   │  Linha  4 (35 caracteres): no meio do caminho tinha uma pedra.
      iterações    │  Linha  5 ( 0 caracteres):         \n removido pelo rstrip
         do        ┤  Linha  6 (39 caracteres): Nunca me esquecerei desse acontecimento
         for       │  Linha  7 (40 caracteres): na vida de minhas retinas tão fatigadas.
                   │  Linha  8 (42 caracteres): Nunca me esquecerei que no meio do caminho
                   │  Linha  9 (15 caracteres): tinha uma pedra
                   │  Linha 10 (34 caracteres): tinha uma pedra no meio do caminho
                   └  Linha 11 (35 caracteres): no meio do caminho tinha uma pedra.
                      Total de caracteres no arquivo: 323
                                                        → qtde
```

Figura 7.7 Execução do Programa 7.3.

É importante ressaltar que:

- seja usando `open` e depois `close` ou então `open` junto a um bloco `with` (linha 3, com fechamento automático), é necessário fechar o arquivo para liberar os recursos e evitar que os dados sejam corrompidos;

- a iteração sobre o conjunto de linhas ocorre através do `loop for` (linha 4). Vale observarmos que esse tipo de `for` deixou o código mais simples porque incorpora a avaliação da quantidade de repetições que serão necessárias. Isso permitiu usar um `loop` com quantidade determinada de execuções, em vez de um `loop` de quantidade indeterminada que ficasse testando a cada iteração se o arquivo chegou ao final;

- o método `rstrip` (linha 5) foi empregado para remover os caracteres indesejados existentes após o final da string lida, removendo, portanto, o '\n' que estava no final da variável `linha`.

> **Nota**
>
> Ao realizarmos operações de entrada e saída em arquivo, manipulando dados que estão armazenados em unidades externas, uma série de erros podem ocorrer, não sendo necessariamente ocasionados por uma falha de programação.
>
> Por exemplo, tentar abrir um arquivo informado pelo usuário que não existe (`FileNotFoundError`), ou então tentar realizar uma operação em um diretório no qual o programa não possui o acesso adequado (`PermissionError`).
>
> Para lidar com esses problemas, a linguagem Python possui um mecanismo de **Tratamento de Exceções**, o bloco `try/except/else/finally`, que não será discutido neste material.

Escrita em arquivo texto

Para vermos a escrita em arquivo texto, vamos considerar o seguinte exercício: implementar um programa que leia vários produtos pertencentes a uma lista de compras até que o usuário digite como finalizador o item 'fim'.

Vale observarmos um detalhe bem importante nesse novo exemplo. Diferentemente do poema dos exemplos anteriores, cada linha da lista de compras identifica um elemento independente a ser comprado, o que já sinaliza que nossa estratégia aqui será de gravar no arquivo uma linha de cada vez, à medida em que o item for sendo informado.

O **Programa 7.4** apresenta uma possível solução para o problema.

PROGRAMA 7.4   Escrevendo em arquivo texto (lista de compras)

```
1. listaCompras = "mercado.txt"
2. item = input("Qual item incluir ('fim' para terminar)? ")
3. with open(listaCompras, "a", encoding='utf8') as arquivo:
4.    while item != 'fim':
5.        arquivo.write(item + "\n")
6.        item = input("Qual item incluir? ")
```

Observamos que:

- o comando de abertura de arquivo (linha 3) especificou como modo 'a', que cria o arquivo se ele não existe, e caso exista, permite adicionar novos dados ao final. Além disso, estamos fixando UTF-8 como *charset*, para assegurar a criação e gravação correta dos caracteres de nosso idioma;
- a variável listaCompras contém o nome do arquivo e a variável arquivo é usada internamente para manipulá-lo;
- a função write (linha 5) é utilizada para gravar o texto do item (uma string) concatenada com o caractere representando o avanço de linha ('\n'). Isso se repete a cada vez que um novo item é informado. É precisamente isso que garante que o item da lista de compras não se perca na iteração seguinte (quando a variável item receber outro valor), dado que o conteúdo informado ficará armazenado em uma linha distinta do arquivo a cada interação.

Agora temos um programa que nos permite informar uma lista de compras qualquer e armazenar o resultado disso em um arquivo texto, que poderá ser utilizado depois (por exemplo, para lembrar dos itens quando estiver no mercado), ou mesmo para informar outro programa (como veremos mais adiante).

A **Figura 7.8** apresenta uma possível execução do programa e o arquivo de saída mercado.txt gerado e aberto no Bloco de Notas.

```
Qual item incluir ('fim' para terminar)? feijão
Qual item incluir? arroz
Qual item incluir? cebola
Qual item incluir? alho
Qual item incluir? linguiça calabresa
Qual item incluir? linguiça paio
Qual item incluir? farofa de mandioca
Qual item incluir? fim
```

```
mercado - Bloco de Notas
Arquivo  Editar  Formatar  Exibir  Ajuda
feijão
arroz
cebolha
alho
linguiça calabresa
linguiça paio
farofa de mandioca

Ln 1   100%   Windows (CRLF)   UTF-8
```

Figura 7.8   Execução do Programa 7.4 e exibição do arquivo mercado.txt.

Quando chegamos ao mercado, percebemos que faltava algo muito importante: as quantidades de cada item. Podemos incluir essa informação, e até aproveitar para fazer mais alguns aprimoramentos.

O **Programa 7.5** introduz a informação da quantidade de cada produto e a possibilidade de especificarmos o nome do arquivo. Ao salvar, cria um arquivo texto mais organizado, com a numeração dos itens da lista de compras.

PROGRAMA 7.5 Lista de compras organizada

```
1.  listaCompras = input("Nome do arquivo da lista? ")
2.  con = 1
3.  item = input(f"Qual o {con}o.item ('fim' para terminar)? ")
4.  with open(listaCompras, "w", encoding='utf8') as arquivo:
5.      while item != 'fim':
6.          qtde = input("Qual a quantidade? ")
7.          linha = "Item " + str(con) + ": " + qtde + " - " + item + "\n"
8.          arquivo.write(linha)
9.          con += 1
10.         item = input(f"Qual o {con}o.item? ")
```

Vale ressaltar que no arquivo texto gravamos linhas de caracteres finalizados com o terminador ('\n'); portanto, para a concatenação das partes que compõem a variável linha, foi necessário fazer a coerção de tipo da variável con (contador de itens), de int para str, fazendo str(con) na linha 8.

A **Figura 7.9** apresenta uma possível execução do programa e o arquivo de saída gerado.

```
Nome do arquivo da lista? jantar.txt
Qual o 1o.item ('fim' para terminar)? vinho tinto
Qual a quantidade? 1 garrafa
Qual o 2o.item? queijo gorgonzola
Qual a quantidade? 200 gramas
Qual o 3o.item? queijo camembert
Qual a quantidade? 1 unidade
Qual o 4o.item? couve-flor
Qual a quantidade? 1 cabeça
Qual o 5o.item? berinjela
Qual a quantidade? 1 unidade
Qual o 6o.item? fim
```

```
jantar - Bloco de Notas
Arquivo  Editar  Formatar  Exibir  Ajuda
Item 1: 1 garrafa - vinho tinto
Item 2: 200 gramas - queijo gorgonzola
Item 3: 1 unidade - queijo camembert
Item 4: 1 cabeça - couve-flor
Item 5: 1 unidade - berinjela

Ln 1, Col 32    100%    Windows (CRLF)    UTF-8
```

Figura 7.9 Execução do Programa 7.5 e exibição do arquivo jantar.txt.

Nesse programa, empregamos o modo de abertura 'w', portanto caso o arquivo exista será sobrescrito (o conteúdo anterior será apagado). Formamos esse arquivo a partir da composição de várias linhas com o texto mais organizado, cada uma gerada a partir da concatenação dos dados acerca de cada produto. Os dados quantidade (qtde) e descrição do item (item) foram fornecidos separadamente, a composição da linha de texto a ser salva foi feita da seguinte forma na linha 7:

linha = "Item " + str(con) + ": " + qtde + " - " + item + "\n"

teremos, assim, um texto mais organizado também, mais útil e de fácil leitura pelo próprio criador da lista ou mesmo por outra pessoa.

Portanto, conseguimos ter um texto mais legível – para qualquer **pessoa** – contendo a numeração dos itens, a quantidade de cada um e seu descritivo. Qualquer pessoa capaz de ler em nosso idioma, poderia seguir essa lista de compras no mercado, usando apenas um bloco de notas para abrir o arquivo gerado.

Contudo, programas não têm essa inteligência para discernir que cada linha contém uma numeração, seguida da quantidade e descrição do item. Para o **computador**, esses dados estão soltos, misturados no meio do texto das linhas do arquivo.

Para poder recuperar os dados e repovoar a estrutura, seria necessário implementar um programa capaz de ler esse mesmo arquivo da **Figura 7.9**, desmembrar os dados contidos em cada linha, e, por fim, atribuir os valores encontrados para as variáveis con, qtde e item. Pode até parecer simples, mas seria especialmente desafiador escrever um programa assim, porque seria complicado encontrar um padrão de comportamento para desmembrar os dados de cada linha. Por exemplo, poderíamos estabelecer que todo item vem depois de um hífen, mas como fazer no caso do item 4 "couve-flor", dado que haveria dupla incidência de hífen em um mesmo item da lista.

A importante mensagem aqui é que nem todo arquivo que pode ser facilmente compreendido por uma pessoa poderá ser compreendido por um programa.

Quando precisamos que os dados sejam compreendidos por programas – especialmente quando forem outros programas que não os nossos – precisaremos utilizar padrões abertos que possibilitem identificar mais facilmente os dados contidos no arquivo.

Discutiremos a seguir justamente como salvar dados em um arquivo texto estruturado em um padrão amplamente utilizado para troca de informações entre sistemas, o arquivo JSON.

Arquivos texto estruturados com padrão JSON

O formato JSON, de *JavaScript Object Notation*, é um formato padrão baseado em texto para representar dados estruturados. O formato é independente de linguagem e se tornou um padrão para troca de dados entre sistemas diferentes. Sua aplicação foi muito difundida pelo fato de ser compacto, leve e aberto, tornando a interpretação dos dados (*parsing*) mais rápida e permitindo trocas simples e eficientes de dados entre sistemas, plataformas e linguagens distintas, sendo adotado em diversos ecossistemas, como aplicações web e aplicativos móveis. Entre diversas aplicações do formato, vale destacarmos seu uso na construção de webservices no padrão REST e para fazer requisições em aplicações com tecnologia AJAX.

Usaremos o formato para persistir dados estruturados em arquivos, de forma aberta, leve, genérica e principalmente **interoperável**, permitindo que os dados persistidos por um programa (em um dado momento) possam ser consumidos por outro programa distinto (no mesmo instante ou em um momento posterior).

O Python facilita muito o trabalho com arquivos JSON, pois tem suporte nativo para leitura e gravação de arquivos no formato, bem como pela facilidade de carregar de um arquivo .json e exportar para um arquivo .json diretamente de uma estrutura de dados do tipo dicionário.

A **Figura 7.10** apresenta um exemplo de arquivo JSON: o arquivo contatos.json possui informações referentes a três pessoas, dados de três contatos.

Podemos observar que as chaves (identificadores dos atributos) são os que aparecem à esquerda do sinal de ":", no caso seriam três atributos, nome, email e filhos. Já à direita do sinal de ":" temos os respectivos valores de cada atributo, formando assim o par chave-valor (compatível com o que vimos na estrutura de dados do tipo dicionário).

Vale observar que o atributo filhos, pode comportar mais de um valor. Na verdade, o valor desse atributo é uma outra estrutura de muitos valores, a nossa conhecida lista.

Ainda que não conheçamos os detalhes do formato JSON, podemos perceber que é relativamente fácil de ler o conteúdo desse arquivo, tanto do ponto de vista dos dados (valores) quanto da estrutura associada (chaves).

```
{
    "Contato 1": {                    ← chave nome
        "nome": "Beltrano de Tal",    → valor
        "email": "beltrano@empresatal.com.br",
        "filhos": [
            "Pierre",
            "Jean"
        ]
    },                                ← chave contato2
    "Contato 2": {                    → valor
        "nome": "Ciclano de Tal",
        "email": "ciclano@tal.com.br",
        "filhos": null
    },                                → sem filhos
    "Contato 3": {
        "nome": "Fulano de Tal",
        "email": "fulano@industriatal.com",
        "filhos": [
            "Ana",                    } 2 filhos
            "Matheus"
        ]
    }
}
```

Figura 7.10 Exemplo de arquivo texto em formato JSON: contatos.json.

O Python fará a conversão do arquivo JSON para uma estrutura dicionário. O módulo json possui as funções json.load para ler e json.dump para gravar dados em JSON a partir de arquivos.

Leitura de arquivo texto formato JSON

A abertura do arquivo contatos.json e sua utilização através de um dicionário está implementada no **Programa 7.6**.

PROGRAMA 7.6 Leitura do arquivo contatos.json

```
1. import json
2. with open('contatos.json', encoding='utf8') as arquivo:
3.     contatos = json.load(arquivo)
4.
5. for numContato, dadosContato in contatos.items( ):
6.     print(f"{dadosContato['nome']}:")
7.     print(f"   E-mail: {dadosContato['email']}:")
8.     if dadosContato['filhos'] is not None:
9.         print(f"   Filhos: {dadosContato['filhos']}")
```

Vale destacarmos que:

- o comando de abertura na linha 2 foi neste caso o *default*, ou seja, um modo de abertura 'rt'. Vale observarmos que por se tratar de um arquivo texto, ainda se aplica a preocupação de explicitar um *charset* através do parâmetro encoding, a fim de evitar distorções nos caracteres acentuados;

- a função de leitura, json.load (linha 3), carregou o arquivo efetuando sua conversão para dicionário Python;
- o loop for (linha 5) irá iterar sobre todos os pares chave-valor do dicionário contatos (3 pessoas);
- o if da linha 8 verifica se a lista representada por dadosContato['filhos'] is not None de forma a mostrar a lista de filhos apenas quando estes de fato existirem (em Python, usamos None, que difere de null no arquivo JSON de entrada).

O **Programa 7.6** produz como saída em tela, a partir do arquivo contatos.json, as informações apresentadas na **Figura 7.11**.

```
Beltrano de Tal:
    E-mail: beltrano@empresatal.com.br:
    Filhos: ['Pierre', 'Jean']
Ciclano de Tal:
    E-mail: ciclano@tal.com.br:
Fulano de Tal:
    E-mail: fulano@industriatal.com:
    Filhos: ['Ana', 'Matheus'
```

Figura 7.11 Exibição do arquivo contatos.json (após leitura para dicionário Python).

Nota

Os tipos básicos do formato JSON são: numérico (inteiro ou real), booleano e string (entre aspas). Já os tipos mais elaborados são os *arrays* e os objetos. Os *arrays* são delimitados por colchetes com seus elementos separados por vírgulas. Os objetos são especificados entre chaves, podendo incluir diversos pares chave-valor, outros *arrays* ou objetos, permitindo uma estrutura aninhada com diversos níveis.

O Python fará a conversão do arquivo JSON para uma estrutura dicionário. Essa conversão seguirá as seguintes equivalências entre tipo do dado JSON para tipo de dado Python:

Tipo do dado formato JSON	Decodificação padrão para Python
objeto	dict
array	list
string	str
número (int)	int
número (real)	float
true	True
false	False
null	None

Escrita em arquivo texto formato JSON

Melhorando o programa da lista de compras, evoluindo de uma lista organizada (mas em texto corrido, sem acesso individualizado aos dados), para um arquivo estruturado em JSON, precisamos primeiro ler a lista de compras para uma estrutura aninhada de dicionário. De forma a estruturar melhor o arquivo, além dos atributos quantidade e descrição do produto, iremos adicionar a unidade de medida de cada produto.

Retomando o exemplo anterior, gerado pelo **Programa 7.5** que utilizamos para criar o arquivo texto jantar.txt, exibido pelo bloco de notas conforme a **Figura 7.12**:

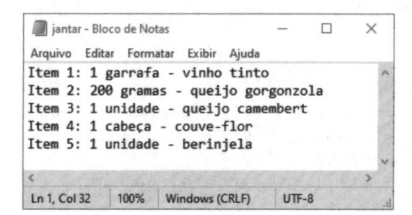

Figura 7.12 Lista de compras formato texto (arquivo jantar.txt).

Salvando a mesma lista de compras, agora em uma estrutura JSON, teríamos como possibilidade o seguinte arquivo (jantar.json):

```
{
    "Item 1": {
        "qtde": 1,
        "unidade": "garrafa",
        "item": "vinho tinto"
    },
    "Item 2": {
        "qtde": 200,
        "unidade": "gramas",
        "item": "queijo gorgonzola"
    },
    "Item 3": {
        "qtde": 1,
        "unidade": "unidade",
        "item": "queijo camembert"
    },
    "Item 4": {
        "qtde": 1,
        "unidade": "cabeça",
        "item": "couve-flor"
    },
    "Item 5": {
        "qtde": 1,
        "unidade": "unidade",
        "item": "berinjela"
    }
}
```

É importante ressaltar as diferenças entre os dois arquivos texto. Apesar de ambos serem abertos e conterem os mesmos dados, o primeiro é mais facilmente lido por um ser humano, que mentalmente consegue separar os atributos (quantidade, unidade e item), enquanto o segundo é mais facilmente lido por um computador porque delimita nitidamente e nomeia cada atributo, associando seu respectivo valor, seguindo um padrão de comportamento conhecido (formato JSON).

Nesse exemplo, temos pares chave-valor mais simples, contendo apenas tipos inteiros e strings, evidenciando a direta relação de representação e leitura entre dicionário Python e o formato JSON.

Vejamos agora como ficaria um programa que nos permita persistir os dados da lista de compras em um arquivo JSON. O **Programa 7.7** apresenta uma solução para alimentar um dicionário em memória a partir dos dados informados pelo usuário, e depois persistir a lista de compras em um arquivo JSON.

PROGRAMA 7.7 Persistir lista de compras em formato JSON

```
1.  import json
2.
3.  dic = {} #dicionário vazio
4.  con = 1
5.  qtde = int(input(f"Qual a quantidade do {con}o.item ('0' para terminar)? "))
6.  while qtde != '0':
7.      unidade = input("Qual a unidade? ")
8.      item = input("Qual o item? ")
9.      dic.update({'Item ' + str(con): {'qtde': qtde, 'unidade': unidade, 'item': item}})
10.     con += 1
11.     qtde = int(input(f"Qual a quantidade do {con}o.item? "))
12.
13. nomeArq = input("\nNome do arquivo da lista de compras? ")
14. with open(nomeArq, 'w', encoding='utf8') as arquivo:
15.     json.dump(dic, arquivo, indent=4)
```

É importante ressaltar que:

- a inclusão dos dados no dicionário dic, originalmente vazio (linha 3), ocorre na linha 9 empregando o método update;
- a função json.dump(dic, arquivo, indent=4) foi acionada na linha 15 com três argumentos, respectivamente:
  - a origem dos dados: variável dicionário dic;
  - o destino dos dados: variável arquivo;
  - e o parâmetro opcional nomeado indent, indicando o espaçamento de 4 para a indentação dos elementos no arquivo .json gerado.

Ilustramos uma possível execução do **Programa 7.7** na **Figura 7.13**.

```
Qual a quantidade do 1o.item ('0' para terminar)? 2
Qual a unidade? litros
Qual o item? suco de goiaba
Qual a quantidade do 2o.item? 2
Qual a unidade? litros
Qual o item? suco de uva
Qual a quantidade do 3o.item? 25
Qual a unidade? unidades
Qual o item? miniquibe
Qual a quantidade do 4o.item? 25
Qual a unidade? unidades
Qual o item? mini coxinha de frango
Qual a quantidade do 5o.item? 25
Qual a unidade? unidades
Qual o item? brigadeiro
Qual a quantidade do 6o.item? 2
Qual a unidade? pacotes
Qual o item? guardanapos
Qual a quantidade do 7o.item? 0

Nome do arquivo da lista de compras? aniversario.json
```

Figura 7.13 Exemplo de execução do Programa 7.7 (persistência).

Podemos avaliar o resultado da persistência dessa estrutura de dados no arquivo aniversario.json, que teria o seguinte conteúdo:

```
{
    "Item 1": {
        "qtde": 2,
        "unidade": "litros",
        "item": "suco de goiaba"
    },
    "Item 2": {
        "qtde": 2,
        "unidade": "litros",
        "item": "suco de uva"
    },
    "Item 3": {
        "qtde": 25,
        "unidade": "unidades",
        "item": "miniquibe"
    },
    "Item 4": {
        "qtde": 25,
        "unidade": "unidades",
        "item": "mini coxinha de frango"
    },
    "Item 5": {
        "qtde": 25,
        "unidade": "unidades",
        "item": "brigadeiro"
    },
    "Item 6": {
        "qtde": 2,
        "unidade": "pacotes",
        "item": "guardanapos"
    }
}
```

o que é esse 2?
são
de
miniquibe x 25
brigadeiro x 25

Figura 7.14 Lista de compras formato JSON (arquivo aniversario.json).

Nós mesmos, ou qualquer outra pessoa, poderia construir um programa capaz de ler o arquivo JSON salvo e mostrá-lo adequadamente. Seria preciso apenas ler o arquivo e navegar pelo dicionário gerado pela função json.load. O **Programa 7.8** apresenta uma possível codificação para a leitura.

PROGRAMA 7.8 Ler lista de compras salva em formato JSON

```
1. import json
2.
3. nomeArq = input("Nome do arquivo da lista de compras? ")
4. with open(nomeArq, encoding='utf8') as arquivo:
5.     dic = json.load(arquivo)
6.
7. print("\nLista de compras:")
8. for chave, item in dic.items( ):
9.     print(f"{chave}: {item['qtde']} {item['unidade']} {item['item']}")
```

A **Figura 7.15** apresenta um exemplo de execução do **Programa 7.8**.

```
Nome do arquivo da lista de compras? aniversario.json

Lista de compras:
Item 1: 2 litros suco de goiaba
Item 2: 2 litros suco de uva
Item 3: 25 unidades miniquibe
Item 4: 25 unidades mini coxinha de frango
Item 5: 25 unidades brigadeiro
Item 6: 2 pacotes guardanapos
```

Figura 7.15 Exemplo de execução do Programa 7.8 (leitura).

Arquivos binários

Como já vimos, os arquivos binários armazenam os dados de maneira literal, tal qual estavam na memória, sendo dependentes das convenções do programa de origem, do programa que gravou o arquivo.

Em um arquivo binário, o formato do arquivo está relacionado diretamente com a estrutura de dados de origem, que foi salva da forma como se encontrava na memória (processo de serialização) e, portanto, para decodificá-la corretamente será necessário empregar a mesma técnica e estrutura utilizada no momento da gravação (processo de desserialização).

Escrita em arquivo binário usando *pickle*

Retomando o exemplo que estamos trabalhando de gravar e ler uma lista de compras fornecida pelo usuário, poderemos salvar a lista em um arquivo binário adicionando o caractere 'b' ao modo de abertura do arquivo, melhor ainda, usaremos o módulo nativo *pickle* que implementa protocolos binários para serializar e desserializar as estruturas de dados que nos acostumamos a utilizar até aqui.

Quando salvamos uma estrutura de dados Python usando *pickle*, estamos preservando sua composição original, quer seja uma estrutura simples, quer seja uma bastante complexa. A serialização com *pickle* é conhecida por *pickling*. O resultado é um arquivo específico para programas feitos em Python e que não poderá ser manipulado por programas feitos em outras linguagens, é um formato proprietário.

Poderíamos salvar qualquer estrutura que fosse interessante para o contexto da aplicação. Como empregamos vetores de registros para armazenar um conjunto de registros, que é o caso da lista de compras, vamos ilustrar usando uma estrutura de dados mais complexa do que usamos até aqui (Arquivos Texto e JSON), no caso usaremos nossa implementação usual de registros (como fizemos no Capítulo 4), ou seja, utilizando uma list de dataclass na qual cada registro será um item da compra, e os campos serão os dados quantidade, unidade e descrição do produto.

No **Programa 7.9** a seguir empregamos então a função pickle.dump para escrever no arquivo de saída a lista de compras fornecida pelo usuário.

PROGRAMA 7.9 Persistir lista de compras binário (usando *pickle*)

```
1.  import pickle
2.  from dataclasses import dataclass
3.
4.  @dataclass
5.  class regItem:
6.      qtde: int
7.      unidade: str
8.      item: str
9.
10. listaCompras = []
11. con = 1
12. qtde = int(input(f"Qual a quantidade do {con}o.item ('0' para terminar)? "))
13. while qtde != 0:
14.     unidade = input("Qual a unidade? ")
15.     item = input("Qual o item? ")
16.     listaCompras.append(regItem(qtde, unidade, item))
17.     con += 1
18.     qtde = int(input(f"Qual a quantidade do {con}o.item? "))
19.
20. nomeArq = input("\nNome do arquivo da lista de compras? ")
21. with open(nomeArq, 'wb') as arquivo:
22.     pickle.dump(listaCompras, arquivo)
```

Vale destacar:

- a definição da dataclass com os três campos (linha 5 a 8) e a criação da listaCompras inicialmente vazia (linha 10);
- o método append adicionando cada registro regItem novo à lista (linha 16);
- o modo de abertura do arquivo como 'wb' (linha 21), abrindo um arquivo novo para escrita em binário (apagando o anterior, se existir). Vale observar que não foi utilizado o parâmetro encoding, porque se torna desnecessário fazer conversão de mapa de caracteres quando os dados são transcritos da memória diretamente para o arquivo;
- a função pickle.dump (linha 22) efetua a conversão da listaCompras em uma sequência de dados binários, gravando-os em arquivo.

Apesar de o arquivo gravado pelo **Programa 7.9** ser um arquivo binário, o que em tese nos liberaria para usarmos uma extensão que nos conviesse, como o comum .dat (de *data*), arquivos resultantes de uma serialização *pickle* tem comumente a extensão .pickle ou .pkl, o que ajudaria muito a identificar o formato e a finalidade do arquivo criado. Contudo, vale observarmos que nesse e nos demais programas implementados anteriormente, nos quais solicitamos ao usuário que fornecesse o nome do arquivo, ele deveria fornecer com a extensão de sua preferência.

Importante considerar que o método `pickle.dump` se aplicaria para persistir praticamente qualquer estrutura de dados que exista no programa. Outras estruturas mais complexas do que o exemplo supramencionado, como usamos em outros capítulos (por exemplo, no Capítulo 4) poderiam ser persistidas diretamente por esse método, como fizemos aqui. Contudo, não seria tão direto no caso dos arquivos texto e JSON. Portanto, o grande diferencial do *pickling* é justamente a capacidade de copiar a estrutura de dados inteira – junto com os respectivos dados – diretamente da memória para o arquivo.

Acaba sendo uma forma de persistência mais genérica e "purista", no sentido de haver menos manipulação e transformação dos dados a serem persistidos, quando comparado com a alternativa de arquivo texto (apenas os dados foram persistidos, foi preciso formatá-los via programa em uma cadeia de caracteres e ainda usar *encoding*) ou com a alternativa JSON (persistiu dados e estrutura, foi preciso usar um formato de conversão nativo para JSON e ainda usar *encoding*).

Leitura de arquivo binário *pickle*

Vale lembrar que *pickle* é um formato proprietário Python, e, portanto, apenas poderemos recuperar dados de arquivos binários *pickle* gerados por programas Python.

Quando lemos um arquivo binário originado de uma serialização *pickle*, teremos como resultado a estrutura de dados salva com sua composição original. A desserialização com *pickle* é conhecida por *unpickling* e é implementada pela função `pickle.load` conforme apresentado no **Programa 7.10**.

PROGRAMA 7.10 Ler lista de compras – arquivo binário (usando *pickle*)

```
1.  import pickle
2.  from dataclasses import dataclass
3.
4.  @dataclass
5.  class regItem:
6.      qtde: str
7.      item: str
8.
9.  nomeArq = input("Nome do arquivo da lista de compras? ")
10. with open(nomeArq, 'rb') as arquivo:
11.     listaCompras = pickle.load(arquivo)
12.
13. print("\nResumo da lista de compras:")
14. for con in range(len(listaCompras)):
15.     item = listaCompras[con]
16.     print(f"Item {con + 1}: {item.qtde} {item.unidade} {item.item}")
```

Convém notarmos:

- a abertura do arquivo existente como `'rb'`, para leitura em binário (linha 10). Novamente, não é utilizado o parâmetro encoding;
- a função `pickle.load` (linha 11), efetuando a decodificação dos dados binários do arquivo de volta à estrutura original `list` atribuída então a variável `listaCompras`.

A **Figura 7.16** apresenta um exemplo de execução do **Programa 7.9** e do **Programa 7.10**.

```
Qual a quantidade do 1o.item ('0' para terminar)? 1     Nome do arquivo da lista de compras? feira.pickle
Qual a unidade? maço
Qual o item? beterraba                                  Resumo da lista de compras:
Qual a quantidade do 2o.item? 1                         Item 1: 1 maço beterraba
Qual a unidade? quilo                                   Item 2: 1 quilo cebola
Qual o item? cebola                                     Item 3: 5 unidades cenoura
Qual a quantidade do 3o.item? 5                         Item 4: 1 maço cheiro verde
Qual a unidade? unidades                                Item 5: 8 maçãs fuji
Qual o item? cenoura                                    Item 6: 2 quilos batatinha
Qual a quantidade do 4o.item? 1                         Item 7: 2 unidades batata doce vermelha
Qual a unidade? maço
Qual o item? cheiro verde
Qual a quantidade do 5o.item? 8
Qual a unidade? maçãs
Qual o item? fuji
Qual a quantidade do 6o.item? 2
Qual a unidade? quilos
Qual o item? batatinha
Qual a quantidade do 7o.item? 2
Qual a unidade? unidades
Qual o item? batata doce vermelha
Qual a quantidade do 8o.item? 0
```

Figura 7.16   Exemplo de execução Programas 7.9 (persistir) e 7.10 (leitura) – Binário.

Importante considerar que ao ler arquivos binários com *pickle*, estamos recuperando o conteúdo do arquivo diretamente para a memória. Nesses casos é recomendado utilizar essa funcionalidade apenas com arquivos que nós mesmos tenhamos gerado. Arquivos *pickle* gerados por terceiros ou de fontes não determinadas podem levar diretamente para a memória dados desconhecidos ou até mesmo algum código malicioso, algo que não ocorreria com arquivos texto e JSON.

> **Nota**
>
> O Python possui funcionalidades para manipular arquivos binários que não são resultado de uma serialização *pickle*, ou seja, poderíamos essencialmente criar um módulo para ler qualquer arquivo binário cujo formato fosse conhecido. Por exemplo, ao fazer `arquivo.read(tam)` em um arquivo binário, a função devolverá a quantidade de dados solicitada, já a função `tell` retornará um inteiro com a posição atual do arquivo e `seek` poderá ser usada para mudar de posição. Esta capacidade de manipular arquivos binários genéricos é bem poderosa – especialmente para arquivos grandes – porque permite a manipulação randômica de arquivos, habilitando o programa a acessar diretamente qualquer posição do arquivo sem precisar passar pelas anteriores nem carregar toda a estrutura do arquivo para a memória. Nesses casos, recomendamos avaliar os detalhes técnicos dessa funcionalidade que merecem ser explorados na documentação da linguagem, na qual demais características do módulo *pickle* também podem ser verificadas.

Comparação dos formatos

Como podemos observar comparando os resultados exibidos nas **Figuras 7.16** (lista em binário usando pickle: feira.pickle), **7.15** (lista em texto formatado JSON: aniversario.json) e **7.9** (lista em texto corrido e dados soltos: jantar.txt), do ponto de vista do usuário, ao ler o arquivo com os respectivos programas e visualizar o resultado em tela, o estilo de exibição dos itens será o mesmo, uma lista de compras com itens numerados, com quantidade, unidade e descrição.

Qual o propósito de termos várias possibilidades de gravação se produzem o mesmo resultado final?

O formato texto puro é interoperável e aberto, contém dados, porém não contém a estrutura dos dados, são apenas linhas de texto formatadas de acordo com alguma estrutura conhecida apenas pelo criador. Além disso, também depende de *encoding* para converter para o mapa de caracteres correto.

O formato JSON já carrega a estrutura de dados junto de seu conteúdo, e, portanto, pode ser utilizado mais facilmente por outros programas capazes de ler a estrutura descrita no próprio arquivo. Pelo fato de utilizar arquivo em formato texto ele é aberto e permite ter seu conteúdo lido por humanos (apesar de não se tratar de linguagem natural e sim um formato padrão de marcação de dados). Pela sua característica de simplicidade e interoperabilidade, esse formato é também bastante difundido para a troca de dados entres sistemas diferentes. No caso do Python, pode ser usado com total equivalência com dicionários, mantendo a dependência de *encoding* para converter para o mapa de caracteres correto.

Por outro lado, o formato binário gerado pelo *pickle* é um formato proprietário do Python, e como tal não habilita a mesma interoperabilidade que os casos citados. Não pode ser lido por humanos (pelo seu conteúdo binário). É um método mais genérico que se aplica a praticamente qualquer estrutura de dados usada nos programas Python, permitindo persistir tanto os dados quanto a estrutura diretamente da memória para o arquivo e vice-versa. Na prática, não possui muita interoperabilidade, dado que não é recomendável recuperar dados de arquivos *pickle* gerados por terceiros ou por fontes desconhecidas e que para decodificá-lo corretamente é necessário conhecer a estrutura utilizada no momento da gravação original.

Portanto, o que faremos na prática é escolher o formato mais adequado ao domínio e escopo da aplicação que estamos desenvolvendo, não sendo incomum precisarmos trabalhar com extensões e formatos diferentes simultaneamente, dependendo do ecossistema no qual nossos programas estiverem inseridos.

Apesar de todas essas nuances, similaridades e discrepâncias, cobrimos neste capítulo apenas três alternativas de persistência, sendo que há um conjunto de opções diferentes, especialmente quando levarmos em consideração características específicas de linguagens, ambientes, paradigmas e plataformas.

Esperamos que as alternativas de persistência nativas do Python que foram apresentadas aqui sejam úteis e tragam algum nível preliminar de aplicabilidade prática, mas acima de tudo que facilitem a futura compreensão de outras opções de persistência que venham a ser necessárias no futuro.

Implementação do controle de despesas

Finalizando este capítulo, vamos retomar o cenário do nosso personagem Felizberto, que vivia com problemas financeiros e precisava do apoio da persistência (nos 2 sentidos) para analisar seus gastos e equilibrar suas finanças. Foram apresentados alguns algoritmos que permitiam a persistência das despesas cotidianas em arquivo para posterior leitura e geração de relatório, com totalizações por categoria.

O **Programa 7.11** apresenta uma possível implementação do **Algoritmo 7.1**, responsável por ler as despesas e gravá-las em um arquivo de gastos.

PROGRAMA 7.11   Persistir registros de despesa (ref. Algoritmo 7.1)

```
1.  import pickle
2.  from dataclasses import dataclass
3.
4.  @dataclass
5.  class regDespesa:
6.     dia: int
7.     mes: int
8.     categoria: int
9.     valor: float
10.    descricao: str
11.
12. categorias = {1: 'Despesas Fixas', 2: 'Transporte', 3: 'Alimentação',
                  4: 'Lazer', 5: 'Saúde'}
13. listaDespesas = []
14. con = 1
15.
16. dia = int(input(f"Qual a data da {con}a. despesa ('0' para terminar)? "))
17. while dia != 0:
18.    mes = int(input("Qual o mes? "))
19.    print(categorias)
20.    categoria = int(input("Qual a categoria? "))
21.    valor = float(input("Qual o valor? "))
22.    descricao = input("Qual a descrição? ")
23.    listaDespesas.append(regDespesa(dia, mes, categoria, valor, descricao))
24.    con += 1
25.    dia = int(input(f"Qual a data da {con}a. despesa ('0' para terminar)? "))
26.
27. with open('gastos.pickle', 'wb') as arquivo:
28.    pickle.dump(listaDespesas, arquivo)
```

Vale destacarmos que:

- no **Algoritmo 7.1**, empregamos um vetor de constantes caracter para descrever as diferentes categorias de despesas. Nesse programa, usamos o dicionário categorias (linha 12) com a mesma finalidade, usando como chave justamente o código numérico que é armazenado como identificação no campo categoria (linha 8);
- a dataclass regDespesa (linha 5) foi utilizada para estruturar o registro com os dados de cada despesa;
- o nome do arquivo foi definido no código como sendo gastos.pickle (linha 27). Ele é o resultado da serialização da variável listaDespesas (linha 28);
- nessa implementação, empregamos o modo de abertura 'wb'. Para permitir a inclusão de novas despesas em um arquivo existente (com histórico anterior), precisaríamos inicialmente abrir o arquivo, ler as despesas para a lista e então proceder a inclusão de novas despesas ao final da lista, persistindo-a em seguida. Isso ocorre porque optou-se por salvar a lista completa em uma única operação pickle.dump (linha 28).

A **Figura 7.17** ilustra uma sessão de execução do programa, na qual foram fornecidos os dados de acordo com as despesas constantes da planilha original, apresentada na **Figura 7.2**.

```
Qual a data da 1a. despesa ('0' para terminar)? 4
Qual o mes? 10
{1: 'Despesas Fixas', 2: 'Transporte', 3: 'Alimentação', 4: 'Lazer', 5: 'Saúde'}
Qual a categoria? 2
Qual o valor? 11
Qual a descrição? ônibus

Qual a data da 2a. despesa ('0' para terminar)? 4
Qual o mes? 10
{1: 'Despesas Fixas', 2: 'Transporte', 3: 'Alimentação', 4: 'Lazer', 5: 'Saúde'}
Qual a categoria? 3
Qual o valor? 13.5
Qual a descrição? lanche faculdade

... ... ... ... ... ... assim até a última despesa lançada nesta execução

Qual a data da 11a. despesa ('0' para terminar)? 06
Qual o mes? 10
{1: 'Despesas Fixas', 2: 'Transporte', 3: 'Alimentação', 4: 'Lazer', 5: 'Saúde'}
Qual a categoria? 4
Qual o valor? 15
Qual a descrição? pipoca cinema

Qual a data da 12a. despesa ('0' para terminar)? 0
```

Figura 7.17 Exemplo de Execução do Programa 7.11 (com dados da Figura 7.2).

O **Programa 7.12** apresenta uma possível implementação do **Algoritmo 7.2**, responsável por ler o arquivo de gastos, mostrar uma listagem com todas as despesas constantes do arquivo e então exibir um relatório com o resumo das despesas por categoria.

PROGRAMA 7.12 Ler arquivo de despesas (ref. Algoritmo 7.2)

```
1.  import pickle
2.  from dataclasses import dataclass
3.
4.  @dataclass
5.  class regDespesa:
6.      dia: int
7.      mes: int
8.      categoria: int
9.      valor: float
10.     descricao: str
11.
12. categorias = {
13.     1: 'Despesas Fixas', 2: 'Transporte', 3: 'Alimentação', 4:'Lazer', 5: 'Saúde'
14. }
15. meses = {
16.     1: 'jan', 2: 'fev', 3: 'mar', 4:'abr', 5: 'mai', 6: 'jun',
17.     7: 'jul', 8: 'ago', 9: 'set', 10: 'out', 11: 'nov', 12: 'dez'
18. }
```

(Continua)

```
19. totais = [0, 0, 0, 0, 0]
20. totalGeral = 0
21. listaDespesas = []
22.
23. with open('gastos.pickle', 'rb') as arquivo:
24.     listaDespesas = pickle.load(arquivo)
25.
26. print("\nListagem das despesas")
27. print("Data\t\tCategoria\t\t\tValor\t\tDescrição da despesa")
28. for con in range(len(listaDespesas)):
29.     despesa = listaDespesas[con]
30.     totalGeral = totalGeral + despesa.valor
31.     totais[despesa.categoria-1] = totais[despesa.categoria-1] + despesa.valor
32.     print(f"{despesa.dia:02}/{meses[despesa.mes]}\t\t{categorias[despesa.categoria]:15}
              \t\t{despesa.valor:.2f}\t\t{despesa.descricao}")
33.
34. print("\nResumo das despesas por categoria")
35. for con in range(len(totais)):
36.     print(f"{categorias[con+1]}: {totais[con]:.2f}")
37.
38. print(f"\nTotal geral: {totalGeral:.2f}")
```

Convém destacarmos que:

- além do dicionário categorias (linha 12) usado para representar a descrição textual de cada categoria usando como chave seu código numérico, usamos também o dicionário meses (linha 15) para representar o nome do mês em notação resumida, melhorando assim a legibilidade da listagem de despesas;
- utilizamos a sequência de escape \t para estruturar as tabulações da exibição dos campos de cada despesa na impressão da listagem;
- o loop da linha 28 passará por todas as despesas que foram lidas do arquivo gastos.pickle na variável listaDespesas (linha 24);
- o loop da linha 35 passará por todas as categorias de despesa mostrando a respectiva soma (linha 36) que foi armazenada no vetor totais (linha 31).

A **Figura 7.18** ilustra uma execução do **Programa 7.12** lendo o arquivo gastos.pickle persistido como resultado da execução ilustrada na **Figura 7.17** (a organização visual da listagem de despesas e do relatório resumo foi construída pelo programa de modo semelhante ao apresentado na planilha ilustrada na **Figura 7.3**).

```
Listagem das despesas
Data     Categoria       Valor   Descrição da despesa
04/out   Transporte      11.00   ônibus
04/out   Alimentação     13.50   lanche faculdade
04/out   Lazer            4.80   cafezinho
05/out   Transporte       5.50   ônibus
05/out   Alimentação     13.90   almoço
05/out   Saúde           23.50   farmácia
06/out   Transporte      22.00   motorista aplicativo
06/out   Despesas Fixas  40.00   recarga celular
06/out   Alimentação     12.50   almoço
06/out   Lazer           18.00   ingresso cinema
06/out   Lazer           15.00   pipoca cinema

Resumo das despesas por categoria
Despesas Fixas: 40.00
Transporte: 38.50
Alimentação: 39.90
Lazer: 37.80
Saúde: 23.50

Total geral: 179.70
```

Figura 7.18 Exemplo de Execução do Programa 7.12 (leitura dos gastos).

Exercícios propostos

1. Um motorista toma nota de todos os abastecimentos que realiza. Em cada ocasião, ele anota:
   - data do abastecimento,
   - quilometragem do veículo,
   - tipo de combustível,
   - quantidade de litros abastecidos, e
   - preço do litro.

   Elabore um algoritmo que permita efetuar a leitura desses dados e a persistência em arquivo sequencial.

2. Dado o arquivo persistido pela questão anterior, desenvolva um algoritmo que leia o arquivo e mostre um relatório contendo além dos dados medidos, o cálculo da diferença de preço em relação ao abastecimento anterior, cálculo do consumo (em km/l) e da diferença para o consumo anterior.

   Um relatório semelhante, no contexto de dados antropométricos, foi ilustrado no Exercício de Fixação 1.2.

3. Dados dois arquivos concebidos sequencialmente, possuindo as informações descritas nas fichas esquematizadas a seguir, desenvolva um algoritmo que realize uma união desses dados. Essa união implica criar um terceiro arquivo no qual constem apenas dados das pessoas que faziam parte de ambos os arquivos sequenciais. Informações que não possuírem correspondência não deverão existir no terceiro arquivo.

```
Nome: _____
Endereço: _____
Telefone: _____
```

```
Nome: _____
Endereço: _____
Bairro: _____    Cidade: _____
CEP: _____    Data nasc.: _____
```

Resumo

Arquivos são utilizados para persistir dados para utilização posterior.

Um opção de organização de arquivos é a **gravação de registros**. O arquivo de **concepção sequencial** é aquele que teve seus registros armazenados um após o outro, o que obriga que se faça o acesso aos dados da mesma forma.

Arquivos podem variar de formato e vimos especificamente as diferenças entre os arquivos **texto** e os arquivos **binários**.

No formato texto, vimos os arquivos **texto tradicional** (conjunto de linhas) e o arquivo no **formato JSON**, um texto estruturado com dados identificados com pares chave-valor. No formato binário, vimos o arquivo resultante da **serialização** de estruturas Python, os arquivos *pickle*.

Independente do formato, tamanho e estruturação, arquivos envolvem as operações de **abertura**, manipulação (**leitura** e **gravação**) e **fechamento**.

ANEXO
Resolução dos exercícios de fixação

Capítulo 1 – Introdução à lógica de programação

Exercício 1.1 (página 12)

Se a senhora com o vestido violeta respondeu à dona Rosa, então ela não é a própria dona Rosa. Além disso, como ela não tem o vestido da mesma cor de seu nome, ela também não é a dona Violeta. Logo, é dona Branca que está com o vestido violeta. Dona Rosa não está usando o vestido rosa nem o violeta, portanto só pode estar usando o branco. Consequentemente, dona Violeta veste o vestido rosa.

Exercício 1.2 (página 12)
- levar o bode para o outro lado do rio;
- voltar sem carga nenhuma;
- levar o lobo para o outro lado do rio;
- voltar com o bode;
- levar a alfafa para o outro lado do rio;
- voltar sem carga nenhuma;
- levar o bode para o outro lado do rio.

Exercício 1.3 (página 12)
- mover o disco 1 da torre A para a torre B;
- mover o disco 2 da torre A para a torre C;
- mover o disco 1 da torre B para a torre C;
- mover o disco 3 da torre A para a torre B;
- mover o disco 1 da torre C para a torre A;
- mover o disco 2 da torre C para a torre B;
- mover o disco 1 da torre A para a torre B.

Exercício 1.4 (página 12)
- atravessar um jesuíta e um canibal para a margem B;
- voltar o jesuíta para a margem A;
- atravessar dois canibais para a margem B;
- voltar um canibal para a margem A;
- atravessar dois jesuítas para a margem B;
- voltar um jesuíta e um canibal para a margem A;
- atravessar dois jesuítas para a margem B;
- voltar um canibal para a margem A;
- atravessar dois canibais para a margem B;
- voltar um canibal para a margem A;
- atravessar dois canibais para a margem B.

Capítulo 2 – Tópicos preliminares

Exercício 1.1 (página 20)
a) *"Pare!"* (caracter) e 2 (inteiro);
b) 5 (inteiro) e boa (lógico);
c) 3,5 (real) e garota (lógico);
d) *"Preserve o meio ambiente"* (caracter) e 100,59 (real);
e) 18 (inteiro), 57,3 (real) e 100 (inteiro).

Exercício 2.1 (página 23)
Válidos: *b, g, h, m, n, o*.

Exercício 2.2 (página 23)
real: NB;
caracter: NA;
inteiro: NMat;
lógico: SX;

Exercício 2.3 (página 23)
O identificador R$ é inválido. A variável C está declarada duas vezes.

Exercício 3.1 (página 26)
a) 9   b) 1   c) 34   d) −54   e) 67   f) −7

Exercício 4.1 (página 31)

a) B = A * C e (L ou V)
    7 = 2 * 3,5 e (F ou V)
    7 = 2 * 3,5 e V
    7 = 7 e V
    V e V
    V

b) B > A ou B = pot(A,A)
    7 > 2 ou 7 = pot(2,2)
    V ou 7 = 4
    V ou F
    V

c) L e B div A >= C ou não A <= C
    F e 7 div 2 >= 3,5 ou não 2 <= 3,5
    F e 3 >= 3,5 ou não 2 <= 3,5
    F e F ou não V
    F e F ou F
    F ou F
    F

d) não L ou V e rad (A + B) >= C
    não F ou V e rad (2 + 7) >= 3,5
    não F ou V e 3 >= 3,5
    não F ou V e F
    V ou V e F
    V ou F
    V

e) B/A = C   ou   B/A <> C
    7/2 = 3,5 ou   7/2 <> 3,5
    3,5 = 3,5 ou   3,5 <> 3,5
    V   ou   F
    V

f) L ou pot (B,A) <= C * 10 + A * B
    F ou pot (7,2) <= 3,5 * 10 + 2 * 7
    F ou 49 <= 35 + 14
    F ou 49 <= 49
    F ou V
    V

Exercício 5.1 (página 32)

A ← B = C; // *Correto. O resultado lógico da igualdade será atribuído.*
D ← B; // *Errado. Variável inteira não pode receber um valor potencialmente fracionário.*
C + 1 ← B + C; // *Errado. No lado esquerdo da atribuição pode haver apenas o identificador.*
C e B ← 3.5; // *Errado. No lado esquerdo da atribuição pode haver apenas o identificador.*
B ← pot(6,2)/3 <= rad(9) * 4; // *Errado. Variável real não pode receber um valor lógico.*

Capítulo 3 – Estruturas de controle

Exercício 1.1 (página 50)

```
1.  início
2.     // declaração de variáveis
3.     real: A, B, C,  // coeficientes da equação
4.           D,  // delta
5.           X1, X2;  // raízes
6.
7.     // entrada de dados
8.     leia (A, B, C);
9.
10.    // processamento de dados
11.    D ← pot(B, 2) - 4*A*C;
12.    X1 ← (-B + rad(D))/(2*A);
13.    X2 ← (-B - rad(D))/(2*A);
14.
15.    // saída de dados
16.    escreva ("Primeira raiz = ", X1);
17.    escreva ("Segunda raiz = ", X2);
18. fim.
```

Exercício 1.2 (página 50)

```
1.  início
2.
3.     // declaração de variáveis
4.     real: D; // distância calculada
5.     inteiro: X1, X2, Y1, Y2; // pontos
6.
7.     // entrada de dados
8.     leia (X1, Y1, X2, Y2); // valores dos pontos
9.
10.    // processamento de dados
11.    D ← rad (pot(X2-X1, 2) + pot(Y2-Y1, 2));
12.
13.    // saída de dados
14.    escreva ("Distância = ", D);
15. fim.
```

Exercício 1.3 (página 50)

```
1.  início
2.     // declaração de variáveis
3.     real: R, // raio
4.           V; // volume
5.     // entrada de dados
6.     leia (R);
7.     // processamento de dados
8.     V ← 4/3 * 3,1416 * pot (R, 3);
9.     // saída de dados
10.    escreva ("Volume = ", V);
11. fim.
```

Exercício 2.1 (página 66)

a) C1, C6

b) C3, C4, C5, C6

c) C2, C5, C6

d) A = falsidade, B = falsidade e C não importa.

e) Não existe uma combinação para que somente C6 seja executado.

Exercício 2.2 (página 66)

```
1.  início
2.      inteiro: A, B, C; // valores de entrada
3.      leia (A, B, C);
4.      se (A = B) ou (B = C)
5.          então
6.              escreva ("Números iguais");
7.          senão
8.              início
9.                  se (A > B) e (A > C) // A é o maior
10.                     então
11.                         se (B > C)
12.                             então escreva (A, B, C);
13.                             senão escreva (A, C, B);
14.                         fimse;
15.                 fimse;
16.                 se (B > A) e (B > C) // B é o maior
17.                     então
18.                         se (A > C)
19.                             então escreva (B, A, C);
20.                             senão escreva (B, C, A);
21.                         fimse;
22.                 fimse;
23.                 se (C > A) e (C > B) // C é o maior
24.                     então
25.                         se (A > B)
26.                             então escreva (C, A, B);
27.                             senão escreva (C, B, A);
28.                         fimse;
29.                 fimse;
30.             fim;
31.     fimse;
32. fim.
```

Exercício 2.3 (página 66)

```
1.  início
2.      real: A, B, C, // coeficientes da equação
3.             D,       // delta
4.             X1, X2;  // raízes
5.      leia (A, B, C);
6.      D ← pot (B, 2) - 4*A*C;
7.      se (D > 0) // duas raízes reais
8.          então
9.              início
10.                 X1 ← (-B + rad(D))/(2*A);
11.                 X2 ← (-B - rad(D))/(2*A);
12.                 escreva ("Primeira raiz = ", X1, "e Segunda raiz = ", X2);
13.             fim;
14.         senão
15.             se (D = 0) // uma única raiz real
16.                 então
17.                     início
18.                         X1 ← -B/(2*A);
```

(Continua)

```
19.                    escreva ("Raiz = ", X1);
20.                fim;
21.            senão
22.                escreva ("As raízes são imaginárias");
23.            fimse;
24.    fimse;
25. fim.
```

Exercício 2.4 (página 66)

```
1. início
2.    real: H, // altura
3.          P; // peso
4.    caracter: S; // sexo
5.    leia (H, S);
6.    se (S = "M")
7.        então P ← (72,7 * H) - 58;
8.        senão P ← (62,1 * H) - 44,7;
9.    fimse;
10.   escreva ("Pesoideal = ",P);
11. fim.
```

Exercício 2.5 (página 66)

```
1. início
2.    inteiro: A, // ano de nascimento
3.             I, // idade a ser calculada
4.             Ano; // ano corrente
5.    leia (A, Ano);
6.    I ← Ano - A; //idade que completará no ano corrente
7.    se (I >= 18)
8.        então escreva ("Você já pode prestar exame de habilitação");
9.    fimse;
10.   se (I >= 16)
11.       então escreva ("Você já pode fazer seu título de eleitor");
12.   fimse;
13. fim.
```

Exercício 2.6 (página 67)

```
1. início
2.    inteiro: Cod; // código do produto
3.    leia (Cod);
4.    escolha (Cod)
5.        caso 1: escreva ("Alimento não perecível");
6.        caso 2..4: escreva ("Alimento perecível");
7.        caso 5, 6: escreva ("Vestuário");
8.        caso 7: escreva ("Higiene pessoal");
9.        caso 8..15: escreva ("Limpeza e utensílios domésticos");
10.       caso contrário: escreva ("Código invalido");
11.   fimescolha;
12. fim.
```

Exercício 2.7 (página 67)

```
1.  início
2.     inteiro: I; // idade do nadador
3.     leia (I);
4.     escolha (I)
5.        caso 5..7: escreva ("Infantil A");
6.        caso 8..10: escreva ("Infantil B");
7.        caso 11..13: escreva ("Juvenil A");
8.        caso 14..17: escreva ("Juvenil B");
9.        caso contrário: início
10.                     se (I >= 18) // para evitar menores de 5 anos
11.                        então escreva ("Adulto");
12.                     fimse;
13.                  fim;
14.     fimescolha;
15. fim.
```

Exercício 2.8 (página 67)

```
1.  início
2.     real: P; // preço do produto
3.           NP; // novo preço, conforme a condição escolhida
4.     inteiro: Cod; // código da condição de pagamento
5.     leia (P, Cod);
6.     escolha (Cod)
7.        caso 1: início
8.                   NP ← P * 0.90; // desconto de 10
9.                   escreva ("Preço à vista com desconto = ", NP);
10.               fim;
11.       caso 2: início
12.                   NP ← P * 0.95; // desconto de
13.                   escreva ("Preço no cartão com desconto = ", NP);
14.               fim;
15.       caso 3: início
16.                   NP ← P / 2; // duas vezes sem acréscimo
17.                   escreva ("Duas parcelas de = ", NP);
18.               fim;
19.       caso 4: início
20.                   NP ← (P * 1.10)/3; // acréscimo de 10
21.                   escreva ("Três parcelas de = ", NP);
22.               fim;
23.       caso contrário: escreva ("Código inexistente!");
24.    fimescolha;
25. fim.
```

Exercício 2.9 (página 68)

```
1.  início
2.      inteiro: X, Y; // operando de entrada de dados
3.      caracter: S; // símbolo da operação
4.      real: R; // resposta
5.      leia (X, Y, S);
6.      escolha (S)
7.          caso "+": início
8.                      R ← X + Y;
9.                      escreva ("A soma resulta em ", R);
10.                 fim;
11.         caso "-": início
12.                     R ← X - Y;
13.                     escreva ("A subtração resulta em ", R);
14.                 fim;
15.         caso "*": início
16.                     R ← X * Y;
17.                     escreva ("A multiplicação resulta em ", R);
18.                 fim;
19.         caso "/": início
20.                     se (Y = 0)
21.                         então
22.                             escreva ("Denominador nulo!");
23.                         senão
24.                             início
25.                                 R ← X / Y;
26.                                 escreva ("A divisão resulta em", R);
27.                             fim;
28.                     fimse;
29.                 fim;
30.         caso contrário: escreva ("Operação inexistente!");
31.     fimescolha;
32. fim.
```

Exercício 2.10 (página 68)

```
1.  início
2.      real: P, // peso
3.            H, // altura
4.            IMC; // MC calculado
5.      leia (P, H);
6.      IMC ← P / pot (H,2);
7.      se (IMC < 18,5)
8.          então escreva("Condição: abaixo do peso");
9.          senão se ((IMC >= 18,5) e (IMC < 25))
10.                 então escreva ("Condição: peso normal");
11.                 senão se ((IMC >= 25) e (IMC < 30));
12.                         então escreva ("Condição: acima do peso");
13.                         senão escreva ("Condição: obeso");
14.                     fimse;
15.             fimse;
16.     fimse;
17. fim.
```

Resolução dos exercícios de fixação 279

Exercício 3.1 (página 87)

a) 1 2 3 4
   2 3 4
   3 4
   4

b) 1 2 3
   2 3
   3
   1 2
   2

c) 1 2
   2
   1

d) 1

Exercício 3.2 (página 87)

```
1.  início
2.     inteiro: N, // número fornecido pelo usuário
3.              R; // raiz inteira aproximada
4.     leia (N);
5.     R ← 0;
6.     repita
7.        R ← R + 1;
8.     até ((R * R) > N);
9.     R ← R - 1;//assim que a aproximação passar de N, voltar um
10.    escreva ("Inteiro aproximado da raiz quadrada de ", N, " é ", R);
11. fim.
```

Exercício 3.3 (página 87)

```
1.  início
2.     inteiro: N, // número fornecido pelo usuário
3.              V; // variável de controle
4.     caracter: P; // auxiliar para verificação
5.     leia (N);
6.     P ← "S";
7.     // dividir N por todos os números de N 1   2
8.     para V de N - 1 até 2 passo -1 faça
9.        se (N mod V = 0)
10.          então P ← "N"; // se houver uma divisão inteira, não é primo
11.       fimse;
12.    fimpara;
13.    se (P = "S")
14.       então escreva ("O número", N, " é primo");
15.       senão escreva ("O número", N, " não é primo");
16.    fimse;
17. fim.
```

Exercício 3.4 (página 87)

```
1.  início
2.     real: H; // resultado da série
3.     inteiro: N, // denominador fornecido pelo usuário
4.              V; // variável de controle
5.     leia (N);
6.     H ← 0;
7.     para V de 1 até H passo 1 faça
8.        H ← H + 1 / V;
9.     fimpara;
10.    escreva ("Resultado da série = ", H);
11. fim.
```

Exercício 3.5 (página 87)

```
1.  início
2.     inteiro: N, // dado de entrada
3.              F, // resultado do fatorial de N
4.              V; // variável de controle
5.     leia (N);
6.     se (N = 0)
7.        então escreva ("Fatorial de ", N, " = 1");
8.        senão início
9.                 F ← 1;
10.                para V de 1 até N passo 1 faça
11.                   F ← F * V;
12.                fimpara;
13.                escreva ("Fatorial de ", N, " = " ,F);
14.             fim;
15.    fimse;
16. fim.
```

Exercício 3.6 (página 87)

```
1.  início
2.     inteiro: A, B, C, // para calcular os termos da série
3.              V; // variável de controle
4.     A ← 1;
5.     B ← 1;
6.     escreva (A, B); // dois primeiros números da série
7.     para V de 3 até 20 passo 1 faça
8.        C ← A + B;
9.        escreva (C);
10.       A ← B;
11.       B ← C;
12.    fimpara;
13. fim.
```

Exercício 3.7 (página 87)

```
1.  início
2.     inteiro: N, // número
3.              Me, // menor número do conjunto
4.              Ma, // maior número do conjunto
5.              Con; // contador
6.     para Con de 1 até 20 passo 1 faça // 20 iterações
7.        leia (N);
8.        se (Con = 1) // é o primeiro valor?
9.           então
10.             início
11.                Ma ← N; // maior valor recebe o primeiro valor
12.                Me ← N; // menor valor recebe o primeiro valor
13.             fim;
14.       fimse;
15.       se (N > Ma) // o novo número é maior?
16.          então
17.             Ma ← N; // atribui para maior o novo número
18.          senão
```

(Continua)

```
19.         se (N < Me) // o novo número é menor?
20.             então
21.                 Me ← N; // atribui para menor o novo número
22.             fimse;
23.         fimse;
24.     fimpara; // fim do laço de repetição
25.     escreva ("O maior número é = ", Ma);
26.     escreva ("O menor número é = ", Me);
27. fim.
```

Capítulo 4 – Estruturas de dados

Exercício 1.1 (página 110)

a) 8   b) 3   c) 10   d) 21
e) 6   f) 3   g) 9   h) 33
i) 9   j) 6   l) 8   m) 6
n) 9   o) 9

Exercício 1.2 (página 110)

```
1.  início
2.     //definição dos tipos construídos
3.     tipo VetInt = vetor [1..20] de inteiros;
4.     tipo VetCar = vetor [1..20] de caracteres;
5.     tipo VetReal = vetor [1..20] de reais;
6.     // declaração das variáveis compostas
7.     VetInt: V1, V2; // vetores com os números inteiros
8.     VetCar: VOper; // vetor com a operações
9.     VetReal: VRes; // vetor com os resultados
10.    // declaração da variável simples
11.    inteiro: I; // índice para os vetores
12.    // ler os operandos e os operadores em V1, V per e V2
13.    para I de 1 até 20 faça
14.        leia (V1[I], VOper[I], V2[I]);
15.    fimpara;
16.    // calcular e mostrar o resultado de cada operação em V es
17.    para I de 1 até 20 faça
18.        escolha (VOper[I])
19.            caso "+": VRes[I] ← V1[I] + V2[I];
20.            caso "-": VRes[I] ← V1[I] - V2[I];
21.            caso "*": VRes[I] ← V1[I] * V2[I];
22.            caso "/": VRes[I] ← V1[I] / V2[I];
23.        fimescolha;
24.        escreva ("Resultado na posição ", I, " = ", VRes[I]);
25.    fimpara;
26. fim.
```

Exercício 1.3 (página 110)

```
1.  início
2.      // definição do tipo construído vetor
3.      tipo Vet = vetor [1..10] de inteiros;
4.
5.      // declaração das variáveis compostas
6.      Vet: VetLido, VetAchado; // vetor para leitura e para encontrados
7.
8.      // declaração das variáveis simples
10.     inteiro: X, Num, Cont;
11.
12.     // Leituras
14.     para X de 1 até 10 passo 1 faça
15.         leia (VetLido[X]);
16.     fimpara;
17.
18.     leia(Num);
19.
20.     // laço de busca
21.     Cont ← 0;
22.     para X de 1 até 10 passo 1 faça
23.         se (VetLido[X] = Num)
24.             então início
25.                     Cont ← Cont + 1;
26.                     VetAchado[Cont] ← X;
27.                 fim;
28.         fimse;
29.     fimpara;
30.
31.     // Impressão dos resultados
32.     escreva ("Quantidade de repetições", Cont);
33.     escreva ("Encontrado nas posições");
34.     para X de 1 até Cont passo 1 faça
35.         escreva (VetAchado[X]);
36.     fimpara;
37. fim.
```

Exercício 1.4 (página 110)

```
1.  início
2.      // definição do tipo construído vetor
3.      tipo Vet1 = vetor [1..10] de inteiros;
4.      tipo Vet2 = vetor [1..5]  de inteiros;
5.
6.      // declaração das variáveis compostas
7.      Vet1: VetLido; // vetor para leitura
8.      Vet2: VetCont; // vetor para contagem
9.
10.     // declaração das variáveis simples
11.     inteiro: X, Num;
12.
13.     // Inicialização
14.     para X de 1 até 5 passo 1 faça
15.         Vet[X] ← 0;
```

(Continua)

```
16.     fimpara;
17.     X ← 1;
18.
19.     // Laço de Leitura
20.     repita
21.        leia (Num);
22.        se (Num >= 1) e (Num <= 5)
23.           então inicio
24.                    VetLido[X] ← Num;
25.                    VetCont[Num] ← VetCont[Num] + 1
26.                    X ← X + 1;
27.              fim;
28.           senão escreva ("Número fora do intervalo");
29.        fimse;
30.     até X=10;
31.
32.     // Impressão dos resultados
33.     para X de 1 até 5 passo 1 faça
34.        escreva (VetCont[X]);
35.     fimpara;
36. fim.
```

Exercício 1.5 (página 110)

```
1.  início
2.     //definição do tipo vetor
3.     tipo VetInt = vetor [1..20] de inteiros;
4.     // declaração de variáveis
5.     VetInt: V; // vetor de entrada de dados
6.     inteiro: I, J, // índices
7.             Aux; // auxiliar para troca
8.     // laço para ler os valores de entrada do vetor V
9.     para I de 1 até 20 passo 1 faça
10.       leia (V[I]);
11.    fimpara;
12.    // ordenação do vetor
13.    para I de 2 até 20 passo 1 faça
14.       para J de 20 até 1 passo -1 faça
15.          se (V[J-1] > V[J])
16.             então // troca os valores de V   com V   1
17.                início // usando AU   como variável auxiliar
18.                   Aux ← V[J-1];
19.                   V[J-1] ← V[J];
20.                   V[J] ← Aux;
21.                fim;
22.          fimse;
23.       fimpara;
24.    fimpara;
25.    // laço para mostrar o vetor V ordenado
26.    para I de 1 até 20 passo 1 faça
27.       escreva (V[I]);
28.    fimpara;
29. fim.
```

Exercício 2.1 (página 130)
a) −3 b) 1 c) 0
d) 3 e) −1 f) 5

Exercício 2.2 (página 130)
a) Matriz MA

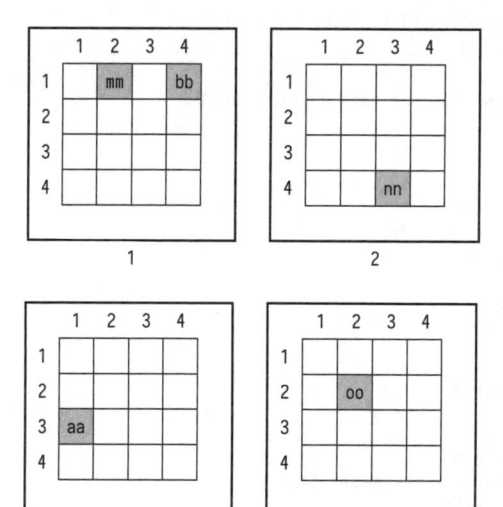

b) Matriz MB

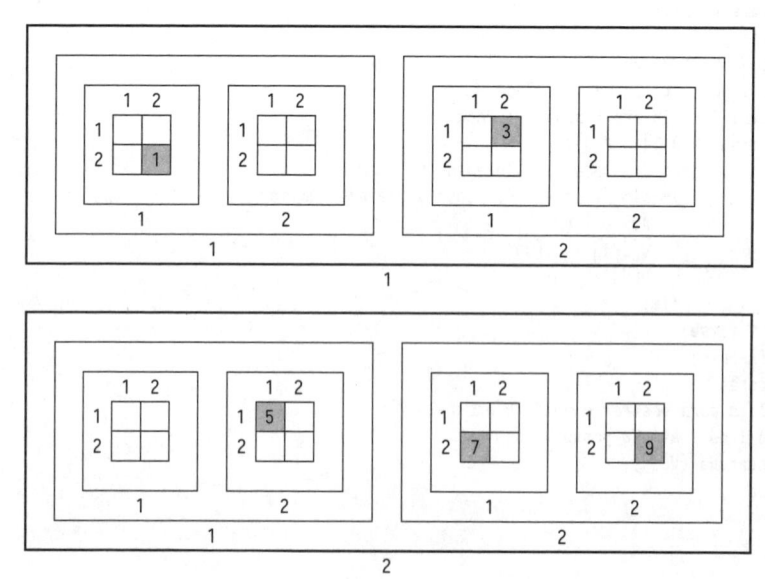

Exercício 2.3 (página 131)

```
1.  início
2.      //definição do tipo matriz
3.      tipo Mat1 = matriz [1..4, 1..4, 1..4] de caracteres;
4.      tipo Mat2 = matriz [1..4, 1..4] de caracteres;
5.      // declaração da variável composta
6.      Mat1: MA;
7.      Mat2: Aux;
8.      // declaração das variáveis simples
9.      inteiro: I, J, K; // índices para as matrizes
10.     // ler matriz MA tridimensional, composta por 4 faces (4 x 4)
11.     para K de 1 até 4 faça // laço para as 4 faces
12.         para I de 1 até 4 faça // laço para as 4 linhas
13.             para J de 1 até 4 faça // laço para as 4 colunas
14.                 leia (MA[I, J, K]);
15.             fimpara;
16.         fimpara;
17.     fimpara;
18.     // guardar a matriz 1 (primeira bidimensional, face 1) em Aux
19.     para I de 1 até 4 faça
20.         para J de 1 até 4 faça
21.             Aux[I, J] ← MA[I, J, 1];
22.         fimpara;
23.     fimpara;
24.     // efetuar o deslocamento à esquerda (matrizes 2 a 4 ocuparão respectivamente as faces 1 a 3)
25.     para I de 1 até 4 faça
26.         para J de 1 até 4 faça
27.             para K de 1 até 3 faça
28.                 MA[I, J, K] ← MA[I, J, K+1];
29.             fimpara;
30.         fimpara;
31.     fimpara;
32.     // recupera conteúdo da matriz 1 colocando-a na face 4
33.     para I de 1 até 4 faça
34.         para J de 1 até 4 faça
35.             MA[I, J, 4] ← Aux[I, J];
36.         fimpara;
37.     fimpara;
38. fim.
```

Exercício 2.4a (página 131)

```
1.  início
2.      //definição do tipo matriz
3.      tipo Mat = matriz [1..7, 1..7] de inteiros;
4.      // declaração da variável composta
5.      Mat: M;
6.      // declaração das variáveis simples
7.      inteiro: I, J; // índices para a matriz
8.      // ler a matriz com os horários
9.      para I de 1 até 4 faça
10.         para J de 1 até 4 faça
11.             se (I = J) // valor nulo na diagonal principal
12.                 então M[I, J] ← 0;
```

(Continua)

```
13.            senão leia (M[I, J]);
14.          fimse;
15.       fimpara;
16.    fimpara;
17.    // iterações para mostrar o tempo entre as localidades
18.    leia (I, J); // duas primeiras localidades
19.    enquanto (I <> J) faça // quando forem iguais, encerra-se o laço
20.       escreva ("Distancia entre as localidades = ", M[I, J]);
21.       leia (I, J);
22.    fimenquanto;
23. fim.
```

Exercício 2.4b (página 131)

```
1.  início
2.     //definição do tipo matriz
3.     tipo Mat = matriz [1..7, 1..7] de inteiros;
4.     // declaração da variável composta
5.     Mat: M;
6.     // declaração das variáveis simples
7.     inteiro: I, J, // índices para a matriz
8.              Soma; // soma dos tempos do percurso
9.     Soma ← 0;
10.    leia (I); // primeira cidade, ponto de partida
11.    enquanto (I <> 0) faça //finalizador do laço
12.       leia (J);
13.       se ((I <> J) e (J <> 0))
14.          então Soma ← Soma + M[I, J],
15.       fimse;
16.       I ← J;
17.    fimenquanto;
18.    escreva ("Temp total do percurso = ", Soma);
19. fim.
```

Exercício 2.4c (páginas 131)

```
1.  início
2.     //definição do tipo matriz
3.     tipo Mat = matriz [1..7, 1..7] de inteiros;
4.     // declaração da variável composta
5.     Mat: M;
6.     // declaração das variáveis simples
7.     inteiro: Origem, Op1, Op2, Destino, // cidades
8.              Soma1, Soma2; // percursos intermediários
9.     leia (Origem, Op1, Op2, Destino);
10.    Soma1 ← M[Origem, Op1] + M[Op1, Destino];
11.    Soma2 ← M[Origem, Op2] + M[Op2, Destino];
12.    se (Soma1 > Soma2)
13.       então escreva("Melhor opção = ", Origem, Op1, Destino);
14.       senão se (Soma1 < Soma2)
15.                então escreva ("Melhor opção = ", Origem, Op2, Destino);
16.                senão escreva ("As duas opções consomem o mesmo tempo!");
17.             fimse;
18.    fimse;
19. fim.
```

Exercício 3.1 (página 147)

```
1.      //definição do tipo registro
2.      tipo regCheque = registro
3.                      real: Valor;
4.                      inteiro: Dia, Mês, Ano;
5.                      caracter: Nominal, Cidade;
6.                      fimregistro;
7.      //declaração da variável composta do tipo registro definido
8.      regCheque: Cheque;
```

Exercício 3.2 (página 147)

```
1.      // definição do tipo registro
2.      tipo regCheque = registro
3.                      real: Valor;
4.                      inteiro: Dia, Mês, Ano;
5.                      caracter: Nominal, Cidade;
6.                      fimregistro;
7.      // declaração do tipo vetor
8.      tipo VetCheque = vetor [1..20] de regCheque;
9.      // declaração da variável composta
10.     VetCheque: Talão;
```

Exercício 3.3 (página 147)

```
1.  início
2.      // definição do tipo registro
3.      tipo regEmbarque = registro
4.                         inteiro: NumPas, Idade;
5.                         caracter: Nome, Data, Origem, Destino, Hor;
6.                         fimregistro;
7.      // definição do tipo vetor
8.      tipo vetEmbarque = vetor [1..44] de regEmbarque;
9.      // declaração da variável composta vetor de registros
10.     vetEmbarque: Onibus;
11.     // declaração das variáveis simples
12.     inteiro: I, // índice para o vetor
13.              SI; // soma das idades
14.     real: MI; // média das idades
15.     // cálculo da soma das idades e da média considerando que o vetor já está preenchido
16.     SI ← 0;
17.     para I de 1 até 44 faça
18.         SI ← SI + Onibus[I].Idade;
19.     fimpara;
20.     MI ← SI / 44;
21.     escreva (MI);
22.     // mostrar os nomes
23.     para I de 1 até 44 faça
24.         se (Onibus[I].Idade > MI)
25.             então escreva (Onibus[I].Nome);
26.         fimse;
27.     fimpara;
28. fim.
```

Exercício 3.4 (página 147)

```
1.  início
2.     //definição do tipo matriz
3.     tipo matDias = matriz [1..4, 1..6] de inteiros;
4.     //definição do tipo registro
5.     tipo regProduto = registro
6.                        inteiro: Cod;
7.                        caracter: Nome;
8.                        real: Preço;
9.                        matDias: Baixa;
10.                   fimregistro;
11.    //definição do tipo vetor
12.    tipo vetEstoque = vetor [1..500] de regProduto;
13.    // declaração da variável composta vetor de registros
14.    vetEstoque: Produto;
15.    // declaração das variáveis simples
16.    inteiro: K, // índice para o vetor
17.             I, J; // índices para as matrizes
18.    // ler e preencher o vetor
19.    para K de 1 até 500 faça
20.        Produto[K].Cod ← K;
21.        leia (Produto[K].Nome, Produto[K].Preço);
22.        para I de 1 até 4 faça
23.           para J de 1 até 6 faça
24.              Produto[K].Baixa[I, J] ← 0;
25.           fimpara;
26.        fimpara;
27.    fimpara;
28. fim.
```

Exercício 3.5 (página 147)

```
1.  início
2.     // definição do tipo registro
3.     tipo regIngresso = registro
4.                        inteiro: Poltrona, Idade;
5.                        carater: TipoIngresso;
6.                    fimregistro;
7.
8.     // definição do tipo Matriz
9.     tipo matSala = matriz [1..14, 1..10] de regIngresso;
10.
11.    // declaração da variável composta
12.    matSala: Sala; // Mapa de ingressos vendidos
13.
14.    // declaração das variáveis simples
15.    inteiro: Num, Fileira, Posição, I,
16.             Meia, Inteira, Menor12, Menor18, Maior;
17.    caracter: TI;
18.
19.    // Inicialização
20.    para Fileira de 1 até 14 faça
21.       para Posição de 1 até 10 faça
22.          Sala[Fileira, Posição].Poltrona ← 0;
```

(Continua)

```
23.             Sala[Fileira, Posição].Idade ← 0;
24.             Sala[Fileira, Posição].TipoIngresso ← "-";
25.         fimpara;
26.     fimpara;
27.     Meia ← 0;
28.     Inteira ← 0;
29.     Menor12 ← 0;
30.     Menor18 ← 0;
31.
32.     // Laço de Leitura
33.     leia (Num, I, TI);
34.     enquanto (Num > 0) faça
35.         se (Num > 0) e (Num < 140)
36.             então inicio
37.                     Fileira ← (Num div 10) + 1;
38.                     Posição ← Num mod 10;
39.                     se Posição = 0
40.                         então Posição ← 10;
41.                     fimse;
42.                     se Sala[Fileira, Posição].Poltrona = 0
43.                         então inicio
44.                                 Sala[Fileira, Posição].Poltrona ← Num;
45.                                 Sala[Fileira, Posição].Idade ← I;
46.                                 Sala[Fileira, Posição].TipoIngresso ← TI;
47.                                 se TI = "M"
48.                                     então Meia ← Meia + 1;
49.                                     senão Inteira ← Inteira + 1;
50.                                 fimse;
51.                                 escolha I
52.                                     caso  0..12: Menor12 ← Menor12 + 1;
53.                                     caso 13..17: Menor18 ← Menor18 + 1;
54.                                     caso contrário: Maior ← Maior + 1;
55.                                 fimescolha;
56.                         fim;
57.                         senão escreva ("Poltrona já vendida !");
58.                     fimse;
59.             fim;
60.             senão escreva ("Poltrona fora do intervalo");
61.         fimse;
62.         leia(Num, I, IT);
63.     fimenquanto;
64.
65.     // Impressão do mapa de ingressos vendidos
66.     para Fileira de 1 até 14 faça
67.         escreva ("Fileira: ", Fileira);
68.         para Posição de 1 até 10 faça
69.             escreva(Sala[Fileira, Posição].TipoIngresso, " ");
70.         fimpara;
71.     fimpara;
72.
73.     // Resumo da sala
74.     escreva ("Quantidade de Meia: ", Meia);
75.     escreva ("Quantidade de Inteira: ", Inteira);
76.     escreva ("Quantidade de Menores de 12 anos: ", Menor12);
77.     escreva ("Quantidade de Menores de 18 anos: ", Menor18);
78.     escreva ("Quantidade de Maiores de idade: ", Maior);
79. fim.
```

Capítulo 5 – Módulos

Exercício 1.1 (página 170)

a)

Local	A	B	C	D	E
Principal	1	2	3	-	-
Um	2	3	3	5	-
Dois	2	3	5	6	7
Três	2	3	5	7	8

b)

Local	A	B	C	D	E
Principal	5	10	7	-	-
Dois	35	10	7	37	9
Três	35	14	7	10	9
Um	14	10	13	-	-

Exercício 2.1 (página 176)

a) 17
b) 3
c) 53
d) 9

Exercício 2.2 (página 177)

a) 13
b) 1
c) 18

Exercício 3.1 (página 179)

```
1.  módulo Crescente (inteiro: A, B, C);
2.     se (A < B) e (B < C)
3.        então escreva (A, B, C);
4.     fimse;
5.     se (A < C) e (C < B)
6.        então escreva (A, C, B);
7.     fimse;
8.     se (B < A) e (A < C)
9.        então escreva (B, A, C);
10.    fimse;
11.    se (B < C) e (C < A)
12.       então escreva (B, C, A);
13.    fimse;
14.    se (C < A) e (A < B)
15.       então escreva (C, A, B);
16.    fimse;
17.    se (C < B) e (B < A)
18.       então escreva (C, B, A);
19.    fimse;
20. fimmódulo;
```

Exercício 3.2 (página 179)

```
1.  início
2.     tipo regDados = registro
3.                         inteiro: Idade, RG;
4.                         caracter: Nome, Sexo;
5.                         real: Altura;
6.                     fimregistro;
7.     tipo vetDados = vetor [1..100] de regDados;
8.     vetDados: Dados;
9.
10.    módulo LerDados;
11.       inteiro: I; // variável local, índice do vetor
12.       para I de 1 até 100 passo 1 faça
13.          // acesso a variável composta global Dados
14.          leia (Dados[I].Idade, Dados[I].RG, Dados[I].Nome);
15.          leia (Dados[I].Sexo, Dados[I].Altura);
16.       fimpara;
17.    fimModulo;
18.
19.    módulo CoincideDados (inteiro: I, J);
20.       se (Dados[I].Nome = Dados[J].Nome)
21.          então escreva ("Coincide o nome: ",Dados[I].Nome);
22.       fimse;
23.       se (Dados[I].Altura = Dados[J].Altura)
24.          então escreva ("Coincide a altura: ",Dados[I].Altura);
25.       fimse;
26.       se (Dados[I].Sexo = Dados[J].Sexo)
27.          então escreva ("Coincide o sexo: ",Dados[I].Sexo);
28.       fimse;
29.       se (Dados[I].Idade = Dados[J].Idade)
30.          então escreva ("Coincide a idade: ",Dados[I].Idade);
31.       fimse;
32.    fimModulo;
33.
34.    módulo MostraDados (caracter: nomeProcurado);
35.       inteiro: I, Con;
36.       Con ← 0;
37.       para I de 1 até 100 faça
38.          se (Dados[I].Nome = nomeProcurado)
39.             então início
40.                   escreva (Dados[I].Sexo, Dados[I].Idade);
41.                   Con ← Con + 1;
42.                fim;
43.          fimse;
44.       fimpara;
45.       se (Con > 0)
46.          então escreva ("Quantidade de pessoas encontradas: ", Con);
47.          senão escreva ("Nenhuma pessoa registrada com este nome");
48.       fimse;
49.    fimModulo;
50.    // chamada dos módulos, os parâmetros são constantes de exemplo
51.    LerDados;
52.    CoincideDados (15, 63);
53.    MostraDados("Astrogilda");
54.
55. fim.
```

Exercício 4.1 (página 191)

```
1. módulo QtdDigitos (inteiro: Num);
2.     inteiro: Cont;
3.     Cont ← 0;
4.     enquanto (Num div pot(10, Cont)) > 0 faça
5.         Cont ← Cont + 1;
6.     fimenquanto;
7.     retorne (Cont);
8. fimmódulo;
```

Exercício 4.2 (página 191)

```
1. módulo Inverso (inteiro: Num);
2.     inteiro: Qtd, i, Invertido;
3.     Invertido ← 0;
4.     Qtd ← QtdDigitos(Num)
5.     para i de 0 até Qtd-1 faça
6.         Invertido ← Invertido + (((Num div pot(10, i)) mod 10) * (pot(10, (Qtd-i-1))));
7.     fimpara;
8.     retorne (Invertido);
9. fimModulo;
```

Note que nesse módulo foi utilizado outro módulo (QtdDigitos), definido no exercício anterior.

Exercício 4.3 (página 191)

```
1.  módulo DigitoVer (inteiro: NumConta);
2.      inteiro: Soma1, Soma2, I;
3.      Soma1 ← NumConta + Inverso (NumConta);
4.      Soma2 ← 0;
5.      para I de QtdDigitos (NumConta) até 1 passo -1 faça
6.          Soma2 ← Soma2 + ((Soma1 mod 10) * I);
7.          Soma1 ← Soma1 div 10;
8.      fimpara;
9.      retorne (Soma2 mod 10);
10. fimModulo;
```

Capítulo 6 – Estruturas de dados avançadas

Exercício 1.1a (página 203)

Para a resolução deste exercício utilizaremos a mesma definição global para a lista de nomes, utilizada no livro, assim como as demais convenções adotadas.

```
1. módulo Imprime;
2.     inteiro: i; // variável local, índice para o vetor
3.     se (começo = 0)
4.         então escreva ("A lista está vazia!");
5.         senão início
6.             i ← começo;
7.             enquanto (i <> 0) faça
```

(Continua)

```
8.                    escreva (lista[i].nome);
9.                    i ← lista[i].prox;
10.               fimenquanto;
11.          fim;
12.     fimse;
13. fimmodulo;
```

Exercício 1.1b (página 203)

Agora utilizaremos os módulos de manipulação de listas já definidos.

Dado que uma operação de inserção deve manter a lista na sua ordem alfabética, utilizaremos um módulo para encontrar a posição de inserção, e outro para efetuar a inserção propriamente dita.

```
1.  módulo Posição (caracter: nomeNovo);
2.      inteiro: i, j; // variável local, índices para o vetor
3.      se (começo = 0)
4.          então retorne(0);
5.          senão
6.              início
7.                  j ← começo;
8.                  enquanto ((lista[j].nome < nomeNovo) e (lista[j].prox <> 0)) faça
9.                      i ← j; // guarda posição do anterior
10.                     j ← lista[j].prox; // próximo elemento
11.                 fimenquanto;
12.                 retorne (i);
13.             fim;
14.     fimse;
15. fimmodulo;
16.
17. módulo InsereAlfabetico (caracter: nome);
18.     inteiro: aux;
19.     aux ← Posição(nome);
20.     se (aux = começo)
21.         então Insere(nome, começo);
22.         senão Insere(nome, lista[aux].prox);
23.     fimse;
24. fimmódulo;
```

Exercício 1.1c (página 203)

A exclusão de elementos de uma lista ordenada alfabeticamente não altera a sua ordenação. Poderia até ser utilizado o mesmo módulo Remove do livro, entretanto continuaria sendo necessário localizar o elemento a ser removido, entre outros tratamentos. Demos preferência para a construção de um módulo especializado.

```
1.  módulo RemoveAlfabetico (caracter: nomeProcurado);
2.      inteiro: i, j; // variável local, índices para o vetor
3.      se (começo = 0)
4.          então escreva ("A lista está vazia !");
5.          senão
6.              início
```

(Continua)

```
7.           j ← começo;
8.           enquanto ((lista[j].nome <> nomeProcurado) e (lista[j].prox <> 0)) faça
9.              i ← j; // guarda posição do anterior
10.             j ← lista[j].prox; // próximo elemento
11.          fimenquanto;
12.          se (lista[j].nome <> nomeProcurado)
13.             então escreva ("Nome não pertence a lista!");
14.             senão se (j = começo)
15.                então começo ← lista[j].prox;
16.                senão lista[i].prox ← lista[j].prox;
17.             fimse;
18.          fimse;
19.      fim;
20.   fimse;
21. fimmodulo;
```

Exercício 1.1.d (página 203)

A alteração de um nome da lista ordenada, pode interferir na sua ordenação; por exemplo, caso o nome alterado seja muito diferente do nome anterior. Uma solução seria remover o nome antigo e incluir o nome alterado. Para tanto, basta utilizarmos os módulos definidos nos exercícios anteriores (1.1.c e 1.1.b).

```
1.  módulo AlteraAlfabetico (caracter: nomeProcurado, nomeNovo);
2.     RemoveAlfabetico(nomeProcurado);
3.     InsereAlfabetico(nomeNovo);
4.  fimmódulo;
```

Capítulo 7 – Arquivos

Exercício 1.1 (página 269)

```
1.  início
2.     // definição do tipo registro
3.     tipo regMedida = registro
4.                  inteiro: dia, mes;
5.                  real: altura, peso, cintura, abdomen, quadril;
6.               fimregistro;
7.
8.     // definição do tipo arquivo
9.     tipo arqMedidas = arquivo composto de regMedida;
10.
11.    // declaração da variável composta do tipo registro definido
12.    regMedida: medida;
13.
14.    // declaração da variável arquivo
15.    arqMedidas: arquivo;
16.
17.    abra (arquivo) para gravação;
18.    leia (medida.dia, medida.mes, medida.altura, medida.peso,
              medida.cintura, medida.abdomen, medida.quadril);
19.    guarde (arquivo, medida);
20.    feche (arquivo);
21. fim.
```

Exercício 1.2 (página 269)

```
1.  início
2.     // definição do tipo registro
3.     tipo regMedida = registro
4.                       inteiro: dia, mes;
5.                       real: altura, peso, cintura, abdomen, quadril;
6.                    fimregistro;
7.
8.     // definição do tipo arquivo
9.     tipo arqMedidas = arquivo composto de regMedida;
10.
11.    // declaração da variável composta do tipo registro definido
12.    regMedida: medida;
13.
14.    // declaração da variável arquivo
15.    arqMedidas: arquivo;
16.
17.
18.    real: IMC1, IMC2, difIMC;
19.    real: rCinQua1, rCinQua1, difCinQua1;
20.    real: peso1, peso, difPeso;
21.
22.    abra (arquivo) para leitura;
23.    copie (arquivo, medida);  // leitura da primeira medição
24.    peso1 ← medida.peso;
25.    IMC1 ← peso1 / (medida.altura * medida.altura);
26.    rCinQua1 ← medida.cintura / medida.quadril;
27.    escreva (medida.altura, peso1, IMC1);
28.    escreva (medida.cintura, medida.abdomen, medida.quadril, rCinQua1);
29.
31.    enquanto (arquivo) faça
32.       copie (arquivo, medida);  // leitura da segunda medição
33.       peso2 ← medida.peso;
34.       difPeso ← peso2 - peso1;  // calculando diferença
35.       IMC2 ← peso2 / (medida.altura * medida.altura);
36.       difIMC ← IMC2 - IMC1;
37.       rCinQua2 ← medida.cintura / medida.quadril;
38.       difCinQua ← rCinQua2 - rCinQua1;
39.       escreva (medida.altura, peso2, difPeso, IMC2, difIMC);
40.       escreva (medida.cintura, medida.abdomen, medida.quadril)
41.       escreva (rCinQua2, difCinQua);
42.       peso1 ← peso2;  // guardando medida para próxima diferença
43.       IMC1 ← IMC2;
44.       rCinQua1 ← rCinQua2;
45.    fimenquanto;
46.    feche (arquivo);
47. fim.
```

Lista de algoritmos

Capítulo 1 – Introdução à lógica de programação

Algoritmo 1.1	Troca de lâmpada	4
Algoritmo 1.2	Troca de lâmpada com teste.	4
Algoritmo 1.3	Troca de lâmpada com teste no início	5
Algoritmo 1.4	Troca de lâmpada com teste e repetição indefinida.	6
Algoritmo 1.5	Troca de lâmpada com teste e condição de parada.	7
Algoritmo 1.6	Troca de lâmpada com teste para 10 soquetes	7
Algoritmo 1.7	Troca de lâmpada com teste para 10 soquetes com repetição	8
Algoritmo 1.8	Fluxograma.	10
Algoritmo 1.9	Diagrama de Chapin.	11

Capítulo 3 – Estruturas de controle

Algoritmo 3.1	Modelo geral	46
Algoritmo 3.2	Média aritmética.	46
Algoritmo 3.3	Quantidade de latas de tinta	47
Algoritmo 3.4	Média aritmética com aprovação	52
Algoritmo 3.5	Média aritmética com aprovação e reprovação	53
Algoritmo 3.6	Tipo de triângulo	56
Algoritmo 3.7	Múltipla escolha.	61
Algoritmo 3.8	Média aritmética para 50 alunos.	70
Algoritmo 3.9	Média aritmética de 50 alunos	71
Algoritmo 3.10	Média anual com finalizador (estrutura **enquanto**)	72
Algoritmo 3.11	Média aritmética de um conjunto de números pares.	72
Algoritmo 3.12	Média com **repita**	74
Algoritmo 3.13	Descoberta do número.	74
Algoritmo 3.14	Repita com escolha.	75
Algoritmo 3.15	Média anual de 50 alunos (com **para**)	77
Algoritmo 3.16	Soma dos números múltiplos de 3	77

Algoritmo 3.17 Contagem regressiva 78
Algoritmo 3.18 Tabuada do número 5 usando **enquanto** 79
Algoritmo 3.19 Tabuada do número 5 usando **repita** 79
Algoritmo 3.20 Tabuada do número 5 usando **para** 80
Algoritmo 3.21 Tabuada de qualquer número usando **enquanto** 80
Algoritmo 3.22 Tabuada de qualquer número usando **repita** 80
Algoritmo 3.23 Tabuada de qualquer número usando **para** 81

Capítulo 4 – Estruturas de dados

Algoritmo 4.1   Cálculo da média aritmética de 10 notas 97
Algoritmo 4.2   Notas acima da média usando variáveis simples 97
Algoritmo 4.3   Notas acima da média usando vetor 99
Algoritmo 4.4   Desvio médio absoluto dos valores do vetor 100
Algoritmo 4.5   Separando vetor original em vetores de pares e de ímpares 101
Algoritmo 4.6   Ordenação por Seleção Direta 102
Algoritmo 4.7   Loteria esportiva, contagem de simples, duplos e triplos 115
Algoritmo 4.8   Loteria esportiva, contagem de mandante, empate e visitante ... 116
Algoritmo 4.9   Distância rodoviária entre cidades 118
Algoritmo 4.10 Triângulo superior, inferior e diagonal principal de matriz ... 119
Algoritmo 4.11 Multiplicação de duas matrizes (3×3) 121
Algoritmo 4.12 Registro de um estudante 135
Algoritmo 4.13 Registro de um estudante com média ponderada em vetor 138
Algoritmo 4.14 Vetor de Estudantes (conjunto de registros) 141

Capítulo 5 – Módulos

Algoritmo 5.1   Registro Ponto – versão 1 155
Algoritmo 5.2   Módulo Entrada 159
Algoritmo 5.3   Módulo MinutoEntrada 159
Algoritmo 5.4   Registro Ponto – versão 2 160
Algoritmo 5.5   Registro Ponto – versão 3 164
Algoritmo 5.6   Módulo CalculaPeríodo 172
Algoritmo 5.7   Módulo Saudação 173
Algoritmo 5.8   Acionamento do módulo CalculaPeríodo 173
Algoritmo 5.9   Módulo Fibonacci 178
Algoritmo 5.10 Módulo Sinal 180
Algoritmo 5.11 Módulo Par 180
Algoritmo 5.12 Módulo Fatorial 182
Algoritmo 5.13 Registro Ponto – versão 4 182

Capítulo 6 – Estruturas de dados avançadas

Algoritmo 6.1	Inserção em uma lista (reduzido)	200
Algoritmo 6.2	Inserção em uma lista (completo)	200
Algoritmo 6.3	Remoção em uma lista (parcial)	202
Algoritmo 6.4	Remoção em uma lista (completo)	203
Algoritmo 6.5	Inclusão em uma fila	209
Algoritmo 6.6	Remoção em uma fila	210
Algoritmo 6.7	Inserção em uma pilha	214
Algoritmo 6.8	Remoção em uma pilha	215
Algoritmo 6.9	Busca em profundidade na árvore	221
Algoritmo 6.10	Busca em amplitude na árvore	222

Capítulo 7 – Arquivos

Algoritmo 7.1	Persistir os registros das despesas em arquivo	241
Algoritmo 7.2	Leitura do arquivo de despesas e geração de relatório	242

Lista de programas

Capítulo 3 – Estruturas de controle

Programa 3.1   Modelo Geral (ref. Algoritmo 3.1) 48
Programa 3.2   Média aritmética (ref. Algoritmo 3.2) 49
Programa 3.3   Quantidade de latas de tinta (ref. Algoritmo 3.3) 49
Programa 3.4   Média aritmética com aprovação (ref. Algoritmo 3.4) 62
Programa 3.5   Média aritmética com aprovação e reprovação (ref. Algoritmo 3.5) 63
Programa 3.6   Tipo de triângulo (ref. Algoritmo 3.6) 64
Programa 3.7   Múltipla escolha (ref. Algoritmo 3.7) 65
Programa 3.8   Tabuada do número 5 usando enquanto (ref. Algoritmo 3.18) 82
Programa 3.9   Descoberta do número (ref. Algoritmo 3.13) 83
Programa 3.10 Tabuada do número 5 usando o loop for (ref. Algoritmo 3.20) 86
Programa 3.11 Contagem regressiva (ref. Algoritmo 3.17) 86

Capítulo 4 – Estruturas de dados

Programa 4.1   Notas acima da média usando lista (ref. Algoritmo 4.3) 105
Programa 4.2   Desvio médio absoluto (ref. Algoritmo 4.4) 106
Programa 4.3   Vetor de pares e de ímpares (ref. Algoritmo 4.5) 107
Programa 4.4   Ordenação por Seleção Direta (ref. Algoritmo 4.6) 108
Programa 4.5   Loteria esportiva, contagem de jogos (ref. Algoritmo 4.7) 124
Programa 4.6   Loteria esportiva, contagem de jogos (ref. Algoritmo 4.8) 126
Programa 4.7   Distâncias rodoviárias (ref. Algoritmo 4.9) 127
Programa 4.8   Triângulo superior, inferior e diagonal (ref. Algoritmo 4.10) 128
Programa 4.9   Multiplicação de matrizes (3×3) (ref. Algoritmo 4.11) 129
Programa 4.10 Dataclass Estudante (ref. Algoritmo 4.12) 144
Programa 4.11 DataClass Estudante com vetor de Notas (ref. Algoritmo 4.13) 144
Programa 4.12 Vetor de Estudantes (ref. Algoritmo 4.14) 146

Capítulo 5 – Módulos

Programa 5.1	Módulo MinutoEntrada (ref. Algoritmo 5.3)	163
Programa 5.2	Módulo Abastecimento	167
Programa 5.3	Módulo Abastecimento corrigido	168
Programa 5.4	Módulo Entrada (ref. Algoritmo 5.2)	169
Programa 5.5	Módulo Saudação (ref. Algoritmo 5.7)	174
Programa 5.6	Módulo Saudação com parâmetro opcional	175
Programa 5.7	Módulo Fibonacci (ref. Algoritmo 5.9)	178
Programa 5.8	Módulo Par (ref. Algoritmo 5.11)	185
Programa 5.9	Módulo Coordenadas	186
Programa 5.10	Módulo MyLib.py	187
Programa 5.11	Importação MyLib	188
Programa 5.12	Módulo Fatorial (ref. Algoritmo 5.12)	189
Programa 5.13	Registro Ponto (ref. Algoritmo 5.13)	189

Capítulo 6 – Estruturas de dados avançadas

Programa 6.1	Listas como estruturas dinâmicas	204
Programa 6.2	Exemplos de operações sobre o tipo list	205
Programa 6.3	Lista de tarefas encadeada	207
Programa 6.4	Fila de clientes com deque	211
Programa 6.5	Pilha de clientes com list	215

Capítulo 7 – Arquivos

Programa 7.1	Abrindo arquivo Drummond.txt	250
Programa 7.2	Lendo o arquivo Drummond.txt linha a linha	250
Programa 7.3	Arquivos texto com bloco with e loop for para leitura	251
Programa 7.4	Escrevendo em arquivo texto (lista de compras)	253
Programa 7.5	Lista de compras organizada	254
Programa 7.6	Leitura do arquivo contatos.json	256
Programa 7.7	Persistir lista de compras em formato JSON	259
Programa 7.7	Ler lista de compras salva em formato JSON	261
Programa 7.9	Persistir lista de compras binário (usando pickle)	262
Programa 7.10	Ler lista de compras – arquivo binário (usando pickle)	263
Programa 7.11	Persistir registros de despesa (ref. Algoritmo 7.1)	266
Programa 7.12	Ler arquivo de despesas (ref. Algoritmo 7.2)	267

Índice remissivo

A

Ação, contexto de, 177-179
Algoritmos, 3-14, 153-193
    conceito de, 3
    e lógica, 3-14
        codificação, 12-13
        construção de algoritmo, 3
        repetição, 5-8
        representação, 9-11
        seleção, 4-5
        sequenciação, 4
    modularização de, 153-193
Arquivo(s), 231-270
    abertura e fechamento, 247-248
    baseados em registros, 235-240
    concepção sequencial, 240-244
    comparação dos formatos, 265
    implementação do controle de despesas, 265-269
    formato binário, 261-264
    formato JSON, 255-261
    formato texto, 249-255
    persistindo dados, 232-235
Árvores, 216-223
    busca em amplitude, 221
    busca em profundidade, 219
    declaração, 217
    manipulação, 218
Atribuição, comando de, 31-32, 39-40

B

Blocos, 34, 43

C

Caracter, tipo, 20
Chapin, diagrama de, 11
Codificação, 12-13
Comando(s), 31-34, 39-40
    de atribuição, 31-32, 39-40
    de entrada e de saída, 33-34

Comparação entre estruturas de repetição, 78-81
Concepção sequencial, 240-244
Conjunto de registros, 138-142, 145-146
Constantes, 21, 37-38
Contexto de módulos, 177-192
    de ação, 177-179
    de resultado, 179-192
Controle, estruturas de, 45-92
    de repetição, 68-87, 89-92
    de seleção, 50-68, 88-89
        composta, 52-53, 62-63
        encadeada, 54-55, 63-68
        simples, 50-52, 61-62
    sequencial, 45-50, 88

D

Dados, estruturas de, 93-151
    avançadas, 195-229
    compostas heterogêneas, 132-146
    compostas homogêneas, 94-110
    compostas multidimensionais, 110-131
Dataclass, 142
Declaração de variáveis, 22-23
Decomposição, 153-154
Dicionários, 225-228

E

Entrada de dados, 33-34, 41-43
Escopo de variáveis, 163-170
Estruturas de controle *ver* Controle, estruturas de
Expressões aritméticas, 24-26, 38
    operadores aritméticos, 24-25
    prioridades, 26
Expressões lógicas, 27-31, 39
    operadores lógicos, 28
    operadores relacionais, 27-28
    prioridades, 30
    tabelas verdade, 29-30

F

Filas, 208-212
    declaração, 208
    manipulação, 208
Formação de identificadores, 21-22
Fluxograma, 10

G

Grafos, 224

I

Identificadores, formação de, 21-22
Inteiro, tipo, 19

J

JSON, 255-261

L

Listas, 195-207, 224
    declaração, 198
    circulares, 224
    duplamente encadeadas, 224
    manipulação, 198
Lógico, tipo, 20
Lógica, 1-18 *ver também* Algoritmos
    algoritmos, 3-14
    conciliação com linguagem, 15-17
    noções de, 1-2
    de programação, 2-3

M

Matrizes, 110-131
    declaração, 111
    manipulação, 111
Modo interativo, 35-36
Módulos, 153-193
    contexto de ação, 177-179
    contexto de resultado, 179-186
    externos, 186
    recursivos, 180-182, 188-189
    resultados múltiplos, 185

O

Operadores, 27-28
    aritméticos, 24
    lógicos, 28
    relacionais, 27-28

P

Parâmetros, 170
    passagem de, 170-177
    nomeados, 175
    opcionais, 175
Python, 35-44, 48-50, 61-62, 81, 142, 162, 178, 185, 203
    implementação de, 48, 61, 81, 103, 122, 142, 203, 211, 215
        arquivos, 244
        contexto de ação, 178
        contexto de resultado em, 185
        dicionários, 225
        filas, 211
        listas lineares, 203
        matrizes, 122
        módulos em, 162
        pilhas, 215
        registros em, 142
        repetição em, 81
        seleção em, 61-62
        sequenciação em, 48-50
        variáveis em, 167
        vetores, 103
    instalação, 35
    tradução para, 37-43
        de blocos, 43
        de comando de atribuição, 39-40
        de constantes, 37-38
        de entrada de dados, 41-43
        de expressões aritméticas, 38
        de expressões lógicas, 39
        de saída de dados, 40-41
        de tipos, 37
        de variáveis, 38
    usabilidade, 35-37
        arquivo de comandos, 36
        modo interativo, 35-36
Pickle, 261
Pilhas, 212-216
    declaração, 213
    manipulação, 213
Prioridades, 30

R

Real, tipo, 20
Recursividade, 180-182, 188-189
Registros, 132-147, 235-240
    arquivos baseados em, 235-240
    conjunto de, 138-142, 145-146
    declaração, 132
    de conjuntos, 135-138, 144-145
    manipulação, 137

Repetição, 5-8, 68-87, 89-92
   com teste no final, 73-76, 82-83
   com teste no início, 69-73, 82
   com variável de controle, 76-78, 84-87
   comparação entre estruturas de, 78-81
Representação dos algoritmos, 9-11
Resultado, contexto de, 179-192

S

Saída de dados, 33-34, 40-41
Seleção, 50-68, 88-89
   composta, 52-53, 62-63
   encadeada, 54-55, 63-68
     de múltipla escolha, 58-61
     heterogênea, 54-56, 63-64
     homogênea, 56-58, 64-68
   simples, 50-52, 61-62
Sequenciação, 4, 45-50

T

Tabelas verdade, 29-30
Tipos, 19-20, 37-39
   primitivos, 19-20, 37-38
   construídos, 93

V

Variável(eis), 21-23, 38
   declaração de variáveis, 22-23
   escopo de, 163-170
   formação de identificadores, 21-22
Vetores, 94-110
   declaração, 94
   manipulação, 95

IMPRESSÃO:

PALLOTTI
GRÁFICA

Santa Maria - RS | Fone: (55) 3220.4500
www.graficapallotti.com.br